OBLIGADO POR LA VERDAD

OTROS LIBROS EN ESPAÑOL
DEL MISMO AUTOR

Resurgimiento en medio de la crisis:
Sagrada liturgia, Misa tradicional
y renovación en la Iglesia
(Angelico Press, 2019)

La verdadera obediencia en la Iglesia:
Guía de discernimiento para tiempos recios
(Os Justi Press, 2022)

Reivindicación de nuestros derechos
hereditarios como católicos:
Genio y actualidad de la Misa tradicional
(Angelico Press, 2022)

El rito romano de ayer y del futuro:
El regreso a la liturgia latina tradicional
tras setenta años de exilio
(Os Justi Press, 2023)

Buena música, música sagrada, silencio:
Tres dones de Dios a la liturgia y a la vida
(Os Justi Press, 2024)

Obligado por la verdad

AUTORIDAD, OBEDIENCIA, TRADICIÓN Y BIEN COMÚN

✳ ✳ ✳

PETER A. KWASNIEWSKI

Traducción de Augusto Merino Medina

LINCOLN, NEBRASKA

Primera edicíon
*Bound by Truth: Authority, Obedience,
Tradition, and the Common Good*
(Brooklyn, NY: Angelico Press, 2023)
Copyright © Peter Kwasniewski, 2023
© De la presente edicíon: Os Justi Press, 2024

Todos los derechos reservados.
Hecho el depósito que dispone la Ley.
Prohibida la reproducción parcial o total
de este libro, su tratamiento informático y
la transmisión por cualquier forma o medio,
ya sea electrónico, mecánico, por fotocopia,
por registro u otros métodos, sin el permiso
previo y por escrito del titular del copyright.

Os Justi Press
P.O. Box 21814
Lincoln, NE 68502
USA

info@osjustipress.com

En rústica 978-1-960711-98-4
Tapa dura 978-1-960711-99-1
Libro electrónico 978-1-965303-00-9

Diseño del libro y la cubierta:
Michael Schrauzer

*Dedicado a todos los sacerdotes que han sacrificado
seguridad, expectativas o comodidades
por seguir fieles a la
Tradición católica
y por mantenerla viva para los fieles cristianos:
el Señor es vuestra herencia
y la Iglesia cantará algún día
vuestra alabanza.*

El amor no es ciego; todo será, menos ciego.
El amor es atadura, y mientras más atado, menos ciego.
—G.K. Chesterton

CONTENIDOS

Prefacio xi

PARTE I: *Papado, patrimonio y piedad* 1

1 Los tres pilares del Cristianismo 3
2 Los problemas de la interpretación 12
3 El "espíritu del Vaticano I" como problema político post-revolucionario 20
4 Objeciones a *Pastor Aeternus* y respuestas 33
5 La costumbre y la fuerza de la ley 41
6 Escapar del absolutismo papal 49
7 El bien común como fundamento de la autoridad y de la obediencia 56
8 Primacía de la Tradición y obediencia a la verdad 85
9 Los derechos de la Tradición inmemorial y los límites del positivismo papal 106
10 La corrupción de los mejores es la peor de todas 127
11 La autoridad del papa en la liturgia: Un diálogo 152
12 Culto réprobo o culto digno 161

PARTE II: *Leal oposición* 173

13 Ordenaciones clandestinas que violan el Derecho canónico 175
14 Un obispo no debe tomar en cuenta su injusta deposición por el papa 186
15 "No aceptes dócilmente esa tranquila jubilación" 202
16 Cuando un obispo prohíbe o restringe las Misas tradicionales privadas 209
17 Los sacerdotes tradicionalistas deben evitar concelebrar la Misa Crismal 223

18 Los sacerdotes que quieran usar agua bendita
deben emplear el *Rituale*, no obstante
su prohibición por el obispo   231

19 Necesidad de humildad y apoyo mutuos   236

20 La SSPX y la situación de los católicos
en las trincheras   244

21 La obligación de la Misa dominical
en tiempos de crisis litúrgica   256

22 Estrategias pro Misa Tradicional
en la era de *Traditionis Custodes*   285

23 Cómo puede el laicado católico influír
permanentemente en la Iglesia   298

24 Suspensión de Misas dominicales
y de sacramentos: ¡Nunca más!   306

25 Las capillas domésticas proliferan
en tiempos de incertidumbre   318

26 Persecución de monjas:
Lecciones de la clandestinidad en Rusia   330

27 La Madre Maravillas de Jesús:
Guardiana de la reforma teresiana   337

APENDICE: Carta de Michael Davies al Obispo Donohue   345

PREFACIO

No hace falta estar particularmente atento a lo que pasa en la Iglesia católica para darse cuenta de que ella se encuentra abrumada por dificultades y desgarrada por disputas. Debido especialmente a los diversos modos, contradictorios y erráticos, de recibir el Vaticano II, y al tumultuoso pontificado del papa Francisco, la autoridad y la obediencia, así como su contexto y elementos esenciales, están entre los tópicos más vivamente debatidos: el bien común, la verdad, la revelación, la tradición, la justicia, la caridad, y la compleja red de deberes y derechos que existe en una sociedad jerárquicamente estructurada. A esto se agregan numerosas otras cuestiones, íntimamente vinculadas, como la del cargo de papa y cómo se relaciona con el episcopado, el bajo clero, las comunidades religiosas y el laicado. Se ve actualmente cómo surgen y se propagan problemas que tienen muy pocos precedentes –casi ninguno– en la historia de la Iglesia. Algunas cuestiones que parecían estar ya totalmente resueltas por los teólogos y escritores espirituales en los siglos pasados, adquieren hoy un nuevo aspecto, muy diferente, en la enorme crisis de fe y de vida pastoral por la que estamos pasando.

En 2021 publiqué un librito, *La verdadera obediencia en la Iglesia. Guía de discernimiento para tiempos recios*, que se ha hecho sumamente popular, especialmente entre el clero. Hasta el presente han aparecido ediciones en castellano, italiano, portugués, francés, alemán y polaco, y se lo ha reseñado en diarios, revistas y publicaciones periódicas[1]. Su recepción en todas partes ha comprobado, si es que hacían falta pruebas, cuán relevante y urgente para todos es este

---

[1] Ver, por ejemplo, Maike Hickson, "Liturgical expert shows how Catholics needn't obey papal decrees that attack common good of the church," *LifeSiteNews*, marzo 14, 2022; John Paul Sonnen, "Book Review: *True Obedience in the Church*," *Liturgical Arts Journal*, abril 6, 2022; Joseph Shaw, "Obedience, Disobedience, and Rash Obedience: A Virtue in a Time of Crisis," *OnePeterFive*, mayo 12, 2022; Michael Charlier, "Obedience in Crisis," *Rorate Caeli*, mayo 14, 2022; Matt Gaspers, "Kwasniewski's *True Obedience* Provides Critically Important Insights," *Catholic Family News*, junio 22, 2022; y John R. T. Lamont, "Dominican Theologian Attacks Catholic Tradition" [respuesta a la crítica del P. Henry Donneaud, OP], *Rorate Caeli*, septiembre 13, 15, 17, y 19, 2023, disponible como PDF en https://rb.gy/fsp1t. Recomiendo especialmente este ensayo de Lamont, ya que proporciona amplios fundamentos no sólo a lo que planteo en *La verdadera obediencia* sino también en el presente libro.

tema en la Iglesia moderna y en el mundo profano moderno. En realidad, durante la pandemia del coronavirus, una "sinergia -sin precedentes- del encierro" entre Iglesia y Estado fue una alerta general sobre los peligros de una autoridad enloquecida y de una obediencia mal concebida. Más alarmante todavía que lo anterior ha sido el ataque frontal que el papa Francisco, en el *motu proprio Traditionis Custodes*, de 16 de julio de 2021, ha realizado a la tradición católica y a sus devotos. Esta dispendiosa campaña, que apunta a algunos de los católicos más fieles de la Iglesia, ha atraído la atención general hacia la "guerra litúrgica", y ha reafirmado la necesidad de una presentación sólida, completa y honesta de los múltiples problemas debatidos, los cuales superan con mucho el ámbito de la liturgia (aunque ésta seguirá siendo siempre de capital importancia)[2].

Si bien *La verdadera obediencia* fue un buen punto de partida, quedaba todavía mucho trabajo por hacer. Y es ello lo que me mueve a publicar el presente libro. Como puede verse revisando el título de sus capítulos, aquí vamos derecho al grano. La Parte I, "Papado, patrimonio y piedad", aborda las enseñanzas del Vaticano I sobre la jurisdicción universal del papa; los límites de su autoridad a la luz de otros principios fidedignos, como la tradición litúrgica; el modo auténticamente católico de interpretar y someterse al Magisterio; la virtud de una obediencia inteligente, temerosa de Dios y comunitariamente perfeccionable, en contraste con condenables distorsiones como lo son, por una parte, una franca rebeldía y, por otra parte, un sometimiento ciego, desconsiderado y autodestructivo. La Parte II, "Leal resistencia", considera varios ejemplos de prelados que legítimamente han hecho frente a excesos papales; analiza cómo debiera comportarse el clero ante decretos injustos de los obispos relativos a las Misas privadas, al uso del *Rituale Romanum*, a la concelebración, al modo de distribuír la comunión, al cierre de iglesias, etc.; presenta recomendaciones y estrategias para el laicado que desea promover y defender la tradición en sus diócesis, incluso para construír oratorios privados y restaurar edificios en

---

[2] Otros cuatro libros han abordado en general el tema del papado y al papa Francisco en particular: de ellos he editado dos, *From Benedict's Peace to Francis's War: Catholics Respond to the Motu Proprio Traditionis Custodes on the Latin Mass* (Brooklyn, NY: Angelico Press, 2021) y *Ultramontanism and Tradition: The Role of Church Authority in the Catholic Faith* (Lincoln, NE: Os Justi Press, 2023), y he escrito, en dos tomos, *The Road from Hyperpapalism to Catholicism: Rethinking the Papacy in a Time of Ecclesial Disintegration* (Waterloo, ON: Arouca Press, 2022).

ruinas; y saca lecciones de la persecución de las religiosas, ya sea las realizadas por comunistas soviéticos o por los *apparatchicks* de la burocracia eclesiástica postconciliar.

El libro concluye con el texto de una carta escrita en 1976 –aunque podría haberse escrito en 2023, con un ligero cambio de destinatario– enviada por el gran Michael Davies a Mons. Hugh A. Donohue, Obispo de Fresno, California. Dado que el lema de los actuales líderes parece ser "¡Regresar a los años 1970!", al lector le parecerá un refrescante alivio la sinceridad de este converso galés, apologeta de la Misa tradicional. En esencia, nuestra lucha sigue siendo la misma que la de Davies; pero, en tanto que en 1976 la religión "nueva y mejorada" había sido recién estrenada y disfrutaba de un inequívoco apoyo institucional, hoy día luce anticuada y tediosa, y no entusiasma a nadie excepto a algunos *hippies* ya senescentes del Vaticano II, a algunas manadas de descartables especialistas, y a un grupito de animadores oficiales. A pesar de las actuales adversidades, el futuro parece mucho más brillante que lo que le pareció a Michael Davies al término de sus días (y, por cierto, Davies es uno de los muchos a quienes hay que agradecer el progreso experimentado por la tradición, si se nos permite la paradoja).

Hay una idea general que habrá que subrayar. Las páginas que siguen hablan en su mayor parte de la Misa tradicional en latín (que abreviaré, en algunos casos, como MTL), lo que no debiera sorprender: el Santo Sacrificio de la Misa es la raíz y culminación de la vida cristiana, el acto de culto más elevado y más solemne que celebra la Iglesia católica y todo creyente individual que esté en unión con Cristo, nuestro Sumo y Eterno Sacerdote; además, los católicos practican su religión sobre todo en la Misa dominical, eje de la semana, pequeña Pascua, *Dies Domini*. Por ello es que no hay parte alguna en que se experimente más profundamente los efectos de un gobierno eclesiástico negligente o malicioso que en la provisión inconveniente, incoherente o derechamente ausente de Misas tradicionales en domingos y días de precepto. Por ello es que el movimiento tradicionalista habla tan a menudo de la Misa; pero las cosas que nos preocupan son mucho más que este acto central del culto divino, porque hay bienes en juego también en *todos* los ritos litúrgicos tradicionales de la Iglesia: bautismo, confirmación, matrimonio, orden sagrado, penitencia, extremaunción, Oficio Divino, bendiciones, exorcismos, dedicación de una iglesia, consagración de vírgenes, etc. Los argumentos que aquí exponemos en favor de la continuidad de la Misa romana clásica se aplican también, análogamente, a todos los demás elementos de nuestro patrimonio hereditario católico y romano. La tradición es una herencia completa, una totalidad: es algo que debe transmitirse y recibirse completa, en su totalidad.

Aunque en todo el libro se analiza abundantemente la figura del papa Francisco, los problemas con que lidiamos aquí exceden con mucho a este pontificado y a su peculiar modo de ejercer el papado. Los argumentos y recomendaciones que aquí presentamos hubieran sido los mismos (aunque con menos urgencia) con anterioridad a 2013, y ciertamente continuarán siendo verdaderos y relevantes mucho después de que el jesuita argentino haya dejado la cátedra de Pedro y la ocupen otros obispos. La crisis que estamos atravesando data desde hace muchas décadas y, triste es decirlo, durará probablemente varias más. Es posible, incluso, que nos esperen más males, más abusos de la autoridad papal o episcopal; pero este libro, calando hasta la raíz de la autoridad, de la obediencia, de la tradición y del bien común, se anticipa a ellos y equipa a los lectores con los principios perennes que se necesita para evaluarlos.

Como es el caso de la mayoría de mis libros, los diversos capítulos de éste nacieron como conferencias y artículos. Agradezco a los siguientes editores por autorizarme a incluir aquí textos que aparecieron primeramente en sus sitios: *Crisis Magazine* (capítulos 2 y 15), *The European Conservative* (capítulo 6), *LifeSiteNews* (capítulos 23 y 24), *New Liturgical Movement* (capítulos 16, 19 y 25), y *OnePeterFive* (capítulos 1, 3-5, 11, 13-14, 17-18, 22, 26-27). Agradezco también a quienes me invitaron a dar conferencias en Columbia, South Carolina y Chicago, Illinois (capítulo 7); en Charlotte, North Carolina (capítulo 8); en Roma, en la Conferencia de *Paix Liturgique*, 28 de octubre de 2022 (capítulo 9); en Bozeman, Montana (capítulo 10) y en Arlington, Virginia (capítulo 12). Los capítulos 20 y 21 se publicaron inicialmente en mi *Substack*, *Tradition & Sanity*. Por cierto, estos textos han sido revisados, puestos al día y sintetizados de diversas formas, por lo que este libro debe considerarse como la versión final de todos sus contenidos.

Para evitar innecesaria confusión en las notas, se ha evitado por lo general los hipervínculos para las fuentes *online* y, en su lugar, se da una lista con el nombre del autor, el título, el lugar y la fecha de publicación, lo cual es más útil que un largo URL. En noviembre de 2023 se verificó todas las citas de internet.

Finalmente, casi coincidiendo con este libro, la editorial *Os Justi Press* presentará una antología titulada *Ultramontanism and Tradition: The Role of Church Authority in the Catholic Faith*, que contiene contribuciones del Cardenal Raymond Leo Burke, del Obispo Athanasius Schneider, de Thomas Pink, Edward Feser, Joseph Shaw, Sebastian Morello, John Lamont, Charles Coulombe, Eric Sammons, James Baresel, José Antonio Ureta, Stuart Chessman, Roberto de Mattei y otros más. Como en ellas se profundiza muchos de los temas aquí abordados, seguramente serán de interés para los lectores de este libro.

Peter A. Kwasniewski
11 de noviembre de 2023
Fiesta de San Martín de Tours

PARTE I

PAPADO, PATRIMONIO
Y PIEDAD

1

Los tres pilares del Cristianismo

EXISTEN TRES "PILARES", HISTÓRICOS Y TEOlógicos, del catolicismo: las Sagradas Escrituras, la Tradición y el Magisterio. Cada uno de ellos es necesario; los tres se implican unos a otros recíprocamente, y ninguno de ellos es absoluto, en el sentido de que puede ser considerado, *desde todos los puntos de vista*, más grande que los otros dos. Cada uno de ellos es, a su modo, primordial. Entre ellos existe casi una *perichoresis* o *circumincessio* Trinitaria.

Los protestantes exaltan las Sagradas Escrituras hasta el punto de negar o disminuír los otros dos pilares. El resultado es que, entre ellos, incluso las Sagradas Escrituras se corrompen. Por otra parte, los ortodoxos orientales exaltan la Tradición hasta el punto de negar la existencia de un Magisterio universal y de una autoridad docente en la Iglesia, llegando incluso a negar ciertas premisas de las Sagradas Escrituras (e.g., la enseñanza sobre el matrimonio y el divorcio). Pero, ¿qué significado puede tener su devoción a la Tradición cuando algunos de sus más respetados teólogos aceptan el universalismo, la contracepción y el "matrimonio" homosexual (como lo hace, aparentemente, Kallistos Ware)? Una devoción desordenada a la Tradición puede producir, paradojalmente, su cancelación.

El tercer grupo es, sin embargo, el más interesante: lo denominaré "católicos reduccionistas" (aunque también podría llamárselo "católicos magisterialistas" o "católicos hiperpapistas", etc.). Estos católicos exaltan el Magisterio -y, al cabo, el cargo papal- por sobre las Sagradas Escrituras y la Tradición, de un modo tal que lo convierten en el único principio por el que conocemos la verdad. En cierto sentido, lo transforman en *toda* la verdad, por lo que no sería jamás posible poner en entredicho las afirmaciones del Magisterio (e.g., *Amoris Laetitia*, capítulo 8, o el cambio del Catecismo sobre la pena de muerte) tomando como base las Sagradas Escrituras o la Tradición. Ocurre en este grupo lo mismo que en los dos anteriores: la exaltación exagerada del Magisterio termina cancelando el Magisterio de los papas y concilios anteriores. El Magisterio se transforma en "el Magisterio del momento", al modo como muchos predicadores protestantes privatizan la Biblia o los ortodoxos se apropian selectivamente de la Tradición.

El católico romano es, al menos idealmente, alguien que acepta que *los tres pilares* son esenciales, irreemplazables y no intercambiables. Cada uno de ellos sirve de apoyo a los demás; ninguno se sostiene sin sus compañeros. Cada uno de ellos es lo que es sólo en los otros dos y a través de ellos. Lo cual puede dar lugar a períodos de confusión y disputas cuando parece que lo que se apoya en uno de ellos entra en conflicto con lo que se apoya en alguno de los otros dos. Cuando ocurre, tal cosa es parte del "motor" del desarrollo doctrinal, pero sirve, al mismo tiempo, como "contrapeso y balance", garantizando que ninguno de estos principios se hipertrofie. Sería, en efecto, poco sano y motivo de distorsiones de la doctrina y de la vida de la Iglesia el permitir que cualquiera de los tres se atrofie.

Ahora bien, alguien podría decir: "¿Acaso no es el Magisterio la suprema corte de apelación, que nos enseña qué quieren decir o qué contienen las Sagradas Escrituras y la Tradición?" Sí, así es; pero con algunas importantes advertencias. Las Sagradas Escrituras son la Palabra infalible e inspirada de Dios. El Magisterio no lo es, por lo que les es inferior y está al servicio de ellas[1]. El Magisterio universal ordinario y el Magisterio extraordinario son guías y exposiciones infalibles de la verdad.

Los problemas surgen en áreas en que el Magisterio podría estar en error y el pueblo dice, en esas circunstancias, algo así como "No nos importa lo que las Escrituras dicen sobre ABC; el papa Francisco dice XYZ, y eso es lo que debemos acatar". O: "Ciertamente las Escrituras parecen decir ABC, pero Francisco dice XYZ, por lo que esto último es su significado". O: "No tiene importancia el que la Iglesia haya ininterrumpidamente creído o hecho ABC; Francisco ha promulgado un *motu proprio* diciendo que tenemos que creer o hacer lo contrario, y se acabó la discusión". *Roma locuta, causa finita* no puede significar "Roma ha hablado; la Biblia y los testigos de la Iglesia son irrelevantes"[2].

---

1 Lo dice *Dei Verbum* mismo en nº 10.
2 Ver Boniface [Phillip Campbell], "The Last Gasp of Our Akhenaten," *Unam Sanctam Catholicam*, noviembre 5, 2023.

Como decía anteriormente, cada uno de estos pilares tiene cierta primacía respecto de los demás. Por eso nadie debiera abandonar jamás la *lectio divina* (lectura orante de las Escrituras) en favor de una *lectio ecclesiastica*, que tendría por material de lectura solamente documentos papales. Ni tampoco debería nadie abandonar la *lex orandi* tradicional en favor de otra fabricada recientemente, fundada en el último modelo de *lex credendi* acreditado por algún jefe vaticano. Es por esto que los mismos documentos del Magisterio han tenido la precaución –en el pasado, por cierto– de apoyarse mucho en las Escrituras y en otras fuentes tradicionales a fin de mostrar que la enseñanza oficial deriva de los *testigos* en los que se fundamenta la fe. Y esto explica por qué el cristianismo se corrompe si *sólo* hay Escrituras y Tradición, sin una autoridad final que pueda resolver las cuestiones difíciles, o las que, sin ser difíciles por sí mismas (e.g. la inmoralidad de la contracepción) *se han hecho* difíciles debido a malos hábitos intelectuales o a una concupiscencia desordenada. Sin una autoridad docente, sin un Magisterio, las voces de las Escrituras y de la Tradición pueden ser distorsionadas o sofocadas.

Examinemos ahora cómo cada uno de estos tres "pilares" se vuelve vacío, sin contenido, cuando se lo toma como un absoluto.

ABSOLUTISMOS: TENTACIONES Y REALIDADES

Algunas formas de protestantismo adhieren al principio *sola scriptura*, "sólo la Escritura". Si se aplicara rigurosamente este principio, el resultado sería la desaparición de la propia Escritura, y no sólo debido al hecho, comúnmente mencionado, de que el contenido mismo del canon sólo se conoce por la Tradición. La situación es mucho peor: en la ausencia de toda tradición y de toda aceptación de la obra de las generaciones anteriores, cada generación tendría que partir de cero en el largo camino de comprenderlo todo de nuevo, y ninguna generación avanzaría más que lo que una generación alcanza a avanzar en dicho camino. Incluso las energías de una generación cualquiera se desperdiciarían, disperdigadas en muchas direcciones diferentes, porque nadie en esa generación tendría autoridad para cortar las líneas inútiles de investigación.

Naturalmente, la *realidad* es que las colectividades que dicen adherir exclusivamente a las Escrituras dan origen, con el tiempo, a cierta forma de tradición (aunque sin duda procurarán evitar llamarla con este nombre, que suena a católico), junto con un sustituto, al menos *de facto*, del magisterio. Sólo los extremistas del mundo protestante tratarán de vivir según el principio *sola scriptura* en toda su pureza. Las colectividades de este tipo suelen no contar con más miembros que los que caben en una sala, habiendo sido persuadidos de sentarse a escuchar a su único y auto-nombrado pastor. Aunque no podría decirse que esto es "la realidad dura" del protestantismo, sí es la tentación que permanentemente lo acosa.

A su vez, algunas tendencias de la Ortodoxia Oriental podrían llamarse *sola traditione*, "sólo la Tradición". Si se toma la Tradición como un absoluto, la transmisión de la antigüedad adquiere precedencia sobre toda otra consideración. En esta mentalidad, renacer significa regresar a épocas pasadas, no un regreso a Jesucristo en cuanto realidad presente, sino un volver a los íconos de Cristo heredados, a los textos heredados de Sus palabras, a las enseñanzas heredadas sobre Su naturaleza, y todo ello como realidades pretéritas. La Tradición tomada como un absoluto se convierte en un complacerse en las cosas tal como están, en una puesta en práctica más de un "eclesiasticado" que de un discipulado cristiano (el término "eclesiasticado" es usado por el investigador ortodoxo P. Alexander Schmemann)[3]. Considerar como vivo y activo, por un momento, cualquiera de los tesoros heredados –las Escrituras, por ejemplo– sería despertar y reconocer otra fuente, además de la Tradición. Tomada como un absoluto, la Tradición se contradice a sí misma, y niega acceso a las mismas riquezas que proclama proporcionar.

Muchos cristianos Ortodoxos, por cierto, aunque en principio rechazan todo Magisterio universal vivo, *sí* regresan de hecho a las Escrituras y a los textos magisteriales, atentos a lo que Dios nos dice *hoy*[4]. Es sólo en las peores tendencias dentro de la Ortodoxia que, según se puede ver, opera la mentalidad *sola traditione*. Tampoco aquí llamaríamos a esto "la realidad dura" de la práctica ortodoxa, pero sí la calificaríamos como la tentación que

---

[3] Ver John A. Jillions, "'Thicket of Idols': Alexander Schmemann's Critique of Orthodoxy," *Wheel Journal* online, www.wheeljournal.com/blog/2018/7/24/john-jillions-alexander-schmemann.

[4] He oído decir que los teólogos Ortodoxos durante décadas han consultado silenciosamente los documentos vaticanos sobre bioética, reconociéndoles ser una guía autorizada, ya que no tienen nada que sea superior al buen trabajo realizado en esta área durante los reinados de Juan Pablo II y Benedicto XVI (no así en la época de Francisco, que se ha dedicado a desmantelar sistemáticamente el legado de sus predecesores).

permanentemente la asedia: tiende a ser la posición "default" en la apologética y la polémica.

El tercer absolutismo, *solo Magisterio*, ha sido la extraña exclusividad del catolicismo romano; extraña porque es, de por sí, menos plausible que los otros dos absolutismos. Cuando se considera la autoridad del Magisterio como absoluta, se lo hace prevalecer no sólo sobre todas las Escrituras y sobre toda la Tradición, sino también por sobre todos los actos previos del Magisterio. Sólo pesa lo que el *actual* monarca papal dice. Quienes viven en el ámbito de esta mentalidad tienen que acatar las declaraciones papales del día rendidamente, pero tienen que ignorarlas también rendidamente si el siguiente papa dice algo diferente o nuevo. Cualquier otra actitud sería negar la autoridad absoluta del papa reinante. En consecuencia, desde este punto de vista el catolicismo no posee ningún contenido que sea definitivo[5].

Por cierto, tal como hemos visto en el caso de protestantes y de ortodoxos con su tentación acosadora, la mayoría de los católicos romanos que practican la fe no piensan, realmente, que el Magisterio tiene un poder absoluto sobre las Escrituras y la Tradición; pero hay grupos extremos en la Iglesia que sí lo piensan, como puede comprobarse si se revisa la apologética de los hiperpapistas. Esta, pues, es probablemente la tentación que asedia al catolicismo.

"LA CUERDA DE TRES HILOS NO ES FÁCIL DE ROMPER" (ECLESIASTÉS 4, 12)

Así como muchos protestantes rechazan en principio toda autoridad salvo la de las Escrituras, y como los cristianos ortodoxos rechazan en principio todo Magisterio universal viviente, los católicos, en principio, aceptan *estos tres* elementos de que hemos venido hablando. Aunque a veces pueda parecer poco claro cómo se puede reconciliar lo que proviene de fuentes diversas, mantener las tres fuentes unidas es la clave para adherir a *una cualquiera* de ellas. ¿Cómo es esto?

Sólo con la Tradición y el Magisterio podemos aceptar y recibir la totalidad de las Escrituras, en vez de vagar alejándonos de ellas y acercándonos a interpretaciones privadas e idiosincráticas de las

---

[5] Para más reflexiones en esta línea, ver Eduardo Echeverría *"Solum Magisterium?," Crisis Magazine*, septiembre 15, 2023; Eric Sammons, "The Hyperinflation of the Papacy," *Crisis Magazine*, noviembre 8, 2023.

mismas, que pueden incluso suprimir partes de las Escrituras que se estima erradas o superadas (de lo cual el marcionismo es un ejemplo extremo)[6]. Sólo con las Escrituras y el Magisterio podemos aceptar y recibir toda la Tradición, en vez de andar vagando y cayendo en encarnaciones idiosincráticas y etno-nacionalistas de la Tradición (como lo hace la ortodoxia). Y finalmente, lo que es crucial, sólo con las Escrituras y la Tradición podemos aceptar y recibir todo lo que el Magisterio ha dicho, *tanto ayer como hoy*, en vez de someternos a un "Magisterio del momento" que depende de la personalidad y las preferencias del romano pontífice reinante. Cada uno de estos tres "pilares" forma parte integral de la naturaleza de los otros dos.

Para emplear una metáfora diferente, digamos que estos tres elementos son como las tres partes de un cuerpo orgánico que necesita las tres para funcionar. Cuando uno o dos de los elementos es desgajado, lo que queda del cuerpo procura reemplazar lo que ha perdido. Las partes nuevas son enanas y de mal aspecto, pero sirven torpemente para sustituir lo que falta.

Por ejemplo, cuando los protestantes polemizan con alguien, hablan como si sólo las Escrituras fueran su guía; pero si se observa más de cerca cómo piensan, hablan y viven entre ellos, como animales sociales que son, resulta obvio que no miran *sólo* a las Escrituras sino *también* a las tradiciones de cualquiera sea el grupo o denominación a que pertenecen; y no es menos evidente que tienen algún tipo de autoridad que decide qué es y qué no es aceptable en esa colectividad (también los protestantes tienen sus jerarquías y sus excomuniones)[7].

Del mismo modo, cuando son los ortodoxos orientales quienes polemizan, hablan como si el consenso de los Padres reflejado en una inalterable Divina Liturgia determinara todo lo que creen y

---

6 El papa Francisco adhiere a esta postura, ya que ha declarado "que los textos bíblicos (como Exodo 21, 20-21) (y) ciertas consideraciones del Nuevo Testamento que se refieren a las mujeres (1 Corintios 11, 3-10; 1 Timoteo 2, 11-14) y otros textos de las Escrituras y testimonios de la Tradición... no pueden ser materialmente aplicados hoy día, "porque expresan "condicionamientos culturales" que no forman parte de la "perenne substancia" de la divina revelación" ("El papa Francisco responde a las *dubia* presentadas por cinco cardenales", *Vatican News*, octubre 2, 2023).

7 En realidad, la necesidad de una autoridad surge tan pronto como se constituye una colectividad: así es la vida de los animales sociales, y tal es la voluntad de Dios. Ver León XIII, carta encíclica *Diuturnum Illud*, en *A Reader in Catholic Social Teaching from Syllabus Errorum to Deus Caritas Est* (Tacoma, WA: Cluny Media, 2017), 20-31.

obran; pero si se observa cómo piensan, hablan y viven en sus colectividades, la realidad es mucho más complicada, e involucra ciertamente un juego recíproco de los tres elementos, aunque el elemento magisterial sufre de hipoplasia.

Así también, cuando polemizan los católicos con alguien, hablan como si el Magisterio fuera su única guía; pero si se analiza cómo piensan, hablan y viven entre ellos, se verá que se apoyan en las Escrituras y en la Tradición de tal forma que no consultan el Magisterio (o no necesitan hacerlo) y pueden, a veces, entrar en tensión con los niveles inferiores de éste[8].

Se puede ver en todo esto dos hechos importantes. Primero, las polémicas tienden a hacer que estos grupos caigan de un modo exagerado en la tentación que los acosa. Segundo, cada vez que alguno de los tres elementos es minusvalorado o negado, tarde o temprano surge, para reemplazarlo, algo que *se le parece*.

Lo importante aquí es que podemos darnos cuenta de que la "Magisteritis" es una enfermedad, porque el Magisterio *recibe* la materia sobre la cual habla, *no la genera* (y si la generara, ello sería señal de que es un pseudo-Magisterio). El Magisterio es una especie de corte de apelaciones que emite pronunciamientos, los cuales requieren que haya *algo anterior* sobre qué pronunciarse. Los católicos, después de todo, hablan sobre la fe recurriendo a lo que les ha sido transmitido por escrito u oralmente y empleando su poder de razonar, y el Magisterio interviene cuando es necesario corregir o aclarar algo. El Magisterio presupone que existe algo sobre lo cual pronunciarse[9].

EL FIDEÍSMO DISFRAZADO DE TRES FORMAS

Cada uno de los tres extremos vistos resulta ser una forma de fideísmo.

El fideísta protestante cree algo "sólo porque la Palabra de Dios lo dice", sin darse cuenta de que no podemos comprender esa Palabra

---

[8] He oído a un católico hiperpapista decir que los católicos no debieran leer las Escrituras individualmente porque todo lo que necesitan saber se les enseña en los documentos oficiales de la Iglesia o en las lecturas de la Biblia en la liturgia, y que es peligroso -e incluso protestantizante- leer la Biblia a menos que el Magisterio haya explicado el significado de ciertos pasajes. El surgimiento de una postura como ésta, que tendría el efecto (por ejemplo) de suprimir toda la tradición de la *lectio divina* monástica, es síntoma de los problemas causados por lo que se ha denominado "el espíritu del Vaticano I" (ver capítulo 3).

[9] En este punto, ver Sammons, "Hyperinflation of the Papacy."

sin la operación de nuestra razón, sin el testimonio de la Tradición, sin la guía del Espíritu Santo que obra en la jerarquía de la Iglesia.

El fideísta ortodoxo cree algo "porque siempre lo hemos dicho u obrado de este modo", sin darse cuenta de que este juicio presupone una fuente anterior y más autorizada de lo que siempre ha de decirse o hacerse. Después de todo, existen cosas que se dijeron o fueron hechas por un tiempo, o en una cierta región, y que han dejado de decirse o hacerse o no fueron nunca dichas o hechas por todos; y existen creencias y prácticas que surgieron mucho después de la antigüedad.

El fideísta católico cree en algo "porque el Magisterio dice que hay que creerlo", sin reconocer que el Magisterio es un servidor de algo que es anterior y más autorizado que él mismo, o sea, la Palabra de Dios escrita y no escrita y la totalidad de la tradición eclesiástica que sirve de mediación y de expresión a esta Palabra.

Todas las formas de fideísmo tienen una parte de verdad (por ello es que pueden ser atractivas), pero simultáneamente conducen a evidentes distorsiones y, en su forma extrema, a un constructo irracional y arbitrario que ha perdido todo apoyo fuera de su círculo.

Ahora bien, se podría objetar a esto que el movimiento tradicionalista dentro de la Iglesia católica es un grupo "*sola traditione*" porque (según dice esta objeción) niega al papa autoridad para hacer cosas que a los tradicionalistas no les agradan.

Pero existe un modo diferente y mejor de entender el origen de este adjetivo "tradicionalista". Como sostienen muchos teólogos, el significado original de Tradición es *la totalidad de lo que Dios nos ha transmitido en la revelación divina*. La parte de ésta que se escribió se llama Escritura, y el resto se llama Tradición no escrita u oral. Dentro de este contenido que hemos heredado está el poder de interpretar la revelación, es decir, la autoridad docente de la Iglesia, el Magisterio. En otras palabras, las Escrituras y el Magisterio están *pre-contenidos en la Tradición*. Por tanto, el tradicionalista es aquél que pone énfasis en la inquebrantable unidad de los tres pilares en su fuente fundamental, y que rechaza, por consiguiente, toda exaltación hipertrófica de las Escrituras (como es la tentación de los protestantes), de la Tradición en un sentido reductivo (como es la tentación de los ortodoxos) o del Magisterio (como es la tentación de los católicos "conservadores" o "magisteriales").

Por ejemplo, la absurda enseñanza del papa Francisco de que la pena de muerte es *"per se* contraria al Evangelio", "inadmisible" e "inmoral", y que "rebaja la dignidad humana", choca contra el triple testimonio de las Escrituras, de la Tradición y del Magisterio, y no puede, por tanto, ser aceptada por un católico. Si un "desarrollo" como éste fuera posible, ninguna revisión de la enseñanza católica sería imposible, porque cualquier cambio, en absoluto, podría justificarse por el mismo tipo de dialéctica evolucionista invocada en el caso del cambio sobre la pena de muerte[10].

En este sentido, pues, el católico tradicionalista de hoy es sencillamente un católico libre de la enfermedad mental de la "Magisteritis", un católico que lucha –con su fe, con su vida, con su pensamiento– por mantener unidos los tres pilares de la Tradición original, es decir, la Tradición escrita, la Tradición no escrita, y el custodio de la Tradición.

---

10 Ver "What Good is a Changing Catechism? Revisiting the Purpose and Limits of a Book," en Kwasniewski, *Hyperpapalism to Catholicism*, 2:137-55; cf. Thomas Heinrich Stark, "German Idealism and Cardinal Kasper's Theological Project," *Catholic World Report*, junio 9, 2015. Se puede encontrar una comprobación del modo cómo piensan los progresistas en Michael Haynes, "Cardinal Schönborn cites death penalty revision when asked about changing Catechism on LGBT issues," *LifeSiteNews*, octubre 23, 2023. Para un tratamiento detallado de la cuestión de la pena de muerte, especialmente de sus implicancias en la recepción del Magisterio, ver Edward Feser, "Fastiggi on Capital Punishment and the Change to the Catechism," en dos partes, agosto 26 y agosto 30, 2023, en https://edwardfeser.blogspot.com/.

2
Los problemas de la interpretación

EL ARTÍCULO DE CASEY CHALK "LA DOCTRINA protestante que nos ha dado Iglesias pro-trans"[1], describe la increíble confusión que causa el principio *sola scriptura*, y proporciona un muy buen resumen de la postura católica clásica de por qué debe existir un intérprete de la Biblia designado por Dios, ya que ella no se interpreta sola.

En cuanto católico tradicionalista, he meditado a menudo en ciertos dilemas epistemológicos que nos confrontan actualmente y que tienen algún parecido con el fenómeno *sola scriptura*. Dichos dilemas han estado siempre presentes, pero en general no han tenido mucho relieve y han sido de interés sólo para los especialistas. Hoy, en cambio, asumen una forma aguda, innegable y, gracias a los medios sociales, son captados por todos quienes siguen las noticias de la Iglesia con alguna seriedad. Uno de esos dilemas es el siguiente.

Ningún texto se interpreta a sí mismo; todo texto necesita un intérprete con autoridad. Con todo, la interpretación que hace dicho intérprete con autoridad se transmite, usualmente, en forma de texto. Este texto tampoco se interpreta a sí mismo, sino que requiere una interpretación autorizada; y este texto necesita otro texto. Surge así el espectro del retroceso infinito, en que nadie puede jamás estar seguro de poseer el correcto significado de un texto.

Alguien podría objetar "¡Esto es ciertamente una exageración! El Magisterio habla con claridad sobre todo tipo de cosas: así habló Nicea de la divinidad de Cristo, por ejemplo; y Trento, de la transubstanciación del pan y del vino en la Misa; y Pío IX, de la

---

[1] Publicado en *Crisis Magazine* en marzo 23, 2023. Para un tratamient en extenso, ver el libro de Chalk *The Obscurity of Scripture: Disputing Sola Scriptura and the Protestant Notion of Biblical Perspicuity* (Steubenville, OH: Emmaus Road Publishing, 2023).

Inmaculada Concepción y Pío XII, de la Asunción; y el Vaticano I del dogma de la infalibilidad papal". Sí, en cierto modo, esto es verdad: estos dogmas se nos transmiten con considerable claridad, y algunos han adquirido expresiones litúrgicas inobjetables.

Pero en algunas ocasiones las aguas dejan de ser claras. Tomemos el caso del Vaticano I. El significado del dogma de la infalibilidad papal tiene la desgraciada fama de ser controversial[2], y hoy se puede encontrar interpretaciones de él en extremo diferentes e incluso incompatibles entre sí, para no decir nada de sus implicancias y corolarios, y se puede encontrar apoyo para estas diferentes posturas en documentos y actos papales de los últimos 150 años. Los puntos de vista de León XIII o Pío X no son necesariamente los mismos que los de Juan Pablo II o Benedicto XVI. Compatibles, quizá; se podría discutir si forman una continuidad; pero son diversos.

Tenemos, además, el problema (el escándalo, para hablar con más propiedad) de algunos jerarcas, comenzando con el papa Francisco y continuando con los que él ha creado –Cupich, McElroy, Roche, Fernández et al.– que citan los documentos selectivamente, haciéndolos decir lo contrario de lo que la mayoría considera como su "sentido natural". Así, el cardenal Cupich elige cuidadosamente del Concilio de Trento y de la encíclica *Mediator Dei* apoyos para el *Novus Ordo*, al tiempo que los usa a ambos en contra de la Misa tradicional[3]. Sí, es absurdo; pero lo que el cardenal hace es procurar construir un andamio magisterial que sostenga a su propio punto de vista. *Amoris Laetitia* es otro caso del uso de un instrumento del Magisterio como arma contundente para negar enseñanzas magisteriales anteriores muy claras –claras, al menos, a nivel de una lectura natural, no forzada, de los textos–.

Así, pues, pareciera que el embarazoso pluralismo protestante, al cual los apologistas católicos señalan, triunfantes, como prueba tanto de la inadecuación del principio *sola scriptura* como de la necesidad de un guía divinamente designado, nos penara ahora a nosotros en forma de un *pluralismo magisterial* o, mejor dicho, en forma de una mezcla de Magisterio, formalmente hablando (en todos sus diversos niveles) y de una "teología oficial", que todo lo

---

[2] Para el mejor planteamiento reciente sobre el tema, ver John P. Joy, *Disputed Questions on Papal Infallibility* (Lincoln, NE: Os Justi Press, 2022).
[3] Ver Cardenal Blase Cupich, "A Eucharistic Revival that Renews the Church," Partes I y II, marzo 12 y 22, 2023, en www.eucharisticrevival.org/.

impregna, tal como nos la ha descrito Thomas Pink, prestándonos con ello un gran servicio[4].

Existen muchas ocasiones en que los católicos, a fin de saber cuál es la verdad y no caer en error, debieran tomar un documento de la Iglesia y decir, quizá a quien encabeza el Instituto Juan Pablo II en Roma, o a algún prominente personaje del Sínodo sobre Sinodalidad, o al cardenal Roche: "Mire, es *evidente*, sobre la base de este *clarísimo* pasaje de *Veritatis Splendor*, que Ud. no puede sostener X, Y o Z"; o "Pío XII, en este pasaje de *Mediator Dei*, condena el falso anticuarianismo en que se apoyó el Consilium", o "*Mediator Dei* demuestra que el laicado ofrece verdaderamente el Santo Sacrificio de la Misa junto con el sacerdote, pero lo hace de un modo esencialmente diferente de cómo lo hace el sacerdote". Se podría dar fácilmente muchos otros ejemplos de este tipo.

En tales casos, la gente se apoya en lo que se podría denominar "la doctrina de la *claridad magisterial*", opuesta a una descaminada "teología oficial", a la arbitraria manipulación de documentos eclesiásticos e, incluso, a los errores de un magisterio ordinario no infalible (algo que, nos dice la Iglesia, es efectivamente posible, ya que lo opuesto de lo infalible es lo falible)[5].

---

4 Ver el pionero estudio de Thomas Pink "Vatican II and Crisis in the Theology of Baptism", que considero uno de los más importantes textos que he leído sobre el cambio que se dio entre la teología pre-Vaticano II y la post-Vaticano II. Puede encontrárselo en *Integralism and the Common Good: Selected Essays from The Josias*, Volumen 2: *The Two Powers*, ed. P. Edmund Waldstein, O. Cist. (Brooklyn, NY: Angelico Press, 2021), 290-334. En él Pink define "teología oficial" como la "opinión teológica que prevalece en los círculos oficiales", y afirma: "La teología oficial es la forma cómo la Iglesia se explica teológicamente a sí misma y a su misión; una explicación que es oficial -involucra a corporaciones o personas oficiales- pero que no impone por ello ninguna obligación a nuestras creencias de católicos. La teología oficial puede contener una enseñanza magisterial o puede ir más allá de la enseñanza magisterial. Puede incluso, lamentablemente, obscurecer o aun contradecir la enseñanza magisterial. Pero la teología oficial no es ella misma una instancia más de enseñanza magisterial. La Iglesia produce constantemente una teología oficial, que es un elemento siempre presente y esencial en la vida de la Iglesia… La teología oficial se transmite mediante la formación que se da al clero, mediante los manuales para seminarios y conferencias. Se la puede encontrar en todo lo que se considera normal en los sermones, las homilías y la literatura devota que se ofrece en la Iglesia. También se la encuentra en todo tipo de explicaciones oficiales de la liturgia o de la práctica pastoral. Y se la encuentra especialmente en aquello que no se dice. La teología oficial se revela a sí misma en el silencio, tanto en aquello que no es considerado significativo o digno de comentario en la vida de la Iglesia, como en aquello que sí lo es" (292-93). Ver, del mismo autor, "Papal Authority and the Limits of Official Theology," *The Lamp* online, diciembre 2, 2022.

5 Ver Joy, *Disputed Questions on Papal Infallibility*, 8-18.

Los problemas de la interpretación

En tiempos pre-modernos, el pueblo común aprendía un catecismo sencillo que se basaba en el credo y los mandamientos; rendía culto en alguna iglesia cercana, según un rito heredado desde tiempos inmemoriales; pagaba el diezmo; y moría teniendo un crucifijo o el rosario entre las manos. Quisiéramos creer que todavía es posible una fe de niños como ésa; se puede tener un atisbo de ella en las colectividades en que la tradición se mantiene vigorosa y crece. En una parroquia tradicional de hoy día se puede experimentar la fuerza de las verdades eternas que late en los antiguos catecismos; la evidente bondad de la Misa tradicional; la generosidad de los creyentes que orientan sus vidas a Dios, y el anhelo de todos de morir en Su gracia y vivir con El para siempre.

Esta vida de fe sencilla sigue siendo real todavía, tan real como la Presencia Real que la promueve y la sostiene. Pero hoy está amenazada gravemente por algunas facciones en la Iglesia -no por la Iglesia misma, la inmaculada Esposa de Cristo, sino por ciertos clérigos que osan hablar por Ella[6]- que desprecian la fe sencilla de los "pequeños"[7], que descalifican el amor a la tradición como "retrogradismo", o la adhesión a los dogmas como "fundamentalismo", o la insistencia en una sana moral como "moralismo", o la búsqueda de coherencia como "integrismo". Estos facciosos no quieren dejar en paz a las "comarcas" católicas[8], y hacen mucho ruido con "las necesidades del hombre moderno", con "el desarrollo de la doctrina" y con las "reformas irreversibles". Y nos imponen, prácticamente a la fuerza, sea que nos interese o no, la necesidad de distinguir entre enseñanza católica auténtica e inauténtica. Puede que uno no esté interesado en la revolución, pero la revolución está muy interesada en *uno*.

Así, pues, los católicos que cuentan con esa bendición que es la Iglesia, maestra instaurada por Dios, necesitan, sin embargo,

---

[6] Ver la importante distinción que hace Jacques Maritain entre "la persona de la Iglesia", supremamente santa, inmaculada y llena de verdad, y "el personal de la Iglesia", que no es ni indefectiblemente santo ni está siempre libre de error: *On the Church of Christ*, trad. Joseph W. Evans (Notre Dame: Uni- versity of Notre Dame Press, 1973), 135-51; se puede también consultar los escritos eclesiológicos de Charles Journet.
[7] Ver la conversación del Obispo Athanasius Schneider con Diane Montagna, *Christus Vincit: Christ's Triumph over the Darkness of the Age* (Brooklyn, NY: Angelico Press, 2019), 113-14, 154-55, 168, 307.
[8] Ver Julian Kwasniewski, "The Universal Call to Hobbitness," *Crisis Magazine*, diciembre 19, 2022.

un principio o un conjunto de principios para la recepción, interpretación y armonización de lo que las autoridades de la Iglesia dicen, e incluso para distinguir entre lo que es uso auténtico o inauténtico, lícito o ilícito, de la autoridad. Y esto nos remite al tema de la inteligencia y la conciencia del creyente. Porque habrá siempre un "filtro" hermenéutico cuando se recibe la enseñanza de la Iglesia; ello es inevitable. Pero, al menos, me preguntaré a mí mismo: "¿Tiene esto sentido, supuesto lo que *ya he recibido* de la Iglesia? ¿Contradice esto algo más fundamental o algo que conozco con mayor certeza?".

Sostener, como pretenden algunos, que se debe simplemente aceptar cualquier cosa que el papa reinante diga, sin importar que choque abiertamente contra lo que la Iglesia ha enseñado en el pasado es, a mi juicio, una absoluta ridiculez. Por un lado, semejante hiperpapismo niega el primer principio del pensamiento, que es el principio de no-contradicción (si la pena de muerte, en las Escrituras y en toda la historia del cristianismo, es una expresión de la virtud moral de la justicia, no es propio decir que "es contraria al Evangelio y a la dignidad humana"). Por otro lado, el autoritarismo ofende la dignidad de la persona, porque un individuo libre y racional debiera ser tratado como tal, es decir, como alguien a quien se le debe una explicación de la fe que sea convincente, y no lo convierta en animal de carga de una ideología política o una agenda partidista.

Finalmente, el hiperpapista daña gravemente la misión evangelizadora de la Iglesia haciéndola aparecer, a los de afuera, como una secta cuyos miembros cambian de modo de pensar según lo que su líder diga en su último mensaje enviado desde arriba o -para usar expresiones que nos son más conocidas desde hace una década- según lo que diga la última intervención del "Dios de las sorpresas", comunicada por su portavoz, el "papa de las sorpresas".

Es innegable, por ejemplo, el grave daño hecho a la imagen *ad extra* de la Iglesia por *Traditionis Custodes*. ¿Qué lógica puede tener para los no católicos, para no mencionar a los católicos, el que algunas comunidades reconocidas por su alta tasa de participación, de fidelidad y de generosidad sean clausuradas simplemente porque han creído más fructífero rendir culto a Dios del modo en que los católicos lo han hecho durante la mayor parte de la historia de su religión? De todos los posibles ejemplos de escándalo, éste es el más claro de todos, habiendo el Señor hablado al respecto con algunas palabras bien precisas (cf. Mateo 18, 6-9).

El carácter moral de la jerarquía que expone una enseñanza es, también, relevante respecto de cómo dicha enseñanza debe recibirse, y se puede afirmar esto sin necesidad de caer en ninguna variante del Donatismo, que equipara el ser miembro de la Iglesia o parte del gobierno de ella con ser moralmente bueno. Si, por ejemplo, nos hemos formado razonablemente la opinión, según el modo habitual en que uno se forma opiniones, de que un determinado papa u obispo es mentiroso, manipulador, hipócrita, enemigo de la seguridad psíquica de las personas, abusador, protector de abusadores, etc., tomaremos *cum grano salis* lo que enseña, y con toda razón: experimentaremos dudas, o suspenderemos el juicio, ya que el carácter inmoral de quien lo propone hace dudar de los motivos y del contenido de lo que enseña.

Nada de esto nos hace aterrizar inevitablemente en el subjetivismo o el relativismo, pero nos exige ser rigurosamente honestos al atacar el subjetivismo o el relativismo protestantes. Necesitamos la humildad de reconocer que nosotros también tenemos, al *interior* del catolicismo, un desafío parecido, que se yergue sobre la misma ley hermenéutica básica, es decir, "ningún texto se interpreta solo": al menos, nunca lo hace a la perfección, ni hasta el punto que todos –todos los de recta intención– coincidan necesariamente en cuál es su significado.

Lejos de relegarnos a una playa desolada de una remota isla escéptica de la cual no hay escapatoria, este hecho se cuenta entre los apoyos más poderosos con que cuenta el tradicionalismo católico (con lo cual me refiero al catolicismo, simplemente, pero al que le damos aquí un apelativo especial debido a una peculiar circunstancia de nuestra época, a saber, el que el modernismo y el progresivismo han reemplazado en gran parte al catolicismo en muchas instituciones e individuos)[9]. El principio fundamental del tradicionalismo es éste: debemos adherirnos fuertemente, todo lo que podamos, a la fe católica enseñada, descrita, representada y, especialmente, puesta por obra en el culto a lo largo de los siglos y de los milenios.

---

9 Ver mi artículo "Can We Call Ourselves 'Traditional Catholics'?," *OnePeterFive*, abril 12, 2023.

Mientras más tiempo haya durado una práctica (piénsese en el Rosario) o una formulación (piénsese en el Credo Niceno o en la doctrina Eucarística de Santo Tomás de Aquino y del Concilio de Trento); mientras más tiempo se haya orado una liturgia (piénsese en el desarrollo continuo, jamás interrumpido, del rito romano de la Misa hasta mediados del siglo XX)[10], más seguro es tenerlos como apoyo, tenerlos como verdaderos, buenos, santos, rectos, divinamente aprobados. Tan así es esto que si un papa (no lo permita Dios) intentara prohibir el Rosario, ignoraríamos la prohibición y seguiríamos rezándolo igual que siempre.

Existe un modo de escapar al retroceso infinito. Para nosotros, los católicos, él consiste en afirmarnos en la herencia, acumulada y convergente, de la tradición –sí, mediada por el Magisterio, pero ni reducida ni reductible a lo que dice "el Magisterio del momento"–. Ese Magisterio incluye el Magisterio ordinario universal de todos los obispos, tal como se refleja en los catecismos tradicionales[11] y en los ritos litúrgicos, así como también el Magisterio extraordinario de los papas y concilios, que no puede errar.

Quiero reiterar que el problema filosófico en que me he centrado aquí no es "cómo sabemos que el catolicismo es verdadero", sino "cómo sabemos que sabemos, con una certeza razonable, *qué es el catolicismo*", en una época en que hay una oferta de muchos "catolicismos" que compiten, y en que algunas altas autoridades eclesiásticas dan su apoyo a algunos de los competidores más raros que se pueda imaginar. Nuestra certeza respecto de la fe se fundamenta en que existe un *sensus catholicus*, un *sensus ecclesiae*, y un *sensus fidelium* que se alimentan en fuentes cuya capacidad y confiabilidad en la transmisión de los dogmas y prácticas de la fe están colectivamente bien comprobadas.

A mi juicio, este sector de la "apologética intra-eclesial" constituye, para los apologetas de hoy, un desafío mucho mayor que el de refutar a los protestantes, que, a pesar de la buena voluntad, no son

---

10 Ver mi libro *El rito romano de ayer y del futuro: El regreso a la liturgia latina tradicional tras setenta años de exilio* (Lincoln, NE: Os Justi Press, 2023), 37-87, 221-42, et passim.
11 El proyecto TradiVox ha estado publicando nuevamente docenas de antiguos catecismos clásicos de hace muchos siglos, e incorporando su texto en una base de datos digital. Con ello, se puede demostrar espectacularmente bien la coherencia de la enseñanza católica, frente a la cual se advierte las graves desviaciones de las últimas décadas.

más que oponentes necios y altaneros, que ya han sido refutados mil veces desde la época de Cayetano, Bellarmino y Francisco de Sales hasta la de las *Radio Replies* de los Padres Rumble y Carty[12], incluyendo a Thomas Howard[13], Scott Hahn, y los innumerables apologetas cuyas obras llenan nuestras estanterías. Ya hemos atravesado tantas veces con una espada el corazón de las "cinco solas" [N. de Tr.: se trata de cinco lemas usados orginalmente por los protestantes: sola scriptura, sola fides, sola gratia, solo Christo, soli Deo gloria] que es sorprendente que todavía se retuerzan y pataleen. Mientras tanto, parece que todavía la necesidad de una apologética intra-eclesial no es reconocida o, peor, se la despacha con un hiperpapismo desenfadado (y flojo) o con su hermano siamés, el ruidoso (e igualmente perezoso) sedevacantismo.

Estas tácticas, que impiden el pensamiento, no solucionan nada. Ocasionan, por el contrario, crisis de conciencia y tentaciones de apostasía entre los católicos, que no pueden cuadrar lo que se les enseñó en los catecismos corrientes o en la liturgia histórica con lo que hoy oyen y ven en los portavoces de la Iglesia. O reivindicamos con inteligencia los derechos de la tradición y de la razón, o nos rendimos al fideísmo, al autoritarismo, al positivismo y al evolucionismo. Es el terreno eclesial –un terreno propiamente católico– donde todavía están por darse las grandes batallas apologéticas.

---

12 Los cuales se encuentran afortunadamente *online* en www.radioreplies.info/.
13 Ver *Evangelical Is Not Enough: Worship of God in Liturgy and Sacrament* (San Francisco: Ignatius Press, 1988).

3
El "espíritu del Vaticano I" como problema político post-revolucionario

En su fascinante libro "Vaticano I: El concilio y la formación de la Iglesia ultramontana"[1], John W. O'Malley describe los movimientos, ideas, personalidades y acontecimientos que convergieron en el Primer Concilio Vaticano de 1869-1870. Mi propósito aquí no es proporcionar un resumen completo, ni mucho menos proponer "soluciones" teológicas bien ordenadas, sino subrayar algunos puntos de la intrincada narración de O'Malley que debiéramos tener presentes al continuar nuestro estudio del "hiperpapismo".

EL ANTIGUO PARADIGMA Y LA INFLUENCIA DE MAISTRE

En la narración de O'Malley, lo que él denomina en términos amplios "galicanismo" se refiere no tanto a algo específicamente francés como a un conjunto, harto común, de creencias que han existido siempre en la historia de la Cristiandad latina. Nadie ha aceptado ni enseñado jamás que el papado fuera un poder completamente arbitrario y carente de toda limitación. Siempre se entendió que la Tradición, más que originarse en el papado e irradiar desde él, había existido siempre en todas partes en la Iglesia, y había encontrado en el papado su punto central de convergencia. Desde allí podía la Tradición ser difundida a todas partes, pero sólo habiendo sido previamente recibida. Esta realidad era como una vía de doble tránsito: la Tradición fluía *hacia* Roma, tal como la Tradición fluía *desde* Roma.

El espíritu revolucionario impulsó un drástico cambio, que significó alejarse de esta forma histórica de entender el papado. Lo que comenzó a interesar ahora fue: ¿Cómo puede controlarse las

---
[1] Cambridge, MA: Belknap Press of Harvard University Press, 2018.

fuerzas seculares y los poderes revolucionarios? Y la respuesta fue: ¡lo puede hacer el papa! El papa fue una fuerza indómita capaz de resistir el avance de las dañinas fuerzas seculares que procuraban acabar con la Iglesia[2].

Agreguemos otro elemento: Joseph de Maistre, autor de "Del papa" (1819), un importante libro que influyó en el movimiento ultramontano. En términos generales, Maistre fue un contrarrevolucionario y fiel católico que lideró la resistencia a la *hubris* del liberalismo en Europa[3]. Maistre se había desilusionado por la insistencia del liberalismo en los "contrapesos y equilibrios": según Maistre, todo poder –sea secular, sea religioso– necesita concentrarse en sólo un hombre, a quien debe darse el poder de hacer todo lo que estime necesario por el bien de sus súbditos, sin que nadie pueda en absoluto oponérsele. Las ideas de Maistre terminaron por prender debido a las necesidades prácticas; pero de lo que Maistre no se hizo cargo fue de qué sucede cuando semejante poder individual sin límites se vuelve problemático él mismo. Para Maistre, en tal caso no hay recurso alguno.

LAS TENDENCIAS EN EL VATICANO I

A mediados del s. XIX, quienes se oponían a la infalibilidad papal *aislada*, se dividieron en dos campos.

En primer lugar, los denominados galicanos, representantes del antiguo paradigma, que sostenía que, aunque debía tenerse por el obispo de Roma la más alta consideración posible, no debía tomárselo por un oráculo divino. Se consideraba al papa como un punto central de unidad, dotado de una autoridad propia de primacía y de docencia; pero también se pensaba que la diversidad, a

---

[2] Es imposible no darse cuenta de que hoy nos enfrentamos a una situación exactamente opuesta: un papa que hace de títere de los poderes seculares izquierdistas y anti-religiosos. Si antaño lo que preocupaba era cómo podía el papa poner coto a un poder secular rebelde, hoy día la cuestión es: ¿Qué poder es capaz de poner límites a un papa rebelde?

[3] Voy a aprovechar los términos "liberal/liberalismo" en este capítulo para dejar en claro que, a lo que me refiero, es a su significado original, que a menudo se amplía con el término "liberalismo clásico" en los Estados Unidos, donde se lo confunde con "conservadurismo", cosa que, por cierto, no es. Ver Louis Cardinal Billot, SJ, *Liberalism: A Critique of Its Basic Principles and Various Forms*, trad. George Barry O'Toole y Thomas Storck (Waterloo, ON: Arouca Press, 2019), especialmente la Introducción de Storck; cf. Thomas Storck, "Liberalism's Three Assaults," en *From Christendom to Americanism and Beyond: The Long, Jagged Trail to a Postmodern Void* (Kettering, OH: Angelico Press, 2015), 22-33.

nivel local, tenía igualmente un origen divino, algo que *también* era constitutivo de la naturaleza de la Iglesia. La Iglesia no se reducía al obispo de Roma, como si éste pudiera decir *"L'Eglise, c'est moi"*.

El segundo campo fue el de los llamados católicos liberales, concordantes con la Ilustración y con las nuevas ideas de un liberalismo cuyos principios sonaban como sinopsis de los derechos civiles estadounidenses: libertad religiosa, libertad de expresión y de prensa, republicanismo en lugar de monarquismo, separación de Iglesia y Estado. Su agenda era promover esto al interior de la Iglesia católica, y veían el papado como un obstáculo en el camino.

Ambos partidos se oponían, por motivos diferentes, a los ultramontanos, decididamente antiliberales[4], que promovían una nueva concepción de la infalibilidad papal.

Debemos aquí distinguir explícitamente entre el galicanismo como una especie de mentalidad general, según la cual existen límites a la autoridad papal, y el galicanismo como una *teoría* bien definida sobre cuáles son esos límites, tal como se los expresa en los artículos galicanos de 1682. El primero tiene mucho a su favor; el segundo, en cambio, ha sido rechazado como herético. Se podría decir que los galicanos estaban, de un modo general, en lo cierto, aunque erraban en varios puntos específicos, en tanto que la mayoría en el Vaticano I estaba en lo cierto en varios puntos específicos definidos en *Pastor Aeternus*, pero erraban, en un sentido más general, en cuanto a cómo combatir efectivamente el liberalismo. La posición católica tradicional es, por tanto, una combinación de artículos específicos del ultramontanismo (i.e., primacía e infalibilidad) dentro del cuadro general representado por la visión antigua, sostenida también por quienes decididamente *no eran galicanos* en el sentido restringido, como, por ejemplo, John Henry Newman.

En todo caso, el rumbo que tomaron las cosas fue una gran sorpresa. Los partidarios de la infalibilidad papal consiguieron la definición de ella, y pensaron, por tanto, que su defensa contra el liberalismo era efectiva. Pero ocurrió que los partidarios del liberalismo se apoderaron del papado y utilizaron el poder supremo de éste para imponer el liberalismo a toda la Iglesia.

Las auto-contradicciones son evidentes. Nuestro actual papa, en nombre de los ideales del liberalismo o progresismo, suprime todo

---

[4] En este punto insisten mucho Roberto de Mattei y José Antonio Ureta en sus escritos sobre ultramontanismo.

aquello que le parece ser un obstáculo para su agenda. Esto es una analogía del modo como funcionan los comunistas, quienes dicen que obran "en favor del pueblo" o incluso que hablan por él, pero imponen al pueblo sus propias ideas con un poder absoluto[5]: lo que hacen es instalar y beneficiar a su propio círculo privado de compinches, considerando la lealtad personal como lo único que realmente importa. Así también, el partido neo-liberal o neo-modernista de hoy *celebra* las virtudes del poder papal absoluto que, si bien antaño fue su enemigo, ahora que lo controla, disfruta no poco el tener ese poder y lo usa para sus propios fines. Los neo-liberales, tanto civiles como eclesiásticos, valoran mucho poder tener y usar el poder absoluto: están a favor de suprimir la libertad de expresión y de prensa; quieren usar el poder para suprimir toda oposición de "derechas"; no exigen besar, literalmente, el pie del pontífice, pero han encontrado otros sustitutos que les convienen; quieren volver a relacionar la Iglesia y el Estado, pero ahora al revés, permitiendo que el Estado dicte sus términos a la Iglesia, de modo que ésta funcione como el capellán del Estado y haga un guiño ceremonial y una venia de aprobación a las agendas socialistas, a las fronteras abiertas, al aborto, y a las agendas de sexo y género (para mencionar sólo algunos de los temas relevantes). En nuestra época moderna, los izquierdistas y revisionistas son totalitarios, y controlan el poder centralizado a fin de imponer una planificación centralizada y la destrucción de la tradición.

Si ha de surgir una oposición efectiva a la autoridad centralizada, tendremos que dedicar nuestros esfuerzos a construir, normalmente lejos del alcance de los estratos superiores de la jerarquía, pequeñas colectividades locales en que la tradición pueda vivir y crecer. Los tradicionalistas de hoy se asemejan a los antiguos partidarios europeos de la tradición: valoran el papado como un servidor de la Tradición, no como un omnipotente oráculo divino, dueño

---

5 Los paralelos con la propaganda del "sinodalismo" son sorprendentes. Como decía Umberto Ecco en su celebrado ensayo "Ur-fascismo": "Se concibe al Pueblo como una cualidad, como un ente monolítico que da expresión a la Voluntad General. Pero debido a que ningún grupo numeroso de seres humanos puede tener una voluntad común, el Líder pretende ser su intérprete. Habiendo perdido su poder de delegar, los ciudadanos no actúan; sólo se les pide que cumplan el papel de Pueblo. Y así, el Pueblo es sólo una ficción teatral... La respuesta emocional de un grupo selecto de ciudadanos puede ser presentada y aceptada como la Voz del Pueblo". *New York Review of Books*, junio 22, 1995, reproducido en https://theanarchistlibrary.org/library/ umberto-eco-ur-fascism.

de imponer arbitrariamente sus caprichos y fantasías individuales. Consideran que el papado tiene algunos elementos de una "monarquía constitucional", en que el poder está puesto en medio de un tejido de principios, precedentes, protocolos y promesas.

El papa es, paradojalmente, un monarca tanto absoluto como constitucional, algo que nadie más puede ser. Es absoluto en la medida en que es un monarca limitado sólo por la ley divina y natural; pero la misma ley divina contiene una constitución para la sociedad gobernada por el papa, aunque la misma ley divina *no incluye* una constitución en el caso de las sociedades gobernadas por un monarca secular.

LA DISCUSIÓN EN TORNO A LA DEFINICIÓN

Se redactó, antes del concilio Vaticano I, un documento preparatorio en el tema de la eclesiología, que incluyó mucho más material que lo que eventualmente iba a aprobarse[6]. Hacia el final de ese esquema se encuentra el análisis de la primacía e infalibilidad del papa, seguido por las condenas de la libertad religiosa, la separación de Iglesia y Estado, la libertad de prensa y de expresión, etc.

Ahora bien, los obispos no liberales compartían el deseo de poner énfasis en las doctrinas atacadas por el liberalismo y de anatematizar los errores contrarios a ellas. Estos obispos, que eran mayoría numérica, parecían pensar que la mejor "bala de plata" contra el mal liberal, que tenía forma de hidra, era simplemente declarar la infalibilidad papal porque, al cabo, se podía confiar en que el papa condenaría el liberalismo: *Roma locuta, causa finita*. Parece que no se les pasó por la mente que podría llegar al papado alguien que lo usara para favorecer el liberalismo. Y, así, los ultramontanos iniciaron una campaña para extraer del largo documento preparatorio la primacía y la infalibilidad del papa y someterlas a discusión por separado. Pío IX coincidió con ellos[7]. O'Malley advierte que ello se hizo contrariando las normas del Concilio, lo que dio pie a los críticos para calificarlo de "golpe" (algo similar ocurrió después, cuando la "Alianza Europea" hizo

---

6 Muchos obispos querían tomar, simplemente, el *Syllabus* de Errores y adaptarlo como definiciones y cánones. ¡Cómo habría sido aquello!
7 O'Malley señala que si esto no hubiera ocurrido -y casi no ocurrió- la ocupación de Roma hubiera causado un receso indefinido del Concilio mucho antes de que se llegara a discutir -y votar- la primacía e infalibilidad papales.

caso omiso de las normas del Vaticano II a fin de tomar el control de éste).

A diferencia del primer documento del Vaticano I, *Dei Filius*, sobre la razón, la fe y la cognoscibilidad de Dios, que obtuvo un consentimiento casi unánime, la primacía e infalibilidad, tratadas en el documento *Pastor Aeternus*, se enfrentó con una feroz oposición. Los obispos de la llamada "minoría", que se oponían a la definición de la infalibilidad papal, contaron en su número a algunos de los más prestigiosos y eruditos obispos de la época.

O'Malley observa que buena parte del debate sobre la definición –además de la oposición liberal y de consideraciones sobre la "oportunidad" de hacerla en ese momento– se centró en el problema de que esta infalibilidad iba a ser vista como: (1) personal, (2) absoluta y (3) separada. Incluso entre los obispos partidarios de la infalibilidad surgió una enorme preocupación por aclarar que la definición no significaba que este carisma fuera simplemente personal, absoluto y separado. El obispo Karl Josef von Hefele (1809-1893) –un historiador eclesiástico– hizo ver que incluso el *Tomo de León* fue examinado y ponderado por los Padres del Concilio de Calcedonia antes de aprobarlo. O sea, aquellos Padres Conciliares no creyeron, como si ello fuera un primer principio, que *sólo* con que León dijera algo, la cuestión quedaba resuelta, sino que oyeron *lo que* León tenía que decir, lo sopesaron y luego lo proclamaron como dogma católico.

En su *relatio*, el obispo Gasser explícitamente aborda los tres problemas: personal, absoluta, y separada[8], y dice que la infalibilidad es personal en el sentido de que corresponde a cada pontífice individual y no meramente a la Sede Romana, en general, rechazando así la distinción galicana entre *sedes* y *sedens*; pero no es propia de todos sus actos. No es de ningún modo absoluta: ello sería verdadero sólo en el caso de Dios: la infalibilidad del papa está limitada de tres modos cruciales: por el sujeto, por el objeto y por el acto[9]. Y no es separada en el sentido de que el papa esté aislado de la Iglesia al realizar la definición, aun cuando sus definiciones son infalibles *ex sesse*, es decir, por sí mismas.

---

8 Una *relatio* es la explicación oficial que se da en un concilio a fin de aclarar cuestiones de un documento antes del voto final y de su promulgación. Como tal, la *relatio* representa la explicación oficial y autorizada de un documento conciliar.
9 Ver *The Gift of Infallibility: The Official Relatio on Infallibility of Bishop Vincent Gasser at Vatican Council I*, trad. con comentarios del Rvdo. P. James T. O'Connor (Boston, MA: St. Paul Editions, 1986), 45-46.

Adviértase cuán diferente es esto del ilimitado entusiasmo de los "apologetas" actuales del hiperpapismo, que se catalogan a sí mismos como críticos de los católicos tradicionalistas y los descartan como afines al protestantismo o, quizá, a la ortodoxia. Si los miramos a la luz de la historia, advertiremos que son papistas al estilo Maistre, con su insistencia en que la autoridad de un papa individual es personal, absoluta y separada. Cualquier concesión en el sentido de que los actos docentes o gubernativos del papa son o podrían ser defectuosos constituiría, para ellos, una demostración de que el catolicismo es falso. Lo cual, obviamente, no es verdad.

¿ES LA FÓRMULA DE HORMISDAS UN APOYO PARA EL HIPERPAPISMO?

La llamada "fórmula de Hormisdas" que, cuando fue aceptada por los obispos orientales en 519 puso fin al primer "cisma de Acacio" entre Oriente y Occidente, lejos de servir de apoyo a dichos apologetas, como ellos suponen a veces, apoya, de hecho, la posición del Obispo Hefele. La fórmula aludida dice lo siguiente:

"La primera condición para salvarse es respetar la norma de la fe verdadera y no desviarse en modo alguno de la doctrina establecida por los Padres. Porque es imposible que las palabras de Nuestro Señor Jesucristo, que dijo "Tú eres Pedro, y sobre esta piedra edificaré mi Iglesia" (Mateo 16, 18) no sean verificadas. Y su verdad ha sido demostrada por el curso de la historia, ya que en la sede apostólica [Roma] se ha conservado siempre inmaculada la religión católica"[10].

Examinemos el lenguaje empleado. La condición para salvarse es "la doctrina de los Padres". ¿Por qué no la doctrina "de Pedro", si es a ella que se refiere? El estándar es la doctrina de los *Padres*, no la de Pedro en cuanto personal, absoluta y separada. Si hay algo que nos enseña esta fórmula, ello es que el papa, como condición de su propia salvación (¡!) debe sostener la doctrina de los Padres. Es decir, un papa no está obligado a observar su doctrina propia personal como condición para salvarse personalmente, que es lo que Maistre hubiera querido que creyéramos. Sería muy extraño que se hiciera a esta fórmula decir que el papa define *por sí mismo* la condición de

---

10 Citada en el original: Robert B. Eno, *The Rise of the Papacy* (Eugene, OR: Wipf and Stock, 2008), 131.

su propia salvación –y cuanto más la condición de la salvación de toda la humanidad–. La fórmula declara, como primer principio, que es la "doctrina de los Padres", o sea, de los "Padres" en plural, no del "Santo Padre" como algo personal, absoluto y separado, lo que es condición de la salvación. Esta fórmula declara a la Sede de Pedro obligada por la doctrina de los Padres.

Se puede encontrar paralelos de esta fórmula en el Sexto Concilio Ecuménico, que concluyó que las cartas entre el patriarca Sergio y el papa Honorio "son absolutamente ajenas a las *enseñanzas apostólicas* y a las *decisiones de los sagrados concilios* y a todos los *eminentes santos Padres*, y siguen, por el contrario, las falsas enseñanzas de los herejes", y en el papa León II, que reiteró la condenación del papa Honorio como alguien que se alejó de "la inmaculada regla de la tradición apostólica"[11].

¿Qué ocurre, entonces, con Pedro? La fórmula contiene una observación de carácter histórico. En aquella época, la Sede de Pedro observaba la doctrina de los Padres, y esto constituía un testimonio de la verdad del *logion* petrino de Mateo 16, 18. La fórmula declara ciertamente que la Sede de Pedro es la Sede sobre la cual la Iglesia ha sido edificada. Sin embargo, la fórmula no declara explícitamente que la Sede de Pedro *de ningún modo puede errar*. Punto. La fórmula *no enseña* la infalibilidad papal; lo que sí enseña, explícitamente, es que el propio papa debe "observar" la "norma de la fe verdadera" y la "doctrina establecida de los Padres", so pena incluso de no poder salvarse[12].

En su contexto histórico, el documento que comentamos obligó a los obispos de Oriente a "jurar lealtad" a la Sede de Roma, como

---

11 Ver el excelente ensayo de Claudio Pierantoni, "The Need for Consistency between Magisterium and Tradition: Examples from History," en *Defending the Faith against Present Heresies*, ed. John R. T. Lamont y Claudio Pierantoni (Waterloo, ON: Arouca Press, 2020), 235–51.

12 Para mayor claridad: la obligación del papa de enseñar sólo lo que ha recibido de la tradición no es un criterio adicional de infalibilidad. Aunque es tentador, ello reduciría el dogma mismo a una trivialidad: todos somos infalibles cada vez que transmitimos a los demás lo que hemos recibido de la Tradición de la Iglesia. Existe, en todo caso, la positiva obligación moral del papa de enseñar sólo lo que ha recibido; y se da entonces la garantía negativa de que Dios habrá de intervenir para evitar que un papa errado enseñe, con fuerza obligatoria, sus errores. Se ha argumentado por algunos teólogos que si un papa tratara de imponer una herejía, quedaría auto-depuesto en el acto mismo de hacerlo, perdiendo el papado. Este punto es analizado en su totalidad por Arnaldo Xavier da Silveira, *Two Timely Issues: The New Mass and the Possibility of a Heretical Pope* (Spring Grove, PA: The Foundation for a Christian Civilization, 2022), 155–247.

árbitro último, y *no* al Emperador ni al obispo elegido por éste, el patriarca de Constantinopla, que había prolongado el cisma de Acacio. En resumen, este documento tuvo el propósito de terminar con el debate entre el papa y el Emperador de Oriente sobre el poder eclesiástico. Los obispos orientales regresaron a la comunión cuando (1) confesaron la fe apostólica *de los Padres* y (2) se sometieron a la primacía de Roma *contra* la "primacía imperial" en materias de fe y moral.

LA INFLACIÓN DE LA PERSONA DEL PAPA

En opinión de los entusiastas que se inspiran en Maistre, los obispos no reciben su oficio de Cristo; ello sólo ocurre con Pedro, y éste, a su vez, por autoridad propia, inviste a los obispos del oficio que les corresponde. De este modo, el cargo episcopal es una concesión de la autoridad del papa. En otras palabras, el cargo episcopal no es de institución divina directa, no tiene autoridad o poder propio, sino que es un apéndice de la autoridad Petrina. Esta concepción transforma a Pedro, efectivamente, en la Iglesia –personal, absoluta, separada– de modo que el resto de la Iglesia viene a ser una extensión de él, casi al modo como el Cuerpo Místico emana de Cristo[13]. El solo formular una opinión como ésta, que fue propuesta por Louis Veuillot (1813-1883), es dejar en evidencia su absurdo.

Por ejemplo, Veuillot adaptó el texto del *Veni Sancte Spiritus* del siguiente modo: "Envía tu rayo de luz celestial a Pío IX, Padre de los pobres, Dador de bienes, Luz de los corazones". El 8 de octubre de 1869 escribió en una columna de periódico: "Así como el Padre engendra al Hijo y de ambos procede el Espíritu Santo, así también el papa engendra a los obispos y del mismo modo procede de ellos el Espíritu Santo [en la Iglesia]"[14]. Como Maistre, Veuillot fue un fiel

---

13 Según esto, el antiguo axioma *ubi Petrus, ibi ecclesia* hay que tomarlo no en el sentido modesto en que se lo concibió -una declaración de la unidad de los obispos en torno a su cabeza, todos igualmente sucesores de los apóstoles, todos adherentes a la fe común de los Padres, que es entregada especialmente a Pedro para su salvaguardia- sino como una simple refundición de términos: *Petrus est ecclesia*. El cardenal Cayetano responde a este error, adelantándose a su época: "En cuanto al axioma "donde está el papa, está la Iglesia", vale cuando el papa se comporta como papa y jefe de la Iglesia; de otro modo la Iglesia no está en él, ni él es la Iglesia" (Charles Journet, cita de Cayetano, II-II, q.39 art. 1 nº 6; en Silveira, *Two Timely Issues*, 238-239).
14 O'Malley, *Vatican I*, 87.

contrarrevolucionario en otras cuestiones[15]. Pero aquí sucumbió claramente a la exageración, con desafortunadas consecuencias.

Durante el transcurso del Vaticano I, un cardenal franciscano dijo, en un discurso a los obispos, que la definición debería incluír una aserción en el sentido de que el papa, antes de definir un dogma, debía consultar a los obispos, como había sido la costumbre; o sea, que el papa debía dignarse *aprender* algo antes de declarar un dogma infalible. Pío IX se enfureció contra el cardenal, transformó esto en una cuestión personal, y lo llamó a su despacho para reprenderlo, acusándolo de haberse puesto del lado de los herejes y de los enemigos de la Iglesia. Pío IX le recordó: "Vos no erais *nada* antes de mí; fui yo quien os hizo cardenal". ¡He aquí una reunión como con "El Padrino"! ¡Lealtad es todo lo que importa![16]. El cardenal humillado respondió que él sólo había hablado de acuerdo con su conciencia y con la Tradición que había recibido. Entonces Pío IX le gritó: "¡Yo, *yo* soy la Tradición! ¡Yo, *yo* soy la Iglesia!". Según O'Malley, los historiadores que han examinado este caso concuerdan que él sucedió tal como se lo narra[17].

Con esta anécdota y otras más se puede entender que "la minoría de obispos" dudaron o fueron escépticos por motivos comprensibles. Para ser justos, hay que decir que este mismo papa aceptó posteriormente la carta de los obispos alemanes a Bismarck, en que daban a éste una versión minimalista de la definición e insistían en que los obispos "no son vicarios del papa", expresión que sería recogida, casi cien años más tarde, en *Lumen Gentium* 27, para ser posteriormente socavada en la práctica por el papa Francisco[18]. Podemos pensar también que el Beato Pío IX, santo incorrupto, puede haber sido mal informado sobre las intenciones del cardenal, o quizá simplemente pecó de ira en esa oportunidad, como lo han hecho muchos santos a lo largo del arduo camino hacia la santidad. Tal como los católicos contrarrevolucionarios mencionados anteriormente, el líder de la "Novena Cruzada" fue el propio papa[19].

---

15 Ver John C. Rao, "Louis Veuillot and Catholic 'Intransigence,'" en *For the Whole Christ: Catholic Christendom versus Revolutionary Disorder* (Waterloo, ON: Arouca Press, 2023), 26-53.
16 Ver Matthew Schmitz, "Pope Francis has followed a similar path to Pius IX," *Catholic Herald*, enero 24, 2019.
17 Ver O'Malley, *Vatican I*, 212-13.
18 Ver capítulos 4 y 14; cf. "Is the Pope the Vicar of Christ or CEO of Vatican, Inc.?," en Kwasniewski, *Hyperpapalism to Catholicism*, 2:266-71.
19 La "Novena Cruzada" fue un ejército internacional de voluntarios católicos

LECTURAS MAXIMALISTAS Y MINIMALISTAS

¿Cómo fue el voto de los obispos sobre la definición concreta de la infalibilidad papal?

A favor: 451
A favor, con reservas: 62
En contra: 88

De 601 obispos con derecho a voto, alrededor de 75% votó a favor, sin observaciones. Pero ello significa también que alrededor de 25% no votó a favor. Alrededor de 15% dijo que la definición iba seriamente por mal camino. Cerca de 10% dijo que ella estaba básicamente en lo correcto, pero necesitaba que se le hicieran importantes aclaraciones y modificaciones. ¡Esto no es una clara afirmación de algo que se supone que ha sido transmitido, desde los Apóstoles hasta los obispos, como un dogma de los Padres! Pío IX había declarado que 10, o menos, se atreverían a votar en contra. Es justo decir que este voto, con 150 que no aceptaron el texto tal como había sido formulado, lo hizo dar un respingo a él y a muchos otros entusiastas. Y de ahí en adelante, impidieron absolutamente que los obispos de la minoría pudieran intervenir en la versión final, que ya no había de cambiar substancialmente con posterioridad.

La terminología final de la definición sugiere una interpretación maximalista, pero acepta también una interpretación minimalista. Esta última fue aprobada oficialmente por el papa, puesto que Hefele, uno de sus últimos sostenedores, afirmó estar de acuerdo con ella, según la interpretación que le dio el obispo austríaco Joseph Fessler en *The True and False Infallibility of the Popes*; y como esta salvedad fue aceptada, la interpretación "minimalista" de Hefele-Fessler sigue, al menos, en pie[20]. Esta definición permite todavía que los obispos puedan criticar al papa que se atreviera a

---

que defendieron los Estados Papales de la injusta invasión por las fuerzas revolucionarias italianas (ver Roberto de Mattei, "La "Novena Cruzada" de los suabos papales", *The Remnant*, abril 1, 2020). John C. Rao observa cómo el Beato Pío IX parece haber tenido una debilidad personal por su prestigio personal, que lo llevó a ser manipulado por los liberales; lo que es seguro es que sufrió de un "punto ciego" al no percatarse los efectos de la definición ultramontana, igual que los mejores de los propios ultramontanos. Para un retrato amigable, ver Roberto de Mattei, *Blessed Pius IX*, trad. John Laughland (Leominster: Gracewing, 2004).
20 La versión inglesa de 1875 del trabajo de Fessler, con un extracto del Breve de Aprobación de Pío IX, está disponible en https://en.wikisource.org/wiki/The_True_ and_the_False_Infallibility_of_the_Popes.

argumentar (o actuar en consecuencia) que la Tradición se reduce a los propios pensamientos papales o voliciones personales del papa[21].

Al cabo, el Vaticano I dejó abierta la posibilidad de una visión conservadora o tradicional del papa. El papa habla con la infalibilidad *de la Iglesia*, no con una infalibilidad que le pertenezca a él como si fuera su propiedad privada[22]. Y debe usar su cargo como está dispuesto en la Palabra de Dios, con el fin de traer las almas al conocimiento de la verdad y a la salvación. Si el papa no obra así, no es un agente o portador de la infalibilidad de la Iglesia.

EL VATICANO I FIJA LOS LÍMITES DEL OFICIO PAPAL

En la Constitución Dogmática *Dei Filius*, sobre la fe católica, el Vaticano I proporciona los mejores medios para interpretar la definición de la primacía e infalibilidad papales hecha por el mismo Concilio. Porque, en efecto, se nos dice ahí que la verdad es objetiva, que no está sujeta a la voluntad humana; que la verdad es cognoscible por un individuo no primeramente (ni mucho menos exclusivamente) porque el papa la enseña, sino porque el ser humano es por sí mismo capaz de conocer, don que le ha sido dado por Dios; que los hombres pueden conocer muchas verdades mediante el uso de la razón, aun sin revelación divina, incluída las verdades hermanas de la existencia de Dios y su cognoscibilidad por nosotros. Se nos dice también que las Escrituras son verdaderas, no porque el papa diga que lo son sino por su naturaleza misma, un don divinamente revelado por Dios para que los hombres puedan conocerlo a El. Necesariamente se puede deducir de esto que, si ello es verdadero de las Escrituras, lo es también de la Palabra de Dios en general, escrita o no escrita, y de todas las verdades necesarias para la salvación. La verdad es verdad por su propia naturaleza, no porque el papa, al

---

21 Fessler argumenta que el papa tiene el don de la infalibilidad sólo como "supremo doctor de la verdad revelada por Dios", y que en su papel de "supremo legislador en materias eclesiásticas" no tiene tal don. Es decir, las leyes disciplinarias que el papa dicta no deben ser tenidas como infaliblemente verdaderas o buenas sino que, más bien, tendrían la garantía de no contradecir la verdad revelada, pero no más.

22 Gasser ha argumentado que el carisma de la indefectibilidad pertenece al cuerpo del episcopado, que incluye al papa; además, dice que una definición de un concilio será siempre más solemne que la de un papa solo, como sugiriendo que el oficio apostólico es mucho más evidente en el primer caso. El Juramento contra el Modernismo habla del carisma de la infalibilidad en el episcopado, sin mencionar por separado al papado.

decirla, la haga verdad. El papa, más bien, tiene que *aprender* qué es la verdad a fin de *dar* la verdad y él, como cualquier hombre, no puede dar lo que no tiene. Si bien Dios tiene ciertamente el poder de dar conocimiento de cualquier cosa al papa, Dios lo ha llamado a aprender por los modos humanos normales lo que ha sido transmitido y el papa debe transmitir a su vez.

En *Dei Filius* se ha dogmatizado el uso ordinario de la fe y de la razón, de modo que los fieles, en su vida corriente de católicos, no necesitan recurrir al papa a fin de conocer la fe.

Al proporcionarnos una enseñanza precisa sobre la naturaleza de la revelación divina, sobre la verdad y el conocimiento humano, sobre *en qué consiste y en qué no* el desarrollo de la doctrina[23], etc., el Vaticano I pone las fundaciones de la perspectiva tradicionalista. Y nos asegura que tenemos los instrumentos para reconocer y enfrentar la presente crisis: no somos víctimas desprovistas de todo auxilio, si es que un papa se transforma en un monarca que yerra. No necesitamos defender los errores y abusos del papa, ni debiéramos intentarlo. Podemos optar por quedarnos callados, y a veces es la mejor opción; pero, según nuestra capacidad y nuestra vocación, podemos lanzar salvavidas a quienes están desesperada y calamitosamente escandalizados.

De modo paradojal –o providencial– el Concilio Vaticano I nos muestra cómo enfrentar al hiperpapismo, poniendo claros límites al ejercicio del papado. ¡Cuánto peor sería nuestra situación si, creyendo en la primacía e infalibilidad del papa, como todos los buenos católicos han creído siempre (más o menos explícitamente), no supiéramos que existen condiciones para su ejercicio, o no conociéramos los diversos caminos hacia la certidumbre que Dios ha establecido para nosotros! Tal como están las cosas, gracias al Vaticano I podemos rechazar los errores del papa Francisco rápida y fácilmente, con conciencia tranquila, porque son totalmente ajenos al cargo del papa, según éste fue expuesto por el Vaticano I.

---

23 Ver Serafino M. Lanzetta, *"Super Hanc Petram": The Pope and the Church at a Dramatic Moment in History* (Lincoln, NE: Os Justi Press, 2023), 93-105; 169-80.

4
Objeciones a *Pastor Aeternus* y respuestas

El término "hiperpapismo" es una forma de referirse a un ultramontanismo extremo o exagerado en la Iglesia[1]. Naturalmente, algunas críticas a esta desviación, tal como las he presentado en el capítulo anterior, darán sin duda origen a objeciones. A continuación me refiero a dos de ellas.

OBJECIÓN 1

Pastor Aeternus dice en el nº 2:

"Tanto los pastores como los fieles, de cualquier rito y dignidad, tanto singular como colectivamente, están obligados a someterse a la potestad [papal] por deber de subordinación jerárquica y verdadera obediencia, y esto no sólo en materia de fe y costumbres, sino también en lo que concierne a la disciplina y régimen de la Iglesia difundida por todo el orbe".

Alguna vez pensé que el calificativo "verdadera" en la frase "verdadera obediencia" excusaba mi falta de obediencia cuando, al enfrentar las órdenes del papa, me apoyaba en la tradición, pero hoy creo que ello fue una lectura errada. Se trata de un adjetivo sencillo y enfático, que muestra que la obediencia debe ser real y no disimulada. Así se sigue de lo que dice el párrafo 7, donde se lee:

"Este carisma de una verdadera y nunca deficiente fe fue, por tanto, divinamente conferido a Pedro y sus sucesores en esta cátedra, de manera que puedan cumplir con su elevado cargo para la salvación de todos, de modo que todo el rebaño de Cristo pueda ser alejado por ellos del venenoso alimento del error y pueda ser alimentado con el sustento de la doctrina celestial. Así, se quita la tendencia al cisma, toda la Iglesia es preservada en unidad y, descansando en su fundamento, se mantiene firme contra las puertas del infierno".

---

[1] Para mayores antecedentes, ver "My Journey from Ultramontanism to Catholicism," en Kwasniewski, *Hyperpapalism to Catholicism*, 1:1–27, y la antología *Ultramontanism and Tradition: The Role of Church Authority in the Catholic Faith*, ed. Peter A. Kwasniewski (Lincoln, NE: Os Justi Press, 2023).

RESPUESTA A LA OBJECIÓN 1

La dificultad aquí es que el párrafo 7 no se interpreta a sí mismo. Por ejemplo, no dice que las opiniones personales de un papa, o incluso sus actos magisteriales no infalibles, redundarán siempre y necesariamente en el bien de la Iglesia o preservarán mejor su unidad. Esta es una de las *dubia* del Vaticano I[2]. En este punto me pongo del lado de John Henry Newman: jamás debemos decir que un dogma nos exige *más* de lo que exige su interpretación más estricta. Esto es un principio de humildad epistémica y de realismo.

A primera vista, el párrafo 7 es una descripción más bien genérica del modo cómo se ejercerá el cargo de Pedro en el caso, y cuando ello ocurra, de que se lo ejerza del modo que describe *Pastor Aeternus*, es decir, en obediencia a la tradición apostólica y de acuerdo con la ley natural. En realidad, esta es una condición tan obvia que no hace falta ni siquiera mencionarla: sería como decir "Hay que obedecer siempre al papa (excepto cuando manda algo que no debe obedecerse)". Vienen a la mente algunos ejemplos: Francisco hablando sobre la pena de muerte, o el capítulo 8 de *Amoris Laetitia*. En estos casos, queda claro que Pedro, en cuanto *este* individuo privado, en cuanto *este* cristiano considerado individualmente, se ha apartado de la fe, y la protección de Dios consiste aquí en impedirle que defina el error o que mande pecar. Esto es lo que quiero decir al hablar de una interpretacion minimalista de la infalibilidad y primacía. En los capítulos siguientes, abarcaré muchos más ejemplos, incluso algunos de carácter litúrgico.

No pretendo tener "el cuadro completo" (¿hay alguien que lo tenga?), en que todas las tensiones y dificultades se solucionan, pero sí pretendo tener presentes las verdades que *conozco* por la fe y por la razón, para no pecar contra la luz. Cualquiera sea la concepción que tengamos del papado, ella no puede compelirnos a rechazar lo que sabemos, por la fe o por la razón, ser verdadero, y ni siquiera a ponerlo en duda. Podemos poner en duda la adecuación de nuestra comprensión, pero no podemos adherir a contradicciones ni renunciar al significado obvio de las enseñanzas dogmáticas y morales de la Iglesia.

Pastor Aeternus nos dio los límites de la *infalibilidad* papal. Serán Francisco -y también, hasta cierto punto, Juan XXIII, Pablo VI,

---

[2] Ver Timothy Flanders, "The Dubia of Vatican One," *OnePeterFive*, septiembre 15, 2022.

Juan Pablo II y Benedicto XVI– quienes nos proporcionarán el material para juzgar los límites de la *falibilidad* papal.

OBJECIÓN 2

Reconociendo los problemas que presenta nuestro papado moderno hiper-ultramontano, no me sorprende la visión crítica que tiene Ud. de una lectura maximalista de *Pastor Aeternus*. Pero me sorprendió divisar lo que me parece cierto grado de entusiasmo por el galicanismo, ya que por ese camino se fueron los compañeros de ruta de Ignaz von Döllinger rumbo al cisma de la Unión de Utrecht y de las iglesias, desastrosamente modernistas, de los "Viejos Católicos".

Supuesta la tragedia de lo que sucedió a quienes rechazaron la definición hecha por el Concilio Vaticano I, creo posible un resultado similar para cualquier retorno a una comprensión más galicana del papado. ¿No terminaría esto en una mayor disipación de la unidad de la fe, con todos esos obispos modernistas que, diócesis tras diócesis, van declarando la guerra a la Tradición? ¿Cómo podría semejante concepción de la primacía papal evitar ayudar a las herejías del tipo del Camino Sinodal Alemán, disfrazada de "necesidades locales"?

Le agradecería que expusiera sus ideas sobre cómo se puede hacer retroceder la lectura maximalista de *Pastor Aeternus*, sin disolver a la Iglesia latina en divisiones y cismas, como ocurrió en 1870.

RESPUESTA A LA OBJECIÓN 2

Desde nuestro limitado punto de vista humano, no está en absoluto claro cómo vamos a cruzar con éxito el torrente de males que nos inunda o, más bien, de qué modo la Divina Providencia ha decidido librarnos en el momento oportuno. Estoy convencido de que el Señor está tratando de enseñarnos tres importantes lecciones, que se olvida fácilmente: (1) debemos adherir firmemente a lo que es claramente verdadero en vez de a lo que, por las razones que sea, resulta dudoso, usando para ello la fe y la razón que El nos ha dado; (2) debemos descargar en El todos nuestros temores y poner en El toda nuestra confianza, como suprema Cabeza de la Iglesia; (3) debemos ser capaces de vivir en las dificultades, en la obscuridad y en la incertidumbre, o sea, de "caminar sólo por la fe, no por la visión". No necesitamos tener una solución pre-cocinada, implementable, aprobada por la neoescolástica, para poder ver los problemas y llamarlos por su nombre.

El entusiasmo por la mentalidad galicana que Ud. cree haber divisado en mi resumen del Vaticano I, se refiere única y sencillamente, a la concepción galicana tradicional del enraizamiento de la Iglesia en el episcopado y en la Tradición, en oposición a considerar la Tradición y el episcopado como algo que, de algún modo, irradia desde Roma. Los Viejos Católicos cometieron un suicidio eclesiástico cuando rehusaron aceptar la definición dogmática que se hizo finalmente. Por ello es importante, me parece, la interpretación minimalista: ella muestra que el Vaticano I no es lo mismo que el hiperpapismo, *aunque* los propios papas, en su magisterio ordinario (falible) y en sus *obiter dicta*, hayan grandemente alentado este modo de pensar.

La primacía papal es necesaria para la unidad de la Iglesia. Por tanto, con Roberto de Mattei, creo firmemente que Dios nos concederá algún día un buen papa que usará los músculos de su primacía para poner fin tanto a la mafia rosa, deponiéndola de sus cargos, como a los modernistas, anatematizando sus errores hasta hacerlos caer en el olvido. Al hacerlo, ese papa hará, de hecho, lo que tradicionalmente se supone que hace un papa: alimentar al rebaño y repeler a los lobos. Aunque una intervención como ésta pueda parecer autocrática o impositiva, tiene claramente el propósito de librar a las iglesias locales de lo que les impide florecer en integridad episcopal y tradición litúrgica. De hecho, todos los obispos tienen la autoridad, concedida por Dios, para proceder de este modo *en sus diócesis ahora mismo*[3].

LUZ PROVENIENTE DE ALEMANIA

En calidad de "coda" a las respuestas anteriores, quisiera analizar dos documentos que son demasiado poco conocidos.

El Canciller alemán Bismarck, feroz opositor de la Iglesia, publicó una fuerte denuncia de *Pastor Aeternus* en diciembre de 1974 (¿Quién podría reprochárselo? Había entendido decir que ahora el papa era Dios en la tierra… o sea… la forma como los católicos han tratado normalmente a los papas desde *Pastor Aeternus*. Su torpeza se convierte en ayuda, y cada vez más, a medida que

---

3 Ver Timothy Flanders, "Every Bishop Must ACT NOW," *OnePeterFive*, marzo 10, 2023.

pasa el tiempo). En enero y febrero de 1875 los obispos católicos de Alemania redactaron una respuesta, firmada por todos ellos: *Respuesta a la carta circular del canciller Bismarck sobre la interpretación de la Constitución "Pastor Aeternus", del Primer Concilio Vaticano.*

¿Por qué no está este documento pegado a todos los muros de internet, supuesto que su contenido fue aprobado por el propio Pío IX? Hasta donde sé, sólo hay unos ínfimos retazos de él *online*. El texto completo está publicado en Denzinger, 43ª edición, nºs 3112-16. Veamos qué dicen los obispos alemanes, por entonces un buen número, en sus Respuestas. Primero, compendian las falsas doctrinas que Bismarck (de quien se hacen eco hoy los hiperpapistas) dedujo de su falsa lectura de *Pastor Aeternus*:

"En virtud de estas decisiones, el papa se ha arrogado los derechos del obispo en cada diócesis, y ha reemplazado el poder territorial del obispo por su propio poder papal. La jurisdicción episcopal ha sido absorbida por la jurisdicción papal. El papa ya no ejerce, como en el pasado, ciertos determinados derechos que le son reservados sólo a él, sino que ahora han pasado a sus manos todos los derechos de los obispos locales. El ha tomado, como cuestión de principios, el lugar de cada obispo, y en lo que se refiere a asuntos prácticos, depende sólo de él, en cualquier tiempo, el tomar el lugar del obispo en las negociaciones con el gobierno civil. Ahora los obispos son sólo sus instrumentos, sus funcionarios sin responsabilidad personal; en lo que respecta al gobierno civil, se han convertido en funcionarios de un soberano extranjero; de hecho, de un soberano que, debido a su infalibilidad, dispone de una autoridad absoluta, mayor que la de cualquier monarca absoluto en todo el orbe".

Los obispos refutan estas erradas ideas de Bismarck con admirable claridad:

"Todas estas aserciones carecen de todo fundamento, y contradicen las palabras y el significado de las decisiones del Concilio Vaticano, un significado clara y reiteradamente expresado por el papa, por los obispos, y por los expertos en estudios católicos.

"Por cierto, de acuerdo con todos ellos, la jurisdicción eclesiástica del papa es una *potestas suprema, ordinaria, et immediata* (potestad suprema, ordinaria e inmediata), que fue conferida al papa por Jesucristo, Hijo de Dios, en la persona de San Pedro; esta autoridad suprema se ejerce sobre toda la Iglesia y, por tanto, sobre cada diócesis y creyente individual... [Pero] las decisiones del Concilio

Vaticano no dan pie para la aserción de que el papa, a causa de ella, se ha convertido en un señor absoluto...

"En primer lugar, el área que cae bajo la autoridad eclesiástica del papa es esencialmente diferente de aquella que cae bajo el poder terrenal de un monarca soberano, y los católicos no desafían de ningún modo la soberanía de los reyes y príncipes en materias civiles. Pero, aparte de esto, la aplicación de la expresión "monarca absoluto" al papa en relación con los asuntos eclesiásticos no es correcta, porque el papa está sometido a las leyes divinas y obligado por las prescripciones que Cristo dio a su Iglesia. El papa no puede cambiar la constitución dada a la Iglesia por su divino fundador, al modo como un gobernante terrenal puede cambiar la constitución de un Estado. En todos sus puntos esenciales la constitución de la Iglesia está basada en las prescripciones divinas, y por tanto no está sometida a la arbitrariedad humana.

"Tal como el papado es de institución divina, así también lo es el episcopado. Este último tiene sus propios derechos y deberes en virtud de haber sido instituido por Dios, y el papa no tiene ni derecho ni poder para cambiarlos. Por tanto, se sufre de una total incomprensión de las decisiones del Vaticano si se concluye de ellas que "la jurisdicción episcopal ha sido absorbida por la jurisdicción papal"; que el papa, "como cuestión de principios, ha tomado el lugar de cada obispo"; que los obispos son sólo "sus instrumentos, sus funcionarios sin responsabilidad personal"... En relación con esta última aserción, en particular, tenemos que rechazarla categóricamente; ciertamente no es la Iglesia Católica la que ha abrazado el principio inmoral y despótico de que el mandato de un superior libera incondicionalmente a alguien de toda responsabilidad personal.

"Finalmente, la opinión de acuerdo con la cual el papa es "un soberano absoluto debido a su infalibilidad" se basa en una comprensión completamente falsa del dogma de la infalibilidad papal. La infalibilidad, como lo ha expresado el Concilio Vaticano con palabras claras y precisas según lo exige la naturaleza de la materia, es una característica del papa que se refiere exclusivamente al Magisterio supremo [i.e., extraordinario] del papa; es coextensiva con el área de la infalibilidad del Magisterio de la Iglesia en general, y se restringe a los contenidos de la Sagradas Escrituras y de la Tradición y también a los dogmas previamente definidos por la autoridad docente de la Iglesia. En consecuencia, la enseñanza sobre la infalibilidad no ha cambiado de modo alguno las acciones administrativas de los papas".

Pío IX -no cualquier papa sino, aunque digamos una vez más lo obvio, el mismo que apoyó y promulgó *Pastor Aeternus*- dirigió la Carta Apostólica *Mirabilis Illa Constantia* a los obispos de Alemania, con fecha 4 de marzo de 1875, en la que ratifica ampliamente toda la interpretación hecha por ellos:

"Habéis incrementado la gloria de la Iglesia, Venerables Hermanos, al asumir la tarea de reestablecer el auténtico significado de las definiciones del Concilio Vaticano que habían sido distorsionadas por una carta circular engañosa, ampliamente difundida. [Habéis escrito para que dicha carta de Bismarck] no pudiera engañar a los fieles y no proporcionara, movida por la envidia, un pretexto para intrigar contra la libertad de elección de un nuevo papa. La claridad y solidez de vuestra declaración es tal que, no dejando nada que desear, sólo puede provocar Nuestras más sinceras felicitaciones, a menos que la voz maligna de ciertos periódicos requiera de Nosotros un testimonio todavía más vigoroso. Porque, a fin de devolver algo de respetabilidad a la carta que vosotros tan acertadamente rechazasteis, sus autores trataron de criticar vuestro documento alegando que, en éste, la doctrina de las definiciones conciliares fue diluída por vosotros, por lo que no correspondía en modo alguno a la intención de esta Santa Sede. Nosotros rechazamos esta maliciosa y calumniosa insinuación o sugerencia, porque vuestra declaración presenta la auténtica comprensión católica, que es la misma del Sagrado Concilio y de esta Santa Sede; habéis defendido la enseñanza tan hábil y brillantemente, con argumentos convincentes e irrefutables, que resulta obvio, para cualquier persona honesta, que no hay nada en las definiciones atacadas que sea una novedad . . ."[4].

Hay muchas discusiones teológicas que, cuando quedan entregadas a los teólogos (o a los pseudo teólogos de You Tube), tienden hacia una de dos direcciones opuestas: lo esotéricamente complicado, o lo torpemente ultrasimplificado. Es cuando una enseñanza "llega a las calles" que los católicos se ven obligados a explicarse en el lenguaje común, que armoniza bien, a juicio del hombre corriente, con las enseñanzas anteriores de la Iglesia. En el presente

---

[4] Heinrich Denzinger, *Enchiridion symbolorum definitionum et declarationum de rebus fidei et morum*, 43rd edition, ed. Peter Hünermann, Robert Fastiggi, y Anne Englund Nash (San Francisco: Ignatius Press, 2012), no. 3117.

caso, cuando el dogma de la infalibilidad papal "llegó a las calles" en Europa, el canciller Bismarck quedó impactado y confuso por lo que oyó (sin duda a los ultramontanos triunfalistas). Vemos en las *Respuestas* de los obispos alemanes una explicación del dogma en lenguaje corriente que cualquier persona puede comprender, y vemos, en la aprobación que les dio Pío IX, la convicción de que este dogma no representa nada "nuevo" (*novus*).

Obviamente, no todos quienes han estudiado la historia de los papas y la eclesiología estaría de acuerdo, sin reservas, en que esta definición de 1870 no contiene nada nuevo. Este es un punto en que hay que consultar a un especialista en historia de los papas y a la documentación[5]. Afín a nuestra situación actual es, sin embargo, la limitada comprensión de la monarquía papal que se refleja en los documentos aquí citados y la reafirmación de los derechos y deberes del episcopado, materias de la más urgente relevancia en el tiránico régimen del papa Francisco, que ha violado de muchas maneras la constitución divinamente establecida de la Iglesia en lo que se refiere a la relación entre el papa y los obispos. Muchos obispos que, al responder la encuesta de la CDF, dijeron que estaban muy satisfechos con el modo en que las políticas de *Summorum Pontificum* funcionaban en sus diócesis, fueron ignorados. Se ha destituído a algunos obispos sin causa ni proceso alguno[6]. Se ha coercionado a muchos obispos a perjudicar a miembros de su presbiterio o de su rebaño que adhieren, normal y virtuosamente, a los ritos tradicionales de la Iglesia. Algunos individuos malvados han sido nombrados obispos o hechos cardenales, en tanto que se ha preterido a muchos hombres de bien. En todas partes vemos otro *saeculum obscurum* (un tercer período de este tipo en la historia de la Iglesia)[7], en que el papado es obscurecido por sus propias malas acciones.

La solución no es ni abandonar el papado ni adherir al neo-galicanismo. La solución es permanecer unidos a la fe tradicional y orar diariamente al Señor por la renovación espiritual, moral, cultural e intelectual de la jerarquía de la Iglesia y por la liberación de Su pueblo mediante Su brazo poderoso.

---

5 Ver, e.g., Erick Ybarra, *The Papacy: Revisiting the Debate Between Catholics and Orthodox* (Steubenville, OH: Emmaus Road, 2022).
6 Ver "Is the Pope the Vicar of Christ or CEO of Vatican, Inc.?," en Kwasniewski, *Hyperpapalism to Catholicism*, 2:266–71; cf. capítulo 14 más adelante.
7 Ver Timothy Flanders, "The Third Pornocracy: What We Are Living Through," *OnePeterFive*, diciembre 16, 2021.

5

La costumbre y la fuerza de la ley

ALGO QUE PASAN POR ALTO LOS CATÓLICOS enamorados de la mentalidad postconciliar -esa peligrosa mezcla de innovación y centralización- es que, antaño, *la costumbre valía tanto como la ley*. San Agustín no puede haber sido más claro en este punto: "Las costumbres del pueblo de Dios y las instituciones de nuestros antepasados deben considerarse leyes. Y aquellos que desprecian las costumbres de la Iglesia deben ser castigados como quienes desobedecen la ley de Dios"[1].

Coincide con esto Santo Tomás de Aquino: "Por eso, cuando se cambia una ley, se merma su poder de coacción al quitarle el soporte de la costumbre"[2]. El cardenal Newman, en un sermón citado por Dom Alcuin Reid en *The Organic Development of the Liturgy*, se remonta incluso hasta la era apostólica, en que, en muchos aspectos, se mantuvo la costumbre judía para asegurarse la continuidad de la Iglesia con la devoción de los primeros judíos; de hecho, habría sido inconcebible una desviación mayor respecto del culto ancestral. Aún San Pablo, quien se opuso en su cara a San Pedro a propósito de la integración de los gentiles a la Iglesia, se afeitó la cabeza para cumplir un voto del tipo del que hacían los judíos, e hizo circuncidar a San Timoteo (Hechos 18, 18; Hechos 16, 3). Al referirse al papel de las costumbres rituales, Newman hace una bella observación: "Preciosas doctrinas cuelgan, como joyas, de delgados hilos"[3].

Estos delgados hilos han sido reconocidos y conservados durante toda la historia litúrgica de la Iglesia. En algunos lugares, aquí y allá, donde hubo quienes trataron de cortarlos, la piedad se opuso firmemente a su destrucción. La historia nos proporciona claros antecedentes de malas reformas litúrgicas que fueron corregidas por autoridades posteriores.

---

1 *Ep. ad Casulan.* 36.
2 *Summa theologiae* I-II, Q. 97, art. 2.
3 El sermón aludido es "Ceremonies of the Church," *Parochial and Plain Sermons*, vol. 2, no. 7.

1. El breviario del cardenal Quiñones, radicalmente nuevo, cuya confección se le encargó por Clemente VII, presentado por primera vez en 1535, e imprudentemente promulgado por Pablo III para la recitación privada en 1536, vio su publicación detenida por Pablo IV en 1558 y fue absolutamente prohibido por San Pío V en 1568, más de treinta años después de su introducción[4].

2. La intromisión de Urbano VIII en el breviario en 1631, a fin de satisfacer a los admiradores humanistas del latín clásico (entre los que se contaba el propio Urbano), no fue nunca aceptada por las órdenes monásticas y, luego de un largo período, fue silenciosamente hecha desaparecer por (quién iba a pensarlo) Pablo VI, cuya *Liturgia Horarum* cuenta, entre sus pocos rasgos positivos, la restauración del texto de algunos antiguos himnos[5].

3. Las innovaciones litúrgicas promovidas por el Sínodo de Pistoia en 1786, inspiradas en parte por las innovaciones litúrgicas de la Iglesia francesa, fueron resistidas –de un modo parecido a cómo los tradicionalistas resisten hoy las reformas del s. XX– por el papa Pío VI en su bula *Auctorem Fidei*[6]. Es escandaloso, por decir lo menos, que estas censuras, pastoralmente útiles, no se hayan reiterado todavía por las autoridades de la Iglesia de nuestra época, que han tomado partido por Pistoia en contra de la tradición heredada.

4. El "Salterio de Bea", llamado así en memoria del cardenal Agustín Bea, s.j., fue una versión latina nueva y supuestamente más "elegante" de los salmos, introducida por Pío XII con la intención de desplazar con ella la antiquísima traducción de San Jerónimo, que había sido rezada por innumerables monjes, monjas y clérigos. Los críticos del nuevo salterio comentaron "adauget latinitatem, minuit pietatem" ("aumenta la latinidad, disminuye la piedad")[7]. A pesar de la inmensa admiración de todo el mundo por Pío XII, esta versión del salterio jamás prendió, y se la dejó caer en el olvido por su sucesor Juan XXIII quien, dicho sea de paso, celebraba las ceremonias de Viernes Santo anteriores a las reformas de Pío XII de 1955, en vez de usar la "Solemne Acción Litúrgica de la Muerte del Señor", de este papa.

---

[4] Ver Pierre Batiffol, *History of the Roman Breviary*, trad. Atwell M. Y. Baylay (New York: Longmans, Green and Co., 1912), 181-203.

[5] Ver Batiffol, 221-22; para más análisis, Kwasniewski, *El rito romano de ayer y del futuro*, 226-27.

[6] Para consultar una refutación del frecuente abuso hiperpapista de este documento, ver Kwasniewski, *Hyperpapalism to Catholicism*, 1:84-90.

[7] Sobre el salterio de Bea, ver Yves Chiron, *Annibale Bugnini: Reformer of the Liturgy*, trad. John Pepino (Brooklyn, NY: Angelico Press, 2018), 37-39.

5. En la radical revisión de la Semana Santa aprobada por Pío XII, las profecías de la Vigilia Pascual fueron reducidas, de su antiguo número de doce, a sólo cuatro. Hacia la época en que los comités del *Consilium*, a mediados de los años 60, usaban el método "copiar/pegar", ya se tenía como conclusión aceptada que había que restaurar algo parecido a las doce lecturas. Aunque la restauración fue muy imperfecta, constituyó una sincera admisión de que lo que un papa había aprobado hacía una década, era ya indefendible[8].

La costumbre es un elemento irremplazable de la vida social y se la ha respetado como tal por toda la jerarquía, incluyendo los papas. Sin embargo, hemos visto desarrollarse en Occidente una estrambótica ley litúrgica de "las dos vías": aun reconociendo la concepción tradicional de costumbre, los católicos parecen aceptar que el papa posee una autoridad casi ilimitada para legislar sobre liturgia, e incluso, para abolir las costumbres más antiguas o más duraderas, si así lo desea. Cuán compatible sea esto con una sana comprensión filosófica, teológica, psicológica, sociológica o jurídica de la naturaleza y papel de la costumbre es algo que supera a toda explicación racional.

La autoridad del papa debiera ser reconocida y obedecida hasta que –o a menos que– desprecie u obre en contra de la tradicion litúrgica objetiva (¿podríamos agregar, invencible?) de la Iglesia, en cuyo caso puede ignorársela o desaprobársela por su imprudencia al socavar la costumbre. La centralización romana, aunque en principio no es dañina para la integridad litúrgica de la Iglesia –muy por el contrario: operó como una protección frente a su ruina, como se ve con Pío V– ha inflado la sensación que tiene Roma de poder controlar la piedad litúrgica de sus súbditos y, lo que es más grave, ha desvinculado la autoridad papal de todo sentido de lealtad hacia otras fuentes de la ley y del espíritu de respeto a la ley. El ultramontanismo puede que no necesite del positivismo papal, pero éste indudablemente lo fortalece y alienta.

El P. Bouyer escribía lo siguiente en 1959: "Después de todo (decía un inglés en un artículo reciente), la suprema autoridad de la Iglesia no está obligada por nada, y podría libremente darnos una liturgia enteramente nueva, en respuesta a las necesidades de hoy, sin tener que preocuparse del pasado"[9]. Si esto es verdad, podemos ver

---

8 Ver Gregory DiPippo, "A Few Notes on the Reform of the Readings of the Easter Vigil," *New Liturgical Movement*, mayo 15, 2020.
9 "The Word of God Lives in the Liturgy," en *The Liturgy and the Word of God* (Collegeville: Liturgical Press, 1959), 65.

entonces con claridad el confuso modo de pensar que preparó el camino a la diarquía Bugnini-Montini. El P. Bouyer encontraba esta idea francamente absurda.

Aunque Benedicto XVI nos aseguró que el antiguo rito romano (seamos honestos: el único rito romano auténtico) no había sido jamás abrogado, los partidarios de la monarquía papal absoluta creen que *sí podría* ser abrogado. La ironía oculta en la Constitución Apostólica *Missale Romanum* de 1969 de Pablo VI es que, al promulgar positivísticamente un libro litúrgico desconectado de todo desarrollo orgánico y guiado por una hipotética eficiencia pastoral y por opiniones especulativas, impidió, por ello mismo, que se constituyera una verdadera *liturgia*, puesto que si hay algo obvio en la historia, ello es que la liturgia no ha sido jamás simplemente una *entidad meramente puesta*, y nunca ha estado uncida a una transitoria visión de utilidad temporal o de teoría académica.

(Don Rezador LaCroix se agita y murmura en su rincón: "Qué necedad la suya de hablar tan favorablemente de la añeja liturgia antigua de la Iglesia tridentina, porque, como todo el mundo sabe, fue una liturgia terriblemente corrompida... Dios abandonó –durante más de mil años– el timón eclesial en aquella Edad Obscura, para luego hacer regresar su Espíritu Santo en la década de 1960. E hizo esto último a través de su Vicario en la tierra, que es portavoz de ese Espíritu, tal como Francisco lo es hoy día. Por tanto, podemos tener la seguridad de que Dios no abandonará de nuevo el timón, ni retirará su Espíritu, como lo hizo durante la mayor parte de la historia de la Iglesia...").

Hablando en serio, ¡qué inmenso insulto al Espíritu Santo –por muy sofisticada que sea la argumentación de los "liturgistas"– es sostener que el rito romano, tal como fue constituído, vivido y transmitido durante tantos siglos por la piedad de nuestros antepasados, estuvo abrumado de defectos, errores, clericalismos y eclesiologías inadecuadas, hasta el punto de convertirse en un impedimento para la misión de la Iglesia o para la santificación de los fieles! Tal cosa es la suprema injuria que se puede hacer a Cristo y a su Iglesia. ¿Es que nos hemos olvidado de que estas letales ideas fueron condenadas por un concilio dogmático de la Iglesia en que, en vez de disfrazarlas de "eficiencia pastoral", se las llamó sencillamente "protestantismo"?

¿No sería del caso decir que todas estas aventuras positivistas y ultramontanas de los papas –abandono por Pío X del *cursus psalmorum* romano tradicional, reforma de Semana Santa de Pío XII, colección de nuevos libros litúrgicos de Pablo VI, casi la totalidad del pontificado de Francisco-, además de ser impías son también absolutamente absurdas? Porque si seguimos sosteniendo que estos violentos actos de ruptura son legítimos y legales, ¿en qué queda la simultánea realidad y obligatoriedad legal de la tradición litúrgica? ¿Sobrevive la costumbre como algo más que una mera y tenue sombra de su realidad anterior?

La *validez sacramental* es el mínimo que se exige a estos cambios para que se pueda salvar la indefectibilidad de la Iglesia; esta indefectibilidad no exige, en rigor, más que eso[10]. Cuando los tradicionalistas insistimos en que los resultados de la tiranía montiniana del siglo pasado son *válidos*, mostramos más caridad con nuestros detractores que la que ellos nos muestran a nosotros –y, dicho sea de paso, mostramos también más fe en la Iglesia–, ya que *ellos* rechazan la mayor parte de la práctica tradicional, otrora obligatoria, de la Iglesia, y procuran prohibirnos que sigamos practicándola, mientras *nosotros* aceptamos tanto dicha práctica como la validez (aunque no la legitimidad) de la suplantación que se ha intentado hacer. La suprema potestad legislativa del papa existe para proteger el dogma y la liturgia de la Iglesia, no para confundirlos, diluirlos ni destrozarlos. Es clarísimo que el bien común de la Iglesia resulta herido por una temeraria imprudencia en el ejercicio de ciertas prerrogativas papales. Si bien el Misal de Pablo VI no es *en sí mismo* un mal, ya que no se declara ni se exige en él nada efectivamente falso o blasfemo, es aborrecible, sin embargo por el modo cómo hiere, periferal y accidentalmente, a la Iglesia, debido a sus discontinuidades, ambigüedades, omisiones y a la inadecuación de sus rúbricas. Por esto es que un tradicionalista no puede aceptar su legitimidad, y plantea que su legalidad es, por lo menos, dudosa[11].

Si reconocemos la primacía del *desarrollo* orgánico, ¿qué debemos hacer con las *iniciativas* institucionales que parecen "cambios sísmicos", y cómo habría que evaluar tales iniciativas? Después de todo, existe el precedente que, cuando el latín cristiano se refinó suficientemente, los papas del siglo IV pudieron llevar a

---

10 Asumo aquí cuidadosamente el principio de Newman de que hay que interpretar las afirmaciones o exigencias eclesiales según su sentido mínimo, no según un sentido máximo.
11 Ver capítulo 21.

cabo exitosamente la transición entre el griego y el latín, no para "adoptar el vernáculo", en el sentido del s. XX, sino para fundar la fe más firmemente en el mundo aristocrático y literario del imperio romano cristiano en evolución[12].

Los innovadores litúrgicos señalarán ése y otros precedentes como prueba de que los "cambios sísmicos" pueden y deben ocurrir en la historia de la Iglesia; pero esta opinión reposa en una noción newtoniana de un tiempo y un espacio absolutos, según la cual todos los diversos períodos temporales de la Iglesia son considerados equivalentes entre sí: no hay una diferencia esencial entre los siglos I, V, XIII o XX en lo relativo a la correcta relación entre la tradición y el desarrollo, la herencia y la innovación. Por ello es que pueden acusar a los siglos corridos entre Trento y el Vaticano II de "inmovilismo": *debiera* haber habido cambios, sostienen, tal como los hubo en épocas anteriores, y la ausencia de ellos indica que algo anduvo mal.

Ya que he refutado extensamente esta opinión en mi libro "El rito romano de ayer y del futuro", me limitaré aquí a hacer unas pocas observaciones. En los brumosos orígenes apostólicos de la Iglesia, ésta ascendió milagrosamente, como un cohete, hasta la cima del imperio romano y lo injertó en el Cuerpo Místico de Cristo. La Iglesia primitiva fue agraciada con un carisma especial de eficacia en la predicación y en la realización de milagros, precisamente para superar la desventaja de su pequeñez y de una cultura propia todavía no desarrollada. Uno de los carismas de la Iglesia joven fue el poder desarrollar los ritos litúrgicos cristianos, que experimentaron un prodigioso crecimiento desde muy temprano, y cuyo ritmo disminuyó hacia fines del primer milenio, cuando alcanzaron su plenitud formal. Fue, en realidad, un don de la Providencia de Dios el que las generaciones posteriores, en su admiración por las primeras, pobladas de santos, recibieran humildemente lo que provenía de éstos. La fijeza de la forma es un resultado natural de la guía divina en la Iglesia[13].

Pasado ya mucho tiempo, la Iglesia no necesitó alterar radicalmente esas formas ya fijadas. Así, pues, los siglos posteriores *no son* equivalentes a los primeros, y es sólo por la influencia de una

---

12 Ver mi ensayo "Was Liturgical Latin Introduced As – and Because It Was – the Vernacular?," en *Illusions of Reform: Responses to Cavadini, Healy, and Weinandy in Defense of the Traditional Mass and the Faithful Who Attend It*, ed. Peter Kwasniewski (Lincoln, NE: Os Justi Press, 2023), 114-22.
13 Ver mi artículo "From Extemporaneity to Fixity of Form: The Grace of Liturgical Stability," *New Liturgical Movement*, octubre 11, 2021.

filosofía moderna descristianizada que se podría creer que tienen el mismo estatus, o incluso que los tiempos modernos están en mejor posición que las épocas antiguas o medievales en lo relativo al diseño de ritos litúrgicos. En realidad, la posición descendente de la modernidad, junto con el crítico *declinar* que sufre la Iglesia -que contrasta con el ascenso que tuvo en la antigüedad- son un doble motivo para que los católicos modernos eviten ponerse a inventar nuevos ritos y a insertarlos aquí y allá, al azar, en nuestro patrimonio litúrgico.

Si no hubiéramos perdido ya el privilegio de introducir nuevos ritos a causa de la diferenciación de épocas y situaciones históricas que la Providencia ha permitido, lo habríamos perdido por la traición de la Cristiandad por sus propios representantes[14]. La decadencia de la Cristiandad, que se manifiesta sobre todo por las dos guerras mundiales y por el triunfo casi universal de la cultura de la muerte, lejos de dotar a los eclesiásticos del derecho a "hacer su propia contribución" al tesoro litúrgico, los priva, más bien, de la autoridad moral para hacerla, especialmente si su contribución consiste en quitar de la vista, enterrándolo, parte de ese tesoro, o en empeñar el resto de las joyas y reemplazarlas por otras de fantasía. Es la Providencia quien les dice: "No se vanaglorien. No merecen Uds. reformar aquello que rehusan venerar y son indignos de celebrar". El tema de las auténticas iniciativas institucionales no es relevante para nosotros hoy día. ¿Cómo podríamos desarrollar la liturgia –ni hablar de iniciar una nueva- cuando estamos, simultáneamente, absortos en la tarea de repudiar el patrimonio que le dió significado?

El Movimiento Litúrgico procuró, en sus orígenes, volver a infundir el espíritu católico en los asistentes a la liturgia, con la esperanza de que un aprecio, nuevamente descubierto, por nuestro culto tradicional remediara la situación, sin duda muy extendida, de una Misa de siempre que daba la impresión (debido a innumerables pecados, ofensas y negligencias) de una cáscara vacía, una rutina, un mero deber que cumplir. Pero

---

14 Con la expresión "nuevos ritos" me refiero a los del rango del rito romano o del bizantino, no a las adiciones menores como, por ejemplo, "un nuevo rito de bendición" para un automóvil, cuando apareció este tipo de máquinas. Ver Kwasniewski, *From Benedict's Peace to Francis's War*, 224n3, en lo relativo a la declaración de Pío XII en *Mediator Dei* de que "Sólo el soberano pontífice tiene derecho a... introducir y aprobar nuevos ritos". Hay también que tener presente que *Quo Primum* de Pío V no incluye la expresión "nuevo rito" que, lamentablemente, una mala pero muy citada traducción en internet introdujo cuando se dividió las largas frases latinas en otras más cortas.

no era la liturgia la que necesitaba correcciones, sino las almas[15].

Teniendo esto presente, el positivismo de Pablo VI parece todavía más siniestro. Justo en el momento en que se requería una confrontación decisiva con errores modernos ampliamente acogidos, y una reafirmación del perenne valor de la tradición, la reforma litúrgica emprendió el camino del acomodo con las normas de una Cristiandad decadente, liberalizada, encurtida ya en la salmuera de las falsas filosofías modernas. ¿Es indefectible la Iglesia y su vida sacramental? Sí. Pero, ¿se ha omitido, en los nuevos ritos, mucho de lo que serviría como un tónico, un remedio, un antídoto? ¿se ha negado a inmensas cantidades de fieles las armaduras y las armas necesarias para combatir al Malo? Sí, desgraciadamente. Si este fuera el precio que hubiera que pagar para apuntalar la posición del papa como monarca absoluto cuya voluntad es ley, que puede identificar, formar y romper la tradición litúrgica como le plazca, sería un precio demasiado alto desde todo punto de vista; demasiado alto para quien quiera que posea todavía el poder de la fe y de la razón. Semejante papolatría, irracional y destructiva, no puede ser de Dios.

Pero nunca se puede desesperar. El Cristianismo, con su belleza cruciforme, contiene siempre la promesa del triunfo sobre la muerte. Pero el sufrimiento y la muerte, aunque su término sea el triunfo, no pueden evitar ser dolorosos. Dios, en su Providencia, permite que su Iglesia sea crucificada. La Iglesia ha soportado torturas muchas veces, y de la concentración de fe producida en esos períodos de caos han surgido sus mayores glorias. La sagrada Tradición se fortalece máximamente en los momentos en que el Cuerpo Místico es atacado, desde afuera o desde adentro. Qué enorme satisfacción es emerger del ataque llevando fresca en la mano la invencible Tradición de la Iglesia, como una espada que sólo esperaba ser afilada y blandida de nuevo. No nos toca a nosotros conocer los tiempos o épocas que el Padre ha reservado a Su propio poder (Hechos 1, 7). Nuestro privilegio es permanecer fieles al depósito de la fe y al tesoro de la Tradición que hemos recibido de la Iglesia de siempre, de los santos, de la totalidad de los papas, y defenderla de todo el que pretenda convertirse en su señor y dueño.

---

15 Sobre los vicios y virtudes del Movimiento Litúrgico, ver Peter Kwasniewski, *Noble Beauty, Transcendent Holiness: Why the Modern Age Needs the Mass of Ages* (Kettering, OH: Angelico Press, 2017), 89–133; *Reivindicación de nuestros derechos hereditarios como católicos: Genio y actualidad de la Misa tradicional* (Brooklyn: Angelico Press, 2022), 47–52.

6
Escapar del absolutismo papal[1]

MARTIN R. CEJKA: *Uno de sus últimos libros es el tratado en dos volúmenes* The Road from Hyperpapalism to Catholicism: Rethinking the Papacy in a Time of Ecclesial Disintegration. *A juzgar por el título, quizá se lo podría confundir con un trabajo escrito por un teólogo liberal e, incluso, con una reflexión sinodal del propio papa Francisco. Pero las palabras de Ud. expresan una postura completamente diferente.*

PETER KWASNIEWSKI: Así es. Hay sólo un parecido superficial entre quienes hoy cuestionan la hipertrofia del papado y los liberales o progresistas, que tratan de encontrar el modo de escamotear algunas enseñanzas incómodas, contraculturales, como las de *Humanae Vitae*.

Pero mi preocupación de fondo es exactamente la opuesta a la de ellos. Como todo católico debiera hacerlo, yo adhiero con alegría a *Humanae Vitae* porque es un juicio autorizado que reafirma lo que la Iglesia católica ha enseñado siempre en el tema de la finalidad procreativa del acto nupcial y del intrínseco mal de la contracepción. El papa, en esta encíclica, cumple a la perfección su papel de *remora* (según el término que usa Newman), una "barrera" contra toda innovación dañina o desviación del depósito de la fe. Los liberales, por su parte, quieren liberarse de las enseñanzas tradicionales con las que no están de acuerdo. Son disidentes de la tradición católica. Los tradicionalistas de hoy no son disidentes sino, al contrario, sostenedores del perenne magisterio y práctica de la Iglesia, actualmente atacado por el propio papa.

Por eso es que comparo nuestra situación con una enfermedad autoinmune: el cuerpo se ataca a sí mismo. La cabeza ataca a los miembros y, de hecho, ataca a la cabeza eterna, Jesucristo, como también a toda la línea de vicarios que han actuado como cabeza de la Iglesia en los últimos 2.000 años. Y por esa razón es que hablo

---

[1] Esta entrevista, realizada por el esritor y periodistsa checo Martin R. Cejka, apareció primeramente en checo el 13 de diciembre en *Hodie*, el noticiario *online* de la revista *Te Deum*, con base en Praga, y también en el número 5 de dicha revista. La versión inglesa se publicó *online* en *The European Conservative*, el 15 de enero de 2023.

también de "desintegración eclesiástica". La Iglesia no se desintegrará efectivamente, en el sentido de dejar de existir; pero hay fuerzas centrífugas que desgarran a la Iglesia en la tierra. Son tiempos verdaderamente dramáticos.

¿Qué quiere Ud. exactamente decir con "hiperpapismo"? ¿Se diferencia de algún modo del término, ya normalizado, de "papolatría", en que un papa es percibido como un guru?

El problema con el término "papolatría" es que, a algunos oídos, les suena demasiado peyorativo. Después de todo, ¿quién adora, realmente, al papa? No es que se lo ponga en un pedestal ante el cual los cortesanos se arrodillan y queman incienso. El término "hiperpapismo" se refiere a algo diferente: se refiere a una exageración, una distorsión, un exceso de algo bueno. La autoridad papal es necesaria para la coherencia y continuidad de la Iglesia, para su unidad visible, para su seguridad doctrinal; y, no obstante, hoy se está abusando de ella, dirigiéndola hacia lo contrario de su finalidad. Los católicos sanos, que conocen su fe y la viven, confrontados con semejante escándalo, criticarán, simplemente, al papa abusivo –con respeto, eso sí; y orarán por él, pero sin condenarse a guardar silencio ni, lo que sería peor, pensar que tienen que permitir que se abuse de ellos.– Pero el católico "hiperpapista" piensa (o pretende que piensa) que todos tenemos, sencillamente, que cambiar nuestra mente con cada nuevo papa que llega, y dirigirnos hacia donde él diga, sin apoyo en ningún otro elemento que nos permita conocer cuál es el contenido de la fe o el modo correcto de vivir.

En relación con el "hiperpapismo", Ud. menciona a veces el "ultamontanismo", que ha contribuído a esta visión distorsionada del papado. Pero, ¿no habría que distinguir entre un "ultramontanismo" como una leal defensa del papado, y un "ultramontanismo" como una concepción de la autoridad del papa? En este último caso, hay, por cierto, escritores que ven en el papa, esencialmente, una encarnación de la voluntad de Dios. Pero yo, probablemente, no atribuiría esto último a todos los ultramontanos.

Se me ha criticado por algunos por usar el término "ultramontanisto" de forma negativa. Bueno, no discutamos demasiado sobre palabras. Mirar por encima de las montañas a lo que el papa de Roma dice o hace puede ser un buen atajo en períodos de conmociones revolucionarias, cuando reina la confusión en todos y se necesita ver un camino claro; pero no parece bien, como política *normal*, que los católicos estén siempre mirando de reojo para saber qué dice o hace el papa, como si no tuvieran otro acceso al contenido o a la práctica de la fe.

Para la mayoría de las personas a lo largo de toda la historia de la Iglesia, el papa fue una figura distante que uno no veía nunca, y acerca del cual se oía poco. El papa estaba allí para hacer lo que sólo él puede hacer, pero la mayoría de los asuntos eran tratados localmente. Esta clase de subsidiariedad y descentralización es, de hecho, propia de un cuerpo social que funciona correctamente. Me parece que la creciente magnitud del papado en los tiempos modernos, especialmente desde mediados del siglo XIX, ha provocado un correspondiente debilitamiento del cuidado pastoral y vigilancia doctrinal que corresponde al episcopado, ya que parece que el papa "se habrá de encargar" de todo lo que hace falta que se haga o diga. Las encíclicas universales, las cartas del papa a todos los obispos e incluso a toda la humanidad, han reemplazado a las cartas pastorales, las intervenciones y las iniciativas diocesanas.

La relación de los fieles y del clero con la sagrada liturgia se volvió, de modo notable y escandaloso, externa y superficial en los últimos siglos, debido a que todos se acostumbraron a pensar en la liturgia como, sencillamente, lo que el papa o la curia declaraban que era: en otras palabras, en un puro positivismo legal. Sin embargo, a lo largo de la historia de la Iglesia, los fieles y el clero fueron profundos conocedores y devotos de los tradicionales ritos litúrgicos. Los ritos fueron tan parte de sus vidas como cualquier otro aspecto de la cultura, entretejidos con sus costumbres familiares, con las artes y artesanías, con la música y la poesía, con celebraciones ciudadanas de fiestas y penitencias. Los ritos del culto fueron su "pan de cada día", su profunda fuente de identidad, su más importante ocupación. Visto desde esta perspectiva, el "ultramontanismo" aparece como un gran *debilitamiento* de la identidad católica, como un cuerpo cuyos miembros están paralizados, aunque la cabeza conserva sus funciones.

En los tiempos postconciliares han revivido las discusiones no sólo sobre la autoridad del papa, sino también sobre la extensión de su infalibilidad. Estas cuestiones se planteaban por personas asociadas al movimiento tradicionalista católico, pero hay cada vez más voces provenientes de los llamados "conservadores" que se agregan a este debate, en tiempos del papa Francisco. ¿Tiene sentido este debate? ¿Sirve de algo?

Es de urgente necesidad realizar hoy estos debates, por la sencilla razón que la infalibilidad papal *tiene límites* claramente definidos. El Vaticano I de ningún modo enseñó que el papa fuera un monarca absoluto cuya voluntad es ley. Cuando los obispos alemanes escribieron una aclaración destinada a Bismarck, diciendo que los obispos siguen siendo verdaderas autoridades y que el papa está obligado por la ley divina y natural, etc., el propio papa Pío IX endosó aquella carta[2].

La tradición y la historia de la Iglesia demuestran que los papas pueden errar en puntos de doctrina (la condenación de Honorio y la resistencia a Juan XXII son notables en este respecto, pero hay también otros ejemplos); pueden incurrir en las peores imprudencias; pueden establecer disciplinas dudosas y dignas de crítica. Es una locura pensar que el papado automáticamente cubre con un manto de indefectibilidad e impecabilidad los actos de un papa. Las palabras del papa no son la Palabra de Dios, y sus actos no son sencillamente equiparables con los de Cristo, sino que, más bien, se le concede la gracia propia del cargo de enseñar la verdadera doctrina y de promover el bien común de la Iglesia; pero el papa debe *cooperar* con esta gracia y colaborar bien con otras personas. El papa no es un autómata, como un sistema de IA que produjera respuestas y políticas. Un papa santo es uno que coopera en grado heroico con la gracia de Dios, y un mal papa es uno que va cojeando por su camino propio.

Actualmente tenemos uno de los peores papas que haya reinado jamás en la serie de 266 papas de la Iglesia católica. Su pontificado ha sido una interminable serie de escándalos clericales y financieros, de caos doctrinal, de colusión globalista-medioambientalista, de errores ecuménico-interreligiosos y de rupturas en el ámbito de la liturgia. Creo verdaderamente que el pontificado de Bergoglio pasará a la historia como el punto más bajo de la Iglesia católica. Eso es lo que está documentado en el volumen 2 de mi libro *The Road from Hyperpapalism to Catholicism*, con detalles dolorosos pero

---

2 Ver capítulo 4.

necesarios. El volumen 1, en cambio, pone los fundamentos para una apreciación genuinamente católica del papado, qué es, para qué existe, cuáles son sus límites, y cómo tenemos que reaccionar, espiritual y teológicamente, en tiempos de tempestades.

¿Cómo es posible que algunos teólogos todavía formulen preguntas sobre la infalibilidad papal? ¿No fue ese un problema suficientemente resuelto por el Concilio Vaticano I?

El problema no es tanto el Vaticano I sino el "espíritu del Vaticano I", o sea, la idea popular sobre qué se enseñó sobre la infalibilidad, que no coincide con las articulaciones más cuidadas de la doctrina en el concilio, según se ve en la *relatio* de Gasser, en la carta de los obispos alemanes, y en la consiguiente discusión teológica. Sobre este punto recomiendo vivamente el trabajo del Dr. John P. Joy, cuyo libro *Disputed Questions on Papal Infallibility* trata el tema de modo sucinto pero profundo y penetrante. Joy ilumina el tema más que ninguna otra persona que yo conozca. Después de leerlo, se experimenta una gran paz en el alma, sabiendo que la enseñanza de la Iglesia, aunque supera a la razón, no la contradice e, incluso más, no contradice el "sentido común sobrenatural" conocido como *sensus fidei fidelium*.

¿Ve Ud. algún peligro en "el camino del hiperpapismo al catolicismo"? ¿No es un peligro el que el papado pueda ser visto, por quienes quieren disminuirlo, como sencillamente otro tipo de cargo honorífico, o que los católicos se deslicen hacia la Ortodoxia Oriental o el Protestantismo? ¿Cómo podríamos evitar estos riesgos?

Un desafío que enfrentamos hoy, diría yo, es una relativa falta de conciencia de que la fe católica es transmitida a través de muchos canales y de muchas formas. La fe no es propiedad personal del papa; es la común herencia de la Iglesia y, por tanto, de todo bautizado, hombre, mujer o niño.

Por ejemplo, centenares de catecismos a lo largo de los siglos son testigos de qué es lo que se llama magisterio universal ordinario, que es infalible. La Sagrada Escritura, aunque es objeto de interpretación magisterial, es la Palabra de Dios inspirada e inerrante, y en muchos casos su claro significado –p. ej., su condenación del adulterio y de la homosexualidad– declara la invariante e invariable fe de la Iglesia. El consenso de los Padres de la Iglesia, cuando existe, se considera también una señal segura de la verdadera doctrina. Los veinte concilios ecuménicos anteriores al Vaticano I nos presentan dogmas *de fide* y solemnes anatemas. Los propios papas nos han dejado enseñanzas preciosas, lúcidas y reiteradas sobre muchas materias importantes. Todo esto *determina* lo que cierto papa individual puede hacer o enseñar, y lo que *no puede* hacer o enseñar. Esto no es protestantismo (*sola scriptura*) ni ortodoxia (*sola traditione*), sino que se lo puede reconocer inmediatamente como la visión sinfónica y coherente consigo misma del catolicismo[3].

Existe, por cierto, el peligro de que los católicos se vuelvan tan impacientes con un mal papa o un mal obispo que sientan la tentación de "liberarse" de la institución y procuren, de algún modo, establecer un "lugar seguro" lejos de la jerarquía corrupta. Pero esto último es absolutamente imposible. Podemos ser celosos críticos de lo que está mal, pero tenemos que mantenernos unidos al papa y a los obispos, al menos para aceptar lo que hacen o enseñan en armonía con la fe, o no obviamente alejado de ella. Esto es como ser miembros de una familia en que hay que mantener cierta distancia con algunos parientes, sin desconocerlos. No es una situación fácil, y a veces siente uno, en estos tiempos, como si fuera caminando por una cuerda floja. Pero esto es para nosotros nuestro desafío, el que nos presenta la Divina Providencia, y no podemos ni contradecir nuestra razón ni dejar de amar a la Santa Madre Iglesia. Tenemos que seguir viviendo una vida católica de oración, sacramentos y buenas obras, aun cuando estemos legítimamente enfrentados con la jerarquía o escandalizados por ella.

Con esto no pretendo decir que no pueda nunca existir la necesidad, en la práctica, de una vida en cierta forma oculta; pero esto es un último recurso y un expediente temporal. Oramos y trabajamos siempre por una solución que, en cada caso, sea normal, que nos permita vivir en la superficie. El tradicionalismo no busca una nueva iglesia -eso sería protestantismo- sino una limpieza y renovación, en esta tierra, de la sola y única Iglesia católica que existe[4]. Lo que nos interesa es restaurar lo que se ha desmoronado o desvaído, no pasar la aplanadora sobre la estructura ni darle una mano de pintura, como trataron de hacer los revolucionarios después

---

3 Ver capítulos 1 y 2.
4 Ver mi artículo "Are Traditionalists Guilty of 'Private Judgment' Over the Popes?," *OnePeterFive*, diciembre 22, 2021.

del Vaticano II, y lo hacen todavía. Podemos contemplar por todas partes los letales resultados de su iconoclastia teológica y litúrgica, y nos oponemos a ello categórica e incansablemente.

Finalmente, quisiera pedirle unos breves consejos para nuestros lectores.

A mi juicio, los católicos serios y sinceros deben, sobre todo, adherir estrechamente a la fe tal como ella fue siempre enseñada y vivida con anterioridad a la gran confusión que se ha abatido sobre la Iglesia durante el último concilio ecuménico y después de él. No hay nada en nuestra fe que nos diga que no podemos tener un papa malvado, y sabemos que la enseñanza no infalible del papa es, por definición, falible –es decir, capaz de estar en el error–. Si la enseñanza y la práctica constantes de la Iglesia *anteriores* al concilio –o sea, el proceso acumulativo de tantos ritos litúrgicos, concilios, papas, catecismos y santos– estuvieron equivocadas, entonces quedan destruidas todas las pretensiones de la propia Iglesia. Tal conclusión es inaceptable. La Tradición siempre tiene la precedencia frente al presente y al futuro; es y ha sido siempre la luz que guía a los católicos. En tiempos de confusión, nos refugiamos en lo que es estable, establecido, aprobado, cierto y conocido como bueno. Esta es la esencia de la postura tradicionalista; no es más que sentido común sobrenatural.

Es un privilegio vivir en estos tiempos, llevando la antorcha de la tradición en medio de la oscuridad. Quienes buscan la luz la verán, se gozarán de ella y la seguirán. Serán el *resto* que Dios usa para restablecer su reino, si El quiere efectivamente que florezca de nuevo antes de la Parusía.

7

El bien común como fundamento de la autoridad y de la obediencia

La mayoría de las conversaciones entre católicos sobre temas de la Iglesia terminan, tarde o temprano, en la cuestión de "quién manda" y "quién debe obedecer". Creo que hemos heredado un encuadre muy empobrecido para discutir esto, en que los únicos extremos son el poder y la sumisión. Es como tratar de evaluar grandes pinturas con sólo fotografías en blanco y negro, o como tratar de entender el arte de la escultura sólo con imágenes bi-dimensionales. De hecho, es algo peor: es un enfoque totalmente inadecuado, que caricaturiza tanto el poder santo como la justa sumisión.

No se puede entender una estructura jerárquica a menos que comprendamos claramente la relación entre la autoridad y el bien común, y cómo esta relación, a su vez, ilumina a la virtud de la obediencia. Aunque he escrito sobre estos temas en *La verdadera obediencia en la Iglesia: guía de discernimiento para tiempos recios*, voy a desarrollar un poco más las ideas en este capítulo[1]. Una advertencia sobre los términos: la palabra "autoridad" se usa normalmente en dos sentidos relacionados, y la voy a usar en ambos: (1) alguien que ejerce autoridad, como en "esta ley fue promulgada por la autoridad que tenía a su cargo el territorio", y (2) el fundamento, o título, por el cual la ejerce: "¿con qué autoridad promulga Ud. esa ley?".

¿QUÉ ES EL BIEN COMÚN?

La autoridad existe siempre que hay una sociedad de personas que, reunidas, comparten bienes que hay que promover y proteger. A esos bienes compartidos los llamamos "comunes". Esto requiere una breve explicación.

---

[1] Recomiendo también la conferencia del P. Edmund Waldstein "The Primacy of the Common Good," publicada el 19 de junio de 2023 en el sitio web *The Josias*.

Cuando pensamos en cosas buenas, tendemos primero a pensar en cosas materiales, como comida y bebida, que son obviamente buenas para nosotros (en la medida en que se las consume en el momento correcto, de un modo correcto, en la cantidad correcta, etc.). Las cosas materiales o sensibles que nos convienen, en cuanto somos animales, son verdaderamente cosas buenas. Pero no son la mejor clase de cosas buenas. Bienes mucho mejores son los que vinculan a las personas unas con otras, siendo buenos para mucha gente al mismo tiempo sin que ello los disminuya o divida. Esto último es lo que llamamos *bien común*.

Los bienes *privados* –todas las cosas materiales pueden recibir esta denominación– se consumen o se los retira de la circulación cuando son poseídos. Cuando se divide un bizcocho en varias partes, cada uno de nosotros puede conseguir una de ellas (si tenemos suerte), pero yo sólo puedo comer mi pedazo y tú el tuyo. Cuando uso cierta vestimenta, nadie más puede usarla simultáneamente conmigo. La propiedad privada, aun cuando puede ser usada para fines de hospitalidad o de caridad, tiene la siguiente limitación: tanto en derecho como en la práctica, no es para ser usada igualmente por todos, y disminuye o se gasta con el uso. En otras palabras, todo lo que sea privado tiene límites en cuanto a su alcance, y puede experimentar pérdida por el uso.

Un verdadero bien común, en cambio, puede ser compartido simultáneamente por muchos, perfeccionándolos a todos ellos. La paz de una familia y el justo orden de la sociedad son bienes de este tipo, ya que mientras más existe ese bien, más lo compartimos todos, sin que por ello disminuya. La verdad es un bien común: si dos personas conocen el teorema de Pitágoras, cada una lo posee completo y sus intelectos se perfeccionan con él; ambas pueden, en adelante, analizarlo y hacer nuevos descubrimientos a partir de él.

También podríamos decir que la belleza de las grandes obras musicales, como una Misa de Palestrina o una sinfonía de Beethoven, aunque tienen que ser puestas en la existencia en un determinado momento por una interpretación en vivo o por la ejecución de una grabación, son, con todo, algo que muchos pueden compartir simultáneamente, deleitando a todos con su hermosura y haciéndose suyo en sus almas: este único y mismo bien no sólo *no disminuye* al ser compartido, sino que es mejor comprendido y apreciado a medida que más y más personas lo disfrutan y piensan en él.

Por esta razón, el bien común es un mejor bien que el bien privado, es decir, es mejor, incluso para el individuo, que cualquier bien meramente individual, que se consume, limita o gasta con el uso. Esta es una idea importante porque significa que será siempre irracional escoger el bien meramente individual en detrimento del bien común. En cuanto animales, necesitamos comida y bebida más que verdad o belleza; pero en cuanto animales racionales, estamos hechos para la verdad y la belleza, y sufrimos un tipo de desnutrición e inanición mucho peor si las descuidamos, o si siempre ponemos la comida y la bebida antes que ellas.

Cuando entran en conflicto el bien privado y el bien común –cuando nos vemos obligados a escoger entre ellos–, normalmente debiéramos elegir el bien común por ser mejor para nosotros, mejor para todos. De hecho, Aristóteles dice que el bien común es "más divino", más como Dios –que es el Bien mismo–, infinitamente conocible, compartible y disfrutable[2].

EL CULTO LITÚRGICO COMO BIEN COMÚN

En el cielo, todos los ángeles y los santos participan de la felicidad de Dios, pero ciertamente El no experimenta disminución de su felicidad por ello, al modo cómo una torta disminuye al ser compartida; al contrario, Su gloria aumenta, multiplicada por todas las almas o espíritus que gozan de El. Dios es "glorificado en sus santos", como lo enseña la Escritura (2 Tesalonicenses 1, 10). ; el gozo de cada uno es acentuado por el conocimiento que tienen todos de que este gozo es poseído por muchos al mismo tiempo. Esto es algo que ya conocemos por nuestra experiencia cotidiana: una fiesta realmente exitosa es aquella en que no sólo todos los individuos la disfrutan, sino en que, además, saben que otros la disfrutan también.

Dar culto a Dios Todopoderoso en la iglesia es otro ejemplo de un bien común, porque, a diferencia de una tarta de manzana o de una torta de chocolate, que va acabándose y eventualmente desaparece a medida que más personas la comen, el culto a Dios

---

2 "Procurar y asegurar el bien de la ciudad parece ser algo más grande y más completo [que hacerlo con el bien de un individuo]: el bien del individuo es, en sí, muy deseable, pero el de una nación o de las ciudades es más noble y más divino". Aristóteles, *Nicomachean Ethics*, Bk. 1, cap. 2, 1094b8-11, trad. Robert C. Bartlett, Susan D. Collins (Chicago: University of Chicago Press, 2011), 3.

no disminuye por un mayor número de fieles sino que, al contrario, mientras más numerosos son los que dan culto, más es Dios glorificado y más santificadas son las almas. De lo que se sigue que mientras mejor una liturgia dispone a los fieles a dar culto, más contribuye al bien común de la Iglesia. El hecho mismo que la liturgia es esencialmente una actividad pública o social indica que, por su naturaleza, no es un bien privado sino que, para decirlo con precisión, es la acción de Jesucristo Sumo Sacerdote quien, en cuanto Dios, es el bien común de la Iglesia[3].

El culto litúrgico se preocupa directamente de Dios, que es el mayor de todos los bienes comunes; se funda en la verdad revelada, que es también inherentemente un bien común; y distribuye la gracia, que, aunque es un bien individual que se nos reparte a ti y a mí, tiene una única fuente infinita que no conoce límites máximos. La mejor situación imaginable sería aquélla en que *toda* la humanidad diera culto a Dios: en tal caso, el bien que es Él estaría máximamente participado, y todos nos beneficiaríamos con su participación. Por estas razones, reducir, limitar o abolir una forma de culto divino, legítima en sí misma y fructífera para las almas, no puede ser *jamás* un ejercicio correcto de la autoridad eclesiástica[4]. A este punto voy a volver más adelante en este capítulo.

LA ESTRICTA RELACIÓN DE LA AUTORIDAD CON EL BIEN COMÚN

Habiendo explicado lo que es el bien común, necesitamos examinar ahora lo que es la autoridad. Si, por un imposible, existiera en el mundo un solo ser humano, no podría haber autoridad. Por cierto, se puede decir que "un hombre es rey de sí mismo", pero esto es una forma metafórica de hablar, por cuanto existe cierta pluralidad incluso en un individuo: la razón gobierna a las pasiones, el alma gobierna al cuerpo. Pero, en rigor, gobernar y ser gobernado presupone una multiplicidad de personas, una de las cuales (o unas pocas de las cuales) son gobernantes, en tanto que el resto son súbditos.

---

3 Santo Tomás dice más todavía: el bien común de todo el universo está en Cristo. Ver *Super I ad Cor.*, cap. 12, lect. 3.
4 Como dice Joseph Shaw: "Toda forma litúrgica que goza de un lugar en la vida de la Iglesia se justifica por cómo contribuye a la misión de la Iglesia de salvar almas y de glorificar a Dios. Si trae la gente a la fe, y fortalece y sostiene a quienes ya la tienen, no puede ser objeto de objeción alguna" (*Sacred and Great: A Brief Introduction to the Traditional Latin Mass* [Lincoln, NE: Os Justi Press, 2023], 67).

El gobernante no existe para su propio bien, como si sencillamente estuviera *ahí*, sin nada que justificara su estar ahí para exigir obediencia. El gobernante existe *a fin de* fomentar y proteger el bien común de la sociedad sobre la que está puesto. El bien común, en otras palabras, no sólo proporciona racionalidad a la existencia de cualquier autoridad sino que también, y por la misma razón, le pone límites a lo que puede o no puede hacer.

Si un gobernante está puesto para promover el bien de su pueblo –la paz, la justicia económica, la vida social virtuosa, el acceso a la verdad natural y divina–, entonces, en la medida en que hace la guerra al bien de su pueblo, su gobierno carece de autoridad o, para decirlo más sencillamente, en esa misma medida o desde ese punto de vista, no es gobernante sino tirano, un *abusador* de la autoridad. Esto no significa necesariamente que cesa absolutamente de ser gobernante, sino que obra "*ultra vires*", violando los límites de su poder, contrariando la naturaleza de su propio cargo. Es como un profesor que enseña errores en vez de verdades; una persona así no es un profesor, propiamente hablando, sino un corruptor de inteligencias. O como un policía que golpea a los ciudadanos en vez de protegerlos: alguien así no es un oficial dedicado a hacer cumplir la ley, sino un rebelde infractor de la ley, cuyas credenciales sirven de testimonio en su contra.

Otra forma de analizar esto es recordar por qué decimos que un gobernante tiene, u ocupa o ejerce un "oficio". La palabra "oficio" deriva del latín "officium", que significa deber, responsabilidad, obligación, servicio. Tener un oficio quiere decir cumplir un deber o una responsabilidad. ¿Y cuál es ese deber o responsabilidad? Para decirlo en forma sencilla: fomentar y defender el bien común.

Insisto en este punto porque es el único modo correcto de comprender la autoridad. Si se pone entre paréntesis la cuestión del bien de la sociedad o, más específicamente, el bien de sus miembros, se termina con una concepción absolutista o positivista de la autoridad, en que ésta parece existir "para su propio bien", dando órdenes a gritos e imponiendo cargas. Tal cosa es una caricatura de la autoridad y, de hecho, tiende a ensuciar su reputación y a multiplicar los resentimientos. Los peores enemigos de la autoridad son quienes rehusan estar obligados al bien o bienes que su autoridad debe, supuestamente, servir, y se esconden detrás del noble escudo del oficio a fin de promover intereses privados contrarios a dicho bien.

Lo que aquí expongo no es en absoluto un esotérico producto de las mentes tradicionalistas: el "Catecismo de la Iglesia Católica" de Juan Pablo II enseña exactamente la misma doctrina: "La autoridad sólo se ejerce legítimamente si busca el bien común del grupo en cuestión y si, para alcanzarlo, emplea medios moralmente lícitos"[5]. Benedicto XVI dice en una de sus homilías: "El ejercicio de la autoridad, en cualquier nivel, debe vivirse como un servicio a la justicia y a la caridad, en la búsqueda constante del bien común"[6].

CÓMO LA OBEDIENCIA QUEDA DETERMINADA POR EL BIEN COMÚN

Establecido ya este principio fundamental –a saber, que la autoridad existe para fomentar y defender el bien común de la sociedad sobre la cual está constituída–, podemos examinar la virtud de la obediencia. Como explica Santo Tomás de Aquino, todo súbdito tiene la obligación de obedecer a su gobernante, su superior, precisamente en aquellas cuestiones a las que se extiende la autoridad del superior. En otras palabras, el súbdito debe obedecer por la misma razón por que el gobernante debe gobernar: el bien común.

Obedecer es el modo como puedo cooperar con el gobernante en la búsqueda del bien común. Puesto que éste no se cuida automáticamente de sí mismo si cada cual hace lo que se le ocurre, y ya que dicho bien puede ser vulnerado por enemigos interiores y exteriores, el gobernante debe obrar de acuerdo con esto y el súbdito debe obedecer también en pro de dicho bien. Dicho brevemente, el bien común no sólo es la razón de por qué existe la autoridad, sino también la razón de la obediencia: él vuelve la obediencia obligatoria y virtuosa, poniendo al mismo tiempo límites respecto de a quién hay que obedecer y en qué circunstancias.

El ámbito del poder de una autoridad es el bien común de la sociedad sobre la cual está constituída. Así, el ámbito de la obediencia

---

5 Catecismo de la Iglesia Católica, 1903.
6 Benedicto XVI, Audencia General sobre Santa Isabel de Hungría, Plaza de San Pedro, octubre 20, 2010. Compárese con lo que dice en la encíclica *Caritas in Veritate* (no. 3): "Mientras más luchamos por alcanzar el bien común que corresponde a las verdaderas necesidades de nuestro prójimo, más efectivamente lo amamos. Todo cristiano [¡ello incluye al papa!-PK] está llamado a practicar esta caridad de un modo correspondiente a su vocación... Este es el camino institucional -podríamos llamarlo también el camino político- de la caridad".

de un súbdito es el mismo bien común, mirado esta vez desde la perspectiva de quien goza de sus beneficios y está en deuda con la autoridad por su defensa y promoción. El ámbito de la obediencia, en otras palabras, es limitado, tal como es limitada la autoridad, y por la misma razón: es virtuoso obedecer cuando obedecemos en pro del bien de nuestra sociedad.

Normalmente no necesitamos pensar mucho en estas cosas. La mayor parte del tiempo las autoridades están preocupadas con asuntos menores o cuestiones que no perturban gravemente a los ciudadanos que cumplen las leyes, y debemos -de ordinario lo hacemos- dar a las autoridades legítimas el beneficio de la duda suponiendo que son bien intencionadas y que trabajan sinceramente por el bien común. Sin embargo, si se hace claro que una autoridad está faltando gravemente al servicio del bien común o incluso atacándolo derechamente, debemos ponernos en alerta y prepararnos para negarle obediencia. Después de todo, también nosotros tenemos obligaciones con el bien común y si permitimos, según nuestra posición o nuestras oportunidades de actuar, que sea atacado o socavado, podemos hacernos culpables del pecado de complicidad, negligencia, cobardía, injusticia y caridad desordenada.

No olvidemos, tampoco, que todas las autoridades están integradas en una jerarquía de autoridades que culmina con el supremo gobernante y con el bien común universal, Dios mismo. Por esta razón todo gobernante que se pone contra Dios o contra la ley de Dios está, en esa misma medida, socavando la obligación de sus súbditos para consigo.

EJEMPLOS DE "DESOBEDIENCIA" EN PRO DE LA OBEDIENCIA

Pongamos algunos ejemplos para aclarar esto.

Si un padre de familia normalmente llega a su casa borracho y amenazando la vida de sus hijos, la mujer, aunque reconozca la autoridad dada por Dios al jefe de la familia, tomará medidas para protegerse ella y sus hijos. Y lo hará en pro del bien de la familia, que el padre tiene la solemne obligación de proteger. Al ponerse a salvo de los eventuales daños, lo que hace es cumplir, de hecho, el papel del padre y del bien que le ha sido confiado.

Otro ejemplo: si el presidente de un país ordena a los militares abrir fuego contra los ciudadanos por no apoyar algunas ideas descabelladas suyas, los ciudadanos deben resistirlo, porque se ha vuelto contra los ciudadanos para cuyo servicio ha recibido el poder.

Un tercer ejemplo: si el abad de un monasterio cancelara el oficio divino para tener más tiempo libre para jugar golf, los monjes deben respetuosamente rechazar semejante política porque se opone directamente al motivo por el cual es abad y por el que ellos están ahí reunidos, que es ofrecer a Dios el sacrificio de alabanza: "Que nada se anteponga a la obra de Dios", dice San Benito en su "Regla".

En estos casos, aunque *se podría* decir que la mujer, los ciudadanos y los monjes están "desobedeciendo" a su superior, sería más apropiado decir que están rehusando obedecer a un gobernante que ha perdido el derecho a ser obedecido en las materias del caso. Materialmente *parece* desobediencia, pero en realidad es obediencia a una ley más elevada que gobierna tanto al gobernante como a los gobernados.

UNA EXPLICACIÓN UNIVERSAL

La explicación que antecede se aplica a *toda* autoridad, incluída la de los obispos de la Iglesia católica. El episcopado no existe en un universo alternativo gobernado por una ley divina diferente y una diferente ley natural. Tampoco el episcopado existe para su propio bien, como una especie de burocracia auto-perpetuante, sino que existe para el bien común de la Iglesia, *que es su razón de ser*. Por ello es que también los obispos pueden ser juzgados como servidores infieles y malvados: cuando obran de modo contradictorio con su cargo (y en la misma medida en que lo hacen), no gobiernan en nombre de Cristo sino en el propio (o, quizá, en nombre de un maestro secular o, incluso, de un señor infernal).

A veces nos dejamos deslumbrar por los esplendores eclesiásticos, pero todas y cada una de las estructuras de autoridad operan esencialmente del mismo modo. Sólo la autoridad de Dios es absolutamente incapaz de desviarse de la justicia, y por tanto está absolutamente exenta de cualquier protesta o resistencia legítimas de parte de las creaturas. Ninguna autoridad humana es incapaz de desviaciones o inmune ante ellas, por más elevada que sea -incluída la suprema autoridad de la Iglesia en la tierra, el papado-.

EL PAPA Y EL BIEN COMÚN DE LA IGLESIA

¿Es posible que un papa obre contra el bien común de la Iglesia? ¿Ha abusado algún papa de su autoridad o ha sido alguna vez resistido por ello? La respuesta a estas preguntas es "Sí", como lo demuestra Roberto de Mattei en su libro *Love for the Papacy and Filial Resistance to the Pope in the History of the Church*. En él, Mattei escribe sobre papas que han dañado a la Iglesia de un modo u otro, como Liberio (352-366), Vigilio (537-555), Honorio I (625-638), Esteban VII (896-897), Juan XII (955-964), Benedicto IX (1032-1044, 1045, 1047-1048), Pascual II (1099-1118), Juan XXII (1316-1334), Inocencio VIII (1484-1492), Alejandro VI (1492-1503), Clemente VII (1523-1534), Pablo III (1534-1549), Urbano VIII (1623-1644) y Pío VII (1800-1823). Esta lista incluye papas de los siglos IV, V, VII, IX, X, XII, XIV, XV, XVI y XVII. Habría otros candidatos más a la lista, y los ejemplos de abusos de autoridad de los últimos cien años son incontables; y ni siquiera mencionamos aquí los últimos diez años, que han quintuplicado el registro de 2.000 años.

En un asombroso documento que se leyó en la Dieta de Nuremberg en 1523, el papa Adriano VI admitió que un papado y un sacerdocio corruptos eran en gran medida responsables del putrefacto estado de la Iglesia en aquella época. Escribió el papa:

"Sabemos muy bien que, durante muchos años, cosas aborrecibles se han congregado en torno a la Santa Sede; se ha hecho mal uso de las cosas sagradas, se ha violado las ordenanzas, de modo que en todo ha habido cambios para peor. Por ello no sorprende que la enfermedad haya descendido desde la cabeza a los miembros, desde los papas a la jerarquía... Por tanto... emplearemos toda la diligencia posible en reformar, ante todo, la Curia romana, donde, quizá, todos estos males se han originado; y así, la curación comenzará por la fuente de la enfermedad. Consideramos que esto es nuestro deber tanto más cuanto que todo el mundo aguarda tal reforma... Deseamos usar nuestro poder no para buscar dominación o medios de enriquecer a nuestros parientes, sino para devolver a la Novia de Cristo, la Iglesia, su anterior belleza, para ayudar a los oprimidos, para elevar a los hombres virtuosos y doctos y, sobre todo, para hacer todo lo que corresponde a un buen pastor y sucesor del Beato Pedro. Pero que nadie se admire si no podemos erradicar todos los abusos de una sola vez, porque la enfermedad está profundamente enraizada y tiene muchas formas"[7].

¡Qué extraordinario ejemplo de honestidad y humildad de un Romano Pontífice, sin miedo a admitir cuál era la fuente y la magnitud de los males que amenazaban al bien común de la Iglesia en el Renacimiento!

CONSEJOS Y EJEMPLOS OLVIDADOS QUE HAY QUE RECORDAR

Muchos grandes teólogos y canonistas han dedicado mucho estudio a la posibilidad de un desgobierno papal, y han explicado claramente cómo los fieles podrían o deberían reaccionar. El gran dominico Sylvester Prierias (1456-1523) razona del modo siguiente:

"El papa no tiene el poder de destruír; por tanto, si hay pruebas de que lo está haciendo, es lícito resistirlo... Si el papa destruye la Iglesia con sus mandatos y sus obras, puede ser resistido e impedida la ejecución de sus órdenes. El derecho de oponer abierta resistencia al abuso de autoridad de los prelados surge de la ley natural"[8].

De un modo parecido, el cardenal Tomás Cayetano (1469-1534) escribe: "Hay que resistir, en su cara, a un papa que abiertamente está destrozando la Iglesia". Francisco de Vitoria (1483-1546) concuerda: "Si el papa, por sus órdenes y acciones, destruye la Iglesia, se lo puede resistir e impedir el cumplimiento de sus mandatos". San Roberto Bellarmino (1542-1621) añade: "Así como sería lícito resistir al papa si éste asaltara a una persona, así también es lícito resistirlo si ataca las almas o altera el Estado, y con mayor razón si se esforzara por destruír la Iglesia. Es legal, digo, resistirlo dejando de cumplir lo que manda, u obstaculizando la ejecución de su voluntad". El jesuita Francisco Suárez (1548-1617) lleva la idea todavía más lejos: "Si el papa ordena algo que es contrario a las *rectas costumbres*, no se está obligado a obedecerlo; y si trata de hacer *algo manifiestamente opuesto a la justicia y al bien común*, es lícito resistirlo".

El santo obispo inglés Robert Grosseteste (1175-1253), obispo de Lincoln y "uno de los hombres más doctos de la Edad Media"[9], tuvo la valentía de poner constantemente en práctica esta enseñanza. El

---

7 Roberto de Mattei, *Love for the Papacy and Filial Resistance to the Pope in the History of the Church* (Brooklyn, NY: Angelico Press, 2019), 57-58.
8 Esta cita y las siguientes están tomadas de Paul Casey, "Can a Catholic Ever Disobey a Pope?," *OnePeterFive*, julio 17, 2020.
9 *Ibid.*

papa de la época, Inocencio IV, había, con un documento perfectamente legal, nombrado a su sobrino italiano para una canonjía vacante en la catedral de Lincoln; o sea, el papa quería succionar dinero para llenar los bolsillos de su pariente. Un caso clásico de nepotismo. Grosseteste no quiso ni oír de tal cosa, y escribió al papa:

"Ningún fiel súbdito de la Santa Sede... puede someterse a los mandatos, preceptos o a ninguna otra demostración de este tipo, ni siquiera si el autor de ellos fuera el más elevado coro de los ángeles. Por el contrario, tiene el deber de repudiarlos y rebelarse contra ellos con todas sus fuerzas. Porque, a causa de la obediencia a la que estoy obligado, y por mi amor a mi unión con la Santa Sede en el Cuerpo de Cristo, como obediente hijo desobedezco, contradigo y me rebelo... La Sede Apostólica en su santidad no puede destruír, sólo puede construír. Esto es lo que significa la plenitud de poderes; poder hacerlo todo para edificar. Pero estas llamadas "provisiones" no construyen, sino que destruyen".

El historiador W. A. Pantin explica la importancia de los argumentos de Grosseteste:

"Puesto que la *plenitudo potestatis* [el poder jurisdiccional pleno del papa] existe para el fin de edificar y no de destruír, cualquier acción que tienda a la destrucción o a la ruina de las almas no puede ser un genuino ejercicio de la *plenitudo potestatis*... Si el papa, o cualquiera otra persona, manda algo que es contrario a la Ley Divina, obedecer es un error y, en última instancia, junto con proclamarse leales, hay que rehusar la obediencia"[10].

En relación con el principio enunciado en 2 Corintios 10, 8, Ludwig Ott escribe: "Como supremo legislador de la Iglesia, el papa no está legalmente obligado por las decisiones y usos eclesiásticos, sino sólo por la ley divina. Esto exige que el poder papal, en consonancia con su finalidad, se emplee para la construcción del Cuerpo Místico de Cristo, no para su destrucción (2 Corintios 10, 8). La ley divina, por tanto, es un efectivo freno a la arbitrariedad"[11]. El principio

---

10 William Abel Pantin, "Grosseteste's Relations with the Papacy and the Crown," en *Robert Grosseteste, Scholar and Bishop*, ed. D. A. Callus, OP (Oxford: Clarendon Press, 1955), 183. Aunque Inocencio IV se enfureció, sus cardenales le impidieron tomar venganza, por el enorme honor con que Grosseteste era tratado por todos.
11 Ludwig Ott, *Fundamentals of Catholic Dogma*, trad. Patrick Lynch, ed. James Canon Bastile, rev. Robert Fastiggi (London: Baronius Press, 2018), 307. Este pasaje debe ser leído cuidadosamente: puede que el papa no esté legalmente obligado, pero está moralmente obligado, ya que las decisiones y usos están orientados al bien común de la Iglesia y, en algunos casos, al *status ecclesiae*. Thomas

fundamental es que la autoridad papal fue otorgada *con una finalidad*, y debe ser usada en consonancia con esa finalidad. El uso del poder papal para dañar a la Iglesia más que para construírla -por ejemplo, dañando la acostumbrada vida cultual de los fieles o los tesoros espirituales de la Iglesia en que encuentran apoyo para ella- es una perversión del propósito para el cual existe el papado. Se podría llamar a semejante uso "contradicción en los actos", como cuando se usa el habla para decir mentiras, o cuando se usa las facultades generativas de un modo contrario a la generación. Es con justicia que a ese abuso de la autoridad papal se le podría llamar mentiroso y contraceptivo.

LA CAMPAÑA DEL PAPA FRANCISCO CONTRA EL BIEN COMÚN DE LA IGLESIA

Una situación exactamente como ésta es la que tenemos hoy con el papa Francisco, que hace la guerra casi a diario contra el bien común del pueblo de Dios[12]. Aquí voy a concentrarme en la campaña contra el rito romano tradicional. Aunque me voy a referir especialmente a la Misa, no me limitaré sólo a ella, porque el *motu proprio Traditionis Custodes* se refiere o afecta a toda la liturgia de la Iglesia: a todos los ritos sacramentales, a las ceremonias pontificales, a las bendiciones y exorcismos, y al oficio divino.

Hemos hablado mucho del bien común de la Iglesia; ¿pero es posible definir ese bien de un modo más específico? Yo sostengo que este bien común no es otra cosa que la vida divina de Jesucristo, su soberana Cabeza -la superabundante gracia de Su alma divinizada, compartida con Sus miembros mediante la iluminación del intelecto por la revelación y el incendio del corazón por

---

Pink argumenta contra *Traditionis Custodes* exactamente de este modo: no en cuanto es legislación, sino porque es gravemente dañino para la vida de la Iglesia, a cuyo servicio se entiende que está la legislación. Ver su ensayo "Is Traditionis Custodes Lawful?," *The Lamp*, Issue 18 (Asunción, 2023); cf. his "Papal Authority and the Limits of Official Theology". El P. Réginald-Marie Rivoire, FSVF, llega al mismo juicio negatio vía una argumentación algo diferente: ver *Does "Traditionis Custodes" Pass the Juridical Rationality Test?* (Lincoln, NE: Os Justi Press, 2022).

12 Para consultar una abundante documentación sobre el modo en que el papa Francisco ha obrado contra el bien de la Iglesia, ver Lamont and Pierantoni, *Defending the Faith*; Kwasniewski, *Hyperpapalism to Catholicism*, vol. 2; y Lanzetta, "Super Hanc Petram". De hecho, se ha dedicado muchos libros a este tema, entre ellos el de Marcantonio Colonna [Henry Sire] *The Dictator Pope*, el de George Neumayr *The Political Pope*, el de Phil Lawler *Lost Shepherd*, y el de Ross Douthat *To Change the Church*.

la caridad sobrenatural de Su corazón- y la divinización de las almas por la vida sacramental y la oración (especialmente por el culto solemne, formal y público que llamamos sagrada liturgia). A este bien común pertenece el tesoro de todos los bienes que Dios nos ha revelado, todos los bienes que Cristo nos ha obtenido por su Preciosísima Sangre, y todos los bienes que el Padre y el Hijo han derramado conjuntamente sobre la Iglesia mediante el descenso del Espíritu Santo, no sólo en Pentecostés sino, comenzando en ese momento, en toda la historia, hasta la Segunda Venida[13].

Adviértase que lo que es agradable y aceptable a Dios no es la liturgia en abstracto, o cualquier forma de culto, sino los "ritos recibidos y aprobados", de los que habla el Concilio de Trento y varios testimonios papales a lo largo de los siglos[14]. Los ritos tradicionales de la Iglesia, tanto Occidental como Oriental, no son obras meramente humanas sino obras conjuntas de Dios y los hombres -de la Iglesia movida por el Espíritu Santo que inhabita en ella-. El culto litúrgico tradicional de la Iglesia, su *lex orandi* o ley de la oración, es una expresion fundamental y normativa de su *lex credendi* o ley de lo que se cree; algo que no se puede contradecir ni abolir ni reescribir en su mayor parte sin rechazar la continuidad, guiada por el Espíritu, de la Iglesia católica como un todo[15]. Esto impone a los pastores de la Iglesia, a todo nivel, la obligación o responsabilidad, de recibir, preservar, defender y promover con exactitud esta herencia. Su lema es, o debiera ser, lo que dice San Pablo: *Tradidi quod et accepi*, "He transmitido lo que he recibido". El papa San Gelasio I confirma esto al decir: "Está definido que los fieles sometan su corazón a todos los sacerdotes que, en general, *transmiten correctamente las cosas divinas*"[16].

---

13 Este párrafo y el siguiente reproducen algunas ideas de mi libro *La verdadera obediencia en la Iglesia: Guía de discernimiento para tiempos recios* (Lincoln, NE: Os Justi Press, 2022), 18-19, 23-24.
14 Ver Matt Gaspers, "Can the Pope Abolish the Traditional Latin Mass?," *Catholic Family News* online, marzo 3, 2023; Peter Kwasniewski, "The Pope's Boundedness to Tradition as a Legislative Limit," en *From Benedict's Peace to Francis's War*, 222-47.
15 Este párrafo está también tomado de *La verdadera obediencia*.
16 El papa hace una comparación, pero la fuerza de ésta depende, en su contexto, de la primera premisa de la hipótesis: "Si está establecido que los fieles sometan su corazón a los sacerdotes en general que transmiten correctamente las cosas divinas, ¿cuánto más deben someterse al prelado de aquella Sede que la más alta Divinidad ha querido que sea preeminente sobre todos los sacerdotes, y que la piedad de la Iglesia universal ha posteriormente celebrado?" (*Famuli vestrae pietatis*, párr. 2).

LA MISA TRADICIONAL ES UN
BIEN QUE ATRAE Y NUTRE

Es imposible negar el siguiente hecho, muy bien documentado: la antigua Misa en latín atrae a los jóvenes y a las familias numerosas. Resulta obvio que existe algo atrayente que los conduce a todos ellos hacia la Misa tradicional y los hace volver una y otra vez; algo que *no* encuentran, o no en el mismo grado, en el *Novus Ordo*, incluso en el *Novus Ordo* "unicornio" a que algunos de ellos han asistido anteriormente, y que podrían considerar, con posterioridad, como un obstáculo para lo que es mejor (así lo fue para mí)[17].

Algo que se puede celebrar del mundo *online*, que tiene tantos inconvenientes, es que nos permite "tomar el pulso" a los católicos jóvenes y fervientes que cuentan qué los llevó a ser católicos en una época en que ello, definitivamente, no es *cool*, desde la perspectiva de la secularizada pseudo-religión mundial del "*wokuspokus*". Esos católicos siempre terminan girando, tarde o temprano (normalmente más temprano), en torno a la poderosa atracción de la tradición. Un hombre joven hizo el siguiente comentario en los medios sociales, hablando no sólo por sí mismo sino también por su círculo de amigos:

"Todos los católicos que miran hacia adelante, especialmente los jóvenes, ven la necesidad de adherir a la continuidad de la tradición. Francisco quiere conducirnos hacia el pasado de los años 1970, hacia una liturgia manufacturada, sin raíces, porque un árbol de plástico no puede echarlas. El ADN de la Iglesia es la tradición, por lo que las células sanas no dejarán de aumentar, mientras haya vida y aliento en la Iglesia, para reemplazar a las que él destruye".

En un artículo del *San Diego Union-Tribune*, publicado el 7 de abril, Luke Heintschel, padre de tres niños pequeños, escribe:

"Esa antigua liturgia tiene una especie de belleza que es como de otro mundo. La vida está saturada de cosas nuevas, relevantes y deslumbrantes, pero esta forma de culto parece estar apartada del resto de la vida. Mi familia ha llegado a apreciar este orden silencioso como un apartarse del mundo caótico de la sobrecarga sensorial... Los católicos que se sienten atraídos hacia esta forma de culto no son cenizas orantes. Nosotros esperamos preservar el

---

17 Ver "Thoughts of a Young Modern Traditionalist Catholic" que publiqué en *New Liturgical Movement* en julio 3, 2023.

fuego de nuestra tradición viva. Muchos padres desean transmitir un modo de vida cristiano que parece estar desapareciendo de la sociedad actual. En eso consiste la tradición: en transmitir. Los ritos y formas del culto de nuestros antepasados son importantes en esa transmisión"[18].

Un sacerdote describía en los siguientes términos la Misa tradicional celebrada en la fiesta de la Asunción, en la basílica-catedral de Filadelfia:

"Existen todavía muchos desalentadores desafíos para quienes aman los ritos tradicionales de la Iglesia; pero ya hemos hecho un largo camino, y no debemos cesar de avanzar. El amor por los ritos y la Misa tradicionales es un movimiento de juventud. Quienes están en él arden con la fe católica. Mil personas estuvieron dos horas y cuarto en una iglesia, en una hermosa tarde de viernes en agosto. Podrían haber ido a la playa, a un juego de béisbol, a un club nocturno o a cualquier otra diversión; pero, en vez de eso, se sumergieron en oración, paladearon la sagrada liturgia, veneraron a la Virgen, y alabaron a Dios; y luego salieron al mundo llenos de gracia y de gozo. ¡Qué bendito acontecimiento!"[19].

Una joven, conocida mía, me escribió estas emocionantes palabras:

"El llegar a apreciar esta continuidad con nuestro pasado católico fue inmensamente importante en mi "conversión" litúrgica. Mientras estuve del lado del *Novus Ordo*, sentía mucha angustia y embarazo por la diferencia entre las liturgias modernas a que asistía y la Misa tradicional que veía en viejos films o que oía describir a los adultos mayores. Yo sabía que la liturgia tradicional era la misma de prácticamente todos los santos, y tenía la incómoda sensación de que ellos -mis grandes ejemplos y mis amigos intercesores- no hubieran estado contentos con lo que le habíamos hecho a la Misa. Pero cuando regresé a la Misa tradicional, dejé de sentir angustia y embarazo. Injertarme al culto de los primeros siglos me hizo sentir, literalmente, como una minúscula rama que, repentinamente, goza de los beneficios de estar integrada en un árbol amplio y alto".

---

18 Luke Heintschel, "Opinion: I'm a Catholic who prefers Latin Mass. For my family, it's about handing on tradition," *The San Diego Union-Tribune*, abril 7, 2023.
19 P. Robert Pasley, "Mater Ecclesiae's Assumption Mass," *New Liturgical Movement*, agosto 17, 2014. Desde entonces, todos los años se celebra la misma gran Misa de la Asunción en la misma basílica, siempre rebosante de fieles.

Un monje alemán que se convirtió a la fe a la edad de 18 años y que descubrió la Misa tradicional a los 21, compartió conmigo el relato de sus experiencias:

"Cuando tenía 18 años me convertí del protestantismo a la Iglesia católica. La razón: volver a casa. Pero no quedé en realidad satisfecho, porque la liturgia era demasiado "chata" para mí. En los luteranos todo era más bien conservador. Hacia esa época no había oído nunca hablar del Vaticano II. Luego se me dio una buena pista: en una revista leí algo sobre la Abadía de Le Barroux en Provenza [que usa el antiguo rito latino]. Ese mismo año, en septiembre, hice el largo viaje hacia el sur. Una verdadera aventura. Después de muchas horas en tren y en bus, llegué finalmente a Le Barroux. Con mi pequeña mochila, subí el sendero de la colina, hasta que alguien me ofreció llevarme en auto el resto del camino. Pasé dos semanas en ese monasterio. Todo fue nuevo para mí pero, al mismo tiempo, tan familiar... Después de la solemne ceremonia salí de la iglesia con la sensación de estar lleno hasta los mismos bordes. No pude retener las lágrimas. Finalmente reconocí que Dios había tocado la tierra y yo era infinitamente amado por Él".

Otra persona explicaba, en una entrevista en EWTN, que el impulso final en su decisión de convertirse al catolicismo provino de asistir a una Misa solemne tradicional. Describía su reacción del siguiente modo:

"Lloré como un niño pequeño... fue el momento de mi vida en que me dije "Esto tiene que ser... no sé por qué esto tiene que ser, pero tiene que ser...", porque Cristo se me reveló en esta liturgia... Sabía intelectualmente qué era la Iglesia, pero todavía no confiaba en ella, porque todavía no veía como ella realmente *vivía*, y para mí, fue la Misa tradicional en latín lo que me hizo decir por primera vez "*Necesito* hacerme católico"[20].

¡Qué poderosos son estos testimonios! En los primeros años de la era *Summorum Pontificum* procuré coleccionar estos testimonios con que me topaba, porque me pareció que serían útiles para cuando escribiera sobre este tema. Y *fueron* útiles[21], pero luego tuve que

---

20 Gregory DiPippo, "You Are Evangelizing Through Beauty!," *New Liturgical Movement,* junio 9, 2020.
21 Ver, por ejemplo, mis libros *Noble Beauty, Transcendent Holiness,* 7-9, 96; *Reivindicación de nuestros derechos hereditarios como católicos,* passim; *El rito romano de ayer y del futuro,* 25-27.

dejar de coleccionarlos de un modo sistemático porque el mero volumen de ellos se hizo abrumador.

La misma tendencia continúa en la era de *Traditionis Custodes*. Por ejemplo, la Conferencia Episcopal católica de los Estados Unidos preguntó a los católicos jóvenes en 2019, via *Twitter*: "Si Uds. son jóvenes católicos que siguen siendo católicos, ¿qué es lo que los ha hecho seguir siéndolo?" Una avalancha de respuestas de hombres y mujeres jóvenes cantó las alabanzas de la antigua Misa y el cautivante efecto que tenía para ellos, y dieron testimonio de su hambre de recta doctrina y de enseñanza moral clara. Los obispos no se esperaban esto en absoluto, y hay que reconocerles que permitieron que las respuestas se mantuvieran en esa red social. Permítaseme reproducir sólo uno de esos testimonios:

"Me convertí a la fe católica a los 25 años porque el catolicismo es VERDADERO. Descubrí la Misa tradicioal y me sumergí en los escritos de los santos y en el contenido de los catecismos tradicionales. A los jóvenes no les hace falta una fe diluída, fácil; lo que necesitamos es el apoyo de nuestros obispos"[22].

Algo similar ocurrió en las "sesiones sinodales de escucha" en todo el munto, donde apareció una y otra vez el tema de los católicos que se sienten perseguidos por amar la tradición y por buscar un acceso sin restricciones a ella. Hubo participantes en el Día Mundial de la Juventud de Lisboa que, cuando los organizadores les pidieron que contribuyeran, en la Oración de los Fieles, con intenciones "por el Sínodo y por la Iglesia", propusieron muchas intenciones como las siguientes: "Que no se prohiba la Misa tridentina", "Que se vuelva a la ortodoxia y a la tradición", "Que tengamos sacerdotes dedicados a su vocación", "Que se acepte a los católicos que encuentran plenitud espiritual en la Misa tradicional y se les permita asistir a la Misa que elijan". La cuenta *Twitter* del Vaticano, notable por su escandaloso progresismo, compartió, para sorpresa de todos, fotos de estas intenciones pro tradición. Quizá la razón es sencillamente que, como advirtió un observador, tenía pocas opciones: "90% de las notas "*post-it*" en Sao Domingo contenía mensajes de este tipo"[23].

---

22 Lisa Bourne, "Will bishops look at why millennials are fleeing the church? The answer is closer than they think," *LifeSiteNews*, junio 21, 2019. Esto tuvo lugar menos de un mes antes de la publicación de *Traditionis Custodes*. La cercanía es elocuente.

23 Ver "Synod Forced to Acknowledge What Young People Really Want: An End to TLM Restrictions," *Rorate Caeli*, septiembre 8, 2023.

¿POR QUÉ SE DISUADE A LOS FIELES DE ASISTIR A LA MISA TRADICIONAL?

Si se parte de la base de que es evidentemente *bueno* que los católicos asistan a Misa y *bueno* que deseen fervientemente hacerlo, puede haber dos y sólo dos razones por las que las autoridades, cuando la Misa a la que desean asistir es precisamente la venerable Misa preconciliar del rito romano, pretendan disuadirlos de hacerlo o incluso se lo prohíban. Primero, una razón doctrinal: la nueva Misa contiene una expresión o una presentación diferente de la Fe, que es más verdadera o mejor que la de la antigua Misa (esto es lo que algunos, como los cardenales Roche y Cantalamessa, dicen explícitamente). Segundo: una razón de disciplina eclesiástica: la nueva Misa es lo que los papas recientes han mandado, y todos los fieles tienen que aceptar lo que se les ordena; ¡de hecho *tienen* que *disfrutarlo más*!

Ahora bien, es difícil entender que sea posible decir que la nueva Misa es teológicamente superior a la antigua. Diferente, sí; complementaria, quizá; pero no superior, a menos que se quiera sostener que durante casi toda la historia de la Iglesia latina su culto ha sido inadecuado, cosa que ningún católico puede hacer (esto es algo que podría sostener, más bien, un protestante o un modernista)[24]. Igualmente difícil es que se pueda decir que un concilio o un papa necesariamente discernirán de modo correcto las necesidades espirituales del pueblo de Dios y tomarán un adecuado curso de acción encaminado a satisfacerlas. Ni un concilio ni un papa pueden mandar que a la gente le guste X, Y o Z, o que le parezca mejor como oración, o más conveniente para sus necesidades, o más útil o más apetecible. Las autoridades podrán hacer la prueba; pero lo que realmente ocurre en la mente y el corazón de los fieles está en las *manos de Dios*, no en las de ellas. Y si ocurre que una apreciable cantidad de fieles se enamora de los ritos no reformados y piensa que ellos "le hablan" más poderosamente, nadie puede decir que los fieles no debieran sentir semejante cosa, como tampoco nadie puede hacer que sientan algo diferente. Una cosa buena atrae, y ni siquiera Dios puede hacer que una cosa buena no atraiga; por el contrario, Él dio a su Iglesia su tradición litúrgica como una cosa buena precisamente para que atraiga. Incluso si el "atractivo" no es el único aspecto que hay que tomar aquí en consideración, es, en

---

24 Ver Kwasniewski, *El rito romano de ayer y del futuro*, 221-42.

todo caso, significativo. Dom Alcuin Reid expresa hermosamente esta perspectiva de sentido común:

"*Summorum Pontificum* fue un sabio reconocimiento de "lo que el espíritu dice a las iglesias" (Apocalipsis 3, 22). El papa Benedicto vio claramente que muchos, incluído un gran número de jóvenes, experimentaban, con los ritos más antiguos de la Iglesia, esa participación plena, consciente y real en los ritos litúrgicos que pedía el Concilio Vaticano II (cf. *Sacrosanctum Concilium*, 14). Aunque ello fue algo totalmente inesperado (todo el mundo suponía que las reformas rituales eran *esenciales* para la participación pedida por el Concilio), fue y es una realidad viva, fructífera, en la Iglesia del siglo XXI; una realidad que no sólo se debe reconocer sino que, por el bien de la Iglesia y la salvación de las almas, debe vivir y crecer libre de impedimentos de parte de numerosos potentados cuya carrera eclesiástica es la encarnación misma de la presunción...: "¡Y jamás se me ocurrió a mí pensarlo!"[25].

El papado existe no para que el papa dicte todas las leyes que se le antoje, sino para apoyar la vida en Cristo de todos los fieles, la vida que el Espíritu Santo hace surgir en medio de ellos y dentro de ellos. Todo aquello que sostiene esta vida es, *ipso facto*, digno del apoyo y protección del papa; todo lo que la daña, no puede incluírse en el ámbito de su cargo. El papa no puede decidir, por sí solo, lo que ha de ser útil al Cuerpo Místico en la tierra; el sólo desearlo no basta. O el *Novus Ordo* tiene éxito según su finalidad, tal como ha sido declarada, o no lo tiene; o la Misa tradicional atrae, convierte y nutre las almas, o no; un papa no puede cambiar los hechos objetivos, por mucho que le exija a sus músculos pontificales. Si la antigua Misa tiene *más éxito* en conseguir aquel conjunto de bienes para cuyo logro existe el culto divino, el papa no puede hacer que ello sea de otro modo, por mucho que lo desee. No puede obtener un éxito a partir de un fracaso, ni un fracaso a partir de un éxito; no puede negar el evidente bien causado por el Espíritu Santo que trabaja mediante la tradición de cuyo surgimiento Él mismo es responsable, como nos dice Pío XII en *Mediator Dei*[26]. En resumen,

---

25 Alcuin Reid, "Benoît XVI: liturgiquement inclassable", *Esprit de la Liturgie*, enero 17, 2023. En la elipsis de esta cita, Dom Alcuin se refiere al "Modern Major-General" de *The Pirates of Penzance*, lo cual es un error; el potentado Gilbertiano que no piensa es Sir Joseph Porter KCB, del *H. M. S. Pinafore*.
26 Ver Kwasniewski, *El rito romano de ayer y del futuro*, 37-87; *Reivindicación de nuestros derechos hereditarios como católicos*, 144-55.

el papa no puede controlar ni abolir la obra del Espíritu Santo.

Si hay católicos de todas las edades, razas, culturas, lenguas, posición económica, posición social, jóvenes y viejos, familias con niños, que asisten con entusiasmo a la Santa Misa y los sacramentos de la Iglesia en su forma tradicional, y encuentran así gozo y paz y gracia para vivir una vida cristiana, haría falta un corazón extraordinariamente duro, una impenetrable ceguera espiritual, una crueldad mental demoníaca, para restringir el acceso de los fieles a esa Misa, clausurar lo que aman u obligarlos (si ello fuera posible) a pensar y sentir de un modo diferente; en breve, para alejarlos de la fuente de salvación a la que Dios, en su Providencia, los ha guiado, la misma fuente a la que Él condujo a su Iglesia durante tantos siglos.

UNA FIJACIÓN IDEOLÓGICA CONTRA LA TRADICIÓN NO PUEDE SER LEGAL

Uno de mis contactos me contaba de ciertos amigos que, habiendo planeado su Misa nupcial tradicional, la esperaban con mucha ilusión, y pocos días antes recibieron la noticia de que esa Misa no sería autorizada. Mi amigo decía:

"En una época de enormes ofensas a la religión católica –especialmente la recepción indiscriminada de la Comunión por políticos pro-aborto y por otros que votan a favor de él, y la "misericordia" alentada por el Vaticano hacia los divorciados vueltos a casar como también hacia los homosexuales– ¡qué increíble resulta que un obispo quiera castigar a los miembros de su grey que adhieren a la tradición, y hacérselos sentir el día de su matrimonio!... Tal es el comportamiento propio de lobos a que el papa Francisco ha acostumbrado a sus asalariados. La cruel falta de caridad es escandalosa, tal como la hipocresía de los propagandistas de la inclusividad que obran de modo exactamente contrario a ella, la invención de enemigos donde no existen, y la traición de amigos de Cristo y de la Iglesia donde sí existen. Cuando los historiadores se refieran a esta época, se maravillarán de la miopía, la mezquindad, el desprecio casi estalinista por los fieles vivos y sanos a quienes Cristo redimió con su Sangre preciosa".

Al final del día, realmente no tiene importancia que el Vaticano II, en 1963, haya dicho que la liturgia tenía que reformarse de acuerdo con una lista, similar a una de compras, de los *desiderata* del siglo XX. Si el primer objetivo de la reforma fue llevar a los católicos a la Misa y los sacramentos y a participar en ellos más profundamente, y si esto es lo que, inesperadamente, está ocurriendo con las formas litúrgicas antiguas, ¡bendito sea Dios, y que esas formas florezcan! Esos buenos frutos provienen obviamente de Dios y es igualmente obvio que forman parte del bien común de la Iglesia que los pastores tienen obligación de apoyar. John Lamont señala, con razón, lo *sobrenatural* del movimiento tradicionalista:

"El decreto [*Summorum Pontificum*] dio lugar a las colectividades tradicionalistas (o las hizo expandirse) por todo el mundo, cuyos integrantes se caracterizaban por familias numerosas, poca edad en promedio, y ortodoxia doctrinal. Las colectividades tradicionalistas produjeron también vocaciones al sacerdocio y a la vida religiosa en forma desproporcionada al número de sus miembros. Esto fue un resultado extraordinario... Las colectividades tradicionalistas que surgieron después de la restauración [hecha por Benedicto XVI] estuvieron compuestas casi enteramente por católicos a quienes el patrimonio heredado de la literatura, la cultura y la historia latinas les era desconocido. En Europa y en Norteamérica la cultura, si se la puede llamar así, en que esas colectividades nacieron fue una total negación de las bases culturales de la Misa tradicional. El éxito de dichas colectividades tiene pocos paralelos en la historia religiosa. Los africanos y los nativos americanos adoptaron la liturgia latina con entusiasmo cuando fueron expuestos a ella por los misioneros entre los siglos XVI y XIX, pero se podría decir que esa adopción fue facilitada por el prestigio y el poder de los estados europeos de donde provenían los misioneros. Hoy no hay prestigio alguno asociado a la Misa tradicional, que todavía es celebrada a menudo en los gimnasios de las escuelas y en las capillas de las funerarias. Su crecimiento sólo puede explicarse razonablemente por la pura fuerza religiosa inherente a la liturgia tradicional"[27].

Si aquí y allá hay problemas en el movimiento tradicionalista, que se los aborde aquí y allá, a nivel local, mediante intervenciones personales, que es el único modo efectivo de tratar los problemas. La idea de una "culpa colectiva" –por ejemplo, que los judíos son responsables de la muerte de Cristo, o que los tradicionalistas niegan la validez del Vaticano II– fue abandonada, irónicamente, *en*

---

27 John Lamont, "The Significance of Pope Francis for the Church," *The Society of St. Hugh of Cluny*, marzo 21, 2023.

el Vaticano II, que enseñó que no debe culparse a los grupos por los pecados de los individuos. Lo cual es del más obvio sentido común, como es también la perspectiva sobrenatural de los verdaderos cristianos. Tragarse la campaña contra la liturgia tradicional en latín revela por sí mismo que se está atrapado por una pasión o fijación ideológica que no tiene nada que ver con el Evangelio, los Mandamientos ni las Bienaventuranzas.

¿Qué ocurre cuando el Derecho canónico corta la cuerda que lo amarra a su primer principio, y cuando se tuerce la naturaleza propia de la obediencia? A eso debemos dedicarnos a continuación.

LA ADHESIÓN A LA TRADICIÓN ES LO NORMAL Y BUENO, Y LO OPUESTO ES ANORMAL Y MALO

Algunas veces nuestros oponentes nos dicen: "¿Por qué Uds., los tradicionalistas, arman tanto alboroto por la Misa tradicional? Por cierto, Uds. podrían asistir a cualquier liturgia *válida*, no debiera haber diferencias. Uds. hacen un ídolo de la forma de Misa que prefieren".

Esta objeción no tiene más sentido que decirle a un hombre: "¿Por qué tanto alboroto por tu mujer? Podrías perfectamente tomar cualquier otra mujer, no debiera haber diferencias". O decirle a un padre de familia: "¿Por qué tanto apego a tus hijos? Hay montones de otros por todas partes. El Estado podría proporcionarte otros. Un hijo no es más que un hijo". O a un amigo: "¿Por qué tanto apego a tu mejor amigo? Es sólo un tipo más, hay abundancia de otros tipos que podrías conocer". El apego profundo, la familiaridad, la asociación, el compañerismo, la intimidad: no se puede simplemente sacarse estas cosas de encima, como una bufanda o una chaqueta. La liturgia en toda su concreción, en su *ser dada*, nos forma y moldea, que es lo que se supone que hace; y se hace parte de nosotros allá en lo más hondo, instrumento preferido y poderoso canal para la obra de Dios Omnipotente, que pinta su obra maestra en la tela de nuestra alma con los pinceles y pinturas de la tradición –los cantos y ceremonias, las antífonas, las lecturas y oraciones, las fiestas y duelos, los símbolos y los silencios–.

En tanto que el conocimiento es de universales, el amor es del bien (al que tiende) tal como existe realmente, tal como nos es dado aquí y ahora, tal como lo encontramos en lo particular, en la carne, "en persona". La ideología eleva las teorías por sobre las realidades, las ideas por sobre las personas, las abstracciones cerebrales por sobre la carne del corazón. No ve (o cierra los ojos) los caminos en que Dios se manifiesta a Sí mismo en la historia, en el tiempo, en el mundo, en nuestros vecinos. Niega el "escándalo de lo particular" en favor de la imposición de un falso universal.

Todos estos rasgos los encontramos reunidos en los enemigos del antiguo rito romano; y, diría yo, encontramos especialmente la negación del escándalo encarnacional de lo particular. Le han declarado la guerra no sólo a 400 años o a 1.000 años de tradición sino que, tomando en cuenta los antecedentes y desarrollos judíos y cristianos, a 3.000 años de liturgia vivida y amada, meditada y rezada. Están en guerra con la religión revelada y su más alta expresión, la liturgia, donde la revelación está como en su casa, donde es actualizada y perpetuada entre nosotros.

SE HACE LUZ SOBRE LOS CRÍMENES, CAEN LAS ESCAMAS DE NUESTROS OJOS

Considérese un par de declaraciones absurdas. "Amo a la humanidad, pero odio a mi vecino de al lado. Amo la liturgia, pero odio el histórico rito romano". La única base para odiar a alguien o algo es que es malo, un mal que hay que vencer en pro del bien. Tal es exactamente la mentalidad de los enemigos del clásico rito romano: para ellos, este rito está mal, es un error, es dañino y debe ser limitado y eliminado.

Esto, por supuesto, no puede ni podría jamás ser la actitud de un católico fiel; sólo puede ser la actitud o mentalidad de un hereje, de un cismático, o de un apóstata. Podría ser *posible* que un católico creyera, ingenuamente, que un rito simplificado pudiera ser o fuera efectivamente mejor para algunas personas en determinado momento; pero esto, por cierto, es compatible con la permanente obligación de mantener un religioso respeto por los ritos existentes y permitirles florecer donde quiera que puedan hacerlo.

Imagínese, por otra parte, que no nos importara si hay o no continuidad substancial en nuestro culto divino de católicos, nuestra más solemne expresión de fe en Dios y de homenaje a El. Imagínese que no nos importara que la gente adhiriera o no, con agradecida admiración, a las riquezas acumuladas (¡en nuestro beneficio!) durante muchos siglos de inmersión en los misterios de Cristo. Imagínese que no nos importara ser la quintaesencia de la arrogancia moderna frente a la tradición, juzgándola a toda ella como si nosotros le fuéramos superiores, y lanzando intencionalmente a un lado cosas que se dijeron o hicieron, durante centenares o incluso miles de años, por nuestros antepasados, en cuyo medio hubo impresionantes cantidades de los más grandes santos.

En realidad, no hace falta imaginarse todo eso, puesto que tenemos ejemplos concretos de tales actitudes por todas partes en nuestro entorno. A los reformadores litúrgicos del s. XX nada de eso les importó. Su legado es una enorme cantidad de católicos a quienes tampoco les importa y que, en verdad, ni siquiera saben que hay algo de qué preocuparse; católicos que van apartados, generación tras generación, de una Iglesia que parece preocuparse poco de ellos y de su nutrición. La supresión y el corte han sido casi totales.

Pero *hay* quienes saben y a quienes les importa: los tradicionalistas. Los cuales no están yéndose a ninguna parte. Por el contrario, su número crece. Un crimen de la magnitud de la reforma litúrgica no puede permanecer oculto para siempre; la Divina Providencia lo expondrá y exigirá frutos de arrepentimiento y restauración. Piénsese en los millones que han visto *La Misa de todos los tiempos*, episodio 2, y han sentido que algo les partía el corazón, y les mortificaba la mente, al ver la secuencia en que un misal, que con lentitud se va desplegando verticalmente en la pantalla, es destruído y desfigurado por manos de bárbaros.

Por consiguiente, actuarían contra el bien común de la Iglesia aquéllos que, amando el clásico rito romano, permitieran que se les arrebatara ese misal o que se lo anulara –ya fueran clérigos o laicos–; obrarían contra la Providencia del Padre, contra la Capitalidad de Cristo en la Iglesia, contra el Espíritu Santo, Señor y Dador de vida; contra los santos y los ángeles en cuyo culto celestial participamos, e incluso contra el papa y los obispos, al permitirles cometer pecados tan graves que infligen un daño permanente a la Iglesia.

SACERDOTES DIOCESANOS: ¡NO SE RINDAN!

Quiero hacer aquí un especial llamado a los sacerdotes diocesanos. Sé que a menudo están Uds. entre la espada y la pared y que tienen desgarrada la conciencia por la cuestión de cómo responder a las restricciones y cancelaciones ocasionadas por *Traditionis Custodes*. Es importante recordar que la promesa (no voto) de obediencia que han hecho Uds. al obispo no puede anteponerse, en un sentido absoluto, a los bienes para cuya protección la hicieron.

Recordemos los ejemplos que poníamos de una autoridad que actúa mal. Un obispo que prohibe la Misa tradicional o que, de cualquier forma, perturba a la comunidad de fieles que Dios ha hecho surgir en torno a ella, es como un marido abusador, o como un presidente desquiciado que hace la guerra a sus ciudadanos, o como el abad enloquecido por el golf. En situaciones como ésas, los sacerdotes –como la esposa, los ciudadanos o los monjes de dichos ejemplos– no están obligados a obedecer; de hecho, Uds. *no deben* obedecer. De este modo protegen Uds. aquel bien para servir al cual existe el episcopado –sirven Uds. mejor a su obispo rehusando consentir su abuso del cargo–. A fin de tener una razón legítima para negar la obediencia en ese sentido y seguir sirviendo al pueblo de Dios, todo lo que se necesita es la seguridad moral de que se está causando un grave daño pastoral. Pueden Uds. descansar en la generosidad de Dios, que he visto una y otra vez.

En un sentido muy básico, queridos sacerdotes, Uds. fueron ordenados para servirlos *a ellos*, a los fieles, no para servir al obispo; porque Cristo Nuestro Señor dijo: "No vine a ser servido, sino a servir". Y un obispo que actúa como si de lo que se trata es de que lo sirvan a él con una ciega obediencia, se aleja del camino de Cristo. El objetivo es edificar la Iglesia en la caridad y la santidad; el obispo es uno de los varios medios que se han establecido para obtenerlo.

Hoy hay quienes han exagerado la bondad de la obediencia hasta el punto de haber sustituído con ella, subrepticiamente, el verdadero objetivo de la Iglesia. En vez de sostener que *salus animarum suprema lex* (la salvación de las almas es la suprema ley), sostienen efectivamente que *obedientia est suprema lex*, la ley suprema es la obediencia. Pero ésta *no es* la ley suprema, por las razones que ya hemos visto; y Uds., sacerdotes diocesanos, que están en la primera línea de la batalla espiritual, que fueron llamados por Dios para distribuír a Su pueblo las riquezas de Cristo y no para retenerlas por los dictámenes arbitrarios del obispo, Uds. tienen un *officium*, un deber, de estar de parte de su grey, fuertemente adheridos a la sagrada y grande tradición de la Iglesia y defendiendo el bien común.

Esto es lo que les dicen su inteligencia, su conciencia y su corazón cuando Uds. se desembarazan del temor a las represalias, del temor a la casuística canónica, del temor al futuro. Como ha dicho

Joseph Ratzinger en 1986, hablando de la Iglesia: "Para ella, la preocupación por la fe de los pequeños tiene que ser más importante que el temor a la oposición de los poderosos"[28]. Y lo mismo es verdadero de los ministros de la Iglesia.

FUNDADOS EN LA VERDAD OBJETIVA, NO EN SENTIMIENTOS SUBJETIVOS

Quienes hemos llegado a amar el antiguo rito de la Misa, alcanzamos un punto en que, con un conocimiento más cierto y convencido que el de cualquier otra cosa, exceptuando nuestra propia existencia, sabemos que no podríamos dejar la liturgia tradicional y, mucho menos, volvernos en su contra, sin pecar contra la luz que Dios nos ha dado, y contra la verdad que El nos ha comunicado, contra la fe con que nos ha alimentado precisamente por esta vía, contra el amor que, mediante ella, El ha encendido en nosotros. Si nos volviéramos en su contra tendríamos que negar no sólo nuestra identidad y nuestras más íntimas convicciones sino también el testimonio de todos los que han encontrado las mismas gracias en la liturgia tradicional, tanto hoy como en todos los siglos pasados; tendríamos que negar el Rostro de Cristo tal como se nos ha revelado a través de *estos ritos*, que están empapados de su Presencia, saturados con símbolos de El –toda una expresión, altamente articulada, de su Amor y de su Belleza–. No podemos negar los frutos de la renovación de la tradición sin negar nuestros sentidos y nuestra razón. No podemos negar el bien natural y sobrenatural que vemos superabundar en el jardín del clásico rito romano y de todo lo que lo acompaña. Negar estas cosas sería negar a Cristo, escupir en su Rostro, pisotear su Imagen, despreciar sus Dones.

No se trata de un mero "sentimiento", como en el caso de algunos protestantes que dicen: "Siento que el Espíritu Santo me habla", o "Estoy salvado desde ahora y para siempre". Porque estas son afirmaciones subjetivas, engañosas, injustificables. La liturgia católica tradicional es algo que *sabemos* que ha sido sagrado y grande en todas las épocas de la Iglesia. *Sabemos* que los santos han orado con ella, han contribuído a ella, la han alabado, la han defendido incluso, en ocasiones, derramando su sangre por ella. Nuestro apego a la

---

[28] El discurso original en italiano es muy citado en el post "Cardinale Ratzinger Lectio su teologia e Chiesa," *Cooperatores Veritatis*, abril 9, 2018. El pasaje relevante es: "Per lei la preoccupazione per la fede dei piccoli deve essere più importante del timore dell'opposizione dei potenti."

liturgia no es una cuestión de sentimientos, de caprichos. Adherimos a ella no por razones subjetivas sino objetivas. Esa liturgia es buena y santa y bella y grande. Y sabemos con certeza que lo es porque es el uso ininterrumpido y continuo de la Iglesia de Dios. Ha sido solemnemente *recibida y aprobada* por la Iglesia y, por tanto, por el mismo Dios, que no se contradice a Sí mismo, que no cambia.

Los que tienen que justificar sus preferencias o adhesiones son los que usan una liturgia plagada de novedades y deformidades, de opciones y adaptaciones, de normas *ad libitum* y de torpes rúbricas, desligada de toda la tradición litúrgica de Occidente, hija de un laboratorio intelectual de académicos modernos carentes de las virtudes, del estudio y de la disciplina requeridos por la gran tradición. Es imposible estudiar la reforma litúrgica y no ver que fue revolucionaria y cuestionó mucho de la teología de la Iglesia (el cardenal Roche, por lo que él mismo ha admitido, demuestra ser un simple producto del sistema)[29]. La presencia de la Misa tradicional es un poderoso testimonio de la continuidad católica: y ésta es una de las razones, entre muchas otras, por las que no sólo adherimos a ella sino que tenemos la *obligación* de hacerlo.

No, este "apego" nuestro no es cuestión de sentimientos, sino de hechos, verdades, razones –objetivos, defendibles, estables, recibidos y aprobados–. El católico tradicional pisa terreno firme, una roca sólida. Nuestros oponentes pisan un terreno movedizo, la arena de sus teorías y opiniones, de sus preferencias y sueños, que han llevado a la anarquía, a un descontrolado pluralismo tipo "ármalo-tú-mismo", a un yermo de heterodoxia y a una tierra salvaje de increencia que nadie puede domar ni nadie puede componer. Hay sólo una solución coherente para esta confusión de la iglesia moderna de rito latino, y ella es una restauración –fundada en principios, resuelta, coherente, humilde y llena de celo– de la totalidad de nuestra tradición en su bimilenaria plenitud, anterior al "yo sé más" del s. XX, que comenzó a retorcerla, a jugar con ella y, finalmente, a hacerla trizas. Una restauración total es el camino de salida; no hay otro camino adecuado para rescatar a la liturgia de sus enemigos.

---

29 Ver James Baresel, "Archbishop Roche: 'The Traditional Mass Must Go,'" *Inside the Vatican*, https://insidethevatican.com/magazine/archbishop-roche-the-traditional-mass-must-go/; Peter Kwasniewski, "Cardinal Roche (Unwittingly?) Utters the Most Ironic Statement Since the Council," *Rorate Caeli*, agosto 30, 2022; José Antonio Ureta, "Cardinals Roche and Cantalamessa: The Mass of Paul VI Corresponds to a New Theology," *Rorate Caeli*, abril 11, 2023.

EL DERECHO CANÓNICO TIENE COMO FINALIDAD EL BIEN DE LAS ALMAS

Rápidamente surgirá la objeción, indignada: "¡Un momento! ¿No están acaso el papa y sus aliados obrando de acuerdo con el Derecho canónico y actuando en todo de modo legal? ¿No debiéramos, por tanto, obedecerlo?". Mi análisis, hasta aquí, ha proporcionado la clave de la respuesta, que el Dr. Joseph Shaw resume muy bien:

"En la Iglesia, el Derecho canónico no se impone, sencillamente, sobre hechos sin significado, sino que, si ha de operar como ley, tiene que encontrar algún fundamento en el bien de las almas. Porque la ley humana es un intento de ordenar la realidad con vistas al bien común, y en este empeño puede tener éxito o puede fracasar. La ley que fracasa [en este cometido] no es, al cabo, una ley; no impone obligación alguna. Esto… pareciera que no tiene consecuencias prácticas, porque semejante ley *parece* ley, y se puede esperar que se la trate como ley por motivos pragmáticos. Pero sí tiene consecuencias en cuanto a cómo debemos evaluarla, desde el punto de vista de la conciencia.

"Hay quienes han dicho, en respuesta a estos documentos, que estamos viviendo en un período post-jurídico de la historia de la Iglesia. Pero ello es imposible: la Iglesia es una comunidad que se gobierna por el Derecho, que se basa en la ley de Dios. Si la legislación eclesiástica no es verdaderamente ley, nuestra reacción ante ella tiene que tomar este hecho en consideración. Al cabo, tal como nos lo recuerda el último canon del Código de Derecho Canónico, *salus animarum est suprema lex*: el bien de las almas es la suprema ley en la Iglesia, porque ello corresponde a la naturaleza misma de la Iglesia. Una ley que impide a la Iglesia cumplir su misión, que le ha sido encomendada por Dios, no es una ley con fuerza obligatoria en la Iglesia"[30].

Muchos en la Iglesia realmente luchan con las complejidades de la autoridad papal. Y reconocen que está al menos moralmente mal que un papa obre contra el patrimonio de la Iglesia y contra el bien espiritual de los católicos. Son personas que, se trate de liberales de la vieja escuela o de "conservadores JuanPablo II", están dispuestas a hacer causa común con nosotros en contra de *Traditionis Custodes*.

Por otra parte, los partidarios del hiperpapismo parecen sufrir de una profunda inseguridad, que exige que haya un gobernante

---

30 *Gregorius Magnus* 15 (verano 2023): 38.

autoritario que no tolere oposición, que no tenga deberes objetivos para con la tradición ni para con los fieles que legítimamente adhieren a los ritos de culto tradicionales de la Iglesia. La mentalidad hiperpapista altera toda la vida de la Iglesia: ésta se vuelve un lugar hostil, gélido, en que los fieles no tienen finalmente derechos ni hay un bien común excepto lo que el gobernante define como tal; en resumen, se vuelve una religión cuyo Dios es la nefanda trinidad del nominalismo, el voluntarismo y el positivismo. La estructura normativa entera de razón, ley y fe se corrompe con esta mentalidad. Por eso es que se la puede considerar una forma de dogmatismo o ideología: no hay nada que pueda demostrar su falsedad, nada que pueda sacudir el control que ejerce. La Biblia hiperpapista es delgadísima, y comprende un solo versículo: "El Señor papa da, el Señor papa quita; bendito sea el nombre del Señor papa".

Los católicos que se basan en la realidad, en la historia, en la filosofía y en la teología, en el sentido común, en la caridad con el prójimo, saben que tal cosa es falsa. No existe autoridad en la tierra que sea absoluta. Sólo la autoridad de Dios es absoluta. Sólo El tiene siempre la razón y debe ser siempre obedecido. Todo gobernante mortal puede pecar contra su cargo, contra su pueblo, contra el bien común de la sociedad sobre la que ha sido puesto. Y es posible para nosotros darnos cuenta de cuándo esto tiene lugar. Y cuando tiene lugar, hay que resistir a ese tirano, con justicia y firmeza.

8
Primacía de la Tradición y obediencia a la verdad

CUALESQUIERA SEAN LAS LIMITACIONES DE su análisis de la cuestión litúrgica, y aunque lamentemos amargamente su decisión de renunciar al trono papal, Joseph Ratzinger dio cumplida expresión a los principios claves del movimiento tradicionalista, y su claridad de visión, en este aspecto, no ha sido superada.

En un discurso de 24 de octubre de 1998 a los peregrinos que habían ido a Roma para el décimo aniversario de *Ecclesia Dei*, el cardenal Ratzinger decía:

"Es bueno recordar aquí lo que decía el cardenal Newman, que la Iglesia, a través de su historia, no ha abolido ni prohibido jamás formas litúrgicas ortodoxas, lo cual hubiera sido totalmente ajeno al espíritu de la Iglesia. Una liturgia ortodoxa, es decir, una que expresa la verdadera fe, no es nunca una compilación hecha con criterios pragmáticos a partir de diferentes ceremonias, impuesta de una manera positivista y arbitraria –hoy día, un modo de hacer; mañana, otro–. Las formas ortodoxas de un rito son realidades vivientes, que nacen del diálogo amoroso de la Iglesia con su Señor; son una expresión de la vida de la Iglesia, un destilado de la fe, la oración y la vida misma de generaciones enteras, que encarnan, en modos específicos, tanto la acción de Dios como la respuesta del hombre"[1].

La referencia a San John Henry Newman es probablemente a su sermón "Ceremonias de la Iglesia", en que él escribe (cuando era todavía un anglicano de la *High Church*, pero estaba ya ciertamente en camino hacia la Iglesia romana, donde su opinión siguió siendo la misma):

"Las ceremonias y rúbricas de la Iglesia son la forma exterior en que la religión, desde siempre, se ha presentado al mundo y ha

---

[1] Publicado en *Southern Orders*, marzo 11, 2010. Si la Iglesia siempre, como norma, ha atesorado su tradición, sabemos con certeza que un ataque a la tradicion no puede ser de la Iglesia Quienes hablan por la Iglesia no deben ser tomados, mecánica y automáticamente, como voceros del Señor.

sido siempre conocida por nosotros... Estas [realidades] litúrgicas, vistas en su conjunto, son sagradas para nosotros, aunque no fueran, como lo son, aprobadas por Dios. Los ritos que la Iglesia ha prescrito, y con razón -porque la autoridad de la Iglesia le viene de Cristo-, habiendo sido usados por largo tiempo, no pueden dejar de ser usados sin daño para nuestra alma"[2].

En mi opinión, esta doble verdad -que sería ajeno al espíritu de la Iglesia abolir o prohibir formas ortodoxas, y que, hacerlo, sería inherentemente dañino para las almas- conduce a la famosa fórmula doctrinal que constituye la premisa central de *Summorum Pontificum*:

"Lo que las generaciones anteriores tuvieron por sagrado, sigue siendo sagrado y grande también para nosotros, y no puede ser súbitamente prohibido del todo ni considerado dañino. Nos corresponde a todos preservar las riquezas que se han desarrollado en la fe y la oración de la Iglesia, y darles el lugar que les corresponde".

Muchos han opinado que el papa Benedicto habla aquí en un tono que, decididamente, no es ni prudencial ni disciplinario sino que, más bien, declara una verdad universal en cuanto pastor de la Iglesia universal[3]. El papa emplea un lenguaje absoluto, inequívoco, sobre lo que tiene que ser de cierto modo y lo que no puede ser de cierto modo, y de ello hace derivar imperativos morales[4]. Benedicto reiteró el mismo juicio en varias ocasiones. Permítanme citar dos, en particular. En 1996 dijo, en una entrevista publicada con el título "Sal de la tierra":

"Pienso, por cierto, que se debiera autorizar el antiguo rito mucho más generosamente a todos los que lo quieran. Es imposible ver qué podría haber de peligroso o inaceptable en ello. Una colectividad que, repentinamente, pone en duda lo que hasta ahora ha sido su posesión más sagrada y más elevada y lo prohibe estrictamente, haciendo parecer simplemente indecente el echarlo de menos, pone en duda su propio ser. ¿Puede confiarse en esa colectividad

---

2 Peter Kwasniewski, ed., *Newman on Worship, Reverence, and Ritual* (N.l.: Os Justi Press, 2019), 79.
3 Yo no le atribuyo infalibilidad a esta declaración, pero tampoco requiere ella ningún estatus especial, porque enuncia un principio que sólo puede ser falso si el Vaticano II ha introducido en el catolicismo una ruptura tan profunda que se hace necesario la abolición de formas ortodoxas y su total reemplazo por formas nuevas.
4 Por ello John Lamont dice que esta aseveración de *Summorum Pontificum* constituye un hecho dogmático; ver "Dominican Theologian Attacks Catholic Tradition (Part 3): Getting Our Dogmatic Facts Straight," *Rorate Caeli*, septiembre 18, 2023.

en relación con cualquier otra cosa? ¿Prohibirá mañana lo mismo que prescribe hoy día?"[5].

En la entrevista que se publicó en el Jubileo de 2.000 con el título "Dios y el mundo", dice:

"Para fomentar una verdadera conciencia en cuestiones litúrgicas, es importante también que se levante la proscripción de la forma de liturgia válida que se usó hasta 1970. Todo el que hoy aboga por que esta liturgia [más antigua] siga existiendo o que toma parte en ella, es tratado como un leproso; toda tolerancia termina aquí. No ha ocurrido nunca en la historia algo parecido; y al hacerlo, despreciamos y proscribimos todo el pasado de la Iglesia. ¿Cómo se podría confiar hoy en ella si las cosas se dan de este modo?"[6].

En estas declaraciones, que alcanzan su forma más clara en *Summorum Pontificum* y en la carta a los obispos que lo acompaña, tenemos un juicio que es a la vez teológico, moral, histórico y jurídico.

Ahora bien, ¿es esto sólo la opinión o el sentimiento personal de Benedicto XVI, sin más autoridad que la que podría tener su preferencia por Baviera y su cerveza? Por cierto que no. Podemos ver, a lo largo de toda la historia de la Iglesia, los más enérgicos testimonios de la *obligación del papa para con la tradición*. Veamos algunos pocos ejemplos. El "juramento papal" de la alta edad media, contenido en el *Liber Diurnus Romanorum Pontificum*, que es un compendio de formularios usados por la cancillería pontificia, algunos de los cuales datan desde San Gregorio Magno, dice:

"Yo, N., diácono por merced de Dios, electo como futuro obispo, por la gracia de Dios, de esta Sede Apostólica, juro ante vos, Bienaventurado Pedro, príncipe de los Apóstoles... y ante vuestra Santa Iglesia, cuyo gobierno asumo hoy bajo vuestra protección, que guardaré la fe recta y verdadera con todas mis fuerzas, hasta rendir el alma y derramar mi sangre... Mantendré inviolada la disciplina y el ritual de la Iglesia tal como los he encontrado y recibido de manos de mis predecesores... y no admitiré novedad ninguna, sino que mantendré firmemente y veneraré con todas mis fuerzas todo lo me ha sido transmitido, como verdadero discípulo y seguidor de mis predecesores...."[7].

---
5 *Salt of the Earth*, trad. Adrian Walker (San Francisco: Ignatius Press, 1997), 176-77.
6 *God and the World*, trad. Henry Taylor (San Francisco: Ignatius Press, 2002), 416.
7 Tomado de la traducción al inglés, hecha por Gerhard Eger y Zachary Thomas, del texto del MS vaticano, editado por Hans Foerster en su edición crítica *Liber*

De igual modo, el Concilio de Constanza (1414-1418), en su sesión 39, que fue ratificada por los papas Martín V y Eugenio IV[8], declara: "Puesto que el Romano Pontífice tiene tanto y tan gran poder entre los mortales, está bien *que esté tanto más obligado* por los incontrovertibles lazos de la fe y por los ritos que hay que observar en relación con los Sacramentos de la Iglesia". Según Constanza, el papa recién elegido debía prestar un juramento de fe que incluía el siguiente pasaje:

"Yo, N., papa electo, confieso y profeso, con el corazón y con la boca, ante Dios Todopoderoso, de cuya Iglesia asumo el gobierno con su ayuda, y ante el Bienaventurado Pedro, príncipe de los Apóstoles, que mientras esté en esta frágil vida creeré y mantendré firmemente la fe católica... y seguiré asimismo y observaré en todo los ritos transmitidos de los sacramentos eclesiásticos de la Iglesia católica".

La Profesión de Fe establecida por el Concilio de Trento reconoce, como de la esencia de la catolicidad, la adhesión a "las ceremonias recibidas y aprobadas de la Iglesia católica en la solemne administración de todos los sacramentos". La frase "ceremonias recibidas y aprobadas" se refiere, obviamente, a los ritos tradicionales. De hecho, ello es sencillamente la *forma mentis* o mentalidad católica, es decir, aquello que significa pensar y amar como católico y no, por ejemplo, como protestante o judío o ateo.

Supuesta tal actitud, no debería sorprendernos el que haya eminentes canonistas y teólogos que sostengan que un papa culpable de causar daño a la tradición o al pueblo cristiano que se apoya en ella, merece ser resistido. Juan de Torquemada declara que si un papa no cumple "los ritos universales del culto eclesiástico"[9], no debe ser obedecido ni "tolerado"[10]. Cayetano aconseja: "Debe resistirse,

---

Diurnus Romanorum Pontificum (Bern: Francke Verlag, 1958), 145-148. El texto completo en latín, con notas adicionales, está en "'I Shall Keep Inviolate the Discipline and Ritual of the Church': The Early Mediæval Papal Oath," *Canticum Salomonis*, julio 31, 2021.

8 Esta cita y la siguiente fueron ratificadas por el papa "*absque tamen præjudicio juris dignitatis et præeminentiæ Sedis Apostolicæ*" (según palabras de Eugenio IV), es decir, sin perjuicio de los derechos, dignidad y preeminencia de la Sede Apostólica.

9 Tiene en mente precisamente las "ceremonias recibidas y aprobadas", como lo dijo Trento más tarde.

10 *Summa de ecclesia*, lib. IV, pars Ia, cap. xi, § Secundo sic (fol. 196v de la edicion romana de 1489, p. 552 de la edición de Salamanca de 1560, y p. 369v de la edición de Venecia de 1561). Para el texto completo, ver mi conferencia "Beyond Summorum Pontificum: The Work of Retrieving the Tridentine Heritage," *Rorate Caeli*, julio 14, 2021, n13.

Primacía de la Tradición y obediencia a la verdad 89

cara a cara, al papa que abiertamente esté destrozando la Iglesia"[11]. Francisco Suárez escribe:

"Si el papa da una orden contraria a la recta costumbre, uno no tiene que obedecerlo; si trata de hacer algo manifiestamente opuesto a la justicia y al bien común, será lícito resistirlo; si ataca mediante la fuerza, puede ser repelido por la fuerza, con la moderación propia de una buena defensa"[12].

Suárez dice, además, que el papa podría ser cismático "si quisiera subvertir todas las ceremonias eclesiásticas que se afirman en la tradición apostólica"[13] (adviértase que dice "se afirman en", *apostolica traditione firmatas*: habla aquí de toda la estructura que se ha levantado sobre la base de los orígenes apostólicos. Con lo cual se aludiría a algo así como el *Missale Romanum* de 1570). Sylvester Prierias explica que el papa no tiene poder para destruir, y si hay pruebas de que lo está haciendo, es lícito resistirlo. El resultado de todo esto es que si el papa destruye la Iglesia mediante sus órdenes y sus actos, puede ser resistido y paralizada la ejecución de sus mandatos[14]. También Francisco de Vitoria dice: "Si el papa, por sus mandatos y acciones destruye la Iglesia, se puede resistirlo e impedir la ejecución de sus órdenes".

He analizado todas estas cuestiones más extensamente en los libros *From Benedict's Peace to Francis's War* y *La verdadera obediencia en la Iglesia*, pero lo que debemos hacer notar aquí es que *todas* estas autoridades suponen que los católicos son *capaces de darse cuenta* de cuándo el papa está dejando de adherir a los ritos recibidos y aprobados de la Iglesia, atacando a las almas, socavando el bien común, o destruyendo la Iglesia. En otras palabras, no somos estafermos pasivos que *esperan que se les diga* que el papa está diciendo algo falso o haciendo algo malo que merece ser rechazado y resistido; nuestra razón y nuestra fe informadas tienen un papel que cumplir en la evaluación de sus palabras y hechos (y de los de todo obispo).

Los papas pueden experimentar una gran tentación, quizá de acuerdo con el axioma, no enteramente falso, de Lord Acton "el

---

[11] Cardenal Tomás Cayetano, *De comparatione auctoritatis papae et concilii*. Esta referencia y las siguientes están tomadas de Casey, "Can a Catholic Ever Disobey a Pope?".
[12] Francisco Suárez, *De Fide*, disp. X, sect. VI, no. 16.
[13] Suárez, *De Caritate*, disp. XII, sect. 1.
[14] Prierias, *Dialogus de potestate papae*, citado por Francisco de Vitoria, *Obras*, pp. 486-87.

poder tiende a corromper, y el poder absoluto, corrompe absolutamente": la tentación de creerse la fuente y la medida del catolicismo, cuando, en verdad, son más bien sus receptores, servidores y defensores. El punto más álgido de esta desviación queda ilustrado por la afirmación que Pío IX hizo a un cardenal franciscano que osó estar en desacuerdo con la formulación de la infalibilidad papal en el Vaticano I. El papa le gritó: *"Io, io sono la tradizione! Io, io sono la chiesa!"* (Yo, yo soy la tradición; yo, yo soy la Iglesia)[15]. Esto es el equivalente eclesiástico de *"L'Etat, c'est moi"* de Luis XIV, como si el papa dijera *"L'Eglise, c'est moi"*. Una comprensión correcta de la autoridad papal, de acuerdo incluso con la verdadera enseñanza del Vaticano I, tomada en conjunto con todas las otras enseñanzas pertinentes, muestra que ella no es absoluta ni ilimitada, sino relativa y limitada de una cantidad de maneras, lo que justifica la famosa definición que daba San Gregorio Magno del papa: "el siervo de los siervos de Dios".

Es por esto que *Traditionis Custodes* es absolutamente nulo y sin valor desde la primera letra hasta el último signo de puntuación: se funda en una imposibilidad, una incoherencia, una contradicción[16]. Este texto ataca la identidad de la Iglesia en su piadoso culto, aprobado por Dios. Ataca su *lex credendi*. Ataca el bien común de *todos* los fieles, tanto los que usan la liturgia romana como los que usan otros ritos occidentales y orientales, cuya posición ha sido radicalmente desestabilizada. Ataca, de una desconcertante cantidad de maneras, los derechos de los obispos, sacerdotes, diáconos, religiosos y laicos[17], como lo han hecho ver muchos comentaristas.

---

15 Ver O'Malley, *Vatican I*, 212, y el análisis que hicimos en el cap. 3 precedente.
16 Dicho más sencillamente: o bien Benedicto XVI tiene la razón en su declaración universal, o bien Francisco tiene la razón al negarla (implícitamente). No pueden ambos tener la razón. Un indicio de que los enemigos de la liturgia tradicional están conscientes de este talón de Aquiles en su posición, es su incansable propaganda por reinterpretar *Summorum Pontificum* como una rama de olivo ofrecida a la SSPX, o una concesión transitoria a los nostálgicos y descontentos. Pero resulta obvio, de la rehabilitación gradual y cada vez más acelerada del *usus antiquior*, que tal posición es insostenible: el uso continuo del rito romano tradicional fue apoyado por Pablo VI de un modo limitado (indulto para Inglaterra y Gales), por Juan Pablo II de un modo mucho menos limitado (indulto de alcance mundial), y por Benedicto XVI de un modo casi ilimitado (apertura a todo el clero de rito latino sin necesidad de permiso). Esto incluyó, obviamente, la expansión del rito romano tradicional. Una Iglesia viviente en oración es una Iglesia que crece. Sería un pecado tratar de suprimir un crecimiento sobrenatural.
17 Hay que advertir que incluso la Instrucción *Redemptionis Sacramentum*, de 2004, de la Congregación para el Culto Divino y la Disciplina de los Sacramentos,

Y esa es la razón de por qué no sólo *no es necesario tomar en cuenta* a *Traditionis Custodes* o cualquier otra legislación o política que se funde en él, sino que es, más bien, necesario *no obedecerlo*. No tenemos meramente libertad de protestar, sino que tenemos una obligación de no reconocerlo y de no acatarlo. Aunque este rechazo a obedecer una legislación nula puede asumir formas más abiertas o más ocultas, dependiendo de la evaluación prudencial de las circunstancias, hay que cuidarse de dar la impresión de que se la acepta. San Melecio de Antioquía (r. 360-381) escribió, en circunstancias tan atroces como las nuestras: "No mostréis obediencia a los obispos que os exhortan a hacer y decir y creer cosas que no son para vuestro bien. ¿Callará su boca un hombre pío? ¿Quién podría permanecer totalmente pasivo? El silencio, de hecho, equivale a consentimiento"[18].

El principio fundamental del movimiento tradicionalista es que la liturgia de la Iglesia, en sus ritos inmemoriales, venerables, universales, aprobados y recibidos, está en el centro de lo que significa ser católico, creer como católico y vivir como católico. La *lex orandi* (la ley de la oración, cómo y qué rezamos) es un testigo permanente de la encarnación de la *lex credendi* (la ley de la creencia, de lo que creemos) y de la *lex vivendi* (la ley del vivir, cómo vivimos). La liturgia no es un añadido opcional sino el eje cotidiano y el centro de nuestra vida, el corazón de nuestro encuentro con Dios. Se sigue, como corolario, que nadie, ni siquiera el papa, tiene autoridad para privar a los católicos de su liturgia tradicional, para suprimir los ritos con que la Iglesia ha orado durante siglos, o para modificar radicalmente estos ritos hasta hacerlos irreconocibles, e introducir de este modo una innegable ruptura con el contenido y modelo del culto divino.

El movimiento tradicionalista se funda, por tanto, en un primordial acto de desobediencia material efectuado en pro de una

---

reconoce (algo incongruentemente, en el contexto del *Novus Ordo*) un derecho a la tradición: "las acciones arbitrarias no conducen a una verdadera renovación, sino que perjudican el derecho de los fieles de Cristo a una celebración litúrgica que sea una expresión de la vida de la Iglesia, de acuerdo con su tradición y disciplina" (nº 11). Este derecho no se origina en una ley positiva sino que es la expresión de lo que es perennemente verdadero.
18 Andrei Psarev, *The Limits of Non-conformity in the Byzantine Church (861-1300): A Study of Canon 15 of the First and Second Council in Constantinople (861)*, 13, disponible en www.rocorstudies.org/wp-content/uploads/2011/06/psarev_canon15_1n2council.pdf.

más alta obediencia[19]. Desde el primer momento de la reforma que comenzó con la creación del *Consilium* en 1964, Pablo VI exigió que todos obedecieran sus iniciativas y adoptaran, eventualmente, sus nuevos libros y cesaran de usar los antiguos, prácticamente sin excepción[20]. Una comisión de nueve cardenales convocada por Juan Pablo II en el verano de 1986 -los cardenales Ratzinger, Mayer, Oddi, Stickler, Casaroli, Gantin, Innocenti, Palazzini y Tomko- concluyó que Pablo VI jamás había suprimido el antiguo rito. Esto fue el fundamento de la declaración de Benedicto XVI de que nunca fue abrogado, implicando con ello que *no podía* ser abrogado, por las razones dadas anteriormente[21]. Así, pues, Pablo VI no abrogó el antiguo rito (abrogarlo excedería, en verdad, las facultades de un papa), pero dejó muy en claro que su intención era dejarlo definitivamente de lado, y mandó que no se usara más y se usara, en su lugar, exclusivamente su rito moderno.

Los tradicionalistas simplemente rehusaron obedecer esto. A pesar de que los apologetas de aquel tiempo (antepasados de los apologetas actuales) los abrumaron con citas de documentos papales que decían, en esencia, "hay que obedecer cada coma de lo que el papa dice que debe hacerse", los tradicionalistas no reconocieron ni quisieron reconocer la autoridad de Pablo VI para suprimir la tradición y mandar novedades. Tampoco sostuvieron la posición de Karl Rahner, aparentemente respetuosa pero, al cabo, incoherente, que decía que el papa tiene la autoridad jerárquica para hacer tal cosa, pero no la autoridad "moral"; en otras palabras, que el papa *puede* legítimamente abolir los ritos litúrgicos tradicionales pero *no debe* hacerlo, y que su voluntad tiene fuerza de ley, aunque cometa un pecado al poner por obra su voluntad.

Una postura como ésta no puede jamás tener sentido. Como enseña León XIII, Dios concede poder sólo para aquello que cae

---

19 "Desobediencia material", en el sentido de que ciertos católicos no hacen lo que se les dice que hagan, y hacen lo que se les dice que no hagan -desobediencia en relación con una materia específica-, la cual no constituye desobediencia formal, porque tienen razón en obedecer a una ley de mayor rango.

20 Hubo una mínima excepción en favor del clero viejo y enfermo, que no fuese capaz de leer el nuevo misal, siempre que celebrara la Misa sin fieles. Esto, y el indulto Heenan (o "de Agatha Christie") para Inglaterra y Gales fueron las únicas concesiones oficiales hasta 1984.

21 Ver "The 'Norms' of 1986," https://lms.org.uk/the-norms-of-1986. Para mayores detalles, ver Peter Kwasniewski, "Minutes from the Commission of Cardinals That Advised John Paul II to Lift Restrictions on the Old Missal," *New Liturgical Movement*, enero 9, 2023.

legítimamente dentro de la órbita del poder[22]. Un presidente, por ejemplo, que apoya el aborto, no hace sólo un uso lamentable de su legítimo poder, sino que está *abusando* de los ciudadanos al hacerles violencia *contra* el poder legítimo que él mismo detenta. Los tradicionalistas sostienen lo mismo, pero referido al papa y a las tradiciones de la Iglesia, no sólo en la liturgia sino también en la doctrina y la moral. Como dice el cardenal Alfons Maria Stickler, uno de los nueve miembros de la comisión de 1986: "Esta adhesión a la tradición, en el caso de cosas fundamentales que han claramente influído en la Iglesia a lo largo del tiempo, pertenece ciertamente a este "estatus" fijo, inalterable [el *status ecclesiae*], del que incluso el papa no tiene derecho a disponer"[23].

Reiteremos que ésta es la razón de por qué los primeros tradicionalistas[24] rehusaron "someterse" a lo que ni su inteligencia

---

22 De las encíclicas de León XIII, ver *Diuturnum Illud*, *Libertas Praesantissimum*, e *Immortale Dei*, y mi comentario en "The Kingship of Christ and the Anti-Kingdom of Modernity," *OnePeterFive*, febrero 8, 2018. El filósofo británico Stephen R. L. Clark escribe: "Cada vez que los poderes y principados de este mundo condenan a un inocente, especialmente si es a la pena de muerte, son esos poderes y principados los que se condenan a sí mismos, y pierden la autoridad moral, de que han abusado. Debemos, o sentimos que debemos, una primordial obediencia a la autoridad; pero esa autoridad proviene de una fuente más elevada, y puede perderse. Quienes observan estos hechos pueden sentirse liberados, si no de un razonable temor a lo que los abusadores pueden hacer, al menos, de toda sensación de que los abusadores tienen derecho a hacerlo" (*Can We Believe in People?: Human Significance in an Interconnected Cosmos* [Brooklyn, NY: Angelico Press, 2020], 113).
23 Ver "Recollections of a Vatican II Peritus," *New Liturgical Movement*, junio 29, 2022. Como cuenta Brian Terney: "Los Decretistas habían formulado claramente la idea de que la mantención del *status ecclesiae* era una consideración superior, en todas las cuestiones de política eclesiástica... En los escritos de los Decretistas (igual que en las obras de los Conciliaristas dos siglos más tarde) la necesidad de preservar el *status ecclesiae* se presentó siempre como algo que imponía límites a la autoridad papal más que como un argumento para extenderla... Para ellos "el estado de la Iglesia" no era un concepto vago e indefinible que pudiera usarse para justificar cualquier acto extraordinario del gobernante de la Iglesia, sino que era una realidad viva, que se identificaba estrechamente con las normas de la vida eclesiástica establecidas en las leyes de los Concilios Generales y confirmadas por "consenso universal" (*Foundations of the Conciliar Theory: The Contribution of the Medieval Canonists from Gratian to the Great Schism* [Cambridge: Cambridge University Press, 1955], 51-52). Phillip Stump señala que "Cuando el *status ecclesiae* se usa como criterio para limitar el poder papal, por ejemplo cuando se enseña que el papa no puede otorgar dispensas de los decretos de los primeros cuatro Concilios Ecuménicos, esa expresión tiene el significado de "constitución" o "estructura fundamental o naturaleza" de la Iglesia" (*The Reforms of the Council of Constance 1414-1418* [Leiden: E. J. Brill, 1994], 254).
24 Recordemos que la Federación Internacional Una Voce se fundó en 1965 para defender el latín y el canto gregoriano que desaparecían rápidamente del rito romano, antes de dedicarse fundamentalmente a la defensa del antiguo rito

ni su corazón podía aceptar como compatible con la esencia de la fe católica, tal como hoy día, por la misma razón, rechazamos los errores de Francisco -por ejemplo, el error de que la pena de muerte es inmoral; que los adúlteros pueden recibir la Comunión; que la fe sola (*sola fide*) es necesaria para recibir la Eucaristía; que Dios quiere la diversidad de religiones tal como quiere la diversidad de sexos; etc., todo lo cual hasta un niño que conoce bien su catecismo puede ver que es incompatible con la fe católica-.

En una importante entrevista, Dom Alcuin Reid, prior del monasterio de *Saint-Benoît* en Francia y uno de los más sobresalientes expertos del mundo en liturgia, explica por qué se niega a reconocer su "suspensión" y la "supresión" de su monasterio:

"Independientemente de los decretos que emanan de nuestra Cancillería, nuestra vida cotidiana, con sus ocho horas de Oficio Divino y Misa, su trabajo manual e intelectual, la acogida de huéspedes, etc., sigue incólume, con gran gozo y paz en medio de las espinas. Sabíamos que las suspensiones y supresiones estaban en el horizonte, pero somos nosotros los dueños de nuestras propiedades, no la diócesis, por lo que no podemos ser desalojados... La [vida monástica] es nuestra vocación y nuestro deber, al cual nos hemos consagrado ante Dios Omnipotente. Tenemos que ser fieles a ella. No podemos hacer ninguna otra cosa sin convertirnos en jornaleros que huyen cuando llegan los lobos (cf. Juan 10, 23).

"Si tenemos que ser canónicamente independientes por un tiempo, que así sea. No es lo que deseamos, por cierto, y nos aseguraremos de mantener buenas relaciones con otros monasterios e invitaremos a algunos monjes, con suficiente experiencia, a que nos hagan una visitación cada tres años, etc. Si tenemos que ser independientes, no tenemos por qué volvernos una isla. Con el tiempo, de acuerdo con la Providencia de Dios, las autoridades reconocerán la integridad de nuestra vida y nos concederán la autorización correspondiente, como ha ocurrido en un pasado no muy lejano.

"El paralelo más claro es el de las dos primeras décadas de historia de la Abadía de *Le Barroux*: su fundador, Dom Gerard Calvet, fue suspendido y expulsado de la orden benedictina por haber ordenado a su gente sin autorización (se suspendió también a los ordenados),

---

romano en su integridad, después de 1969. Ver Joseph Shaw, ed., *The Latin Mass and the Intellectuals: Petitions to Save the Ancient Mass from 1966 to 2007* (Waterloo, ON: Arouca Press, 2023), xxxi, 90, 219, y passim.

pero terminó siendo bendecido como Abad por un cardenal enviado por Roma unos quince años más tarde.

"No olvidemos los orígenes de la Fraternidad de San Pedro ni los del Instituto del Buen Pastor: ninguno de ellos existiría hoy si no fuera por la concienzuda desobediencia de hace varias décadas, que aseguró que la Sociedad de San Pío X continuara existiendo cuando fue canónicamente suprimida en los años 1970.

"Quienes hoy reciben los beneficios de la buena obra de estos Institutos o admiran la Abadía de Le Barroux, no deben olvidar el hecho de que si existen hoy es porque, históricamente, sus fundadores tomaron la concienzuda decisión de ignorar algunas partes del Código de Derecho canónico y los decretos de supresión que les hubieran causado la muerte. También nuestra época, lamentablemente, se está volviendo tan extraordinaria como la de ellos, y puede que tenga necesidad de realizar parecidas acciones"[25].

Estos son términos fuertes, viniendo de Dom Alcuin, conocido por su modo sobrio y por el gran respeto que siempre ha mostrado, y alentado, a las autoridades de la Iglesia[26]. Creo que está diciendo simplemente lo que las cosas son, y lo mismo debemos hacer nosotros[27]. Es muy trágico que la era de paz litúrgica y crecimiento orgánico inaugurada por Benedicto XVI haya sido cancelada: hemos pasado (para usar el título de una antología de textos sobre *Traditionis Custodes*) "de la paz de Benedicto a la guerra de Francisco". No estamos en un momento en que nuestros enemigos quieran parlamentar amigablemente con nosotros y llegar a un compromiso. Lo que ellos buscan es marginarnos, ostracizarnos, extinguirnos, aniquilarnos. Si lo que hay en nuestra tradición católica es bueno,

---

25 "Interview with Dom Alcuin Reid on his ordination, his community, the diocese of Fréjus-Toulon, and *Desiderio Desideravi*," Rorate Caeli, julio 15, 2022.
26 Ver, por ejemplo, su conferencia "Reflections on Authority in Liturgy Today," Catholic World Report, julio 14, 2019.
27 Como ha escrito Shawn Tribe: "Al cabo, el problema [de una ruptura] no fue erradicado en los años de *Summorum Pontificum*; lo que éste hizo fue, con todo, que mucha gente pudiera ver… la riqueza y belleza de la tradición litúrgica romana. La época *Summorum Pontificum* fue una de "vive y deja vivir". Y aquí estamos hoy, pero afortunadamente la Iglesia siempre se ha fortalecido como resultado de las persecuciones, y la actual persecución contra el *usus antiquior* puede que sea todo lo que, al cabo, se necesite para extinguir permanentemente la escuela rupturista. Mientras más obvio es el desprecio y más abiertos los ataques a este patrimonio, más transparente se hace que existe un importante problema ideológico, que ha invitado [a los revolucionarios litúrgicos] a criticar abiertamente, en un tono que no conocemos en los años *Summorum Pontificum*" (comentario en Facebook).

recto, sagrado y bello, vale la pena vivir de acuerdo con ello, luchar y morir por ello, sin compromisos, sin complacencias, sin zalamerías, sin vacilaciones, sin retrocesos, sin falsas obediencias. Llega la hora de comprometerse heroicamente, no de retorcerse las manos, ni de tener arrepentimientos nostálgicos, ni de encogerse de hombros, ni de cumplimientos a regañadientes ni, lo que es peor, de una capitulación auto-acusatoria.

Es un hecho bien claro que si nuestros antepasados en el movimiento tradicionalista no se hubieran negado a obedecer a Pablo VI, diciendo que no había que obedecerlo en estas materias debido a que actuaba *ultra vires* o excediéndose en su autoridad, no tendríamos, sesenta años más tarde, ni la Misa tradicional, ni ninguno de los ritos sacramentales antiguos, ni el Oficio Divino[28]; hubieran sido ellos enterrados junto con todo lo demás por aquel hombre obsesionado, que dedicaba su tiempo a llevarlo todo al cementerio del *aggiornamento*[29].

Quiero poner énfasis en este punto: cuando la tradición es atacada, la única respuesta correcta del católico ortodoxo es defenderla, aferrarse a ella, y resistir a quienes la atacan. Jamás puede ser moralmente legítima la obediencia a quienes desobedecen a aquello que es más alto y anterior a ellos mismos. Dicho en forma positiva, estamos obligados a desobedecer materialmente sus mandatos y prohibiciones, a fin de obedecer la ley, de mayor rango, de la verdad divina que está contenida en nuestros ritos, creencias y modo de vida, y que se manifiesta en ellos.

Todo aquel que no sea un feroz reduccionista ama los "aromas y campanas" de la Misa tradicional. Pero el amor de un tradicionalista es más profundo, va hasta el centro mismo, hasta sus textos, sus ceremonias, sus rúbricas, su presentación de la fe, su abundante y clara adoración de la Santísima Trinidad y del Santísimo Cuerpo

---

28 Es bueno tener presente que el ataque a la Misa tradicional comenzó en serio con la Instrucción sobre el Cumplimiento de las Normas Litúrgicas *Inter Oecumenici*, de 1965, que condujo rápidamente a la casi extinción del latín, la casi desaparición del canto llano, el darse vuelta los sacerdotes *versus populum*, etc. De hecho, como muy pocos tenían conciencia de que el *Consilium* estaba activamente trabajando en un nuevo rito, fue muy común que la gente, entre 1964 y 1969, usara el término "nueva Misa" para referirse a la Misa tridentina en su forma amputada, puesta musicalmente a la moda, en vernáculo, *versus populum*, creyendo que así era cómo debía verse para poder cumplir con *Sacrosanctum Concilium*.

29 Para un análisis detallado de la mentalidad de Pablo VI, ver Kwasniewski, *El rito romano de ayer y del futuro*, 123-61 and 425-42.

y Sangre de Cristo. No amamos la antigua Misa sólo por los aromas y campanas, que podríamos, en teoría, encontrar en otras partes (algo de ellas, algunas veces...). La amamos por *lo que es en sí misma*, tal como amamos a nuestro mejor amigo no tanto por lo que puede hacer por nosotros o por cómo podría complacernos, o por cómo se viste, sino por ser *quien es* y por el lugar que ocupa en nuestra vida y afectos.

El movimiento tradicionalista se ha vuelto un poco fláccido y autocomplaciente en este aspecto, porque quizá nos hemos dejado persuadir de que lo nuestro es una simple "preferencia", tal como lo es el helado de chocolate o de vainilla. Si tal fuera el motivo de nuestras acciones, se nos podría con razón censurar por nuestra contumacia y se nos podría exigir que cumpliéramos cualquier directiva que se nos diera[30]. Pero si estamos comprometidos con el auténtico rito romano por razones teológicas, morales y espirituales muy profundas –como lo estamos, de hecho, o deberíamos estarlo–, nosotros mismos podemos entonces, con razón, censurar a los clérigos por *su* abandono de la tradición y por el descuido de *su* deber. Estamos en la ubicación moral correcta y no tenemos nada de qué avergonzarnos ni nada de que pedir perdón.

Estas consideraciones se aplican en especial a los sacerdotes. Todo sacerdote debe estar preparado para desobedecer materialmente a los revolucionarios que hoy ocupan los puestos de poder, si quiere ser realmente obediente a Cristo y a su Iglesia tal como existen fuera del tiempo y como lo han hecho, en el tiempo, durante veinte siglos de historia humana. No sólo son indignos de obediencia quienes abusan, restringen o suprimen los monumentos eclesiásticos de la tradición, especialmente el super-monumento de la Misa, sino que, se den o no cuenta de ello, son rivales de Cristo, destructores de la Iglesia y abusadores de los fieles. Y en la medida en que lo son, no se debe permitir que triunfen. No hay nada peor que permitir que sus falsas narrativas, sus erróneas exigencias, su teología

---

30 Ver Yves Chiron, *Paul VI: The Divided Pope*, trad. James Walther (Brooklyn, NY: Angelico Press, 2022), 285, acerca de la severa orden de Pablo VI de que todos comenzaran a usar su misal. Muchos autores han probado que Pablo VI no legisló, de hecho, sobre el nuevo misal como algo obligatorio (y excluyente, por tanto, del uso del antiguo misal). Para una explicación detallada y concluyente sobre todas las fuentes primarias, ver John Salza y Robert Siscoe, *True or False Pope? Refuting Sedevacantism and Other Modern Errors* (Winona, MN: STAS Editions, 2015), 493-524. Lamentablemente este libro está agotado y sus autores parecen estar dedicados ahora a otros temas.

progresista o "beige", y su total falta de respeto por la tradición, prevalezcan y se instalen todavía más y más hondamente, como un cáncer que consume el cuerpo cada vez más.

El Derecho canónico deriva de la ley natural y divina y de la tradición eclesiástica, y tiene que subordinárseles y ser interpretado a la luz de ellas. No debemos permitir que los jerarcas de la Iglesia transformen el Derecho canónico en un arma en contra de los fieles o del clero, privando a éstos de sus recursos espirituales, denigrando sus legítimos deseos o socavando su adhesión a lo que es bueno, verdadero, bello, santo y recto. Como decía Dom Alcuin, y lo han reiterado muchos otros, el abuso del Derecho canónico hace que él pierda toda fuerza, porque carcome la racionalidad fundamental de toda ley, a saber, que exista para el bien común del pueblo al que gobierna.

Seamos bien claros: o bien aceptamos que el papa *no es* el dueño y señor de los ritos litúrgicos de la Cristiandad; que está, en un sentido bien claro, obligado a recibirlos y respetarlos, aunque pueda modificarlos levemente en cosas pequeñas; y que tiene la solemne obligación ante Dios, surgida de su propio cargo, de "transmitir lo que ha recibido" (cf. 1 Corintios 11, 23; 1 Corintios 15, 3); o bien tenemos que conceder que el papa tiene una autoridad total e ilimitada sobre los ritos litúrgicos desde todo punto de vista, excepto en lo relativo a las palabras mínimas que se requiere para producir efecto sacramental y, por tanto, que tiene autoridad para legítimamente -aunque estúpidamente- abolir todos los ritos Orientales y reemplazarlos por el *Novus Ordo*, o abolir todos los ritos Occidentales y reemplazarlos por el rito siro-malabar, o decretar que la Misa sea celebrada con vestimentas circenses, con utensilios de plástico, niñas danzarinas y constantes silbidos y aplausos (de hecho, todo esto ya ocurre en Chicago; pero ello es harina de otro costal). Estas son las dos únicas posibilidades lógicas. *Tertium non datur*. Para decirlo más sencillamente: o el papa está sometido a la tradición en un sentido bien real, de modo que actuar descaradamente contra ella significa invalidar tanto sus actos actuales como todos los actos futuros que en ellos se basen; o no está obligado por la tradición y puede decir, como Pío IX: "Yo soy la Tradición; Yo soy la Iglesia".

Podría pensarse que, con este último punto de vista, estoy levantando un hombre de paja; pero les aseguro que no -aunque desearía que lo fuera-. Hay activos apologetas *online* que, basándose en una tendenciosa lectura de *Pastor Aeternus* y otros documentos relacionados -que leen con total prescindencia de los matices introducidos por *Dei Filius* y por otras autorizadas enseñanzas, desplazados de su contexto histórico, y divorciados del sentido común[31]-, alegan que la autoridad jurisdiccional universal del papa incluye un poder absoluto sobre todos los ritos litúrgicos.

Está claro que el *sensus fidei fidelium* de la Iglesia evidentemente no puede permitir que esto sea verdad. No puede ser verdad sin hacer de nuestra religión un risible absurdo. La idea de que la tradición no es más que un "juguete de los papas"[32] que, si así lo quieren, pueden hacer añicos a voluntad, como niños malcriados, sería el ácido, el disolvente, de toda piedad y devoción. La religión está constituída por ritos de culto, y estos ritos son, necesariamente, antiguos, venerables, heredados y, con el paso del tiempo, se los considera cada vez más como intocables. Esta actitud fue, hasta hace poco, una característica inmemorial de todo católico en toda época. No hace falta una percepción especialmente fina para darse cuenta del enorme daño que se causa cuando los papas, repentinamente, hacen cambios numerosos y a gran escala en los ritos de la religión. A la luz de la razón, de las verdades de la psicología, de la antropología y de la sociología, sabemos que tales cambios habrán siempre de ocasionar un perjuicio desproporcionado en relación a las posibles ventajas obtenidas (esta es la razón, en efecto, que Santo Tomás de Aquino esgrime para decir que es una locura cambiar las leyes mucho y muy seguido)[33]. Sería filosóficamente incoherente y culturalmente autodestructivo acoger esta herencia de daños o, peor, de daños autoinfligidos, como si se tratara de una "nueva tradición" o una "parte" de la tradición. Una semejante agresión causa heridas duraderas que tienen que ser sanadas con la restauración de la situación de buena salud que existía antes. Esto es lo que los católicos tradicionalistas piden, y por ello luchan.

El P. Zuhlsdorf escribe: "Las miserias, privaciones, sufrimientos y desafíos no son siempre meros males que hay que soportar. A veces son correctivos que hacían falta, curas, e incluso coerciones permitidas o previstas por Dios para ayudarnos a llegar a la verdad

---

31 Ver capítulo 3.
32 La expresión es del obispo Rob Mutsaerts. Ver su artículo "An Evik Ukase from Pope Francis," en Kwasniewski, *From Benedict's Peace to Francis's War*, 133.
33 Ver Sto. Tomás, *Summa theologiae* I-II, Q. 97, art. 2; cf. análisis en el cap. 5.

de lo que somos"³⁴. Concuerdo con él. Creo que Dios ha permitido los males de *Traditionis Custodes* y todas sus implementaciones posteriores para que fuera una llamada de alerta a todos los tradicionalistas a despertar, como una especie de terapia de *shock* para devolvernos a nuestras raíces, para reorientarnos hacia los primeros principios de nuestro movimiento, para reanimar el vigoroso compromiso que hará falta para superar la última llamarada, la peor, del progresismo postconciliar. Y digo "la última" porque los que hoy están en el poder son los últimos nostálgicos del Vaticano II y, para ellos, todo está en peligro; toda su vida y compromisos y proyectos –crear una nueva Iglesia para los tiempos modernos–, todo ello está en peligro. Cuando se hayan ido, no quedará casi nadie a quien le importe el Concilio con la misma devoción por "el becerro de oro" que ellos ha tenido.

Quisiera subrayar especialmente la *valentía* de los primeros tradicionalistas.

En una época de la Iglesia, los tempestuosos años 1960, en que el ultramontanismo aun tenía vigencia –cuando todavía no había sido golpeado y magullado por décadas y décadas de desastrosos nombramientos episcopales y cardenalicios, por encuentros interreligiosos de Asís y besos al Corán, por falta de disciplinamiento de los más escandalosos herejes, y por desalentadoras ausencias de correctivos para los abusos litúrgicos y sexuales del clero–; en esa época, cuando el ultramontanismo era todavía una actitud mental plausible, los tradicionalistas rehusaron aceptar la denigración y desmantelamiento de siglos de tradición litúrgica, la prohibición del latín y del canto gregoriano, la postura *versus populum* de los sacerdotes, la entrega del Cuerpo de Cristo en las manos de comulgantes de pie, la facilitación feminista del acceso de las mujeres a roles ministeriales, etc. (el catálogo de innovaciones pseudo-antiguas es largo y aburrido). Todas estas cosas los tradicionalistas las rechazaron como *cuestión de principio*, tanto porque amaban con razón la tradición y tenían una convicción sobrenatural y una natural confianza en la bondad de ella, como porque, muy razonablemente, dedujeron y esperaron muchos males de su supresión. De hecho, ya comenzaban a ver, incluso mientras sesionaba el Concilio y claramente en los años siguientes a él, un creciente aluvión de

---

34 "When Life Gives You Manure, Maybe It's Time for Changes," *OnePeterFive*, julio 23, 2022.

experimentos y sacrilegios que hubieran sido inimaginables antes del Concilio[35].

¿Por qué los primeros tradicionalistas presentaron una resistencia tan insólita a los decretos que se dictaban desde Roma, desde el Vaticano, desde el despacho mismo del papa? Lo hicieron fundados en la razón y en la fe.

En la razón: vieron efectivamente lo que se estaba proponiendo, lo que se estaba poniendo en vigencia, lo que se estaba permitiendo, y se dieron cuenta de que era irracional y carecía de sentido –era un sinsentido–. Nadie podía tragarse todo aquello y seguir teniéndose respeto como hombre pensante y razonable, como alguien que quiere ser consistente, lógico y coherente. Nadie que *conozca*, con la certeza de la experiencia inmediata y prolongada, la suprema belleza y el poder espiritual de la Misa mayor cantada, puede dar un giro y comenzar a decir que ello ya no es "relevante" para el hombre moderno, que ya no atrae a las almas hacia Cristo y las alturas contemplativas. Decirlo sería traicionarse a sí mismo, traicionar sus certezas más íntimas y la sabiduría milenaria, y todo en aras de una ciega obediencia que exige el sacrificio del intelecto, de la facultad que hace humano al hombre y lo vuelve capaz de divinización.

En la fe o, más precisamente, en el *sensus fidei fidelium*, "el sentido que poseen los fieles de aquello que pertenece a la fe y está en armonía con ella, y aquello que no"[36]: los primeros tradicionalistas se preguntaron cómo lo que, concilio tras concilio, papa tras papa, siglo tras siglo, los creyentes habían practicado, defendido, alabado y promovido podía ahora, súbitamente, declararse que estaba mal o era inútil u obsoleto (recordar la observación de Ratzinger de que la Iglesia incurriría en una total incoherencia si prohibiera hoy lo que veneraba ayer, o declarara dañino aquello que había sido hasta ayer su más alta y preciosa posesión). Decirle a un hombre arrodillado, que cree en la Presencia Real y tiene una bien desarrollada piedad

---

35 No pretendo decir que antes del Concilio no haya habido notables abusos –las Misas *versus populum* de Guardini y de Parsch fueron un ejemplo de ellos–. Pero no existió una atmósfera tan afiebrada como después, y los críticos del catolicismo preconciliar no fueron, mayoritariamente, herejes que buscaban echar por tierra toda la tradición litúrgica, sino zelotes tristemente ingenuos y mal aconsejados. Se podría escribir un libro sobre los ardorosos reformistas que se morigeraron luego de la reforma tal como se dio, y que manifestaron a su respecto sentimientos de desilusión o desagrado. Ver, para comenzar, Kwasniewski (ed.), *Illusions of Reform*, 15-16, 66, 80-81.
36 Ver Kwasniewski, *La verdadera obediencia*, 35-42.

eucarística, "Ok, ponte de pie, sacúdete los pantalones, estira la mano, y toma la hostia", es invitar a una reacción de total incomprensión y de desdén. Ese hombre no haría jamás semejante cosa, ni aunque se lo amenazara y torturara. O, al menos, no debería jamás hacerla: sería una señal de falta de fe y de piedad –y, en realidad, de algo peor, una señal de total inmadurez personal y de imbecilidad humana– el arrojar por la borda perennes costumbres de respeto practicadas durante la vida entera, y durante siglos por los antepasados, sólo porque "papito sabe más", o porque "el obispo lo dijo" o "el papa lo mandó". ¿No nos damos cuenta de que toda la crisis de abusos del clero se facilitó por esta mentalidad infantil de confianza acrítica y de conformismo sin hueso? Con todo, los tradicionalistas supieron *y sintieron* que la Iglesia había tenido razón en lo que había estado haciendo desde tiempos inmemoriales y, por tanto, que sus voceros no podían sino equivocarse al tratar de negar todo aquello, al procurar reorientar fundamentalmente y reconfigurar, e incluso refundar, la Iglesia para los tiempos modernos[37].

La reforma litúrgica se *vendió*, si se me permite el término, debido a la gran promesa de que, sin duda, ella habría de traer incontables y maravillosas bendiciones para la Iglesia. *Sacrosanctum Concilium*, la Constitución del Vaticano II sobre la Sagrada Liturgia, comienza con una declaración de lo que el Concilio espera alcanzar, con la reforma litúrgica como emblema publicitario:

"Este Sacrosanto Concilio... desea alcanzar para la vida cristiana de los fieles un vigor en perpetuo aumento; adaptar convenientemente a las necesidades de nuestro tiempo, aquellas instituciones que están sujetas a cambio; alentar todo lo que pueda promover la unión de quienes creen en Cristo; fortalecer todo lo que pueda ayudar a invitar a toda la humanidad a la casa de la Iglesia".

Como mi apreciado colega Gregory DiPippo, editor de *New Liturgical Movement*, ha dicho en más de una ocasión: "Nada de esto tuvo lugar. La vida cristiana de los fieles no ha adquirido más vigor; sus instituciones no se han adaptado convenientemente a las necesidades de nuestro tiempo; no se ha fomentado la unión de todos los que creen en Cristo; el llamado a toda la humanidad para venir a la casa de la Iglesia no se ha fortalecido"[38].

---

37 Digo "refundar" porque la irresponsable retórica de un "nuevo Pentecostés" lo sugiere. Ver Kwasniewski, *El rito romano de ayer y del futuro*, 195-99.
38 Gregory DiPippo, "The Revolution Is Over," *New Liturgical Movement*, agosto 1, 2022.

Como he dicho, los tradicionalistas se opusieron, como *cuestión de principios*, a una reforma masiva, sobre la doble base de la razón y de la fe, porque no pudieron ver cómo podría estar bien sacrificar la tradición, ya conocida con certeza y amada, en aras de una inexistente posibilidad futura, inciertamente conocida e imposible de amar. Como dice Joseph Shaw, hacia 1971, época del primer indulto (llamado "de Agatha Christie"), nadie tenía libertad de argumentar en pro de mantener la antigua liturgia, fundándose en que era "pastoral" hacerlo, o basándose en su venerable teología, ya que "la idea misma de la reforma era la [prometida] eficacia pastoral, ciertamente todavía no experimentada ni probada, del misal reformado, y la [esperada asimilación de las] intuiciones teológicas del Vaticano II"[39]. La única defensa que produjo algún resultado (parcial) en las autoridades eclesiásticas de 1971, fue una defensa basada en el arte y la cultura.

Hoy estamos en una situación sumamente diferente. No sólo tenemos los mismos principios de fe y de razón que nuestros antepasados, sino que disponemos también del testimonio monumental de medio siglo de desolación, desacralización y de dramático declive de la vida de la Iglesia como *un hecho* incontrovertible que desmiente las profecías de éxito de la reforma litúrgica. Sabemos ahora que los profetas de la renovación –aunque usaran la mitra de obispo o el anillo del pescador– fueron falsos profetas que dijeron "paz, paz, donde no había paz" (Jeremías 6, 14; 8, 11), que prometieron abundancia pero produjeron hambruna. Para defender hoy la superioridad de la tradición católica no necesitamos ni la mitad de la perspicacia de los primeros tradicionalistas, porque podemos ver que cada una de las predicciones que *ellos* hicieron han resultado absolutamente verdaderas. Predijeron que un cambio repentino y masivo produciría efectos catastróficos, y que los cambios *específicos* que se impuso socavarían la fe y la práctica católicas. Predijeron que, donde se atesorara la tradición, la Iglesia capearía la tormenta y produciría buenos frutos. Aquellos tradicionalistas han sido vengados abundantemente, porque lo que ha despertado las iras del dragón ha sido precisamente el éxito de la renovación tradicionalista a pesar de tener todos los hados en contra.

Para ser tradicionalista hoy no se necesita gran sabiduría, porque los frutos, los buenos y los malos, han llegado a plena madurez.

---

39 Shaw, *Latin Mass and the Intellectuals*, 209.

Todavía tenemos el mismo poder de la razón y de la fe, y el mismo *sensus fidei fidelium*, que nos dicen cuando algo es irracional, o cuando es imposible de armonizar con lo que un catecismo sano nos enseña. Lo único que ahora necesitamos muchísimo más es valentía, fortaleza, audacia. El movimiento tradicionalista se ha beneficiado (y sufrido) con los quince años de *"pax benedictina"*, el pacífico tiempo de coexistencia inaugurado por Benedicto XVI. Se ha beneficiado porque muchos más sacerdotes aprendieron el antiguo rito y muchos más fieles aprendieron a amarlo. Nuestro movimiento ha crecido enormemente *en número*. Pero hemos sufrido, también, porque en muchos lugares las cosas se nos hicieron más fáciles y quizá nos descuidamos, como suelen hacer los soldados en tiempos de paz; de pronto tuvimos obispos amigos (o al menos no abiertamente hostiles), tuvimos parroquias que surgían aquí y allá; pareció que todo era como una marea que crece suave e irresistiblemente.

Y luego llegó el inesperado *Traditionis Custodes*. Este documento, cuyo título podría traducirse como "los carceleros de la traición", nos lanzó súbitamente a una situación de conflicto declarado para el que muchos, especialmente los *"baby* tradicionalistas", no estaban preparados. Necesitamos, pues, intensificar nuestra actividad. Todos los que han sido conducidos a la Misa tradicional por su reverente amor a la Eucaristía, al silencio, a la música, a la comunidad de familias jóvenes, a los sermones ortodoxos, o a lo que fuere (incluso los que simplemente odiaron las mascarillas y lavados de manos de la religión Covidiana), todos ellos necesitan hacerse de algunos buenos libros y comenzar a educarse[40]; necesitan enterarse de lo que ocurrió en los años 1960 y por qué comenzó el tradicionalismo *como movimiento*[41]; necesitan, en fin, dejar de ser turistas de la tradición y comenzar a ser apóstoles de ella, cambiar de nómades a sedentarios, de admiradores a defensores. Se nos vendió una especie de media verdad, la de que podíamos tener la tradición si "la preferíamos"; y fue un falso compromiso, porque la tradición no es algo que nosotros "preferimos", sino algo que conocemos

---

40 Se puede comenzar con mis libros *Reivindicación de nuestros derechos hereditarios como católicos* y *El rito romano de ayer y del futuro*, para luego seguir con *La Misa tradicional: Historia, forma y teología del rito clásico romano* (Peter Barthold, 2021) de Michael Fiedrowicz.

41 Para esto hay dos libros indispensables: Stuart Chessman's *Faith of Our Fathers: A Brief History of Catholic Traditionalism in the United States, from Triumph to Traditionis Custodes* (Brooklyn, NY: Angelico Press, 2022), de Stuart Chessman, y *Latin Mass and the Intellectuals*, de Joseph Shaw.

y comprendemos, en la que creemos, por la que vivimos: es un tesoro sin el cual no podemos vivir y sin el cual la Iglesia no puede prosperar. No es una preferencia, sino una necesidad vital, una fundamental identidad. Cuando recuperemos la conciencia de esto y la convicción de *la verdad* de cómo están realmente las cosas y actuemos en consecuencia, entonces mereceremos haber heredado el nombre y el éxito de los primeros tradicionalistas que lucharon y sufrieron tanto en los años 60 y 70. La banda de hippies nostálgicos del Vaticano II que hoy está en el poder, nos ha lanzado de vuelta a ese mundo subterráneo del que habíamos comenzado a emerger. Luchemos, con la gracia de Dios, por ser dignos de estar codo a codo con aquellos primeros que condujeron al pueblo de Dios fuera del Egipto de la "reforma" y hacia la tierra de leche y miel de la tradición católica. Podemos hacerlo. Dios nos ha concedido la razón, nos ha concedido la fe, nos ha dado modelos a los que mirar, nos ha dado una experiencia personal íntima, nos ha dado la sabiduría colectiva de veinte siglos de catolicismo. La victoria es nuestra si resistimos y no nos descorazonamos.

9
Los derechos de la Tradición inmemorial y los límites del positivismo papal

CADA VEZ QUE LOS TRADICIONALISTAS OBJEtan o rechazan una decisión papal específica sobre la liturgia -sea la creación de libros litúrgicos noveles o la drástica limitación del uso de los ritos acostumbrados- nuestros oponentes "conservadores" nos asaltan con una batería de textos extraídos de algunos papas como San Pío X o Pío XII, o del Vaticano II, o de manuales neoescolásticos, a fin de sostener que "el papa tiene el derecho de cambiar la liturgia, de aprobar o abolir este o aquel rito, como lo desee", etc., porque, como enseña el Vaticano I, él tiene jurisdicción suprema, universal e inmediata sobre la Iglesia.

Hay en esto algo de verdad, pero no prueba todo lo que, quienes lo mencionan, piensan que prueba.

Primero, toda declaración como ésta está sujeta a ciertas normas implícitas. Por ejemplo, el que el papa pueda crear ritos o alterarlos no ha sido jamás interpretado como que puede abolir totalmente un rito, e.g., alguno de los ritos orientales de la Iglesia, de los cuales él es, técnicamente, cabeza suprema, con autoridad jurídica universal e inmediata. Y si quisiera hacerlo, los católicos bizantinos tendrían todo el derecho del mundo a ignorar absolutamente ese acto y proseguir como si nada hubiese cambiado. Hay malos usos o abusos de autoridad que anulan lo que ésta hace, y se puede dar criterios para tales situaciones, como lo hago en este libro.

Segundo, se puede afirmar que el papa tiene autoridad para crear nuevos ritos, pero éstos serán un complemento de los ritos tradicionales: no pueden estar en contradicción con estos últimos. Además, el único fundamento para que, con justicia, un papa pueda presentar una nueva edición de un libro litúrgico que ocupe el lugar de otra anterior, es que exista una evidente continuidad entre el libro nuevo y el antiguo, de modo que se pueda decir verdaderamente que "es el mismo libro, sólo que aumentado con nuevas fiestas, o modificado en detalles, o purgado de errores tipográficos", etc. Por ello es que se puede sostener que cada *editio typica* o edición oficial del misal de San Pío V -la *editio* de 1604 de Clemente VIII, la de 1634 de Urbano VIII, la de 1884 de León XIII, y la de 1920 de Benedicto XV- sigue siendo el mismo misal, que contiene el mismo rito romano. Cuando, en cambio, llegamos a las graves alteraciones que Pío XII hizo a la Semana Santa, que lograron alcanzar hasta la *editio typica* de 1962 de Juan XXIII, ya estamos en presencia de una situación gravemente problemática: no es posible sostener que la Semana Santa de Pacelli está en esencial continuidad con la tradición acumulada anteriormente. Así, pues, en el misal de 1962 existe una peligrosa "trizadura" en la estructura, por decirlo así, y esto se interpretó por muchos liturgistas de la época como el anuncio de una alteración total, de un cambio sustancial que estaba por venir (o de una invitación a él). Con el *Novus Ordo*, en el que sólo un 13% del material eucológico -textos de oraciones- es idéntico al del misal de 1962[1], estamos claramente frente a un misal diferente, que tiene, por cierto, algunos parecidos genéricos, pero que ciertamente no está "en la misma línea de desarrollo" -no es otro individuo de la misma especie-. Se trata, por tanto, de un *nuevo rito de la Misa* (y lo mismo puede decirse de otros ritos nuevos de los sacramentos, de la Liturgia de las Horas, del Libro de Bendiciones, etc.) y por ello, lógicamente, su introducción no abroga u obroga el antiguo rito de la Misa; se junta a él, simplemente, como un pariente (estoy dando aquí la interpretación más positiva posible). La acción de Pablo VI no puede, de ningún modo ni en ninguna forma, ser interpretada como un reemplazo de un misal romano por otra edición del mismo. Y él mismo parece haber reconocido claramente este hecho porque fue el primer papa, desde 1570, que excluyó la bula *Quod Primum* de Pío V de las primeras páginas del misal, significando con ello que el suyo ya no pertenece a la misma familia del rito romano canonizado (pero claramente no creado) por San Pío V[2]. Como escribió el cardenal Alfons Stickler:

"Los expertos en liturgia antigua no pueden dejar de ver qué gran diferencia hay entre el *corpus traditionum*, vivo en la antigua Misa,

---

1 Ver Matthew Hazell, "'All the Elements of the Roman Rite'? Mythbusting, Part II," *New Liturgical Movement*, octubre 1, 2021.
2 Ver Shaw, *Latin Mass and the Intellectuals*, 3-17.

y el invento del *Novus Ordo*, que queda en clara desventaja respecto de aquélla. Por cierto, los pastores, los estudiosos y los fieles laicos lo han notado y, con el tiempo, ha aumentado la multitud de voces que se le oponen… Se hace cada vez más claro que la radicalidad de los reformadores postconciliares no consistió en renovar la liturgia católica desde sus raíces [como podría haber hecho alguien aplicándole un buen fertilizante], sino en arrancarla de su terreno tradicional. [La reforma] no revisó el rito romano, que fue lo que la Constitución sobre Liturgia del Vaticano II pidió que se hiciera, sino que lo erradicó de cuajo"[3].

LOS APOLOGETAS HIPERPAPISTAS IGNORAN LOS HECHOS HISTÓRICOS

Los católicos que defienden la idea de que el papa tiene un poder virtualmente ilimitado para cambiar la liturgia[4] se equivocan precisamente por el modo en que han planteado la discusión. Comenzar por poner a la liturgia en la mesa de operaciones, como un paciente anestesiado, y al papa como primer cirujano, es comenzar con un error tan fundamental que es imposible evitar, a partir de él, una cascada de conclusiones absurdas[5]. Debido a que es inaceptable, para decirlo antes de que empiece la discusión, la creencia en que la liturgia es "el juguete del papa" (para usar la pintoresca expresión del Obispo Mutsaerts), resulta innecesario realizar una laboriosa investigación sobre si el papa puede hacer añicos su juguete o cambiarlo por otro que le guste más. En efecto, parece que los hiperpapistas nunca se hacen esta sencilla pregunta: si lo que ellos

---

3 Ver Stickler, "Recollections of a Vatican II Peritus". Una traducción alternativa de las últimas sentencias sería la siguiente: "Se hace cada vez más evidente que la radicalidad de los reformadores postconciliares no consistió en renovar la liturgia católica desde sus raíces, sino en desenraizarla de su terreno tradicional. No revisaron el rito romano, como la Constitución sobre Liturgia del Vaticano II les indicó que hicieran, sino que lo desenraizaron". (*Precious Blood Banner* 26 [octubre 1995]).
4 Tengo presente la obra del popular teologastro Michael Lofton. Algunos tradicionalistas, a pesar de su sincero reconocimiento de la superioridad de los ritos tradicionales, sostienen que el papa tiene absoluto poder de disposición sobre cualquier aspecto de la liturgia que no tenga que ver con la "materia y forma" de los sacramentos. Para una crítica de esta posición, ver Lamont, "Dominican Theologian Attacks Catholic Tradition," publicado en *Rorate Caeli*, septiembre 13, 15, 18, and 20, 2023.
5 Como lo muestra John Monaco: ver "Are There Limits to Papal Power?," *Catholic World Report*, octubre 13, 2021; "Was the Sacred Liturgy Made for the Pope, or the Pope for the Sacred Liturgy?," *Catholic World Report*, julio 28, 2021; "The Church of the Papal Fiat," *Crisis Magazine*, enero 20, 2022.

sostienen es verdad, ¿por qué ningún papa, anterior a la época moderna, ha actuado *como si* ello fuera verdad? Dicho de otro modo, ¿cómo se explica el hecho de que, de 266 papas, sólo un puñado haya realizado cambios importantes a los ritos litúrgicos, en tanto que la gran mayoría se ha contentado con transmitir lo que recibió, como si siguiera automáticamente un patrón conservador? Y de los que hicieron los cambios más importantes, ¿por qué es que casi todos pertenecen al siglo XX y, más precisamente, a la segunda mitad del siglo XX? ¿Y se puede explicar por qué, si agrupamos *todos* los cambios hechos por los papas anteriores a Pablo VI, ellos pesan menos en la balanza que los que *Pablo VI hizo por sí solo*?

A juzgar por las acciones y palabras de los papas y por la práctica general de la Iglesia, la impresión que se obtiene de la historia católica es que los *ritos* sagrados –y no sólo la "forma y materia" de los sacramentos– son una herencia santa que hay que recibir y reverenciar con humildad. La idea de que un papa, especialmente después de un largo período de estabilidad, pudiera diseñar nuevos ritos a partir de cero para reemplazar a los antiguos, es impensable. Cuando los apologetas *online* desentierran olvidados tratados de escolásticos que argumentan que el papa puede hacer prácticamente lo que quiera con la liturgia, lo único que demuestran es que ellos mismos, igual que aquellos escolásticos, son, en este aspecto, como intelectuales encerrados en su torre de marfil que defienden un principio *irrelevante* para los registros históricos reales y para la vida de la Iglesia. Si un papa lo cambiara todo, excepto la materia y forma de un sacramento, merecería una condenación desde los puntos de vista eclesiológico, antropológico, espiritual y de cualquier otra clase, no obstante cualquier argumento que se diera en pro de su supuesta "autoridad" para obrar de ese modo. Y el pueblo cristiano no habría tolerado jamás algo semejante en épocas más saludables, anteriores a la ceguera causada por la corrupción mental del hiperpapismo, con su positivismo legal carente de corazón.

¿No habría que tomar más en serio el hecho de que durante *quince siglos* la Iglesia pudo proceder en su vida litúrgica sin necesidad de un misal centralmente visado y promulgado por el papa? Durante quince siglos la Cristiandad tuvo decenas de miles de misales repartidos en decenas de miles de altares, copiados a mano, generación tras generación, sin ningún *nihil obstat* ni *imprimatur* (por decirlo así) del Romano Pontífice. Creo que las acciones centralizadoras del Concilio de Trento y de Pío V se comprenden por la emergencia que se vivió en ese momento; pero, luego de inspeccionar las tres cuartas partes de la historia de la Iglesia, yo extraería una lección: la liturgia fue considerada, evidentemente, como algo que pertenecía *a la Iglesia como un todo* -y así se lo estimó-. No fue propiedad particular de nadie que pudiera disponer de ella, sino una privilegiada herencia de todos, que debía recibirse y transmitirse. Por cierto que el papa puede incluírse a sí mismo en este proceso, pero con la precisa condición de que él también, como miembro de la Iglesia, receptor de la tradición y guardián del *status ecclesiae*, no trate el rito litúrgico como su propiedad privada ni, como si fuera tal, disponga de él[6]. Esta es la razón por la que algunos autores antiguos dicen que el papa puede hacerse "cismático" atacando los ritos de la Iglesia[7]. Lo que importa no es sólo la pura validez, que es lo que una mentalidad materialista y reduccionista considera suficiente o, incluso, exhaustivo; lo que importa es el venerable estatuto que tienen los ritos del culto divino ante Dios y la Iglesia, que les otorga una cierta prioridad sobre *cualquier* miembro de la Iglesia. Por eso es que un católico, enfrentado a dos situaciones negativas, debería preferir como papa a Alejandro VI y no a Pablo VI o a Francisco. Alejandro puede haber sido, moralmente, un mal hombre, pero no osó tocar los ritos tradicionales de la Iglesia, sino que celebró la Misa respetando los rituales y rúbricas, como lo hubiera hecho cualquier católico creyente.

El problema con que lidiamos es, creo, una incapacidad típicamente moderna (liberal ilustrada, individualista, secularista) de comprender y aún de reconocer el concepto de tradición como tal. ¿Qué lugar hay para la *paradosis* o *traditio* en una cosmovisión nominalista y voluntarista, en que el rito romano puede ser cualquier cosa que el papa diga que es, sin importar la continuidad o la ruptura con el pasado? Esta cosmovisión parece negarle todo significado positivo a la historia cristiana, y afirmar que sólo el

---

[6] Con lo cual me refiero a que no puede alterarlo radicalmente ni abolirlo. Ver Hazell, "Mythbusting."

[7] Por ejemplo, el cardenal Juan de Torquemada (1388-1468), declara que si un papa deja de observar "el rito universal del culto eclesiástico" y "se separa con pertinacia de la observancia de la Iglesia universal", puede "caer en cisma" y no debe ser obedecido ni "tolerado" (*non est sustinendus*). Para este y otros ejemplos, ver Kwasniewski, "The Pope's Boundedness to Tradition as a Legislative Limit" y Silveira, *Two Timely Issues*.

momento presente (o peor, sólo la interpretación del momento presente) tiene algún peso. La razón por la que los papas nunca obraron de acuerdo con las teorías papales absolutizantes de Franzelin *et aliis*, es que los papas tuvieron una comprensión sana, heredada, y casi instintiva, de que los ritos son una expresión de la fe viva de la Iglesia y de la obra del Espíritu Santo a lo largo de los siglos. Cambiarlos sustancialmente sería rechazar los dones de la Divina Providencia, socavar la estabilidad de la *lex credendi* y, al hacerlo así, perturbar a todo el conjunto de los fieles[8].

QUO PRIMUM Y TRADITIONIS CUSTODES

Teniendo presente lo anterior, volvamos al gran papa San Pío V. El *Missale Romanum* que promulgó en 1570 no fue un acto de creación, sino un acto de conservación: el *Missale* fue la materialización definitiva y representó la milenaria tradición acumulada de Roma, así como la confesión dogmática del Concilio de Trento, que este misal alberga para siempre, en todo tiempo y lugar[9]. Por eso la bula que lo acompaña, *Quo Primum*, no es de naturaleza "meramente disciplinaria": con ella Pío V quiso "canonizar" el rito romano de la Misa porque contiene y transmite sin defecto alguno la auténtica fe católica, frente a los errores de los protestantes (y de muchas otras herejías además, a partir de la antigüedad). En contraste, el Vaticano II, aun siendo un concilio válido, no definió dogmáticamente nada ni anatematizó error alguno. Es, por tanto, imposible considerar el nuevo misal de Pablo VI como una síntesis *dogmática* ordenada por un Concilio dogmático. Además, prácticamente todo el mundo está consciente hoy de la enorme distancia existente entre lo que el Concilio pidió que se hiciera y lo que Pablo VI aprobó, lo que significa que, de acuerdo con cualquier estándar racional y objetivo, la Misa de Pablo VI no puede ni siquiera ser considerada como "la Misa del Vaticano II"[10].

Además –y esto es el punto crucial– si la supuesta "Misa del Vaticano II" es tan diferente de la "Misa de Trento" (o, en otras palabras, de la Misa de toda la tradición latina) que no puede ser celebrada por los mismos sacerdotes y los mismos fieles en el mismo altar,

---

8 Ver Kwasniewski, *El rito romano de ayer y del futuro*, 37-87.
9 Ver Shaw, *Latin Mass and the Intellectuals*, 3-17.
10 Para un tratamiento a fondo de este último punto, ver Kwasniewski (ed.), *Illusions of Reform*.

sino que debe definitivamente *reemplazar, suplantar y suprimir* la antigua liturgia, resulta entonces que debe ser una liturgia *falsa*, una liturgia que se ha apartado de la tradición, del innegable testimonio de los santos, de los concilios y de los papas que la celebraron antaño y confesaron mediante ella la única fe verdadera.

El papa Francisco, en *Traditionis Custodes*, argumenta, como se sabe, que tenemos libros litúrgicos que constituyen "la única expresión de la *lex orandi* del rito romano". Pero esta aseveración, al margen de lo que su autor se haya imaginado, no tiene el efecto de anular la *antigua* liturgia, sino que tiene, más bien, el efecto de anular la *nueva* liturgia, como también su propia autoridad (al menos en relación con esta materia): es, en efecto, un espléndido ejemplo de alguien que aserrucha la rama sobre la que está sentado, porque no se puede declarar que la anterior tradición litúrgica ya no refleja la teología de la Iglesia sin, al mismo tiempo, implicar que esa teología ha cambiado tan decisivamente que ya no es más, en esencia, lo que fue. O sea, la Iglesia habría alterado fundamentalmente la *lex credendi*, razón por la cual se estimó que se requería una nueva *lex orandi*. Pero si esto es así, la "nueva teología" y el "nuevo culto" son falsos y debe rechazárselos. En resumen, el ejercicio del poder papal debe ser lógicamente consistente y teológicamente coherente, porque si no, se auto destruye, como lo está haciendo ahora mismo[11].

LA AUTORIDAD PAPAL EN
TIEMPOS DE CRISIS DOCTRINAL

¿Sostenemos, entonces, que Francisco no tiene autoridad ninguna? ¿Que no es papa? Porque si es papa, sus documentos son, naturalmente, magisteriales, y sus decisiones –como, por ejemplo, un *motu proprio* sobre normas litúrgicas– tienen peso legal. A estas

---

11 Todo rito legítimo proviene del mismo Padre (Dios en su Providencia) y de la misma Madre (la Santa Madre Iglesia en su acción de *paradosis* o transmisión). Si un rito no nace de este modo, no pertenece a la familia. Algunos han tratado de argumentar que puede haber múltiples *leges orandi* y *leges credendi*, sin que ninguna de ellas sea incorrecta ni superior a las demás; sólo diferirían entre sí por énfasis diferentes. Pero esto es ciertamente verdad de la diversidad de ritos litúrgicos en general, tanto en Oriente como en Occidente, por lo que debemos creer, o bien que esa diversidad es buena (e inofensiva), o bien que el papa podría abolir todos los ritos con excepción de uno, e imponer éste a todo el mundo porque ocurre que ése es su preferido en relación con la cuestión *lex orandi/lex credendi*. La primera opción es la que ha guiado en su acción a la Iglesia, en general; en cambio, la imposición de ritos a quienes les resultan ajenos ha sido frecuentemente condenada como un abuso.

preguntas voy a responder, tal como lo hace el P. John Hunwicke, remitiéndome a San John Henry Newman, que nos proporciona un poderoso principio explicativo cuando habla de la "suspensión" de la autoridad episcopal durante la crisis arriana, en que los obispos, en su mayoría, claramente dejaron de profesar y transmitir la fe católica sobre la divinidad de Cristo. También en nuestra época, el magisterio del papa, de modo análogo al de los obispos arrianos o semi-arrianos, está en "situación de suspensión". En relación con aquellas materias en que el papa se ha extraviado, sus enseñanzas y decretos carecen de vigencia o de fuerza; tienen defectos intrínsecos que les impiden producir efectos. Una gran cantidad de las declaraciones y acciones del papa Francisco corresponden a esta descripción. Michael Charlier lo explica muy bien:

"Suponemos que… el magisterio papal está actualmente en estado de suspensión. El papa habla y escribe mucho; algo de ello concuerda con el Magisterio tradicional de la Iglesia, algo de ello lo contradice directamente, y algo de ello escapa, por su incoherencia, a una inmediata clasificación. Enfrentarse a esta situación no es algo usual para los católicos, y les resulta altamente irritante, pero no es en absoluto imposible, si se evita sucumbir a la ilusión, creada por Francisco, de un "Magisterio en constante flujo".

"Para decirlo brevemente, cuando Francisco repite algo que la Iglesia ha enseñado siempre, lo recibimos felices, sin atribuírlo a un magisterio propio de este papa. Se trata simplemente de una tradición ininterrumpida. Cuando dice algo que contradice derechamente el Magisterio tradicional y la Tradición, con pesar tomamos nota de ello como algo que constituye su opinión personal; opinión que no nos obliga de ningún modo en cuanto católicos. Y cuando dice algo que parece incomprensible o incoherente, reconocemos en ello, en el mejor de los casos, un motivo para la reflexión.

"En esta reflexión sobre las contradicciones del papa, sin embargo, no nos dejaremos en ningún caso guiar por el ridículo constructo de Spadaro, su colega jesuita, de que "en teología", "2+2 pueden también sumar 5". La teología no es matemática, ciertamente; pero "2+2=5" es, en cualquier caso, una necedad, es falso, y es por tanto una blasfemia contra el orden divino. Una cosa así no puede convertirse en contenido del Magisterio eclesiástico, aunque lo dijera un papa"[12].

---

12 Michael Charlier, "Suspendiertes Lehramt zum Xten," *Motu-proprio: Summorum Pontificum*, julio 4, 2022.

En una época en que algunos documentos eclesiásticos ya no tienen "conexión alguna con las posiciones sostenidas por el Magisterio anterior al Concilio Vaticano II", el católico se enfrenta, dice el P. Chad Ripperger, con una alternativa: o se convierte en un "positivista magisterial" que cree que "cualquier cosa que el Magisterio actual diga es siempre "ortodoxa"; o se convierte en un "tradicionalista" que "toma las Escrituras, la tradición intrínseca, la tradición extrínseca, y el Magisterio actual como los criterios para juzgar la rectitud del pensamiento católico". El positivista está dispuesto a cambiar de opinión –literalmente, a contradecirse a sí mismo o a cualquier fuente autorizada del pasado, incluso las definiciones dogmáticas y los inmemoriales tesoros de la fe– si una autoridad le dice que tiene que hacerlo. El tradicionalista, en cambio, acepta y se atiene a *todas* las fuentes autorizadas según el peso propio que tienen, considerándolas como testigos permanentes de la verdad. El P. Ripperger dice que cada uno de nosotros tiene que decidirse: ¿Creo que "[lo más nuevo] es necesariamente mejor... porque es *actual* (hegelianismo), porque proviene *de nosotros* (inmanentismo)", o adhiero "a la tradición extrínseca como a algo bueno, algo que es producto de la sabiduría y el trabajo de los santos y de la Iglesia en toda su historia"?[13].

Así, cuando alguien nos larga a la cara: "¿Es que Ud. sabe más que el papa?", nuestra respuesta es sencilla y serena: "En estas materias, sí". Tal como, en otras materias, San Atanasio de Alejandría (y todos los laicos que lo apoyaron) sabían más que el papa Liberio; tal como Justiniano sabía más que el papa Vigilio; y San Máximo más que el papa Honorio; y el rey Felipe VI de Valois más que el papa Juan XXII; y el laicado francés más que León XIII y su política del *ralliement*, que favoreció un gobierno masónico anticlerical; y el laicado, el clero y los religiosos tradicionalistas más que Pablo VI y su reforma litúrgica y más que Francisco y su asalto al bien común del pueblo de Dios. No hace falta que seamos ni tan inteligentes ni tan valientes como nuestros antecesores en el movimiento tradicionalista, quienes desde mediados de los años 1960 en adelante, *predijeron* los desastres que se abatirían sobre la Iglesia si continuaban avanzando las reformas en la dirección que

---

13 P. Chad Ripperger, "Conservative vs. Traditional Catholicism," *Latin Mass*, primavera 2001; también disponible online en www.latinmassmagazine.com/articles/arti- cles_2001_SP_Ripperger.html.

les había impreso Pablo VI. Hoy, más de medio siglo después de la malaventurada promulgación del *Novus Ordo Missae* y del resto de las novedades, podemos ver con nuestros propios ojos la catástrofe global, la abominación de la desolación, que ha suplantado al culto divino católico y alejado a millones de bautizados. No es necesario abrumar al lector con la avalancha de estadísticas y la plétora de historias de horror con las que ya está familiarizado, y que son tan fáciles de encontrar en internet.

El equivalente del "2+2=5" en el ámbito litúrgico es la declaración de que "Los libros litúrgicos promulgados por San Pablo VI y San Juan Pablo II, en conformidad con los decretos del Concilio Vaticano II, son la única expresión de la *lex orandi* del rito romano". Esta cita de *Traditionis Custodes* es una perfecta necedad, una no-verdad y, por tanto, una blasfemia contra el orden divino. Así como el hábito de mentir comienza con "mentiras blancas" y continúa con mentiras más grandes, así también, a partir de esta falsedad primordial, el papa Francisco, el cardenal Roche y otros enemigos de la herencia litúrgica de la Iglesia llegan al colmo en su aspiración a liquidar el *usus antiquior*. Pero sabemos muy bien, como lo dijo Joseph Ratzinger en diversas oportunidades, que es contrario al espíritu de la Iglesia abolir activamente o perseguir cualquiera de sus ritos ortodoxos[14].

Todo el entramado de *Traditionis Custodes* y de las *Responsa ad Dubia* está construido sobre la base de suponer que los ritos de la Iglesia son juguetes del papa[15]. Todas las demás estructuras y críticas que se fundan en esta errónea concepción del poder papal son igualmente ilegales. Al enfrentar el *"fallout"* de esos documentos, si bien se nos permite ser "astutos como serpientes e inocentes como palomas" (Mateo 10, 16) –o sea, se nos permite ser pragmáticos en la búsqueda de alternativas y hacer concesiones estratégicas–, no debemos olvidar nunca que están en juego *cuestiones sobre la verdad*. Comprometer la verdad en pro de la conveniencia o de la comodidad es cosa cobarde e indigna de Aquel a quien deseamos servir, Aquel a quien el oficio de Completas llama *Deus Veritatis*, el Dios

---

14 Ver las citas tomadas de Ratzinger y de Newman al comienzo del capítulo anterior.
15 Y cuando se le permite al papa hacer de la liturgia "su juguete", se termina en una situación en que todo se politiza. La liturgia no necesita ser fútbol político, pero un papa puede fácilmente convertirla en eso.

de la verdad. Gabriel Marcel escribe: "La valentía no consiste en absoluto en autoengañarse respecto de determinada situación. Por el contrario, ella alcanza su zenit, cuando se evalúa dicha situación del modo más claro"[16]. Evaluemos con claridad nuestra situación, para poder obrar con valentía.

EL ABUSO SISTEMÁTICO DE LA LEY Y DE LA OBEDIENCIA

Recordemos que los matones que se han apoderado del poder usan la ley como un arma y la obediencia como una cancha para manipular e intimidar psicológicamente. Los *motu proprio* y cosas parecidas son, para ellos, pantallas de humo que ocultan sus agendas más profundas. No se preocupan de la coherencia lógica. Ni se preocupan, tampoco, de cumplir las leyes que ellos mismos dictan (como podemos ver en el caso del papa Francisco cuando, al destituír arbitrariamente a los obispos que no le agradan, rehusa ajustarse a los procesos canónicos establecidos y viola las leyes que él mismo ha dictado anteriormente). No se preocupan ni de la unidad ni del bien de las almas. De lo que se preocupan es del *poder*, y lo usan para hacer avanzar un "catolicismo" modernizado. Un amigo mío canadiense escribe:

"Quienes hacen estas cosas –este papa y sus colaboradores– no se han sentido jamás en su vida constreñidos por la letra de ninguna ley, sea civil/secular, sea moral, sea divina, y ni siquiera por la ley que ellos mismos han dictado. Estos son individuos de mente criminal que sólo buscan sus propias metas y propósitos.

"Esta es la clave que debemos tener presente: *saben que la ley tiene importancia para aquéllos a quienes atacan*, razón por la cual la usan como arma contra los que permanecen fieles. Pero a ellos mismos la ley no les importa ni la comprenden. Tienen de la ley una concepción prescriptivista, positivista. La mente de un tirano es como la de un niño de seis años: la ley es lo que está escrito, y hay que cumplirla. No existe una "ley superior", no hay un concepto de ley que esté al servicio de un conjunto más elevado de fines o que [contenga] principios que la conduzcan y guíen. Aunque hablan alegremente de tales panaceas, ninguno de ellos ha

---

[16] Gabriel Marcel, *The Mystery of Being*, vol. 2: *Faith & Reality*, trad. René Hague (Chicago: Henry Regnery Co., 1960), 178.

concebido jamás la idea de leyes como servidoras de un bien superior. Ley=poder"[17].

Sabiendo que los gobernantes de la Iglesia están abusando de su autoridad y desplegando el derecho canónico como piezas de artillería, deberíamos tener en claro que nuestra fundada resistencia no es cuestión de "ser desobedientes". La resistencia surge de reconocer, por la fe y la razón, lo que es inherentemente bueno y de ponerlo, a continuación, por obra, con temor y amor de Dios, sin súplicas ni disimulos ni apologías. Después de todo, la obediencia se fundamenta siempre en la razón y en el *sensus fidei fidelium* o "sentido común sobrenatural", como podría llamársele. La recta obediencia no contradice jamás la fe y la razón, no las anula ni las desprecia. Nuestros pensamientos y acciones deben estar basados en *principios verdaderos*, de modo que podamos evitar la trampa (o escapar de ella) de una "obediencia" exagerada, sobre-espiritualizada y incluso fetichizada, que deriva del dudoso ideal *"perinde ac cadaver"*, cultivado en la vida religiosa jesuíta[18].

UN LLAMADO A LOS SACERDOTES

Queridos sacerdotes de Dios, que ofrecéis la antigua Misa y oficiáis los antiguos ritos de los sacramentos, que usáis el *Rituale Romanum* y rezáis el *Breviarium Romanum*; que sabéis lo que el *usus antiquior* significa en sí mismo y lo que ha llegado a significar para vosotros en lo personal, y lo que significa para el pueblo al que servís: vosotros no podéis quedaros inmóviles y aceptar esta tiranía. Vuestra promesa de "obediencia al obispo" no debe jamás servir de manto para cubrir la toma de poder de la Iglesia por los modernistas, que es exactamente lo que estamos viendo en estos momentos. No es "la Iglesia" ni "el obispo" quienes os piden que renunciéis a lo que es noble, grande, bello, santo, verdadero, nutritivo para vosotros

---

17 Hilary White, "Don't be afraid of the Big Bad 'Traditiones Custodes,'" *World of Hilarity*, enero 15, 2022. Enfasis añadido.

18 Es decir, obediente "como un cadáver" que es llevado de aquí para allá. En palabras del P. Robert P. Imbelli, "el que está bajo obediencia debe permitir que se lo dirija como si fuera un cuerpo sin vida" ("Perinde ac Cadaver," *Commonweal*, febrero 21, 2008). Ver John Lamont, "Tyranny and Sexual Abuse in the Catholic Church: A Jesuit Tragedy," *Catholic Family News*, octubre 27, 2018. Podemos hacer nuestra la verdad expuesta por el estoico Epicteto: "A los principios válidos tráteselos como si fueran ley y como si fuera sacrílego ir contra ellos" (*Handbook*, cap. 50, en Kevin Vost, *Memorize the Stoics* [Brooklyn, NY: Angelico Press, 2022], 97).

y para los fieles, y que redunda grandemente en honor y gloria de Dios. Ni Jesucristo, que nos concedió esta herencia bimilenaria de la Iglesia, ni su Esposa inmaculada que la recibió con amor, os pedirán jamás que hagáis semejante renuncia suicida; ni tampoco lo hará ningún pastor que siga las huellas del Señor y que ame a su Esposa.

No: son "los gendarmes de la traición", los *custodes traditionis* –o sea, los progresistas, los liberales y los modernistas que han ocupado los altos cargos, la mafia rosa que usa amenazas, chantaje y coimas– quienes os ordenan (manipulando simultáneamente a los obispos) que arrojéis lejos la sabiduría de Benedicto XVI, que abandonéis vuestros misales y vuestra grey, que os arrastréis pidiendo permisos que os negarán con entusiasmo. Estos hombres prefieren ver una Iglesia que muere, enlazada a un Occidente moderno moribundo, a ver una Iglesia viva que da testimonio gozoso de la Verdad intemporal. Ligaros a ellos es ligaros a la muerte, y abandonar las fuentes de la vida espiritual y eclesial.

Sabemos que los liberales, los progresistas y los modernistas yerran en lo que dicen y hacen precisamente porque es o no católico o anti católico. Los tradicionalistas son quienes luchan por vivir y pelear por lo que es y siempre ha sido y siempre será católico. No permitáis que los conservadores se salgan con la suya cuando proclaman que hay un paralelo lógico entre, por ejemplo, los que se opusieron a *Humanae Vitae* y los llamados opositores de *Traditionis Custodes*. Semejante paralelo no existe. Las dos situaciones son, de hecho, contrarias. Nosotros obedecemos *Humanae Vitae* por las mismas razones por las que rechazamos *Traditionis Custodes*, es decir, adherimos a la enseñanza y práctica constantes de la Iglesia, que ha estado siempre en contra de la contracepción y siempre a favor de la tradición litúrgica.

Existe una mentalidad de positivismo legal que tiene que ser derrotada, si es el que catolicismo ha de florecer de nuevo. Es una tremenda enfermedad el reducir el tesoro de la fe a un juego infantil de conectar con un lápiz unos puntos canónicos con otros, o marcar "logrado" en la lista de requisitos que cumplir. Aquí están en juego leyes más altas y bienes más elevados. Así como la filosofía y la razón han sido casi asfixiadas por el positivismo científico, así la teología y la fe están siendo asfixiadas por el positivismo legal. Esto lo digo a los católicos amantes de la tradición en todo el mundo que ya están, o que pronto lo estarán, enfrentados a restricciones injustas y gravosas (como las que se ha impuesto a los fieles en Washington D. C.; Arlington, Virginia; Chicago y Savannah): sí, *orad* por vuestros obispos, *orad* por el papa, *orad* por vuestros enemigos y perseguidores, ayunad y orad para que los demonios sean arrojados y restaurada la paz; pero no pongáis en peligro vuestra salvación obedeciendo lo que no debe jamás obedecerse, o rehusando resistir lo que debe ser resistido, si es que esperáis miraros al espejo sin tener que avergonzaros por haber renegado de lo que sabéis que es recto y verdadero.

MIREMOS A NUESTROS ANTEPASADOS AMANTES DE LA TRADICIÓN

Desde muchos puntos de vista, nuestra situación es desoladora. Pero, ¿es como para desesperar? Por cierto que no. Oramos más que nunca, especialmente con el Rosario y el Oficio Divino. Apoyamos más que nunca al antiguo rito romano, a los sacerdotes que lo celebran, y a las comunidades e institutos dedicados a él. Damos dinero sólo para buenas causas. Acudimos a los peregrinajes y protestas. Aprendemos de nuestros antepasados, amantes de la tradición, de los años 1970. No nos rendimos nunca. Nos inspiramos en los sacerdotes valientes y de pensamiento lúcido de las décadas inmediatamente posteriores al Vaticano II que rehusaron acatar lo que sabían que era desastroso para la vida de la Iglesia: el brillante P. Bryan Houghton, el formidable P. Roger-Thomas Calmel, el fundador monástico P. Gerard Calvet, el franco Abbé Georges de Nantes, el P. Gommar dePauw, el P. Yves Normandin, el P. George Kathrein, el valiente e incansable Arzobispo Lefebvre, y muchos otros, entre los cuales hubo sacerdotes que trataron de celebrar la nueva Misa por un tiempo y la abandonaron luego, como causa perdida[19]. Tenemos una enorme deuda de gratitud con todos estos

---

19 Ver, entre otros textos, P. Bryan Houghton, *Unwanted Priest: The Autobiography of a Latin Mass Exile* (Brooklyn, NY: Angelico Press, 2022); Père Jean-Dominique Fabre, *Le père Roger-Thomas Calmel, 1914-1975: un fils de saint Dominique au XXe siècle* (Suresnes: Clovis Fideliter, 2012); Yves Chiron, *Dom Gérard Calvet, 1927-2008: tourné vers le Seigneur* (Le Barroux: Éditions Sainte-Madeleine, 2018); P. Yves Normandin, *Pastor out in the Cold: The Story of Fr. Normandin's Fight for the Latin Mass in Canada* (St. Marys, KS: Angelus Press, 2021); P. Alphonsus Maria Krutsinger, CSsR, *The Story of Fr. George Kathrein* (St. Marys, KS: Angelus Press, 2022); *Priest, Where Is Thy Mass? Mass, Where Is Thy Priest?*, edición ampliada (Kansas City, MO: Angelus Press, 2004).

sacerdotes (y también con algunos obispos) por mantener viva la llama de la tradición en una época obscura, en que pareció como si, finalmente, Aníbal hubiera conquistado Roma. Gracias a ellos podemos decir hoy: "La tradición litúrgica de la Iglesia romana no se ha interrumpido nunca de modo total e irreparable, sino que continúa viva, al lado del rito Montiniano inorgánico e incoherente que quiso reemplazarla". Siempre ha sido digno y justo dar gracias a Dios por los héroes que resistieron la ruptura de la tradición, pero ahora, después del 16 de julio de 2021, debemos redescubrir nuestros orígenes y reconocer más claramente nuestra deuda. Quisiera rendir homenaje, de un modo especial, a Michael Davies, que, en lo personal, me motivó enormemente a emprender el trabajo que he venido haciendo durante todos estos años. En una carta de 1976 al Obispo Hugh Donohue de Fresno, California, Davies escribió las siguientes palabras, que cobran nueva actualidad casi cincuenta años más tarde:

"Una ley puede dejar de tener fuerza obligatoria, aun sin ser revocada por el legislador, cuando es claramente dañina, imposible de cumplir o irracional. Si se piensa que una ley que prohibe a los católicos adorar a Dios con el rito más venerable y santo de la Cristiandad no reúne estas tres condiciones, es casi imposible imaginarse qué podría reunirlas"[20].

Inspirados por "tan grande muchedumbre de testigos" (Hebreos 12, 1), nos estamos preparando para un período parecido a los comienzos de los años 1970, en que los amantes de la Tradición Católica -¡a pesar de su instinto y de sus deseos!- tuvieron que alzarse contra los dirigentes de la institución para poder transmitir al futuro la herencia de los santos en toda su plenitud. Y esta perseverancia, que ignoró decididamente las "acciones disciplinarias", es lo que, al cabo, condujo a la *Pax Benedictina*, o sea, a *Summorum Pontificum*, con sus frutos todavía vigorosos. Según nos dice, otra vez, Michael Charlier:

"Si Francisco trata en verdad de desplazar totalmente de la Iglesia de Roma el rito romano, y si uno o más de sus sucesores lo imita en esto, más temprano que tarde todos los que saben que este rito no puede y no debe ser abandonado se enfrentarán al problema de cómo conseguir que una Iglesia "de este rito" se sustente

---

20 El texto completo está en el Apéndice.

independientemente, aun si ello les causa grandes dificultades y angustias de conciencia y les acarrea el ser calumniados de "cismáticos". Al cabo, algún día, el papa de Roma reconocerá a esa iglesia del rito del papa San Gregorio Magno. Quizá un futuro Gregorio XVII es ya seminarista en alguna comunidad fiel"[21].

Esto es confiar hoy en la Divina Providencia: no descartar la fe ni sus más altas y más nobles expresiones porque un papa o un obispo nos lo mandan, movidos por su propio odio a la gloriosa herencia que se yergue como juez de nuestros vicios y errores modernos; por el contrario, mantenerse firmemente unidos a todo lo que es verdadero, bueno, bello y santo, confiando en que Dios nos librará de nuestros enemigos, enderezará nuestros caminos, hará prosperar la obra de nuestras manos. Cuando hagamos lo que está a nuestro alcance hacer, El bendecirá nuestra fidelidad y levantará en el futuro las estructuras de apoyo y reconocimiento que deseamos y merecemos.

UNA RESISTENCIA FUNDAMENTADA: LA BATALLA POR LA FE

El problema de qué hacer en la crisis actual no es fácil de resolver, porque no sabemos qué le depara el futuro al clero diocesano y a los llamados "institutos *Ecclesia Dei*"[22]. A mi juicio, la política de *Traditionis Custodes* terminará siendo revocada y perdurarán los institutos *Ecclesia Dei*; pero el papa actual es capaz de cualquiera acción irracional y cruel, y su sucesor bien podría estar cortado de la misma tela. El catolicismo no puede persistir indefinidamente sin un papa que realmente cumpla su tarea o que, al menos, no cometa activamente la villanía de atacar activamente las cosas que está encargado de defender. Pero tengo la impresión de que esta situación de disfuncionalidad, de auténtico desorden autoinmune de la Iglesia, puede todavía durar mucho tiempo. ¿Cuánto tiempo?

---

21 Michael Charlier, "The amorphous 'Roman rite' and the authentic Roman Rite," *Rorate Caeli*, julio 6, 2022; cf. "Interview with Dom Alcuin Reid."
22 Con esta frase me refiero a las comunidades de sacerdotes basadas en el *usus antiquior*, establecidas canónicamente, o reconciliadas o asistidas por los buenos oficios de la Pontificia Comisión *Ecclesia Dei*, que manejó estos asuntos desde su fundación en 1988 por Juan Pablo II hasta su disolución por Francisco, en 2019, e incorporación en la Sección IV de la entonces llamada Congregación para la Doctrina de la Fe. Con *Traditionis Custodes* la "forma extraordinaria" desapareció legalmente y, con ella, lo que quedaba de *Ecclesia Dei*.

No hay cómo saberlo. Pero sí hay verdades -luminosas, majestuosas, imperecederas, absolutamente confiables- que podemos conocer, que tenemos el *deber* de conocer y el *derecho* de abrazar, atesorar, poner por obra y transmitir a medida que construímos nuestra vida sobre la roca de la verdad. Adherir estrictamente a la antigua liturgia de nuestros padres en la fe es, sin duda, parte de la "vía de escape" de esta crisis sin precedentes. El P. Kevin Cusick escribe las siguientes elocuentes palabras:

"Si hay algo que es irreductible e irrevocablemente católico, ello es la oración oficial, revelada por Nuestro Señor, que ha sido transmitida, por obediencia, por sus Apóstoles; santificada por el Espíritu Santo a lo largo de las épocas, y celebrada, otrora, en todas partes y por todos. Sólo una liturgia coincide con esta definición: la Misa tradicional. Por esta razón, la forma antigua de la Misa es parte, hoy y siempre, de la fe católica. Debido a que esto es así, nadie, papa o laico, puede desposeer a los fieles, de ningún modo, de este sacratísimo ritual. No existe poder alguno en este mundo que pueda violar la Voluntad Divina, expresada en ésta o en cualquier otra forma de revelación.

"La nueva Misa, en cambio, que nunca ha sido aceptada por todos en la Iglesia y ha sido acosada desde el comienzo por controversias, ha traído consigo descarados abusos, escándalos, sacrilegios y pérdidas de la fe. La única constante que puede ser útil para medirla es la continua disminución de asistentes. Puede que los hombres traten [de oponerse al *usus antiquior*], como lo han hecho ya antes, sin éxito; pero la Misa de siempre no será nunca extirpada de la tierra, tal como no lo puede ser la fe misma. Todo lo que hace falta es la perseverancia de un alma fiel. Y existe un ejército de tales almas que mantienen viva la llama de la fe por todo el mundo, hoy como siempre"[23].

Los opositores a la herencia litúrgica de Occidente pueden tronar y fulminar, inventar apodos y amenazar con el índice, "ghettificar" y demonizar, amenazar, anular, suspender y suprimir. Pueden hacer todo esto, tal como sus mentores lo hicieron inmediatamente después del Concilio, usando las mismas tácticas. Con todo, al final fracasarán, porque los que permanecemos fieles a la liturgia romana tradicional (y con ella, a toda la fe católica tradicional)

---

[23] P. Kevin Cusick, "The Death of a Parish," *Rorate Caeli*, agosto 4, 2022

lo hacemos por una *cuestión de principios*, no por un mero pragmatismo de "me gusta o no me gusta", y somos cada vez más, muchos más que los que éramos en los obscuros días de los años 1970. Además, nuestros enemigos humanos ocultan cada vez menos sus intenciones, y no han hecho esfuerzos por esconder su agenda modernista. Nos han hecho fácil ver más allá de sus especiosos argumentos y despreciar sus actos ilícitos. Hubo una época en que algunos pudieron imaginar que nuestras disputas eran sólo sobre preciosismos litúrgicos, pero hoy podemos ver que ellas implican la integridad y verdad de la fe católica, la unidad de la Iglesia a lo largo del tiempo. Esta batalla es, como lo ha sido siempre (aunque nunca con tanta claridad), una batalla por la fe.

Tal como se dice que el diablo no puede entender ningún acto humano que brote de la humildad, así también los anti-tradicionalistas tienen un fatal punto ciego: debido a impedimentos intelectuales y morales, los enemigos interiores de la Iglesia no pueden comprender el tipo específico de fidelidad o adhesión que tenemos nosotros a los ritos tradicionales de la Iglesia. Debido a que esta es la fuerza secreta de nuestro movimiento, que compensa nuestro estatus minoritario y nuestra relativa falta de recursos humanos, quisiera ahondar brevemente en ello.

NATURALEZA Y FUNCIÓN DE LA PIEDAD

La virtud de la *pietas*, la piedad en su sentido más profundo, es el amor que se tiene al propio país con toda su concreta belleza y complejidad humana, la *patria* por la que uno está dispuesto a padecer y morir. La *pietas* está ligada al amor que uno tiene a los miembros de la familia, con los cuales se está vinculado por los íntimos lazos de la generación, la familiaridad, la longevidad, el respeto, la gratitud y la devoción. Tenemos piedad para con aquello que nos amamanta y alimenta, que nos educa y nos levanta. Somos eslabones de una cadena viviente que se prolonga hacia atrás y se proyecta hacia adelante. Esta piedad es algo tan profundo que casi no se la puede describir claramente: es al mismo tiempo algo psicológico y ontológico, algo que llevamos en los huesos y en el alma, una cuestión de corazón más que de cabeza (lo que no quiere decir que, llegado el caso, no se pueda argumentar en su favor, si se es presionado a hacerlo; pero las palabras no le harán jamás total justicia).

Nuestro amor por el culto tradicional de la Iglesia es *pietas* para con nuestra patria espiritual, como cristianos católicos. Esta piedad crece con el tiempo a medida que somos, se puede decir, injertados cada vez más en la familia de los santos y en la sabiduría de los siglos. No es una especie de "preferencia", como la que se tiene por una mercadería en el mercado, ni un "consuelo" que buscamos por razones egoístas. Se trata sencillamente de *quiénes somos* y *cómo somos* en cuanto católicos que rinden culto a Dios y aman la belleza de Su santidad, que experimentamos en el *usus antiquior*, ese don sobrecogedor de su Providencia. A medida que hundimos más profundamente nuestras raíces en la tradición, vemos cada vez con mayor claridad que el *Novus Ordo* es un rito diferente, otra familia, otra sangre, incluso otro mundo. No estamos dispuestos a renunciar a los antiguos ritos de la Iglesia, tal como no lo estamos a renunciar a nuestra madre ni a nuestro padre, a nuestro marido ni a nuestra mujer ni a nuestros hijos. Debido a que de lo que se trata aquí es de los vínculos más hondos que hay en las profundidades de una persona, podemos comprender que los ataques a la liturgia latina tradicional están destinados al fracaso. Esta guerra, lejos de referirse a "exterioridades", es acerca de lo que hay de más hondo en el corazón humano, en aquel lugar en que la fe se hace carne, y la belleza cobra vida, y la oración se hace real.

Pero aquellos que están afuera, que todavía no han gustado este don, no pueden entendernos; piensan que es suficiente (o que "debería" ser suficiente) una orden de la autoridad para que todos nos alineemos con lo que ella dispone. Y piensan que es suficiente con añadir "incienso y campanas", como si estuviéramos interesados en algo tan superficial como lo meramente sensible, como si, por decirlo de otro modo, fuéramos materialistas litúrgicos. No les reprocho a los apologetas de las nuevas formas litúrgicas su errónea evaluación de sus hermanos. Las nuevas formas son productos de la época, máquinas para orar, juguetes y libros cambiables a voluntad, impuestos instantáneamente y suprimibles instantáneamente. Por cosas así no se puede tener una devoción profunda, duradera, entrañable. No hay *pietas* posible. Son como ropa que uno se quita y pone.

Así, pues, los leales adherentes al *Novus Ordo* simplemente *no pueden* entender a sus hermanos tradicionalistas. Por ello es que, cuando tratan de "ayudarnos" o, incluso, "disciplinarnos", incurren continuamente en las mayores torpezas, contraproducentes y creadoras de mártires. Mientras más se enfurecen con la tradición, más propaganda gratuita nos hacen, e impulsan a más almas a hacerse las preguntas esenciales y a buscar las respuestas satisfactorias, que sólo pueden encontrarse en la fidelidad a la tradición.

LA UNIDAD EN EL CULTO ES NECESARIA

En conclusión, el papa Francisco y su corte dicen que desean la "unidad" en el culto de la Iglesia de rito latino. ¡Los tradicionalistas concuerdan absolutamente con ellos! La unidad es algo que todos queremos y necesitamos; pero es la unidad *católica* lo que buscamos, lo cual quiere decir lo siguiente:

- Unidad en el lenguaje: la santa Misa debe celebrarse en latín en todos los rincones del mundo católico en que existe el rito latino, de modo que se pueda experimentar que es siempre el mismo, que es siempre el rito familiar: estamos en casa en todas partes, en vez de estar perdidos en un enredo de traducciones más o menos inadecuadas.

- Unidad en el ritual: la santa Misa debe celebrarse con belleza, solemnidad, orden, con una oración estable en cuyo interior cada cual pueda orar libre y profundamente, sin caóticas opciones o inculturaciones de moda.

- Unidad del clero: la santa Misa debe celebrarse de un modo fijo, constante, confiable, según rúbricas estrictas y detalladas, de modo que no importe, o importe poco, qué sacerdote la celebra; así se evita que varíe escandalosamente según sea el grado de respeto, de buen gusto y de teología que tenga el celebrante.

- Unidad en la postura: la santa Misa debe celebrarse de cara al oriente, con el sacerdote y los fieles de cara al mismo punto geográfico, como un solo cuerpo que aguarda esperanzado el regreso del Señor, y no en la otra forma, como un círculo de humanismo horizontal cerrado sobre sí mismo.

- Unidad de la música: la santa Misa debe tener como ornamento el mismo canto llano sagrado que se ha cantado desde hace siglos e incluso milenios, y no estar plagada de una cacofonía de imitaciones de estilos modernos de segunda selección.

- Unidad de la tradición: la santa Misa debe celebrarse en continuidad con el culto que conocieron en Occidente santos y pecadores a través de los siglos, hermanos y hermanas nuestros del Cuerpo Místico, y no en ruptura con ellos.

Que Nuestro Señor Jesucristo, Eterno y Sumo Sacerdote, "iniciador y consumador de la fe" (Hebreos 12, 2), bendiga y multiplique los esfuerzos de los católicos tradicionales en todo el mundo por ayudar a devolver a nuestra amada Iglesia católica la manifestación visible de los signos que profesamos en el Credo –*unam, sanctam, catholicam, et apostolicam*–, hoy asediados por las fuerzas de las tinieblas. Que Nuestra Señora nos sonría, a nosotros que somos sus hijos, en este valle de lágrimas.

10
La corrupción de los mejores es la peor de todas:
CUANDO LA OBEDIENCIA SE TRANSFORMA EN INSTRUMENTO DEL DIABLO

CADA SIGLO DE HISTORIA DE LA IGLESIA trae consigo algo fundamentalmente nuevo, que no ha sido visto antes y que tiene que ser tratado de acuerdo con sus propios términos. No es que los católicos tengan que enfrentar en ocasiones una situación para cuyo manejo falten totalmente principios adecuados, sino que la situación nueva carece de exactos paralelos en épocas anteriores, o faltan fáciles equivalentes de algún tipo que hagan posible una respuesta estandarizada. Por ejemplo, cuando en el siglo IV surgió el arrianismo y se expandió como un incendio descontrolado, afectando incluso a los obispos, la Iglesia se encontró frente a una emergencia nueva y tuvo que responder adecuadamente. Humanamente hablando, fue un caso difícil; San Jerónimo hizo el conocido comentario: "El mundo entero gimió, y se quedó estupefacto al verse convertido al arrianismo". Pero igualmente nueva fue la súbita y violenta llegada del islam, que barrió a muchas de las más antiguas comunidades cristianas en el norte de Africa y en Asia Menor (incluso a algunas de las primeras de todas). Otra indeseada novedad fue la llamada "pornocracia" de la Edad Obscura, cuando la cátedra del papa en Roma se compraba y vendía por fornicarios. Y luego vino el Gran Cisma de Occidente, durante uno de cuyos momentos hubo tres rivales que se adjudicaban el papado, cada uno con su respaldo de cardenales, obispos y gobernantes seculares. La revuelta protestante, también, aunque estuvo preparada por un par de siglos de retumbos previos, explotó de un modo sin precedentes por la gravedad de su rechazo de la tradición católica y por la rápida multiplicación de doctrinas ideadas por hombres. La historia de la Iglesia está colmada de sorpresas, de crisis espeluznantes, de escapadas milimétricas, de tragedias devastadoras y de resurrecciones absolutamente inesperadas.

Yo sostengo que la crisis después del Concilio Vaticano II es, precisamente, una de estas situaciones fundamentalmente nuevas: "La Iglesia entera gimió, y quedó estupefacta al verse convertida al modernismo". En efecto, esta crisis es más grande que todas las anteriores porque, para emplear la expresión de Pío X, "el modernismo es la colección de todas las herejías" (*omnium haereseon conlectum*), y este modernismo, de un modo suave y elegante, aunque no exento a veces de martillazos iconoclastas, se instaló en todas las sedes del conocimiento y del poder[1]. La época en que estamos viviendo se caracteriza por un rechazo, increíblemente arrogante, de muchos siglos de tradición de la Iglesia, de ritos históricos, de costumbres, de monumentos, de leyes e, incluso, de dogmas y moral ya establecidos, que son desafiados no por reformadores histéricos, de mirada enloquecida y ubicados en los márgenes de la civilización, sino por cardenales, obispos e incluso papas, para no mencionar sus innumerables partidarios en todos los niveles de la Iglesia[2]. Tan grande es, para quienes lo sufrieron o lo han estudiado posteriormente, el quiebre que se produjo en los años 1960 y 1970, que todavía hay días en que a uno le parece increíble que la llamada "reforma litúrgica" haya realmente tenido lugar o haya sido posible; porque a cualquier observador ecuánime esa reforma le tiene que parecer como la traición más monstruosa de la esencia del catolicismo en toda la historia de la Iglesia. Comprenderla es demasiado impactante, casi imposible. La magnitud de este desastre derrota a la imaginación[3].

Es por esto que los mecanismos de los neo-católicos para enfrentarlo, como decir "siempre hay confusión al término de un concilio"

---

1 Ver mi conferencia "Pius X to Francis: From Modernism Expelled to Modernism Enthroned," en *Hyperpapalism to Catholicism*, 2:283-306.

2 Es por ello que aplicar las banalidades de los manuales neoescolásticos a la situación actual, como quien corta galletas aplicando a la masa moldes con figuras ya hechas, está destinado a producir necedades y más, todavía: necedades peligrosas, porque su misma falta de plausibilidad tiende a inclinar a los buscadores de la verdad en dirección opuesta a la Iglesia católica.

3 Uno de los mejores historiadores de la Iglesia en la modernidad ha dicho: "La historia de cómo se llevó adelante la revolución litúrgica es tal que paraliza, por su enormidad, al historiador. Este quisiera, en interés propio, tener un cuento menos increíble que contar" (H. J. A. Sire, *Phoenix from the Ashes: The Making, Unmaking, and Restoration of Catholic Tradition* [Kettering, OH: Angelico Press, 2015], 251).

o "hemos tenido malas épocas anteriormente", son tan débiles y poco convincentes. No hemos tenido nunca nada como esto anteriormente. Estamos en *terra incognita*, en lo desconocido y temible. No siempre podemos interpretar, con sólo recurrir a antiguos paradigmas, lo que vamos encontrando, porque lo actual no siempre calza en ellos. Hay a veces problemas que tenemos que resolver por primera vez. Hay una primera vez para todo gran error en la historia cristiana, y el error de nuestra época -el rechazo de la tradición como algo bueno, recto, obligatorio, confiable y providencial- es un error que no existió nunca antes en la forma desnuda, cruda, sin atenuantes, que tiene hoy. Como consecuencia, nuestra crisis plantea problemas sobre la autoridad y la obediencia porque, sencillamente, la revolución que ha tenido lugar y se ha convertido, rápidamente, en el *establishment* eclesiástico, fue iniciada y se consolidó por obra de unas llamadas "autoridades" que exigieron adhesión absoluta y obediencia a todos sus subordinados.

Así como cada crisis grave en la historia anterior de la Iglesia llevó a la aclaración de ciertos conceptos que hasta entonces habían sido ambiguos o poco desarrollados, también esta crisis nuestra ha de conducir, al cabo (y de hecho ya ha comenzado a hacerlo), a una concepción de la autoridad en la Iglesia mucho mejor, más matizada, realista y transfigurada, especialmente en lo relativo a la naturaleza y límites del cargo papal. Y lo mismo ha hecho con la virtud de la obediencia. Llegará el día en que ya no se esperará que el laicado y el clero en las parroquias se trague, al desayuno, cosas absurdas, insatisfactorias y perjudiciales, mientras un clericalismo abusivo dilapida la herencia de la Iglesia y la reemplaza con cosas sin valor. El problema de la relación de la autoridad con la obediencia es central en nuestra situación actual, y por ello hay que encararla derechamente.

NATURALEZA, CONDICIONES Y LÍMITES DE LA OBEDIENCIA[4]

Que nadie se equivoque: debidamente entendida y vivida, la obediencia es una virtud suprema, ejemplificada por Cristo mismo. Nuestro Señor y sus santos han practicado la obediencia, y eso es

---

[4] Las páginas siguientes son un resumen de la argumentación central de mi libro *Verdadera Obediencia en la Iglesia*.

lo que corresponde; una mentalidad rebelde es ajena al cristianismo (y a la ética natural). Sin embargo, la obediencia ha adquirido mala reputación debido a que los tiranos, manipuladores y abusadores de todo tipo se han aprovechado del hábito de obedecer. Pero ya es hora de rehabilitar esta virtud considerando cuidadosamente en qué consiste y en qué no. La verdadera obediencia no es nunca ciega ni incondicional, sino que debe fundarse *en la verdad y en la caridad,* en el sentido de que se nos debe mandar lo que es verdaderamente bueno y con la finalidad de crecer en el amor de lo bueno. Por esta razón lo primero no es la *obediencia,* sino *la verdad y la caridad.* La relación superior/subordinado tiene lugar siempre en el contexto de la voluntad revelada de Dios, tal como es oficialmente enseñada por la Iglesia. Las exigencias de obediencia que provienen de la falsedad, del odio, de la envidia o de cualquier otro fundamento malo, son destructivas y hay que oponerles resistencia en proporción al daño que causan o amenazan causar[5]. Si alguien tiene una duda seria y bien fundada de si un determinado mandato humano es compatible con la ley divina, natural o eclesiástica, no debe obedecerlo.

La autoridad nace para servir y promover el bien compartido de muchos, o sea, lo que llamamos bien común. Si un determinado detentador de autoridad emplea su cargo abiertamente *contra* el bien común, sus mandatos carecen de fuerza moral

---

5 Considérese lo que dice Santo Tomás de la envidia que parece ser, ay, un poderoso elemento en la reacción de los eclesiásticos progresistas contra las florecientes comunidades tradicionalistas que "alejan" (según ellos) a fieles hastiados o escandalizados por las típicas opcionalidades del culto: "Hay, con todo, un tipo de envidia que se cuenta entre los pecados más graves, la envidia del bien espiritual del otro, la cual es dolor por el aumento de la gracia de Dios, y no sólo por el bien de nuestro prójimo. Por tanto, se la considera un pecado contra el Espíritu Santo porque con ella el hombre envidia, por decirlo así, al mismo Espíritu Santo, que es glorificado en sus obras" (*Summa theologiae* II-II, Q. 36, art. 4). Citando este pasaje, Reid Turner comenta: "La iglesia tradicional típica ofrece a los fieles elementos intemporales de la Misa: canto en latín, incienso, silencio, estatuas, íconos, etc. A menudo los confesionarios están abiertos y activos antes y durante la Misa, y las homilías son, normalmente, breves exhortaciones a la pureza moral. Asisten muchas familias, a menudo grandes, con ropas apropiadas. No puede ser sino por envidia que las autoridades de la Iglesia tratan activamente de suprimir [semejantes comunidades], alegando falsamente que todo ello causa un mal espiritual, cuando, claramente, lo que produce es lo contrario ... Pareciera que las autoridades de la Iglesia han decidido suprimir la tradición apenas se han dado cuenta de que es sólo cuestión de tiempo el que ella gane el corazón de la mayoría de los católicos" ("Papal Polemics and the Disparagement of Grace," *The Five Beasts,* mayo 17, 2023, https://thefivebeasts.wordpress.com/2023/05/17/papal-polemics-and-the-disparagement-of-grace/).

obligatoria. El bien común de la Iglesia es la vida divina de Jesucristo, su Cabeza, y la divinización de las almas mediante la vida sacramental y la oración. Lo esencial es que la liturgia tradicional es inherente al bien común de la Iglesia. ¿Por qué? Porque los ritos tradicionales de la Iglesia no son solamente obras humanas, sino obras conjuntas de Dios y los hombres, o sea, de la Iglesia movida por el Espíritu Santo. El culto litúrgico tradicional de la Iglesia, lo que se llama su *"lex orandi"* es una expresión fundamental, oficial y estable, de su credo o *"lex credendi"*, y no puede contradecírsela ni abolírsela ni modificársela extensamente sin rechazarse la continuidad, guiada por el Espíritu, de la Iglesia católica como un todo. Hay sólo dos grupos que han rechazado la *lex orandi* tradicional: los protestantes, que lo hicieron porque disentían abiertamente del credo que ella expresaba, y los modernistas, que sostienen que, dado que el significado del credo evoluciona perpetuamente, así también debe hacerlo la oración que lo refleja. Sabemos por *Quo Primum*, de Pío V, que el clásico rito romano que él canonizó después del Concilio de Trento, contiene y transmite la fe católica –como lo hacen todos los venerables ritos cristianos– y, por ello, no puede ser abolido ni abrogado sino que, por el contrario, sigue siendo siempre un permanente tesoro y testimonio, garantizado a perpetuidad al clero y al laicado del rito latino.

Tenemos que ser absolutamente claros en este punto: todo ataque a la Misa tradicional es un ataque a la Providencia de Dios Padre, que guió a su Iglesia para que desarrollara y exaltara esta liturgia durante la mayor parte de los 2.000 años que lleva de peregrinaje en esta tierra; es un rechazo a la obra de Cristo, Rey y Señor de la historia, que es adorado en ese rito; es una blasfemia contra la fructífera obra del Espíritu Santo en la vida de oración de la Iglesia; es una postura contra la práctica unánime de todas las épocas de la Iglesia latina, de todos los santos, concilios y papas anteriores al siglo XX; es un rechazo a la confesión dogmática de fe contenida en esta liturgia tal como se desarrolló orgánicamente durante dos milenios; es un rechazo de la comunión de los santos de Occidente que comparten un linaje común y un mismo patrimonio de culto eclesiástico.

Debido a la estrecha conexión entre oración y credo, entre historia y providencia, entre comunión eclesial y confesión dogmática, abolir o prohibir o trabajar contra el inmemorial rito romano es un escandaloso y dañino ataque al bien común de la Iglesia. Esta es la razón por la que el intento del papa Francisco, en *Traditionis Custodes*, de restringir y, al cabo, revocar el rito romano tradicional, encarna un punto de vista profundamente no católico y, en realidad, anti-católico. La reforma litúrgica, su posterior ejecución y los renovados esfuerzos del papa Francisco por extinguir la tradición precedente son irracionales, injustos y no santos, por lo que no pueden ser aceptados como legítimos ni acogidos como la voluntad de Dios. De hecho, y al contrario de lo que dicen las calumnias de nuestros oponentes, lo que nos mueve a denunciar el abuso de la autoridad papal ejercida contra el bien de los fieles, *es amor por el cargo del papa y por el alma inmortal del papa*.

Sí: los católicos corrientes son capaces de darse cuenta de *cuándo* las autoridades obran contra el bien común. Un documento de la Comisión Internacional de Teología de 2014 reconoce el instinto de verdad de los fieles católicos:

"El *sensus fidei fidelis* confiere al creyente la capacidad de discernir si una enseñanza o una práctica son o no coherentes con la verdadera fe que él ya vive... El *sensus fidei fidelis* capacita también a los creyentes individuales para percibir la desarmonía, la incoherencia o la contradicción entre una enseñanza o una práctica y la auténtica fe cristiana según la cual ellos viven... Alertados por su *sensus fidei*, los creyentes individuales pueden negar su asentimiento a la enseñanza de los legítimos pastores si no reconocen en ella la voz de Cristo, el Buen Pastor".

Nótese bien este lenguaje: aun nuestros legítimos pastores –papa, obispo, párroco local– dejan de hablar con la voz del Buen Pastor cuando imponen a los fieles la desarmonía, la incoherencia o la contradicción. Fue nada menos que Santo Tomás de Aquino quien dijo que las leyes injustas "son actos de violencia más que leyes... Por tanto, tales leyes no obligan en conciencia"[6]. Si estamos convencidos de que el papa o cualquier otro pastor están atacando algo esencial y decisivo para la fe, podemos y debemos rehusar hacer lo que nos piden u ordenan, y negarnos a renunciar a lo que injustamente nos arrebatan o prohiben. Cualquier pena o castigo impuesto por

---

6 *Summa theologiae* I-II, Q. 96, art. 4.

los revolucionarios por "desobediencia" a sus exigencias u órdenes ilícitas sería, ella misma, ilícita, carecería de fuerza. Un castigo impuesto sobre la base de premisas teológicas o canónicas falsas, es completamente nulo.

Al cabo, es por la *salus animarum* que existe toda la estructura jurídica eclesiástica; ella no tiene otro fin que proteger y promover la participación de la humanidad en la vida de Cristo. Puede haber situaciones de anarquía o de colapso, de corrupción o de apostasía en que las estructuras ordinarias, en vez de ser una ayuda, se vuelven un *impedimento* para la misión de la Iglesia. En tales casos, la voz de la conciencia nos dice que se debe hacer lo que se necesita hacer, con prudencia y caridad, a fin de que la ley suprema se cumpla. Es una *necesidad*, no un lujo, el que algunos sacerdotes y religiosos sean testigos con su propia vida –con su fidelidad coherente, fundamentada e íntegra a la tradición– de que la fe católica debe ser hoy la misma de siempre, y de que lo que fue sagrado y grande en el pasado no puede jamás dejar de serlo en el presente, hasta el fin de los tiempos. En el instante mismo en que se proscribe la tradición, se proscribe también la substancial continuidad de la Iglesia y, con ello, el fundamento de la autoridad eclesiástica, ya que el episcopado y el papado nos han sido transmitidos por la tradición. Nadie que esté constituído en autoridad, ya sea en la Iglesia o en el Estado, tiene el poder, ante Dios, de prohibir la Misa o rehusar los sacramentos a los fieles católicos que estén bien dispuestos.

Lo anterior es el marco general; procuraremos ahora profundizar.

EL PODER ESPIRITUAL DE LA MISA LATINA TRADICIONAL

Considérese simplemente el poder espiritual de la Misa latina tradicional. A lo largo del tiempo, he oído y leído historias de muchos sacerdotes cuyo descubrimiento de la antigua Misa latina transformó su sacerdocio y toda su vida espiritual, renovando su juventud como el águila. Es impresionante el número de ellos que experimenta esta conversión. Lo normal es que comiencen por usar el *usus antiquior* de vez en cuando, y procedan luego a hacerlo una vez a la semana en su día libre, y luego procuren encontrar el modo de introducirlo (esto era antes de *Traditionis Custodes*) en el programa semanal de la parroquia, incluso añadiendo una Misa dominical. En algunos casos -más numerosos de lo que se cree- llegan a un punto en que reconocen ante Dios: "Quisiera celebrar de esta forma todo el tiempo", o incluso: "Ya no puedo celebrar más el rito moderno". Han encontrado una perla de gran precio y están preparados para vender todo lo que poseen a fin de comprar el campo en que está enterrada[7].

Algunas veces esta historia de conversión tiene un final feliz: por ejemplo, el obispo nombra a un sacerdote capellán de Misa tradicional, o pone a su cargo un santuario rural. A veces, ay, especialmente en el clima actual, tiene un final trágico: el sacerdote es llamado a rendir cuentas, se le priva de sus facultades, se le deja sin trabajo -porque, como se sabe, disponemos de tantos sacerdotes que podemos darnos el gusto de jubilarlos a temprana edad, si es que no calzan con el estereotipo...-.

He aquí la pregunta del millón de dólares: ¿Ha oído Ud. alguna vez de un sacerdote que comienza con la Misa tradicional y luego "descubre" la grandeza del *Novus Ordo*, y se acerca más y más a él, hasta que termina celebrándolo en forma exclusiva? ¿Hasta que termina anhelando, con su corazón y sus manos, celebrar solamente el *Novus Ordo*, llegando incluso hasta sufrir por causa de él y, posiblemente, hasta perderlo todo por él? En alguna rarísima oportunidad se sabe de algún sacerdote tradicionalista que llega a formar parte del presbiterado diocesano y alterna los dos ritos por motivos pastorales; pero nunca se oye, en tal caso, de una experiencia de transformación espiritual como la que he referido. Para mí, ello dice más sobre la realidad que estamos enfrentando que lo que podrían miles de documentos del Vaticano. Sabemos, además, no sólo de sacerdotes y religiosos sino, en números mucho mayores, de fieles laicos que encuentran absolutamente transformador su descubrimiento de la vida litúrgica tradicional de la Iglesia. Es imposible enumerar los testimonios al respecto, tantos son los que encontramos *online* o impresos.

El pasado día de Navidad, mientras miraba, desde lo alto del coro, las familias apretadas en los bancos, llenas de hijos, y el presbiterio cubierto de cirios, de flores rojas de Navidad y de pinos, y mientras seguía la impresionante belleza de una Misa solemne revestida de

---

7 Ver mis artículos "Discovering Tradition: A Priest's Crisis of Conscience," *OnePeterFive*, marzo 27, 2019 y "Not Abandoning the Flock—Not Abandoning the Truth," *OnePeterFive*, julio 13, 2022.

paramentos dorados, con el canto llano, música de otro mundo, y con las mismas oraciones, antífonas, lecturas y ceremonias que la Iglesia romana ha usado durante más de mil años; mirando todo esto me di cuenta, con nueva fuerza, de que cualquier ataque a este patrimonio glorioso y a los fieles que lo aman no puede ser sino satánico. Mientras más rápidamente comprendamos esto, mejor veremos que nuestra respuesta debe ser un total repudio no sólo de *Traditionis Custodes* y de los demás documentos que en él se basan, sino de toda la revolución litúrgica encabezada por Annibale Bugnini y Giovanni Battista Montini (entre otros), y renovada ahora por sus últimos culpables discípulos, que se han de nuevo empoderado, luego de un interludio engañosamente pacífico de "vive y deja vivir".

Lo que hoy estamos viendo es ciertamente más maligno que la ingenua actitud de los años 1960, resumida en el *slogan* "El hombre ha alcanzado la mayoría de edad, y también debe hacerlo la Misa"; pero no es de un *tipo* diferente del de la ruptura inicial con la tradición, maquineada por el *Consilium* y ejecutada por Pablo VI. Quizá esta sea la mayor gracia del momento presente: el que se nos remezca para despertarnos del sopor en lo relativo a cuáles son los temas que están *realmente en juego,* bajo la superficie de las llamadas "preferencias" y "gustos" y "opiniones". No diluyamos las palabras: los enemigos de la tradición prefieren sufrir una escasez de sacerdotes que tener una abundancia de sacerdotes de la Misa tradicional; prefieren que los monasterios y conventos se transformen en hospicios o cierren sus puertas a que se revitalicen con religiosos que adhieren gozosos a la tradición; prefieren ver familias que practican la contracepción que familias con muchos hijos criados en la fe tradicional. ¿No es esto suficiente, y más que suficiente, para demostrar que el padre de este ataque anti-tradicional no es Dios sino el diablo?

Tanto los obispos que aceptan y ponen en ejecución el *motu proprio* como las respuestas del Dicasterio para el Culto Divino se ponen del lado del padre de las mentiras. Los sacerdotes que aceptan de buen grado estas restricciones irracionales, injustas y dañinas, pecan contra la virtud de la obediencia a la ley de Dios y a la suprema ley de la Iglesia, que es el bien de las almas; por tanto, pecan también contra Cristo, modelo de obediencia, y contra su Padre, que ha instituído la autoridad y la obediencia para la promoción de la misión y vida de la Iglesia, no para su descarrilamiento ni distorsión[8]. Debido a que la tradición de la Iglesia está tan llena de frutos de gracia y de otros bienes espirituales, podemos ver de inmediato por qué el Enemigo de Dios y de la Naturaleza Humana, Satán, está tan interesado en verla suprimida, y trabaja sin descanso (como sólo los ángeles lo pueden hacer) para mover sus instrumentos humanos a hacerle la guerra. De hecho, se nos advirtió muchas veces que este desorden eclesiástico autoinmune, en que los propios dirigentes de la Iglesia *atacan* el Cuerpo de Cristo, había de tener lugar en nuestros días. Recuérdese la visión del papa León XIII en que vió al diablo pedir un plazo para destruír la Iglesia. Sabemos que la Iglesia no puede ser jamás destruída del todo; pero sabemos también, por lo que dicen las Escrituras y por la historia de la Iglesia, que a veces Dios Todopoderoso, para probarnos y purificarnos, permite que las cosas lleguen hasta el borde mismo del desastre. Son impresionantes las palabras de León XIII en la poco conocida versión *larga* de la Oración a San Miguel, en que[9], hablando de los hombres a quienes el "líder de los soberbios", el "dragón maligno", ha inducido a tomar su partido, el papa escribe:

"Los astutísimos enemigos han llenado de amargura y de hiel a la Iglesia, la Esposa del Cordero inmaculado, y han levantado sus impías manos contra todo lo que es sagrado en ella. Incluso en el santo lugar en que está instalada la Sede del Bienaventurado Pedro y la cátedra de la verdad, han levantado el abominable trono de su impiedad, con la inicua esperanza de que el Pastor sea golpeado y las ovejas, dispersadas"[10].

---

8 Como dice San Pablo en otro contexto, hablando de la complicidad de una colaboración intencional: "que quienes tales cosas hacen son dignos de muerte, no sólo las hacen sino que aplauden a quienes las hacen" (Romanos 1, 32).
9 La conocida versión corta no es una abreviación de la oración más larga, sino que es un texto diferente (aunque contemporáneo). La oración larga se incluyó en las *Acta Apostolicae Sedis* de 1890 y en el *Rituale Romanum* de 1898. El motivo inmediato de las oraciones fue la pérdida de los Estados Papales, durante las hostilidades de las fuerzas anticatólicas contra la Iglesia. Cuando, más tarde, mejoraron las relaciones, la oración larga fue considerablemente podada, y esa forma es la que tiene en las versiones de *Raccolta* del siglo XX. Sin embargo, en la versión original no puede dejar de notarse otros niveles de significado en las palabras de León XIII, una especie de "doble cumplimiento" de su texto.
10 *The New Raccolta, or Collection of Prayers and Good Works to which the Sovereign Pontiffs Have Attached Holy Indulgences*, 3ª edición italiana (Philadelphia: Peter F. Cunningham & Son, 1903), 365.

LA LEY DE LA ORACIÓN, NORMA DE LAS NORMAS

Ahora bien, sabemos que nuestros oponentes nos dicen también: "¿Acaso no tenemos los católicos que dejarnos guiar por el papa y los obispos en lo relativo a las leyes litúrgicas?" La respuesta es sí… y no. Sí, en relación con todo lo que se refiere a la celebración devota, adecuada y edificante de los ritos tradicionales "recibidos y aprobados" de la Iglesia; no, si esa "guía" nos lleva a volvernos contra esa sublime herencia, que nos viene de innumerables santos, o a un alejamiento de ella, algo cuya imposición o materialización excede los límites de la autoridad de toda jerarquía de la Iglesia. Lo explica Alan Fimister:

"Si los Ritos de la Iglesia son Monumentos Patrísticos cuyo origen se remonta a la Era Apostólica, son naturalmente inmunes a las vicisitudes de la ley eclesiástica positiva. Como dice, en estas materias, San Jerónimo, "cada provincia puede seguir sus propias inclinaciones, y las tradiciones que se nos ha transmitido deben ser consideradas como leyes apostólicas". Aunque cada uno de los elementos de cada tradición no puede ser rastreado con certeza o plausibilidad hasta los [mismos] apóstoles, subsiste el hecho de que, como monumentos de la tradición no escrita de la Iglesia, no pueden ser abrogados por las autoridades eclesiásticas, tal como no se puede abrogar la autoridad de San Atanasio, San Agustín o San Juan Crisóstomo. La materia, divinamente instituída, de muchos sacramentos (aceite de oliva, vino, pan), se toma de los cultivos propios del mundo mediterráneo, y los ritos que los transmiten forman objetivamente parte del testimonio del depósito de la fe. La Iglesia no puede repudiarlos sin repudiarse a sí misma y a su Señor"[11].

En otras palabras, lo que constituye tradición que debemos sostener no es sólo la concepción, reduccionistamente entendida, de la "materia y forma" de los sacramentos, sino la totalidad de los ritos que rodean, interpretan y comunican los sacramentos a los fieles, formándolos e informándolos con el testimonio de la fe católica que da la *lex orandi*. Estos ritos heredados no son constructos secundarios e indiferentes que cada generación puede evaluar, reescribir o desechar según le plazca, con actitud de superioridad; por el contrario, las generaciones que vienen a continuación reconocen,

---

11 Alan Fimister, *Iron Sceptre of the Son of Man: Romanitas as a Note of the Church* (Lincoln, NE: Os Justi Press, 2023), 15.

con agradecida humildad, su necesidad de ser formadas por las oraciones y prácticas recogidas de sus antepasados, así como también la deuda y el deber que tienen con éstos. Esta es, sencillamente, la forma en que los católicos han procedido siempre y lo seguirán haciendo en el futuro.

Una Iglesia que no otorga un lugar de indiscutible honor a la venerable tradición, sino que sólo hace lugar al poder y la sumisión, no es la Iglesia fundada por Jesucristo. El papado, la jerarquía, todas las estructuras de la sociedad visible que llamamos Iglesia católica, todo ello existe por y para la tradición: todo ello es parte de lo que se transmite junto con las enseñanzas dogmáticas y morales, con la liturgia y los sacramentos, con la doctrina ascética y mística, y todo ello forma una totalidad que se refuerza internamente. La Iglesia existe para recibir, preservar y transmitir la totalidad de esta sabiduría divina, al servicio de la unión del hombre con el Dios Uno y Trino. Todo intento de robar a los fieles esta herencia, de subvertirla, de desfigurarla, de suprimirla o de mezclarla con ideas y finalidades ajenas (como vemos que ocurre con el proceso sinodal epitomizado en el Sínodo sobre la Sinodalidad), debe considerarse como un alejamiento de Cristo y de su Iglesia, no obstante las engañosas normas legales con que se lo revista. Semejante intento –y hemos visto un número récord de intentos en la pasada década y también en los últimos sesenta años– indica la existencia de un cuerpo paralelo que vive parasitariamente en la Iglesia católica, un simulacro hecho por hombres, o cisma virtual *que posa como* Iglesia[12].

El ataque frontal a lo que antes fue considerado central, indiscutible, elevado, celosamente protegido y siempre transmitido en la vida de la Iglesia –me refiero, por cierto, al rito romano restaurado y canonizado por Pío V, con perfecta fidelidad a la doctrina dogmática del Concilio de Trento– es, en sí y por sí, un indicio de que nos enfrentamos a un monstruoso abuso de poder, que no sólo puede sino que debe ser resistido por el bien de las almas. Por tanto, no es

---

[12] Ver Silveira, *Two Timely Issues*, 239-41 *et passim*. Como ha dicho el P. Linus Clovis: "El Modernismo, que permanece al interior de la Iglesia católica, ha hecho metástasis en forma de anti-Iglesia. Es evidente que la Iglesia católica y la anti-Iglesia coexisten hoy en el mismo espacio sacramental, litúrgico y jurídico. Este último, habiéndose hecho fuerte, pretende hacerse pasar por la verdadera Iglesia, a fin de inducir o coercionar mejor a los fieles para que adhieran, promuevan y defiendan una ideología secular" ("The Anti-Church Has Come. Why Faithful Catholics Should Not Be Afraid," *LifeSiteNews*, mayo 18, 2017).

una carga sino un privilegio, un honor que se nos concede, el poder rechazar esta diabólica obediencia y frustrar los designios de un renegado vicario de Cristo que contradice la verdad y hiere el bien común, adhiriéndonos incondicionalmente a Cristo Rey, el Señor de la historia que ha de preparar, oportunamente, la liberación y restauración que anhelamos y por la que rogamos.

EL GOLPE MAESTRO DE SATANÁS

¿Cómo es posible que hayamos llegado hasta este punto? La historia es larga y complicada: ideas, prácticas, supuestos, actitudes provenientes de la revuelta protestante, agudizadas en el período de la Ilustración, radicalizadas en la época de las revoluciones, y popularizadas por el secularismo del siglo XX. Todo ello ha jugado su parte en la remodelación, hablando sociológicamente, de la Iglesia católica (no hablo del Cuerpo Místico y de la Inmaculada Esposa de Cristo en su pureza interior y su gloria celestial, sino de la institución visible existente en la tierra que, como lo ilustró el Señor con su parábola del trigo y la cizaña, está compuesta de cristianos verdaderos y cristianos falsos, de modo que el Cuerpo de Cristo y el cuerpo del diablo, por decirlo así, están entremezclados hasta el fin de los tiempos)[13]. No debe sorprendernos que, en determinado período de la historia, la jerarquía de la Iglesia esté compuesta más por cristianos falsos que verdaderos, es decir, por quienes no profesan la fe católica en su plenitud dogmática, moral y litúrgica, sino que son, en relación a ella, en mayor o menor medida, herejes materiales y cismáticos materiales, que acarrean consigo, quizá sin ni siquiera darse cuenta, el peso y el mal de ideas heréticas, que son tan abundantes en la época moderna, así como también tendencias cismáticas que los alejan de la gran comunión de la Iglesia de siempre[14].

Aquí quisiera centrarme en lo que llamaré "el golpe maestro de Satanás". Un viejo adagio dice: *corruptio optimi pessima*: la

---

[13] Este es un tema usual en San Agustín, que también aborda Joseph Ratzinger.
[14] El P. Thomas Weinandy -que no es amigo, dicho sea de paso, de la Misa tradicional- reconoce el peligro: "En lo que la Iglesia va a terminar, pues, es en un papa que es papa de la Iglesia católica y, simultáneamente, líder *de facto*, para todos los efectos prácticos, de una iglesia cismática. Debido a que es cabeza de ambas, permanece la apariencia de una sola iglesia, aunque en realidad son dos" ("Pope Francis and Schism," *The Catholic Thing*, octubre 8, 2019; cf. William Kilpatrick, "Francis, Fatima, and Garabandal," *Crisis Magazine*, septiembre 14, 2023).

corrupción de los mejores es la peor. Aristóteles ilustra este adagio en el ámbito político cuando dice que la monarquía (gobierno de un solo hombre virtuoso) es la mejor forma de gobierno, pero su corrupción, la tiranía (gobierno de un solo hombre vicioso) es la peor[15]. El P. John Saward argumenta que Lucifer, el más bello de los ángeles, se convierte en el más feo después de su caída desde el cielo[16]. Santo Tomás de Aquino dice que la obediencia figura en un lugar especialmente alto entre las virtudes morales porque por ella estamos dispuestos a "matar nuestra propia voluntad" por Dios; y puesto que la voluntad es nuestro más profundo principio de autodeterminación, en la medida en que renunciamos a nuestra voluntad, nos sacrificamos a nosotros mismos (sacrificio que, para el religioso que pronuncia un voto de obediencia, es un holocausto o sacrificio quemado [Nota del Tr.: tipo especial de sacrificio prescrito en la Ley mosaica]). Más todavía: aumenta el mérito de un acto virtuoso cuando se lo hace no sólo porque es bueno en sí mismo sino también porque ha sido mandado por otro, de quien somos súbditos –Dios, por cierto, y todos los superiores que lo representan, tales como gobernantes, padres y pastores–[17]. Pero si todo esto es verdadero, resulta que la obediencia puede también convertirse en el peor de los vicios: *corruptio optimi pessima*.

A mi juicio, el diablo emplea tres métodos principales para alejar a los cristianos del camino de la vida. El primero, es el método burdo de la persecución franca y sangrienta. Pero la sangre de los

---

15 En palabras del filósofo: "La mejor de [estas formas buenas de gobierno] es la monarquía... La desviación de la monarquía es la tiranía, y aunque ambas son monárquicas, la mayor diferencia es que el tirano busca lo que es bueno para sí mismo, y el rey, lo que es bueno para sus súbditos... Pero la tiranía es, en este aspecto, lo opuesto, porque el tirano busca el bien para sí mismo, y es muy evidente que, en este caso, la tiranía es el peor de los regímenes, ya que lo opuesto de lo mejor es lo peor" (Aristotle, *Nicomachean Ethics*, Libro 8, cap. 10, 1160a36-b9; Bartlett and Collins, 178).
16 "El pecado del diablo fue un acto de soberbia, y el motivo por el que alguien es soberbio, es su propia excelencia. Ahora, Lucifer tenía la máxima excelencia de que gloriarse, y se glorió, despreciando al Dios de quien había recibido todo lo que tenía y era. Así, el mejor, una vez corrompido por su soberbia, se convirtió en el peor... La corrupción del mejor es la peor, y la desfiguración del más bello es la más fea. Pero la espiritualidad pura de la naturaleza angélica es más parecida a la infinita bondad y belleza de Dios que la naturaleza de cualquier creatura corporal. El diablo es, por tanto, en su soberbia y obstinación, de una indescriptible fealdad" (*World Invisible: The Catholic Doctrine of the Angels* [Brooklyn, NY: Angelico Press, 2023], 126-27).
17 Ver *Summa theologiae* II-II, Q. 104, art. 3; cf. II-II, Q. 186, art. 6; *De perfecione spiritualis vitae*, caps. 11-12.

mártires es semilla de cristiandad, y la Iglesia tiende a expandirse mucho más cuando es abiertamente perseguida, por lo que el diablo opta por un segundo método, más sutil: la corrupción moral interna, que toma la forma de los siete pecados capitales. Pero incluso la corrupción moral es, a veces, demasiado repugnante y se inflige una auto-derrota en las manifestaciones externas que asume para tener éxito, por lo que el diablo echa mano de la estrategia más sutil de todas: la deformación de la obediencia, hasta que ésta se transforma en un medio de suicidio espiritual o de eutanasia burocrática.

Desde una perspectiva histórica, esta última estrategia ha requerido una larga preparación antes de ser puesta por obra. El diablo tuvo que construír una noción desviada de obediencia ciega a lo largo de muchos siglos, porque sólo de *este modo* podía derribar la liturgia, la doctrina, la moral y la cultura católicas. Es decir, la destrucción tenía que provenir (o al menos parecer que provenía) del papa y de la jerarquía, para poder ser plausiblemente presentada y aceptada como la "voluntad de Dios" impuesta a un pueblo que estuviera ya condicionado para conformarse con ello. Una vez que este demoníaco engaño queda preparado, resulta difícil derrotarlo, porque cualquier esfuerzo por vencerlo es considerado como rebelde soberbia: "¿Quién eres *tú* para cuestionar a este líder de la Iglesia o a aquél?". En realidad, ya que muchos escritores espirituales han equiparado la esencia de la santidad con una obediencia total y ciega, equivalente a la "muerte del yo", resulta que la menor duda o vacilación de si obedecer o no la orden de un superior puede ser vista como egoísta o incluso pecaminosa. A los católicos que buscan la perfección se les ha entrenado para sofocar sus dificultades, acallar su sentido común espiritual (el *sensus fidelium*), y silenciar la voz de su conciencia.

En consecuencia, se hizo posible la suprema subversión: la recepción y transmisión de la tradición católica por quienes todavía sostienen la fe es denominada "rebelión", y castigada como si verdaderamente lo fuera, en tanto que la ciega "obediencia" prestada a ideas o estilos de vida *contrarios* a nuestra tradición católica, es alabada y recompensada, a pesar de que imita, objetivamente, la soberbia rebelde de Satán, que odia la tradición. El engaño es astuto: todos tenemos que crecer en humildad, por lo que ¿qué mejor camino que aceptar obedientemente, sin formular preguntas, lo que fuere que el representante de Dios en la tierra exige? Y nuestra respuesta tiene todavía más mérito si lo que se nos exige es repulsivo, ¡y mientras más repulsivo, más meritorio! Admitámoslo: esta es una táctica magistral para quien quiera socavar a la Iglesia.

Contrastemos ahora el modo en que trabaja Dios con el modo en que trabaja el diablo. Dios puede también usar, a veces, nuestros vicios como ocasión para humillarnos y atraernos a la conversión. Por ejemplo, el Señor no desea la embriaguez del borracho, pero El puede usar la terrible desesperación del ebrio para producir su conversión. De este modo, del mal produce bien, como sólo Dios puede hacerlo. En contraste, el diablo desea positivamente los *vicios* que tenemos –lujuria, gula, avaricia, soberbia–: ellos son su capital, y en la medida en que obramos según ellos, el diablo se alegra de nuestro comportamiento. Pero, para quienes no han sido atrapados por los vicios, tiene una estrategia más sutil: urgirlos a que usen mal sus virtudes. Así, puede llevar al humilde a una falsa humildad, que deja de reconocer derechos y deberes, o a aceptar humillaciones auto-destructivas y destructivas de quienes lo humillan. Puede urgir al manso a rehusar indignarse justamente, a rehusar pelear y resistir en situaciones en que lo virtuoso sería hacerlo. Puede tentar a los que aman la virtud de la obediencia a practicar una obediencia *ciega* con maestros que enseñan el error, o con pastores que abusan de sus ovejas. En sí mismas, la humildad, la mansedumbre y la obediencia son virtudes y, por tanto, buenas; pero está en la naturaleza de todo bien creado el que se pueda abusar de él, y las virtudes pueden también ser motivo de abuso cuando se las usa mal, se las aplica mal, se las dirige mal. El ser humildes o mansos permitiendo que los derechos propios sean hechos añicos por alguien que abusa de su cargo, es convertir la humildad y la mansedumbre en cómplices del pecado ajeno. Obedecer a alguien que desobedece a Dios es hacerse culpable de desobediencia[18]. Este

---

18 Al contrario, rebelarse contra los rebeldes es fidelidad, como decía el P. Raymond Dulac, uno de los primeros e intrépidos críticos de la reforma litúrgica, cuando explicaba en los años 1960 el camino de regreso: "No existe ejemplo alguno, en toda la historia de la Iglesia, de semejante "reforma": radical, apresurada y contraria a los auténticos deseos de los bautizados. Esta reforma es una revolución pero, además, no se parece a ninguna otra. No es una revolución desde abajo hacia arriba, sino desde arriba hacia abajo. Una revolución que se le ha impuesto al pueblo... Y así ocurrió algo maravilloso: quienes [amaban la tradición] se rebelaron contra esta rebelión" (*In Defence of the Roman Mass*, trad. Pedar Walsh [N.p.: Te Deum Press, 2020], 43-44).

es el estilo del diablo: cuando no puede tentar a alguien con vicios obvios, lo tienta con las mismas virtudes que la persona estima. De este modo, en vez de sacar bien del mal, como hace Dios, Satán saca mal del bien, lo cual es su especialidad.

Por Aristóteles sabemos que, por cada virtud, existen dos clases de vicio. Así, el coraje o fortaleza es la media entre el extremo de la cobardía, que es una deficiencia al enfrentar el peligro, y el extremo de la temeridad, que es enfrentar el peligro con exceso o irreflexivamente[19]. Sin embargo, Aristóteles formula la aguda observación de que uno de los extremos está más cerca de la media, y se le parece más: así, la temeridad se parece al coraje más que la cobardía, y del mismo modo, no gustar suficientemente de la comida y bebida está más cerca de la templanza que la gula[20]. Para Aristóteles, demasiado de algo bueno se convierte en malo, y así ocurre con la obediencia: demasiada obediencia a individuos humanos, una adhesión indiscriminada y total a su voluntad, es un vicio, pero, con todo, se parece más a la media virtuosa que la rebeldía, y tiende, por tanto, a ser confundida con la virtud. Esta confusión es clave en la estrategia del diablo.

INFILTRACIÓN Y SUBVERSIÓN

Un libro titulado *AA-1025: Memoirs of the Communist Infiltration into the Church* nos presenta las memorias póstumas de un agente comunista que ingresó al seminario y fue ordenado sacerdote, y que todo el tiempo favoreció la agenda de los comunistas para los que trabajaba, con la finalidad de lograr la auto-demolición de la Iglesia. Nadie pone en duda que tales infiltrados han existido; la cuestión es cuántos de ellos ha habido, y cuán arriba llegaron. Quienes han leído el libro de Malachi Martin *Windswept House* y han seguido los informes sobre el involucramiento del cardenal Bernardin en rituales satánicos, podrán tener una idea del tipo de cosas que sucedieron (y que, lo más probable, siguen sucediendo)[21]. La editora del manuscrito *AA-1025*, Marie Carré, escribe: "La santa virtud de la obediencia es hoy un arma extremadamente poderosa

---

19 Ver el Segundo Libro de la Etica a Nicómaco para un tratamiento general de la virtud y del vicio morales, y el Libro 3, caps. 6-9 para el tratamiento en detalle del coraje.
20 *Nicomachean Ethics*, Libro 2, cap. 8.
21 Ver "Bernardin: Homosexual Predator Satanist," *Church Militant*, junio 26, 2019.

que nuestros enemigos, que pretenden ser amigos nuestros, usan contra lo que *fuimos*, a fin de poner en su lugar aquello en que han decidido que debemos convertirnos". La afirmación de Carré implica que existe un *ersatz* de catolicismo -algunos lo llaman "neocatolicismo"[22]- que nuestros enemigos tratan de imponernos. El Dr. Thaddeus Kozinski ha explicado muy bien en qué consiste este sustituto y cómo funciona:

"El encuentro íntimo con Dios nos inmuniza contra el culto a la nada; el encuentro robusto con el ser real es prerrequisito para el encuentro divino, y la auténtica tradición nos capacita para el encuentro inteligible con la realidad. El diablo sabe todo esto, puesto que es experto en lógica, y por tanto desea, sobre todo, la aniquilación de la auténtica tradición. Su principal objetivo, por cierto, es la Tradición católica, porque ésta proporciona los medios más seguros para un íntimo encuentra con la realidad, tanto natural como sobrenatural... Porque se da cuenta de que cualquier tradición auténtica -incluso aquella que apenas respira todavía- recibe y transmite lo divino, su golpe maestro ha sido inspirar la construcción y establecimiento de una anti-tradición abstracta que no reciba ni transmita nada. Aunque parecida, en su irrealidad, a las abstracciones del comunismo, el fascismo y el nazismo, tiene un parecido tan impactante con la tradición cristiana que pasa desapercibida. *Llevada a la práctica subrepticiamente y disfrazándose con el aspecto de su huésped, sirve como tradición que acabará con toda tradición.* No sólo no habrá esta vez un contraataque, sino que los hombres de buena voluntad no tendrán idea de qué los golpeó. Ni siquiera, incluso, sabrán que han sido golpeados"[23].

Lo que Ryan Topping dice sobre "la cirugía de reasignación de vocabulario" de los tiempos modernos, se aplica sobre todo a palabras como "obediencia", "tradición" e incluso "Iglesia":

"Las antiguas palabras, que conllevan la *gravitas* de la tradición y de siglos de venerable uso, reciben un cuño diferente. La reasignación no será, al comienzo, evidente. Para decirlo de otro modo, el significado de los términos en una cultura falsificada rompe

---

[22] Para una completa definición del término y una defensa de su adecuación, ver Christopher A. Ferrara y Thomas E. Woods, Jr., *The Great Façade: The Regime of Novelty in the Catholic Church from Vatican II to the Francis Revolution* (Kettering, OH: Angelico Press, 2015), 19-20, 25-33, et passim.

[23] Thaddeus Kozinski, *Modernity as Apocalypse: Sacred Nihilism and the Counterfeits of Logos* (Brooklyn, NY: Angelico Press, 2019), 181-82.

la red semántica establecida en la anterior dispensación, a fin de lograr los fines que se desea ahora. Las palabras se convierten en armas"[24].

Fue Mons. Marcel Lefebvre quien, el 13 de octubre de 1974, hizo la descripción más clara y completa de esta estrategia:

"El golpe maestro de Satanás será, por tanto, extender, *mediante la autoridad de la propia Iglesia*, los principios revolucionarios introducidos en ella, poniendo a dicha autoridad en una situación de incoherencia y permanente contradicción; mientras no se disipe esa ambigüedad, se multiplicarán los desastres al interior de la Iglesia... Satán reina por la ambigüedad y la incoherencia, que son sus armas de combate, y que engañan a los hombres de poca fe... Tenemos que reconocer que el truco ha sido bien empleado y que las mentiras de Satán han sido usadas con maestría. La Iglesia se destruirá a sí misma por la obediencia... "¡Debéis obedecer!". ¿A quién o a qué debemos obedecer? No lo sabemos con exactitud. Ay del hombre que no acepta [esta falsa obediencia], porque por ello merece ser pisoteado [por sus agentes], ser calumniado, ser privado de todo lo que le permitía vivir. Es un hereje, un cismático; hay que dejar que muera, "que es lo que merece"[25].

Las acciones anti-tradicionales del papa Francisco y del cardenal Roche, entre otros, revelan de nuevo la profunda enfermedad

---

24 Ryan N. S. Topping, *Thinking as Though God Exists: Newman on Evangelizing the "Nones"* (Brooklyn, NY: Angelico Press, 2023), 76.

25 Citado en el Editorial de *Le Sel de la terre* 94 (otoño 2015). Lefebvre continúa diciendo: "El golpe maestro de Satán, por el cual está provocando la autodestrucción de la Iglesia es, por tanto, usar la obediencia a fin de destruir la fe: [hacer pelear a] la autoridad con la verdad". Un film polaco estrenado en You Tube el 13 de mayo de 2023, *The Hidden Treasure of the Church*, entrevista a un sacerdote que narra algo parecido: "En nombre de la obediencia al papa, el modernismo está destruyendo la Iglesia católica. En nombre de la devoción de los católicos, jerarquía y fieles, al papa, se usa este mecanismo como arma por parte de los hostiles partidarios del modernismo. Después del Vaticano II introdujeron reformas que fueron ampliamente aceptadas en nombre de la obediencia a la Santa Sede. Y ello es una paradoja y una prueba de cuán malicioso es el espíritu malo, ya que sabemos que todos los enemigos de la Iglesia son conducidos por el diablo, y esto es lo que ha ocurrido en nombre de la obediencia al papa". El diablo ha tenido éxito en poner nuestro tradicional instinto católico de autoridad en contra de nuestro tradicional instinto católico de verdad. Cuando la verdad y la autoridad entran en conflicto, debemos seguir a la verdad, ya que la finalidad de la autoridad es servir a la verdad. Y puesto que tenemos las Escrituras y más dos mil años de tradición, como lo atestigua la constante enseñanza de la Iglesia a lo largo de ese período, podemos saber qué es la verdad, y cuándo la autoridad deja de servirla, al menos en casos notables.

de la Iglesia católica romana en esta época; una enfermedad de muchos estratos que pone a la ley por sobre las personas, el legalismo por sobre la devoción, el acomodo por sobre la pastoral, la uniformidad por sobre la unidad, el manejo pequeño por sobre la prudencia, el presente por sobre la tradición. Esta enfermedad cunde con la ceguera de la obediencia ciega y la pasividad del laicado y clero, supuestamente "reactivados" después del Concilio. Es una enfermedad alimentada por los que la toleran o la disculpan o ante la cual se rinden, cosas que hacen por su ignorancia de lo que está en juego, por pereza para repeler, por miedo de las consecuencias, por oportunismo o por desesperada resignación. En el actual ataque a la inmemorial liturgia romana, la obediencia ciega y el positivismo jurídico revelan su mortífero potencial como instrumentos que atacan y hieren directamente el bien común del Pueblo de Dios, pero con el disfraz de meras reglamentaciones administrativas, dictadas por las "autoridades competentes" y con las "debidas formalidades". El Derecho Canónico en manos de ideólogos inescrupulosos se transforma, fácilmente, en instrumento de deshumanización, despersonalización y descatolificación. Un filósofo moderno escribe:

"¿Ha existido jamás un régimen que no tuviera un ejército de abogados a su disposición para ayudarle a "legalizarse"? Los mismos abogados que sirvieron a la república revolucionaria en Francia trabajaron luego con el emperador Napoleón para crear su código civil y ponerlo en práctica. Pero incluso cuando se puso a Luis XVIII en el trono, no faltaron abogados complacientes que apoyaron *su* gobierno mediante leyes, tal como el gobierno de Napoleón había sido apoyado anteriormente, y tal como, antes de él, el reino del terror de las turbas y de los demagogos fue presentado como legal y defendido por medio de conceptos legales. Se podría, con razón, decir: "¡simplemente tomaos el poder, haceos de gentes que puedan construir una base legal para ese poder, y jamás os faltará nada!" Duro y estricto en pequeñeces, en formalidades; sin espina dorsal y servil en las cosas grandes, en las que son esenciales: así es como se ve a la luz del día el abogado producido por una ley que se ha emancipado de una ética que, a su vez, se ha emancipado de la religión"[26].

---

26 Valentin Tomberg, *The Art of the Good: On the Regeneration of Fallen Justice* (Brooklyn, NY: Angelico Press, 2021), 39.

"¡AY DE VOSOTROS, ABOGADOS!"

En el Evangelio de San Lucas, Nuestro Señor dice:

"Pues, ¿qué padre habrá entre vosotros a quién si el hijo le pide un pez, en lugar de un pez le da una serpiente? ¿O si le pide un huevo, le dé un escorpión? Si, pues, vosotros, siendo malos, sabéis dar buenas cosas a vuestros hijos, ¿cuánto más el Padre del Cielo dará el Espíritu Santo a los que le piden?" (Lucas 11, 11-13).

Aún los padres malos quieren dar cosas buenas a sus hijos, y efectivamente se las dan (al menos, cosas que les parecen buenas, aun si están equivocados). Así, si hubiera un padre que realmente privara a sus hijos de cosas buenas o se las diera malas en vez de buenas, sería a los ojos del Señor *peor* que malo. ¿Qué quiere decir eso? Que, en tal caso, estaríamos ante un mal *satánico*, una soberbia diabólica que busca apartar a la gente de lo que es bueno, fructífero, santo, nutritivo. ¿Será muy fuerte la palabra "diabólica"? No. *Diabolos* quiere decir, en griego, "el que divide". Un papa que obra contra la tradición de la Iglesia y contra los fieles que adhieren a ella, *divide interiormente a la Iglesia,* separa a los fieles de lo que jurídicamente les pertenece como miembros del Cuerpo de Cristo[27]. ¿Será muy fuerte la palabra "satánico"? No. *Satanas* quiere decir el acusador, y he aquí un hombre, Jorge Mario

---

27 Como el asno de Balaam, que habló superando su naturaleza de asno, una Instrucción de la otrora Congregación para el Culto Divino y la Disciplina de los Sacramentos ha hablado con una sabiduría que trasciende (y, de cierto modo, invierte) el marco del *Novus Ordo*: "No es posible guardar silencio sobre los abusos, algunos muy graves, contra la naturaleza de la Liturgia y de los Sacramentos, así como también contra la *tradición* y la autoridad de la Iglesia, de que actualmente están plagadas las celebraciones litúrgicas en varios medios eclesiales. En algunos lugares la perpetración de tales abusos litúrgicos se ha hecho casi habitual, un hecho que obviamente no puede tolerarse y que debe cesar. Las palabras y ritos de la liturgia... son una expresión fiel, *madurada a lo largo de siglos*, de cómo se entiende a Cristo, y nos enseñan a pensar como Él piensa; al configurar nuestra mente con estas palabras, elevamos nuestro corazón al Señor... Las acciones arbitrarias no conducen a una verdadera renovación, sino que deterioran el derecho de los fieles de Cristo a una celebración litúrgica que sea una expresión de la vida de la Iglesia *de acuerdo con su tradición* y disciplina... El pueblo católico tiene derecho a que el Sacrificio de la santa Misa se celebre para él de un modo integral, según toda la doctrina del Magisterio de la Iglesia" (nºs 4, 5, 11, 12; se ha añadido el énfasis). La lógica pide aquí la restauración del auténtico rito romano. En realidad, el esfuerzo de restaurar los ritos Orientales a su condición prístina por un proceso de deslatinización, se basa en el concepto de una tradición auténtica que es identificable, como también en una razonable exigencia por parte de quienes pertenecen a esa tradición; el mismo concepto existe respecto de los ritos de Occidente, que necesitan experimentar una "desmodernización" y "desbugninificación".

Bergoglio, que acusa constantemente a los católicos que aman al Señor, que aman la fe, que aman las tradiciones de la Iglesia, de ser divisivos, de rechazar al Espíritu Santo, de ser rígidos, de faltar a la caridad, de adorar cenizas, de ser enfermos mentales, etc. El papa Francisco debiera mirarse en un espejo para descubrir al que divide, al que acusa.

Podemos imaginar a Cristo Nuestro Salvador hablándoles a los sucesores de los Apóstoles y sus abogados canonistas acomodaticios, manipuladores y farisaicos con las mismas palabras que usó con los abogados judíos de su época: "¡Ay de vosotros, abogados, porque os habéis apoderado de la llave de la sabiduría!; vosotros no habéis entrado y a los que estaban para entrar se lo habéis impedido" (Lucas 11, 52). Vosotros, corruptos abogados canonistas, tratáis de apoderaros de la llave del conocimiento del culto divino realizado según la tradición y la verdad. Vosotros mismos no entráis, y habéis impedido que entraran jóvenes y viejos, solteros y casados, familias con niños, futuras vocaciones sacerdotales y religiosas. Vosotros, jerarcas, habéis rehusado humillaros ante la verdad de la historia, de la tradición, de la obra del Espíritu Santo en el movimiento tradicional; habéis fracasado en la búsqueda del bien espiritual del pueblo de Dios y, por el contrario, habéis trabajado *en contra* de él, *en contra* de la única justificación de vuestra autoridad. Con palabras del Libro de Daniel, en la historia de Susana, "La maldad ha brotado en Babilonia de los ancianos jueces, que parecían guiar al pueblo... Pervirtieron sus pensamientos y desviaron sus ojos para no mirar al cielo ni acordarse de las leyes justas" (Daniel 13, 5,9).

Como hemos visto, al obispo –a *todo* obispo, incluso el obispo de Roma– se le ha encargado el cuidado del bien común: ello es el fundamento racional de su autoridad. Si obra contra el alimento espiritual que los fieles reciben de los antiguos ritos, si obra contra la continuidad de los ritos recibidos y aprobados de la Iglesia, obra injustamente y *ultra vires* y sus decisiones no nos obligan en conciencia. No obligan ni al sacerdote ni al pueblo. Como Cristo, que vino no a ser servido sino a servir, nuestros sacerdotes deben continuar sirviendo al pueblo de Dios en primer lugar y como lo más importante; y al papa, sobre todo, se le pide, ante Dios, que viva de acuerdo con su título, *servus servorum Dei*: servidor de los servidores de Dios.

Es una clara señal de la misericordia de Dios, del cumplimiento de la promesa divina de que la Iglesia no desaparecerá hasta que El regrese, el que haya católicos por todo el mundo –una minoría, es cierto, pero no despreciable, y en constante aumento por todas partes– que han recibido la gracia ya sea de ver la anti-tradición en su verdadero ser y adherir firmemente a la tradición para que pueda continuar, ya sea la de poder descubrirla más adelante en la vida. Esos católicos se han dado cuenta de que muchos están atrapados por una noción distorsionada y dañina de obediencia, que perjudica al clero más que a los fieles. Si el concepto de obediencia que se tiene es tal que se cambia de opinión según sean los caprichos del papa o del obispo, ello quiere decir que semejante adhesión a la obediencia es sólo a un obedecer por obedecer, desprovisto de contenido. Nadie podrá jamás amar verdaderamente algo, porque en cualquier momento puede que se le exija rechazarlo, y habrá que rechazarlo con la misma decisión con que otrora se lo aceptó. Así es como se acaba teniendo autómatas psicológicamente dañados en vez de pastores que, con corazón inteligente y amante, se preocupan de las almas que les han sido encargadas.

El sistema que hemos descrito se auto perpetúa: está *diseñado* para ser inquebrantable, inevitable. Este ciclo destructivo puede ser roto sólo de dos modos, ambos necesarios, ya que se complementan mutuamente. Primero, la solución "de arriba abajo", por la que oramos fervientemente, es que un futuro papa inicie una auténtica reforma global de la Iglesia, eliminando del episcopado los cobardes, los modernistas y los homosexuales, y restaurando la liturgia y la doctrina tradicionales (no hace falta decir que esto puede exigir una serie completa de papas, tal como ocurrió en el siglo XVI). Segundo, la solución "de abajo arriba" es algo que el clero y los fieles pueden hacer desde ya: ejercer el derecho que Dios les ha dado de vivir de acuerdo con la fe, la razón y la tradición, haciendo caso omiso de las penas impuestas por y para un sistema cerrado y auto-perpetuante de falsa obediencia, despejando con ello el camino para la sanación y rejuvenecimiento de la Iglesia. Esto no significa hacer el mal para que de él resulte el bien; es hacer el bien adhiriendo a la verdad y la tradición, y rechazando una perversa complicidad con los destructores de la viña.

Uno de mis escritores favoritos del período inmediatamente posterior al Concilio es el gran publicista estadounidense y *pundit* conservador, Neil McCaffrey (1925-1994). He aquí lo que decía a sus hermanos católicos apenas hizo erupción la revolución en su contra –y estas palabras de 1967 tienen una curiosa relevancia en 2023–:

"Los católicos tradicionales están desconcertados, en desorden. Parte del desorden, creo, proviene de un error que la mayoría de nosotros comete. Sin mucho conocimiento de la historia católica, hemos supuesto que la Autoridad no puede hacer el mal; o, bueno, que puede hacer sólo un poco de mal; o, bueno, que no puede hacer nada que sea un mal grave. Y he aquí que nos hemos encontrado desarmados...

"Espero que nadie entienda este llamado [llamado al no-conformismo] como una invitación al cisma, ni siquiera como una invitación indirecta a él. Esta es *nuestra* Iglesia. Como familia, puede que no siempre estemos orgullosos de sus mayores o de sus miembros. Pero aún así sigue siendo nuestra, y le debemos amor filial; así lo esperamos. Le debemos lealtad, también: y no sólo cuando hace buen tiempo. Alguna vez la lealtad fue más fácil. Alguna vez el yugo fue suave, la carga ligera. Hoy estamos en medio de un túnel o, más bien, en una casa de locos. Han desaparecido los consuelos. Nuestra casa está en manos de extraños. Extraños que nos odian, que nos mandan obedecer o perecer.

"Volvamos contra ellos su propio no-conformismo. Si tienen libertad para predicar el desprecio por nuestra Iglesia, que conocemos y amamos, nosotros tenemos libertad para defender, resistir y atesorar lo que es parte de nosotros mismos. Como estadounidenses, estamos acostumbrados a tener grandes libertades en la esfera temporal. Pero no estamos acostumbrados a usarlas en la Iglesia. Ahora debemos usarlas, o seremos barridos. Y los radicales tienen el propósito de barrernos: predican libertad, pero sólo *su* clase de libertad. Al pasar, dejan un hedor totalitario"[28].

MOTIVOS PARA TENER ESPERANZA

Un sacerdote dominico, grande y valiente, que resistió sin vacilaciones la revolución conciliar y postconciliar hasta su muerte en 1975, el P. Roger-Thomas Calmel, motivó y consoló a los tradicionalistas franceses con sus palabras sabias. A la pregunta "¿Qué podemos hacer?", responde:

---

28 *And Rightly So: Selected Letters and Articles of Neil McCaffrey*, ed. Peter A. Kwasniewski (Fort Collins, CO: Roman Catholic Books, 2019), 152, 155.

"Obviamente, adherirnos fuertemente a la Tradición, ya sea la Misa -la Misa de San Pío V-, el latín en la liturgia, el catecismo, las costumbres ya probadas y auténticas de la oración católica, especialmente el rosario, y las instituciones temporales cristianas, o lo que quede de ellas.

"Aun obrando así, no hay que excluír que podamos ser tentados por un "¿Servirá de algo?". Lo que sí hay que excluír es tomar esta tentación en serio, o dejar que ponga un pie en nuestro corazón, o que impida en lo más mínimo nuestras decisiones. Es imposible decir "¿Servirá de algo?" cuando se sabe que siempre es bueno probar a Dios que lo amamos, un amor cuya primera prueba es perseverar en la fe y mantener la Tradición católica.

"Todas las razones que podamos tener para desalentarnos –lo prolongado de la lucha, las enormes traiciones, el creciente aislamiento– deben ser vistas a la luz suprema de la fe. La mayor desventura que podría ocurrirnos sería no sentir, en lo más hondo de nuestro corazón, dolor por los males de nuestra época y por los escándalos que ocurren en las alturas; y, asimismo, tener poca fe y, en consecuencia, dejar de ver que el Señor usa estas angustias para que volvamos a él nuestra mirada, para invitarnos a que Le demostremos, más que nunca, nuestra confianza y nuestro amor. Así, pues... lo primero es mirar al Señor y, luego, mantener esta contemplación sobrenatural inseparablemente vinculada a los ataques que tenemos que repeler y a la lucha en que estamos comprometidos hasta el final"[29].

Que Dios nos conceda la gracia de ser fieles a Su justicia, tal como se la enseña y vive en el catolicismo tradicional: clara, poderosa y bella; y que nos proteja de sucumbir al veneno del mundo, incluída la mundanidad al interior de la Iglesia. El último libro de la Biblia nos exhorta: "Aquí están la paciencia y la fe de los santos" (Apocalipsis 13, 10).

---

29 Publicado originalmente en *Itinéraires*, abril 1972; traducción al inglés en *The Angelus*, vol. 38, no. 1 (enero-febrero 2015): 43.

11
La autoridad del papa en la liturgia: Un diálogo

*E*L SIGUIENTE DIÁLOGO FICTICIO ENTRE EL *hiperpapista "Rockmeteller" (mis disculpas a P.G. Wodehouse por tomar de él este nombre) y "Traddeus", crítico del papa, se basa en muchos diálogos reales que se han publicado online, y no pretende ser sistemático, sino incitar a pensar en algunos temas claves que irán adquiriendo más importancia en la medida que la plaga de la sinodalidad –sistema de distribución de cierto tipo de progresismo promovido por el papa– siga afectando a la viña de la Iglesia.*

Rockmeteller: Traddeus, continuamente estás hablando de los "límites" de la autoridad del papa en la liturgia. Pero ¿cómo interpretas lo que dice Pío XII en *Mediator Dei* nº 58?: "Se sigue de aquí que únicamente el Soberano Pontífice tiene el derecho de reconocer y establecer cualquier práctica relacionada con el culto a Dios, de introducir y aprobar cualquier rito nuevo, y de modificar aquellos ritos que juzga necesario modificar".

Traddeus: El nº 58 tiene un contexto. Antes y después de ese número, Pío XII habla de cómo la Iglesia ha usado su autoridad para hacer lugar a nuevas tendencias en la devoción y para incorporarlas, para "proteger la pureza del culto divino contra los abusos debidos a innovaciones peligrosas e imprudentes introducidas por individuos privados o por iglesias particulares", para defender "los legítimos ritos de la Iglesia", para "prohibir toda innovación espuria", y para reprobar severamente "la temeridad y osadía de aquellos que introducen nuevas prácticas litúrgicas o llaman a renovar ritos obsoletos". Básicamente la Iglesia ha "organizado y reglado el culto divino, *enriqueciéndolo constantemente con nuevo esplendor y belleza para gloria de Dios y bien espiritual de los cristianos*"; y así, "añade todo aquello que parece más apropiado *para aumentar* el honor tributado a Jesucristo y a la Santísima Trinidad". Como se puede ver, se señala aquí una tendencia y una finalidad: mediante la devoción de los fieles y el apoyo de los pastores, la liturgia se hace cada vez más rica, más perfecta en la obra que debe realizar. La idea de podar la herencia de los tiempos pasados o de enmudecer ciertas cosas o de desviar el foco desde Dios hacia el "pueblo de Dios" en, por ejemplo, un comunitarismo *versus populum*, son cosas enteramente ajenas al espíritu de la Iglesia, tal como se lo describe en *Mediator Dei*. Cualquier "rito nuevo" que se introduzca, como la bendición de automóviles o de aviones, estará naturalmente en armonía con todo el cuerpo ya existente de la liturgia tradicional. Esto resulta obvio si se considera todo lo demás que se dice en la encíclica.

Rockmeteller: Lo que estás pasando por alto, me parece, es que Pío XII reduce el rol de todos los demás miembros de la Iglesia a ser pasivos recipientes de cualquier cosa que la Santa Sede disponga: los obispos tendrán que ponerlo en ejecución y los laicos, aceptarlo. Y punto.

Traddeus: Si creyéramos que eso es lo que Pío XII piensa, no por pensarlo él sería lo correcto; al contrario, constituiría el momento culminante de la concentración ultramontana, o sea, un clericalismo desbocado. En los primeros 1.500 años del catolicismo no se practicó jamás nada ni remotamente parecido. Hay en ello un desconocimiento absoluto del modo cómo opera la subsidiariedad episcopal, así como también el genuino derecho de los fieles a su herencia litúrgica. La liturgia no pertenece sólo al papa, sino que a la Iglesia entera. El papa puede ser pastor, pero no tirano.

Rockmeteller: Pongamos un ejemplo. Te he oído decir que Pablo VI obró tiránicamente al desplazar el Canon romano añadiendo múltiples neo-anáforas, improvisadas a partir de retazos de fuentes antiguas. ¿Pero quién le dio tanta importancia al Canon romano? Adquirió su importancia porque la Iglesia lo usó, especialmente el papa; y si el papa decide que prefiere usar una oración diferente, o quiere que nosotros usemos una oración diferente, ¿qué importa? Mientras incluya los puntos principales...

Traddeus: Tenemos que preguntarnos por qué semejante actitud *no fue jamás* adoptada por nadie, en ninguna parte, en ningun período de la historia eclesiástica de que haya recuerdo. Nadie cuestionó jamás la prolongación del uso exclusivo del Canon romano en los ritos de Occidente y en sus usos. O bien los antiguos eran estúpidamente poco creativos y tozudamente apegados (casi pecaminosamente apegados, pareciera) a hacer las cosas de una cierta manera; o bien tenían *buenas razones* para ser conservadores. A mí me parece evidente que mientras por más tiempo la Iglesia ore de cierto modo, mejor es seguir haciéndolo de ese modo[1]. Pero supongo que ello exige tener una fe sobrenatural en que Dios guía a la Iglesia y a sus dirigentes a lo largo del tiempo. Por ello es que, a veces, me pregunto si los partidarios de la liturgia moderna remodelada tienen algún obscuro elemento de gnosticismo o ateísmo en su estructura mental: la Providencia de Dios parece extrañamente ausente de su evaluación de la historia de la Iglesia y de su liturgia, e igualmente ausente parece estar la inmensa confianza de nuestros antepasados al hablar de la liturgia *divina*, de los ritos *sagrados*, como si ellos nos hubieran sido legados por Dios o, al menos, como si hubieran sido bendecidos con abundantes gracias de Dios. ¿Cuándo desapareció esa actitud de piadoso respeto? Y ¿por qué ocurrió tal cosa?

Rockmeteller: Me parece que lo que falta aquí es la distinción doctrina/disciplina. La verdad doctrinal es, *per se*, inmutable. Las materias disciplinarias, en cambio, como qué oraciones se usa en la Fiesta de Cristo Rey (o si ha de existir o no semejante Fiesta), no son inmutables. Por tanto, el papa tiene autoridad para cambiarlas. Ahora bien, alguien podría encontrar que determinado cambio disciplinario es imprudente, y se podría pedir al papa que cambie de idea o que dispense a los que quieran seguir usando la disciplina antigua, pero hay una esencial diferencia entre que el papa (en una declaración no infalible) contradiga una doctrina infalible (en cuyo caso sus palabras son, en realidad, falsas), y que el papa, como legislador supremo, cambie la disciplina, aun si lo hace de un modo imprudente. Normalmente estamos obligados por los mandatos de nuestros superiores, incluso cuando nos parecen una necedad. Por cierto, debemos explicar a nuestros superiores por qué sus mandatos son necios, pero no podemos desobedecerlos de hecho. La promulgación del *Novus Ordo* y la restricción del antiguo rito pueden haber sido una necedad, pero ambas cosas caen dentro de la competencia del papa, por lo que la reacción adecuada es pedirle permiso para continuar usando la antigua Misa, y no, sencillamente, desobedecerle.

Traddeus: Mi respuesta tiene dos puntos.

Primero, me he preguntado a menudo si la distinción entre doctrina y disciplina puede ser sostenida con tanto rigor, especialmente

---

[1] Ver Kwasniewski, "From Extemporaneity to Fixity of Form."

en el ámbito de la liturgia. Hay quienes arguyen que *Quo Primum*, de Pío V, para poner un ejemplo importante, no fue un documento meramente "disciplinario" porque su intención fue canonizar, por decirlo así, una forma tradicional de la Misa, reconocida como una confesión de la fe católica y libre de error. Sería difícil sostener que esta actitud no tiene otras ramificaciones doctrinales más allá de "esta Misa confecciona válidamente el Sacramento". En otras palabras, la estrecha conexión entre *lex orandi* y *lex credendi* sugiere que, cualquiera sea la libertad de la Iglesia para introducir ritos *nuevos*, la abolición de los ritos *tradicionales* no está dentro de la competencia de los prelados.

Segundo, algunas decisiones prudenciales pueden ser tan catastróficamente malas que carecen de fuerza para obligar a los súbditos. Así, aunque admitamos la legalidad técnica de un documento como *Traditionis Custodes*, puede carecer de la fuerza para obligar las conciencias debido a su enorme violación del bien común. Estamos aquí en aguas profundas; pero recomiendo leer al P. Réginald-Marie Rivoire y a Thomas Pink, que proyectan mucha luz sobre estos temas[2].

Rockmeteller: Reconozco que la mayoría de quienes han pensado cuidadosamente la actual situación litúrgica en la Iglesia de rito latino concuerdan, en la práctica, que Francisco ha hecho algo terriblemente imprudente y, en realidad, represible, algo que debiera ser anulado. Sin embargo, me parece que vas demasiado lejos al decir que un papa no tiene la autoridad final en los ritos litúrgicos.

Traddeus: Me parece impactante que el Credo de Pío IV (que es un texto *de fide*) incluya la siguiente sentencia: "*Receptos quoque et approbatos Ecclesiae catholicae ritus in supradictorum omnium Sacramentorum solemni administratione recipio et admitto*" ("Recibo y admito los ritos recibidos y aprobados de la Iglesia católica usados en la solemne administración de los mencionados sacramentos"). Me parece que esto hace absolutamente *ultra vires* la supresión de cualquier rito existente, por obra de una putativa ley eclesiástica positiva.

Rockmeteller: A mí me parece que tanto *Quo Primum* como el Credo de Pío IV prueban que la forma más antigua del rito romano es doctrinalmente sana, y que sus ceremonias son ciertamente

---

2 Ver página 66, nota 11.

aptas para el culto divino. No se puede, por tanto, rechazar esa forma, en el sentido en que algunos teólogos liberales argumentan que es doctrinalmente defectuosa, o que sus ceremonias son ridículas. Pero no alcanzo a ver cómo ninguno de esos dos documentos impide que la autoridad eclesiástica haga cambios a las formas, incluso cambios extensos. El abolir, por ejemplo, las oraciones al pie del altar, no implica que hubiera nada doctrinalmente sospechoso o ridículo en ellas; sólo implica que la autoridad que las abolió consideró más oportuno abreviar y simplificar el rito de la Misa. Se puede pensar que esa decisión fue una necedad; yo lo creo así; pero no me parece que sea algo *tan malo* que se pueda invocar el principio "la ley injusta no obliga". El legislador ciertamente tuvo *la intención* de promover el bien común de la Iglesia aunque, de hecho, no haya contribuído a él. La respuesta adecuada, entonces, me parece que es pedir a la Santa Sede que restaure aquellas oraciones y dé permiso para usar el rito antiguo más ampliamente. Pero sería una reprobable desobediencia usar la forma antigua en casos donde no se ha dado dicho permiso.

Traddeus: Resulta fácil aislar un caso (como el del Ultimo Evangelio) y preguntar: "¿Es esto *verdaderamente* necesario para la integridad del rito romano?". La respuesta será, probablemente, que no. Pero es cosa totalmente diferente seleccionar muchos rasgos característicos del rito romano, usados durante largos períodos en la Iglesia, y preguntar: "Si suprimo todas estas cosas, y modifico todas las que quedan, ¿estaríamos todavía ante el rito romano?". La mera cantidad y la magnitud de los cambios que se hicieron al rito romano fueron suficientes como para que cualquier persona inteligente pudiera considerarlos gravemente dañinos para el bien común. El hecho de que, en ese período, *haya efectivamente habido* muchos observadores que llegaron precisamente a esa conclusión, más los millones de fieles "que votaron con los pies", indica que esto no es un juicio exagerado[3].

Si queremos hablar de lo que los papas pueden y no pueden hacer, tenemos que tomar en cuenta no sólo su autoridad legislativa para hacer "algún cambio", sino también el ritmo y amplitud y naturaleza de los cambios. Seguramente no querríamos sostener que la mera *intención* de hacer algo "por el bien común" – o una declaración en el sentido de que esa fue la intención, la haya sido efectivamente

---

3 Ver especialmente Shaw, *Latin Mass and the Intellectuals*.

o no- es suficiente para hacer creíble la explicación. O sea, si el papa dijera: "Voy a liquidar todo el patrimonio de los museos vaticanos por el bien común de la Iglesia", se podría simplemente rechazar esa declaración como verdadera, o siquiera como capaz de serlo. Y la liturgia vale mucho más que los museos vaticanos.

Rockmeteller: Las líneas que citaste del Credo de Pío IV no son suficientes para fundamentar tu argumento si, como lo proclaman sus defensores, el *Novus Ordo* es una revisión del rito romano más que un reemplazo del mismo.

Traddeus: Eso es lo que tratan de defender; pero tienen en contra todas las pruebas. Como se puede leer en el libro "El rito romano de ayer y del futuro", el llamado rito romano existe como cosa concreta, históricamente definible. Podemos identificar las muchas características suyas que lo distinguen de otros ritos. El *Novus Ordo* está diseñado precisamente para carecer de esas características y, de hecho, tiene mucho menos en común con el rito romano que los ritos orientales; y de esto se sigue la lógica conclusión: los cambios hechos en la "reforma" litúrgica fueron tan amplios que produjeron como resultado un rito diferente; y la intención, proclamada por el papa Francisco, es extinguir el rito romano completamente y reemplazarlo por el rito nuevo. Esto equivaldría a suprimir todo el ritual de la Iglesia bizantina, cosa que, con solemne lenguaje, el Vaticano II implica que es imposible, y significaría no aceptar ya más uno de los ritos recibidos de la Iglesia, contrariamente al Credo *de fide* de Pío IV. Y así, toda la cuestión queda fuera del ámbito de la legítima ley eclesiástica positiva.

Rockmeteller: Pero tú estás ignorando el hecho, harto evidente, que todos los papas, desde la institución del *Novus Ordo*, se han referido a éste, en sus documentos oficiales, como el "rito romano revisado y reformado" (o con palabras parecidas), e incluso Benedicto XVI habló de "dos usos del único rito romano" (*Summorum Pontificum*, art. 1). ¡Es demasiado decir que está demostrado que el *Novus Ordo no es* el rito romano!

Traddeus: Dentro de ciertos límites, los papas pueden crear ficciones jurídicas, si piensan que éstas los ayudarán a enfrentar una situación difícil; y eso es, creo, lo que hizo Benedicto XVI para promover la paz litúrgica[4]. Pero no me interesa tanto la cuestión

---

4 Ver Gregory DiPippo, "The Legal Achievement of Summorum Pontificum," *New Liturgical Movement*, julio 5, 2017.

legal positivista como la cuestión *ontológica*. Desde la ontología, no hay forma de sostener que el rito de Pablo VI es el mismo que el rito romano. Ambos ritos son demasiado diferentes como para que ello sea posible; como lo han probado muchos, a lo largo de los años, no hay una sola cosa propia y característica del rito romano que sobreviva, intacta, tal como se la practicó antiguamente, en el rito moderno. Al nivel ontológico, la única alternativa que tengo es permitir que el cerebro se me haga puré, transformándome en ockhamista, y declarar que la palabra "rito" no tiene en absoluto un significado intrínseco; por tanto, cualquier par de ritos que no sean en absoluto lo mismo pueden, con todo, ser "el mismo rito".

De acuerdo con los estándares del más estricto positivismo jurídico -que sostiene que no hay otra ley que "El papa lo manda"- la Iglesia puede tener el poder de declarar que el rito moderno ES *legalmente* el rito romano; pero la Iglesia no tiene, sencillamente, autoridad para declarar que ello es así ontológicamente. O sea, no tiene autoridad para obligarnos a creer en algo que contradice todos los datos de la historia y la evidencia de nuestros sentidos (i.e., creer que dos cosas radicalmente diferentes son, de hecho, la misma), ni puede tampoco obligarnos a creer que Carlomagno fue Emperador de Rusia o que la luna está hecha de queso.

Nótese bien: yo *no* sostengo que el legislador no tenga autoridad sobre la ley. Lo que sostengo (porque es verdad) es que el legislador no tiene tal autoridad sobre la realidad como para exigirnos legalmente creer cosas que, claramente, no son verdad. Por ejemplo, la adopción es una ficción legal, en virtud de la cual la inexistencia de una relación genética entre dos personas carece, en derecho, de importancia, y se declara existente una relación de padre/hijo. Pero la ley no realiza esto *creando una relación genética entre ambas personas*, lo cual es ontológicamente imposible. En forma análoga, el papado puede declarar que, jurídicamente, la inexistencia de una relación "genética" real entre el rito romano y el rito de Pablo VI carece de importancia, y que todo sacerdote del rito romano puede celebrar cualquiera de ellos; pero no puede, desde el punto de vista de los hechos y de la historia, hacer que esos dos ritos sean un mismo rito, como tampoco puede, desde el punto de vista de los hechos y de la historia, declarar que el rito bizantino y el rito mozárabe son "dos usos del mismo rito".

Rockmeteller: Pero ¿qué piensas de los apologetas de You Tube que lanzan, uno tras otro, textos papales sobre cómo el papa es el encargado de todo lo que sea litúrgico… que él *crea*, virtualmente, ritos litúrgicos (a pesar de que por más de 1.500 años ningún papa lo hizo –¡pudiendo haberlo hecho si se le hubiera ocurrido hacerlo!–)… que todos debemos someternos a su gobierno, que es idéntico al de Cristo… que cualquiera que lo cuestiona es culpable de "desafiar su cargo"? ¡Incluso dicen que el Derecho canónico lo condena a uno por "suscitar animosidad contra la Sede Apostólica"!

Traddeus: Esos apologetas se refieren a la autoridad papal totalmente en abstracto; no ven otra cosa *sino* la autoridad, como si ésta pudiera entenderse en el vacío. Pero la autoridad tiene siempre un contexto: una colectividad, un bien común, un conjunto de deberes o de responsabilidades, una historia y una tradición; y ello es así mucho más (¡como si fuera necesario recalcarlo…!) en el caso de la Iglesia católica.

Los errores de los hiperpapistas son de orden filosófico. Conocen bien los "textos fundamentales" que usan, pero parecen tener una mala comprensión de los conceptos involucrados en *absolutamente todo* ejercicio de la autoridad. La visión que sostienen equivale a decir que todo lo que hace el papa es (y, de hecho, debe ser) legal y justo, y sus súbditos no tienen otro papel que ser pasivos receptores de sus acciones. El papa no tiene ni límites, ni exigencias ni deberes; los súbditos no tienen ni un bien propio, ni derechos ni "propiedad". En realidad, los hiperpapistas desprecian las aseveraciones de los grandes teólogos que hablan de "resistir a los papas cuando dividen la Iglesia" o cuando provocan "un cisma o destruyen los ritos", etc., arguyendo que esos teólogos están simplemente equivocados o que hablan de situaciones meramente hipotéticas, extremas o imposibles.

Las irracionales opiniones de los hiperpapistas no pueden tener cabida alguna en el catolicismo precisamente porque la fe no es contraria a la razón, tal como la gracia no contradice a la naturaleza. A quienes desean vadear, hundiéndose hasta las rodillas, por aguas teológicas les ayudaría llevar al cinto alguna filosofía política seria, para no decir nada de la necesidad de algunas nociones básicas de antropología, psicología y sociología. Después de todo, comprender al hombre, la sociedad, la cultura y la tradición es algo que facilita la comprensión de aquellas cosas que presuponen estas realidades y que operan sobre ellas.

Rockmeteller: Me temo que no estás siendo muy justo. Esos apologetas podrían replicar: "Nosotros no sostenemos que el papa *no podría* armar un enorme enredo; lo que decimrs es que, si lo armara, tendríamos muy mala suerte, porque tendríamos que poner buena cara y aguantarlo. Podríamos respetuosamente protestar y decir "Santo Padre, Ud. tiene jurídicamente derecho a hacer lo que ha hecho, pero, moralmente, no tiene derecho; por favor, reconsidérelo". Si lo convencemos, magnífico; si no, no hay nada que hacer".

Traddeus: ¿Te parece que eso tiene lógica?

Rockmeteller: Bueno, *hay* ocasiones en que tenemos que aceptar una ley imperfecta, hasta que podamos conseguir su rectificación...

Traddeus: No, no tiene lógica. Y la razón es la siguiente: la idea de papado implícita en esa postura sería la de un matrimonio en que el marido posee toda la autoridad y la mujer, ninguna: aunque el marido abuse de su autoridad, ella debe aceptarla, y nada de lo que piense o diga o haga tiene que ser tomado en cuenta por él. En realidad, cualquier relación autoridad/súbdito tiene una estructura análoga: marido/mujer, padre/hijo, gobernante/gobernados, párroco/feligreses. En cada uno de estos casos hay una autoridad que proviene de Dios, que puede ser bien o mal usada, y los súbditos tienen también una dignidad que debe ser respetada, la cual incluye los bienes que la Providencia les ha concedido para que los usen. Si el gobernante, en cada uno de estos casos, no gobierna para el bien de los súbditos, sus mandatos o prohibiciones pierden, en la misma medida, su validez.

Rockmeteller: No sé qué decir; me has dado mucho en qué pensar y me has remecido las ideas.

Traddeus: El acero se afila con acero... Pero ¡mira cómo pasa el tiempo! Tengo que partir de inmediato a la práctica de la *schola* para la fiesta de los Santos Pedro y Pablo. ¿Podrás llegar a la Misa Solemne mañana a mediodía?

Rockmeteller (*sonriendo*): Sí, de hecho ya me había enterado y estaba planeando ir. El antiguo rito romano parece un modo muy adecuado de celebrar a los apóstoles de Roma. Ahí estaré. ¡Hasta mañana!

12
Culto réprobo o culto digno:
LA ALTERNATIVA QUE NOS ENFRENTA[1]

TOMEMOS, COMO PUNTO DE PARTIDA, DOS textos de las Escrituras: "Maldito el que hace la obra del Señor con negligencia" (Jeremías 48, 10); y "Adorad al Señor en la belleza de la santidad" (Salmo 29, 2) [N. del Tr.: la versión inglesa de la Biblia que cita el autor, de la cual traducimos aquí este versículo, es la King James Version; las más importantes versiones castellanas de este versículo que hemos revisado no incluyen el término "belleza", central en el comentario que hace el autor en el tercer párrafo del presente capítulo].

El primer versículo, tomado del profeta Jeremías, habla del terrible peligro que acecha al hombre mortal en su vida: el peligro de descuidar el *opus Dei*, la obra del culto divino para la que nosotros y todo el cosmos hemos sido creados y redimidos; el pecado de realizarla descuidada o falsamente. En la tradición, la "religión" es el nombre de la virtud por la que damos a Dios lo que le debemos –o sea, lo mejor que podemos, del mejor modo posible, según el libro de Sirach: "Los que glorificáis al Señor, ensalzadle cuanto podáis, pues siempre os quedaréis cortos, pues su majestad es admirable. Al ensalzarle redoblad vuestras fuerzas, no os canséis, pues nunca alcanzaréis el final" (Sirácida 43, 30-31) [N. del Tr.: traducción tomada de la Biblia de Navarra]. Como enseña Santo Tomás de Aquino, la religión es la más elevada de todas las virtudes morales[2]. Ofrecer un recto culto religioso es la tarea más importante que tenemos, inferior sólo a los actos de las virtudes teologales de la fe en Dios, la esperanza de ganar el cielo con la ayuda de Dios, y la caridad con Dios y con los que le pertenecen. Jeremías nos alerta

---
[1] Este capítulo comenzó como una conferencia dada en Arlington, Virginia, el 18 de octubre de 2022, durante la presentación del libro de Mons. Athanasius Schneider *The Catholic Mass: Steps to Restore the Centrality of God in the Liturgy* (Manchester, NH: Sophia Institute Press, 2022).
[2] *Summa theologiae* II-II, Q. 81, art. 6.

contra un "culto réprobo" en el que o lo que ofrecemos o el *modo* de ofrecerlo es desagradable a Dios Todopoderoso, y atrae sobre nosotros no su bendición sino su maldición.

El segundo versículo, tomado del salmo 28[3], habla positivamente de la bendita obligación que tenemos de "adorar al Señor en la belleza de la santidad". La belleza que exige el culto es, primero y sobre todo, una belleza espiritual interior, la de la santidad, la de estar en estado de gracia; pero, debido a que somos creaturas hechas de cuerpo y alma, la belleza de Dios invisible y del alma invisible en que El se digna habitar tienen que reflejarse exteriormente en la belleza de *cómo* rendimos culto, según nuestra calidad de animales raciones; o sea, en la belleza de nuestras iglesias, de nuestras ceremonias litúrgicas, de nuestra música sagrada, de nuestros paramentos, vasos sagrados, mobiliario, cuadros, esculturas y vitrales. Estas cosas pueden enseñarnos -y efectivamente lo hacen-, a menudo sin palabras, que Dios es la belleza suprema que anhelamos; que Su belleza es luminosa, radiante, fascinante, atractiva, consoladora y tranquilizadora, pero al mismo tiempo exigente, severa, extraña, incomprensible, misteriosa. El es Dios con nosotros y Dios que está más allá de nosotros: Emmanuel, pero también Aquel "que mora en una luz inaccesible, que ningún hombre ha visto ni puede ver", como dice San Pablo a San Timoteo (1 Timoteo 6, 16).

El culto católico siempre ha tenido dos formas de expresar este paradójico misterio de la inmanencia y la trascendencia de Dios. Su suprema santidad, que nos atemoriza y fascina, exige de nosotros una respuesta absolutamente seria que abarca nuestro ser entero, mente y corazón, carne y psiquis, sentidos, imaginación, memoria. Además, le ofrecemos no sólo lo que somos individualmente, no sólo lo que somos como comunidad situada en determinado tiempo y lugar, sino también lo que hemos sido y lo que seremos como miembros de la única Iglesia de Cristo, que se extiende desde Abel el Justo hasta el último suspiro del último hombre que confiese a Cristo antes del fin del mundo[4].

---

3 Salmo 29 en la numeración hebrea.
4 Ver a San Agustín: "Nuestro Señor Jesucristo, como hombre total y perfecto, es Cabeza y cuerpo... su cuerpo es la Iglesia, no sólo la Iglesia que está en este lugar específico, sino la que está aquí y la que se extiende por toda la tierra; no sólo la Iglesia que vive hoy, sino toda la raza de los santos, desde Abel hasta todos los que habrán de existir y creer en Cristo hasta el fin del mundo, ya que todos pertenecen a una misma ciudad. Esta ciudad es el cuerpo de Cristo... Este es el

Le debemos, en especial, el culto que le rindieron nuestros antepasados, nuestros ancestros, nuestros "predecesores", quienes han corrido la carrera antes que nosotros y nos han precedido en alcanzar el reino, y que están, por tanto, más adelante que nosotros. La continuidad de la tradición, en otras palabras, es parte de lo que ofrecemos a Dios en nuestro culto: es la voz reunida de los que partieron y de los que viven, de muchas generaciones que hablan, cantan, guardan silencio como una entidad socio-espiritual ante el rostro de Dios. Adorar a Dios con novedades, invenciones, manufacturas, con un espíritu de momentánea espontaneidad, es privarlo de la belleza de una santidad unida, colectiva, de una santidad que abarca y trasciende todo tiempo; es privarlo de lo mejor que Él mismo ha inspirado en todas las épocas, los dones que Él ha querido que se nos dé y que recibamos bajo Su mirada, para Su gloria.

La tradición no es una perezosa repetición del pasado por parte de una generación actual carente de creatividad o de adaptabilidad. Nuestro amor a la tradición no es un anhelo nostálgico de algo que ya no tenemos pero quisiéramos tener; más bien, es una inmediata empatía con lo que es intensamente solemne y de una penetrante belleza, entremezclado con una actitud de humilde receptividad que acoge, conserva y se regocija con el tesoro de la Iglesia, familia de Dios y pueblo de Dios, que peregrina a través del tiempo, llevando en sus brazos y en su corazón todas las riquezas que le han sido concedidas. Sólo el hombre moderno, carente de raíces, individualista, centrado en sí mismo, arrogante, que cree ser autosuficiente, se despreocupa de su herencia familiar, de la historia, costumbres, reliquias, libros, recuerdos y narraciones de las generaciones pasadas que, lejos de estar "muertas y desaparecidas", siguen supremamente *vivas en Dios*, y forman el cuerpo más perfecto de adoradores en Su Iglesia. Esas generaciones se nos han adelantado y nosotros vamos muy atrás. Es una perfecta locura imaginarse que los santos del pasado están menos calificados que nosotros para decidir cómo debe realizarse el culto divino. O, para decirlo al revés, es una perfecta locura imaginarse que *nosotros* estamos más calificados que los santos del pasado para decidir cómo debe realizarse el culto divino. Por el contrario, el testimonio

---

Cristo entero: Cristo unido con la Iglesia" (*In Ps. 90*, sermo 2, citado por Emile Mersch, s.j., *The Whole Christ: The Historical Development of the Doctrine of the Mystical Body in Scripture and Tradition* [n.p.: Ex Fontibus Company, 2018], 415).

convergente de todos ellos es el modelo, la medida y la motivación para nuestro discipulado cristiano, para nuestras acciones y nuestro sufrimiento, para nuestro culto divino. Tal es la mentalidad católica, exacta antítesis de la moderna. Es verdaderamente trágico que la violenta contradicción entre estas dos mentalidades haya entrado en el torrente sanguíneo de la Iglesia con el tan alardeado *aggiornamento* del Concilio Vaticano II y con el intento de modernización de la sagrada liturgia que ahí se originó. Desde entonces hemos sufrido la guerra civil y sus consecuencias.

En realidad, nosotros recibimos de Dios, a través de la Iglesia, lo que la tradición griega llama "la divina liturgia"; pero no a través de la Iglesia de un solo día o de un solo instante, y mucho menos de eclesiásticos intoxicados con el *Zeitgeist*, sino de la Iglesia de todas las épocas; y transmitimos esa "divina liturgia" con fidelidad. Así hicieron los israelitas, que recibieron su culto de manos de Dios, quien les reveló los principios inflexibles que rigen todo culto en la tierra y en el cielo[5]; así hizo el Mesías de Israel cuando dijo a sus Apóstoles, los primeros sacerdotes del Nuevo Testamento: "Haced esto *en memoria de mí*", es decir, imítenme, hagan lo que yo hago, transmítanlo como recuerdo viviente, como un hacer presente este único sacrificio. Así hizo San Pablo cuando dijo a los Corintios: "Os alabo porque en todo os acordáis de mí, y mantenéis las tradiciones como os las transmití" (1 Corintios 11, 2), y cuando dijo a los Tesalonicenses: "Por eso, hermanos, manteneos firmes y observad las tradiciones que aprendisteis, tanto de palabra como por carta nuestra" (2 Tesalonicenses 2, 15).

Ni siquiera rechazaron los apóstoles la tradicional liturgia judía que habían recibido: mantuvieron el ciclo diario de los salmos de David y unieron el culto de la sinagoga y del templo en la Misa de los Catecúmenos y la Misa de los Fieles. Jesús no vino a abolir el culto de la sinagoga y del templo, como tampoco vino a abolir la ley y los profetas (cf. Mateo 5, 17); por el contrario, al completar o llevar a su perfección la ley y los profetas, hizo lo mismo con el culto verbal de la sinagoga y el culto sacrificial del templo[6]. El mismo, Palabra de Dios, Palabra hecha carne, Hijo ofrecido en la cruz por la vida del mundo, se hizo substancia del Santo Sacrificio

---

5 Ver mi conferencia "Enter His Courts With Praise: Liturgical Reverence for Christ the King," *New Liturgical Movement*, mayo 2, 2022.
6 Ver el capítulo "El canto gregoriano: La música perfecta para el culto cristiano" en mi libro *Buena música, música sagrada, silencio: Tres dones de Dios a la liturgia y a la vida* (Lincoln, NE: Os Justi Press, 2024), 101-33, especialmente 101-3.

de la Misa, en que la Misa de los Catecúmenos prolonga la oración de la sinagoga, y la Misa de los Fieles, los holocaustos del templo. La tradición del culto hebreo llega a su punto de destino final -en que es, con todo, superada- en el inenarrable don de la vida divina del Salvador. Así también, el don concedido primeramente en forma sacramental en la Ultima Cena, y ratificado en el sacrificio sangriento, efectuado de una vez para siempre, del Calvario, tiene su plena manifestación eclesial en los ritos litúrgicos orgánicamente desarrollados en Oriente y Occidente, donde el significado comprimido que Nuestro Señor introdujo en unas pocas y compactas palabras, gestos y materias, es desplegado por la Santa Madre Iglesia, bajo la guía del Espíritu Santo, para nuestro más fácil acceso, nuestro mejor compromiso, nuestra más profunda instrucción, nuestro ejercicio espiritual y, en el fondo, para nuestro asombro y sorpresa.

Durante quince siglos la Iglesia hizo precisamente esto: esforzarse por adorar al Señor en la belleza de la santidad, evitando al mismo tiempo, con ayuda de las barandillas puestas por la costumbre, el Derecho canónico y las rúbricas, llevar a cabo negligentemente la obra del Señor. Y esto lo hizo, durante quince siglos, *sin intervención del papa*. El misal que había sobre todo altar cristiano, de un cabo al otro de la Cristiandad, estaba puesto allí no por papa alguno, ni siquiera por algún obispo, sino por obra de muchas generaciones de clérigos y religiosos que copiaban los misales, línea a línea, en pieles de animales, y los empastaban con un resistente cuero. Cuando San Pío V promulgó *Quo Primum* en 1570, todo lo que hizo fue codificar -o, mejor dicho, canonizar- lo que la Iglesia de Roma había venido usando desde hacía muchos siglos. Lejos de reivindicar un supuesto derecho de hacer con la liturgia lo que le pluguiera, este gran papa lo que hizo fue reivindicar la anterior e inexpugnable dignidad de la tradición inmemorial, es decir, lo que el Concilio de Trento llamó "ritos recibidos y aprobados".

En general, aunque un desarrollo litúrgico gradual es normal y sano, especialmente si se trata de una adición o expansión que dé una más plena expresión a la verdad y una mejor evocación de la belleza divina, la *lex orandi* o ley de la oración ya establecida debe ser celosamente protegida y religiosamente mantenida, y debe evitarse toda novedad, en el sentido de un cambio súbito y drástico[7].

---

7 Para una discusión a fondo de esto, ver Kwasniewski, *El rito romano de ayer y del futuro*.

Esta es la actitud católica; ha sido siempre así y así debe ser siempre. Cuando Benedicto XVI declaró: "Lo que las generaciones anteriores tuvieron como sagrado, sigue siendo sagrado y grande también para nosotros, y no puede ser ni totalmente prohibido ni siquiera considerado dañino. Nos corresponde a todos preservar las riquezas que la fe y la oración de la Iglesia han desarrollado, y darles el lugar que les corresponde", lo que hizo no fue pedir obediencia ni a su capricho ni al de nadie, ni tampoco a una condescendiente decisión pastoral, sino que nos pidió que reconociéramos y permaneciéramos fieles a un principio verdadero, que ha sido siempre verdadero y siempre seguirá siéndolo. Si ese principio no fuera verdadero, careceríamos entonces de base para confiar en la Iglesia de ayer, de hoy o del futuro. Si, por el contrario, confiamos en la Iglesia, tenemos que adherir a su tradición. Es así de simple.

En la Iglesia de hoy se destaca el obispo Mons. Athanasius Schneider por su franca defensa de dicho primordial principio. En su libro *La Misa católica*, Mons. Schneider explica, con gran sencillez, elegancia y rigor la verdadera concepción católica del Santo Sacrificio, e insiste en "restaurar la centralidad de Dios en la liturgia". Porque, como Joseph Ratzinger hizo ver, en la época moderna la liturgia se realiza a menudo como si Dios no existiera, o como si hubiera sido totalmente domesticado o subordinado a nuestras (supuestas) necesidades, conveniencias y agendas políticas. Dios ha sido marginado. En la Iglesia posterior al Vaticano II, Él es el más marginado de los marginales. Mons. Schneider se propone demostrar cómo y por qué la liturgia debe estar centrada en Dios, volviendo a ser, de nuevo, una "divina liturgia".

Mons. Schneider nos ayuda a ver lo que la liturgia es en esencia, y qué actitudes y disposiciones le son apropiadas. Para hacerlo, nos enumera todas las dimensiones del culto. En vez de adoptar un enfoque histórico, como hace Michael Fiedrowicz en *La Misa tradicional: historia, forma y teología del rito romano clásico*, o un enfoque fenomenológico, como Romano Guardini en *El espíritu de la liturgia*, o uno sistemático, como hace Ratzinger en su propio *El espíritu de la liturgia*, Mons. Schneider emplea un enfoque temático y espiritual. Los doce capítulos del libro de Mons. Schneider declaran los "artículos" o aspectos fundamentales de la Misa, según el modelo de aquella leyenda en que cada uno de los doce apóstoles proclama uno de los doce artículos del Credo de los Apóstoles, o como una cuestión en la

Summa Theologiae de Santo Tomás de Aquino, dividida en artículos. Dichos capítulos son: la Misa como Oración; la Misa como Adoración; la Misa como Ritual; la Misa como Sacrificio; la Misa como Esplendor; la Misa como Acción Sagrada; la Misa como Acción de Gracias; la Misa como Escucha; la Misa como Vida de la Iglesia; la Misa como Fuente de Salvación; la Misa como Servicio Sagrado; la Misa como Fiesta de Bodas.

Algunos de estos aspectos pueden parecer obvios – ¿no sabemos todos que la Misa es oración? –, pero nunca lo obvio ha sido menos obvio que hoy (en muchos lugares, el modo cómo se celebra la Misa hace que "oración" sea la última idea que se viene a la mente), y lo que es más importante, el misterio es infinitamente susceptible de ser meditado. Necesitamos sacar a la luz lo que está implícito en nuestra fe y permitirle que modele más activamente nuestra mente y corazón. Aparecen nuevas luces si ponderamos de nuevo las grandes verdades que nos ha transmitido la tradición. Así es cómo crecen con el tiempo la teología y la espiritualidad: no es la verdad la que cambia, sino nuestra aprensión y comunicación de ella.

Una de las formas en que tiene lugar este auténtico progreso consiste en la reunión de gran cantidad de diversas fuentes, bien elegidas, que iluminan lo que ya conocemos pero deseamos comprender más profundamente. Mons. Schneider, experto en patrística y profesor emérito extensamente leído, echa mano, en *La Misa católica*, de todos los medios disponibles, ofreciéndonos citas de Padres de la Iglesia como San Justino Mártir, Tertuliano, Orígenes, San Cirilo de Jerusalén, San Ambrosio, San Agustín, San Jerónimo, San León Magno, San Juan Crisóstomo y San Juan Damasceno; de Doctores de la Iglesia como Santo Tomás de Aquino, San Buenaventura, San Francisco de Sales, San Alfonso María de Ligorio y Santa Teresa de Lisieux; de autores medievales y de la primera modernidad como San Francisco de Asís, William Durand, Johannes Tauler, Dionisio el Cartujo, San Leonardo de Port Maurice y Bossuet; de escritores modernos como Dom Prosper Guéranger, San John Henry Newman, San Pedro Julián Eymard, Nicholas Gihr, el Beato Columba Marmion, el Beato Ildefonso Schuster, Paul Claudel, Dietrich von Hildebrand, Charles Journet, Romano Guardini, Klaus Gamber, Evelyn Waugh, Fulton Sheen, Joseph Ratzinger y Martin Mosebach; y de fuentes magisteriales como el Concilio de Trento y una multitud de papas que enseñan *una voce*, así como también de algunas joyas, totalmente olvidadas, de las discusiones habidas en el Vaticano II. Un libro como éste es un educarse a sí mismo, una verdadera orquesta sinfónica de instrumentos de tradición que nos rodean con el rico sonido del catolicismo, el mismo ayer, hoy, y siempre (cf. Hebreos 13, 8).

Lo más refrescante de todo es la gran intrepidez de Mons. Schneider al traer a primer plano la Misa tradicional como el estándar absoluto, el punto de referencia, el modelo y paradigma de lo que la Santa Misa es, cómo debe ser celebrada, cómo debe entendérsela, cómo hay que acercarse a ella y *vivirla*. Se da por supuesto el valor permanente del rito romano tradicional, tal como lo hizo Benedicto XVI frente a la esperpéntica aberración de la revolución litúrgica de los años 1960, que separó la vida cultural de la Iglesia de su propio pasado por la imposición universal de un nuevo rito. Aunque Mons. Schneider acepta la validez del *Novus Ordo* (como lo hacen los tradicionalistas en general) y cree que tiene un lugar en la Iglesia (opinión que, por el contrario, muchos tradicionalistas no comparten), no cree que es adecuado tal como está, o que se puede elevar por sobre su desalentadora mediocridad sin la benéfica influencia y compañía de la poderosa "fuerza gravitacional" del rito romano clásico. Por ejemplo, Mons. Schneider pone énfasis en la ejemplar perfección de la Misa tradicional en lo relativo a la reverencia y adoración debidas a la Eucaristía, al papel mutuamente complementario de la música y del silencio, y a la correcta comprensión de un ministerio exclusivamente masculino en el presbiterio, con sus siete grados (portero, exorcista, lector, acólito, subdiácono, diácono y sacerdote).

Quienquiera que ataque esta forma tradicional de la Misa, verdaderamente merecedora del nombre de "rito romano", ataca todo lo que es católico –los rituales históricos, tradicionales, antiguos y ancestrales que expresan, inculcan y transmiten la fe ortodoxa que nos viene de Cristo y los Apóstoles–. Un atacante así ataca a la multitud de santos y de testigos cuya fe y caridad se nutrieron con los ritos litúrgicos tradicionales de la Iglesia. Desde un punto de vista eclesiológico, no podría existir nada más contradictorio que suprimir o incluso limitar de cualquier modo el uso del inmemorial rito romano. Así, cuando Mons. Schneider explica las mejoras o cambios que deben tener lugar para restaurar la centralidad de Dios en la liturgia, nos habla de tradicionalizar, de tridentinizar

Culto réprobo o culto digno

(si se nos permite el término) lo que hacemos. Todo lo que hay de correcto en nuestra liturgia, necesariamente tiene sus raíces en la tradición. Tenemos que familiarizarnos con la tradición y acogerla cálidamente, como nos corresponde en cuanto católicos. Porque, en realidad, sin ella no hay catolicismo. Los tradicionalistas coinciden en hacer ver que el modo más simple, menos engorroso, mejor y más noble de poner por obra lo que Mons. Schneider dice es restaurar absoluta y completamente el tradicional rito romano.

No puedo evitar añadir aquí que es totalmente absurdo que la jerarquía de la Iglesia desaliente o impida a los fieles asistir a la forma tradicional de la liturgia católica que los atrae y alimenta. Como ha reconocido Benedicto XVI en la carta que acompaña a *Summorum Pontificum*:

"Inmediatamente después del Concilio Vaticano II se supuso que las peticiones para usar el Misal de 1962 quedarían limitadas a la generación más antigua, que había crecido con él, pero con el tiempo quedó claramente demostrado que también los jóvenes han descubierto esta forma litúrgica, han sentido su atracción y han encontrado en ella un modo, que les resulta especialmente adecuado, de entrar en contacto con el Misterio del Santísimo Sacramento".

¿Se me permitirá decir algo obvio? Se *supone* que la liturgia nos atrae y nos alimenta con los misterios de Cristo. Sólo un pagano o infiel o apóstata o demonio querría ver suprimida una "forma de encuentro con el Misterio del Santísimo Sacramento especialmente bien adecuado" a los jóvenes, y no sólo a los jóvenes sino a los hombres de cualquier edad. Más injustificado e intolerable todavía es semejante ataque debido debido a que no se dirige a una especie de liturgia salvaje, experimental, carismática, sino al rito más venerable de toda la Cristiandad, el inmemorial rito romano, tan antiguo que su Canon es anterior a las anáforas de San Juan Crisóstomo y de San Basilio Magno. Sí, el Concilio Vaticano II pidió una reforma *moderada*, pero lo que vino después no fue en absoluto una reforma moderada, ni nada que remotamente lo pareciera. Además, en contraste con una declaración dogmática, que es y debe ser verdadera (como los decretos del Concilio de Trento), un programa prudencial de reforma, como el que se realizó en el Vaticano II, no es ni verdadero ni falso, sino sabio o necio, exitoso o fracasado: no tiene *garantía* alguna de éxito, y hay que evaluarlo precisamente por sus resultados prácticos. Aplicando este estándar, el papa debería aplicar los frenos al *Novus Ordo*, no a la Misa tradicional.

No hay necesidad más urgente en la Iglesia de hoy que la de superar las falsas nociones de obediencia, que hacen el juego a los enemigos de Cristo, que no desean otra cosa que separar a la Iglesia, *de una vez por todas*, de la fe y la moral que otrora sostuvo y atesoró. Es imposible seguir negando que muchos dirigentes de la Iglesia abusan de su autoridad. Nuestra fundamentada resistencia a quienes desobedecen, ellos mismos, a la ley divina, a la ley natural y a la tradición eclesiástica, no significa "ser desobedientes", sea que esta resistencia tome la forma de una abierta confrontación, sea que tome la forma más sutil, indirecta, de dejar de lado o socavar sus agendas y decisiones; por el contrario, significa reconocer, usando los dones de la fe y de la razón, lo que es inherentemente recto y, luego, *ejecutarlo* con temor y amor de Dios. La obediencia se basa siempre en la razón y en el *sensus fidei*; jamás debe contradecirlos, o negarlos, o desconocerlos. El propio Mons. Schneider -que creció en una Unión Soviética construída sobre una obediencia ciega a los *diktats* de un Partido Comunista controlador, y que experimentó posteriormente la forma, más insidiosa todavía, del conformismo cultural y la presión social que operan en las democracias liberales de Occidente, hasta el punto de que han liberalizado y secularizado la fe católica-, comprende muy bien el uso y abuso de la obediencia, su tremendo papel como virtud que se funda en la verdad y que aspira a la perfección; y comprende también el de su imagen invertida, alevoso vicio aliado con el interés personal, que tiembla ante el poder y produce una conciencia muerta.

Finalmente, para regresar al libro de Mons. Schneider, quisiera llamar la atención hacia su notable portada, especialmente elegida por el autor. En ella vemos una fotografía de la Catedral de San Pablo en Münster, Alemania, en 1946, después del bombardeo de la ciudad por los Aliados. La Iglesia está abierta por arriba como resultado de las explosiones. Una herida en los muros deja entrar un rayo de luz que ilumina el ábside. Como el Señor Jesucriso en su Pasión, la iglesia es mirada en menos, abyecta, acostumbrada a las enfermedades (cf. Isaías 53, 3). Esta es nuestra situación en el sexagésimo aniversario de la promulgación de la Constitución sobre la Sagrada Liturgia *Sacrosanctum Concilium*, del Vaticano II: la Iglesia católica en Occidente está en ruinas. Una nueva iconoclastia ha barrido con la belleza de incontables iglesias y de su mobiliario y la ha destruído. Sobre todo, el ícono de la Santa Misa y de los otros ritos sacramentales han sido vandalizados hasta dejarlos irreconocibles. La liturgia ha sido violentamente desarraigada de su bimilenario proceso de providencial desarrollo.

Pero la Tradición sigue adelante. En esa conmovedora fotografía descubrimos, para nuestro asombro y consuelo, que la Santa Misa, la gran Misa del rito romano, es celebrada a pesar de todo. El sacerdote, el diácono, el subdiácono siguen celebrando la *Missa Solemnis*, ignorando los escombros, las murallas destruídas, la ausencia de fieles, las condiciones frías y húmedas y todos los demás inconvenientes y obstáculos que los rodean. Ellos son fieles al *opus Dei*, a la obra de Dios, a la sagrada liturgia, a la *divina* liturgia; ellos no han olvidado la centralidad de Dios; ellos no serán malditos por dar un *cultus* descuidado; ellos luchan por adorar a Dios en la belleza de lo sagrado, lo mejor que pueden, a pesar del hado adverso, a pesar de la hostilidad del ambiente. Después del bombardeo de Bugnini, después del retrogradismo de Bergoglio, después de todo lo que éste o aquel obispo han hecho o dejado de hacer, nuestra iglesia local tiene derecho a sentirse como esa catedral bombardeada y nosotros, por la gracia de Dios y por esa verdadera obediencia que toma la forma de una valiente adhesión a la verdad y una decidida fidelidad a la tradición, podemos ser como esos intrépidos ministros en aquella iglesia cavernosa, que continúan la obra de Dios, que salva las almas y Le da gloria.

La Misa católica, de Mons. Schneider es, se podría decir, una especie de manual "para armar uno mismo": nos enseña cómo evitar la maldición que pesa sobre la negligencia, la laxitud y el fraude, y cómo asegurar la belleza de la santidad, cómo celebrar el sacrificio agradable de Abel en vez del sacrificio desagradable de Caín.

PARTE II
LEAL OPOSICIÓN

13
Ordenaciones clandestinas que violan el Derecho canónico:
LECCIONES DE LOS CARDENALES WOJTYLA Y SLIPYJ

Uno de los episodios más notable de la vida de Karol Wojtyla –del cual podemos aprender mucho hoy día– tuvo lugar durante su época como cardenal de Cracovia. Me asombra que, a pesar de toda la atención que se ha prestado a Juan Pablo II, este episodio no haya sido ni advertido ni, mucho menos, comentado. Y lo mismo ocurre con un importante acontecimiento de la vida del gran cardenal Josef Slipyj.

ORDENACIONES SACERDOTALES CLANDESTINAS

Para los lectores que no estén familiarizados con el término, *Ostpolitik* se refiere a la estrategia, que adoptó el Vaticano durante la Guerra Fría, de conceder ciertas exigencias que hacían los comunistas de Europa del Este a cambio de que toleraran, supuestamente, una existencia eclesial mínima. George Weigel ha sido un crítico franco y severo de la *Ostpolitik*[1]. La fundamentada biografía de Weigel, *Witness to Hope*, presenta los hechos más importantes de modo certero, aunque un poco dulcificados:

"El cardenal Wojtyla nunca dudó de las buenas intenciones de Pablo VI con su *Ostpolitik*, y de seguro se enteró de los tormentos que sufría el papa, tironeado, por una parte, por su instinto

---

1 Ver George Weigel, "The Ostpolitik Failed. Get Over It," *First Things* online, julio 20, 2016; idem, "The Casaroli Myth," septiembre 29, 2021. No parece que Weigel haya leído *Windswept House* porque si lo hubiera hecho hubiera sido menos ingenuo respecto del cardenal Agostino Casaroli (levemente disfrazado de cardenal Cosimo Mastroianni en la novela de Martin) y respecto de Pablo VI. Ver Gregory DiPippo, "Paul VI Did Not Exist: A 'Nostalgic' Response to George Weigel on Vatican II," *OnePeterFive*, octubre 24, 2022.

de defender la Iglesia perseguida, y por otra, por el juicio de su inteligencia de que tenía que proseguir con su política de *salvare il salvabile* [salvar lo salvable] que, como alguna vez le dijo al cardenal Casaroli, "no era una política gloriosa". El arzobispo de Cracovia creía que él también tenía la obligación de ser solidario con su vecina perseguida y profundamente herida, la Iglesia de Checoslovaquia, donde la situación se había deteriorado durante los años de la nueva *Ostpolitik* vaticana.

"Y así, el cardenal Wojtyla y uno de sus obispos auxiliares, Juliusz Groblicki, ordenaron clandestinamente sacerdotes para que sirvieran en Checoslovaquia, a pesar de que (o más bien debido a ello) la Santa Sede había prohibido que los obispos checoslovacos ocultos realizaran tales ordenaciones. Las ordenaciones clandestinas en Cracovia eran realizadas siempre con el permiso explícito del superior de los candidatos (su obispo o el provincial, en el caso de los miembros de una orden religiosa). Hubo que diseñar sistemas de seguridad. En el caso de los Padres Salesianos, se usó un sistema de tarjeta partida: el certificado que autorizaba la ordenación se partía en mitades; el candidato, que había cruzado oculto la frontera, traía consigo una mitad a Cracovia, en tanto que la otra era enviada por correo secreto al superior Salesiano de Cracovia. Se comparaba entonces las dos mitades y, si correspondían, se procedía a la ordenación en la capilla del arzobispo en la calle Franciszkanska, 3.

"El cardenal Wojtyla no informó a la Santa Sede de estas ordenaciones, que no consideró como actos de desafío de la política del Vaticano, sino como un deber hacia sus hermanos creyentes que sufrían. Probablemente no quiso dar luz a un problema que no se podía resolver sin causar dolor a todos los involucrados. Puede que también haya creído que la Santa Sede y el papa sabían lo que estaba sucediendo en Cracovia, y que confiaron en su propio juicio y discreción, y puede que haya optado, con alivio, por una especie de válvula de seguridad para una situación que era cada vez más desesperada"[2].

Adviértase cómo Weigel trata de disminuir la importancia de los hechos que narra. En medio de una Iglesia que, a mitad del siglo XX, estaba atrapada por un no cuestionado ultramontanismo, el cardenal Wojtyla desafió, sencillamente, el interdicto papal sobre

---

[2] George Weigel, *Witness to Hope: The Biography of John Paul II*, ed. rev. (New York: Harper Perennial, 2020), 233.

Ordenaciones clandestinas que violan el Derecho canónico: 177

tales ordenaciones y procedió a realizarlas, con la ayuda de un obispo auxiliar y con el conocimiento de los respectivos superiores. Si un cardenal que sabía que estaba obrando contra la voluntad del papa y de la ley no informó de lo que hizo, ¿se puede en verdad decir "que no consideró esos actos como un desafío a la política vaticana", cuando eso es precisamente lo que fueron?[3]. Es obvio que Wojtyla no planteó el tema a las "autoridades" porque pensó que, en este caso, estaban equivocadas. Además, es injustificado sugerir, con ánimo de sanear la situación, que Wojtyla puede también haber "creído que la Santa Sede y el papa conocían lo que estaba sucediendo en Cracovia". ¿Dónde están las pruebas de ello? Fue precisamente porque el papa y su Secretario de Estado de la época no confiaban en el juicio y discreción de héroes y confesores de la fe tales como el cardenal Stefan Wyszynski o (como veremos más adelante) el cardenal Josyf Slipyj, que el Vaticano prohibió las ordenaciones, abiertas u ocultas. Weigel debiera sencillamente haber cedido a la verdad: con razón dice que el cardenal sabía que tenía una *obligación* ante Dios, y un *deber* para con sus hermanos sufrientes. Y eso es todo lo que hacía falta decir[4].

Según otro biógrafo:

---

[3] Algunos han dicho que la prohibición de ordenaciones clandestinas regía sólo para Checoslovaquia, por lo que Wojtyla, al hacer traer los seminaristas a Cracovia, evitó el problema y no desobedeció ninguna norma. Lo que sí está claro es, sin embargo, que la razón de la prohibición había sido aplacar a las autoridades comunistas, a las que ciertamente no les hubiera agradado saber que los seminaristas cruzaban la frontera para ser ordenados en otra parte (según Jonathan Kwitny, Wojtyla también ordenó secretamente para la Iglesia en Ucrania, Lituania y Bielorrusia). Por ello, la *Ostpolitik* del Vaticano hubiera ciertamente detenido lo que hacía Wojtyla, si ello se hubiera conocido. Se puede decir, pues, que lo que Wojtyla hizo fue ir contra la intención conocida o deducible del legislador, pero no contrario a la finalidad de toda ley ecesiástica, es decir, la salvación de las almas. Y esta es la idea que presento en todos los ejemplos analizados en esta Segunda Parte del libro. Tal como el hombre no está hecho para el sábado, sino el sábado para el hombre, así la Iglesia no está hecha para el Derecho canónico, sino éste para la Iglesia.

[4] El hecho que Weigel se haya enterado de estas ordenaciones sólo por haberlo reconocido personalmente Juan Pablo II en 1996, como nos lo dice la nota al pie de página en este lugar, demuestra que la conciencia de Wojtyla estaba tranquila respecto de lo que había hecho: no tenía intención alguna de ocultarlo, al menos hasta después de que se hubiera asentado el polvo. Vale la pena también notar que si Wojtyla hubiera recibido alguna señal o alguna indicación desde Roma de que procediera como lo hizo (como Weigel se imagina, sin fundamento), se lo hubiera ciertamente mencionado a Weigel cuando le contó la historia. Pero no lo hizo, y de hecho es mucho más creíble que no haya existido intercambio alguno entre Roma y Wojtyla sobre este tema.

"Wojtyla tuvo con la Primavera de Praga una conexión más importante que lo que estuvo dispuesto a reconocer, A través de los años aumentó sus ordenaciones secretas de sacerdotes checos ocultos. Hacia 1965 comenzó a preparar y ordenar candidatos sacerdotales encubiertos de la Ucrania comunista, de Lituania y de Bielorrusia, donde también se había clausurado seminarios. Algunos candidatos se colaban por las fronteras hacia Polonia, en tanto que otros se disfrazaban de profesiones seculares que les permitían desplazarse legalmente; por ejemplo, uno era un psicólogo que visitaba continuamente un instituto de salud polaco. Wyszynski, en Varsovia, estaba al tanto de la naturaleza de estas actividades, aunque sin los detalles. Si las autoridades las hubieran conocido, habrían podido perfectamente encarcelar a Wojtyla"[5].

Sea que se esté o no entre los que alaban a "Juan Pablo Magno", hay una cosa bien clara: lo que hizo en Cracovia fue enteramente justificado y, en vez de deteriorar su figura, le añade lustre.

ORDENACIONES EPISCOPALES CLANDESTINAS

La vida del cardenal Josyf Slipyj (1892-1984), cuya causa de canonización se ha introducido en Roma, ofrece a nuestra consideración un caso paralelo. Slipyj superó a Wojtyla al realizar, clandestinamente, ordenaciones prohibidas de obispos, debido a su convicción interior de que así lo requería el bien de la Iglesia Greco Católica Ucraniana (IGCU) en la Unión Soviética. El P. Raymond de Souza lo resume del siguiente modo:

"En 1976, la cabeza de la IGCU, el cardenal Josef Slipyj, que vivía exiliado en Roma después de haber pasado 18 años en el *gulag* soviético, temió por el futuro de la IGCU. ¿Iba a contar con obispos que la dirigieran, dado que Slipyj tenía ya más de 80 años? Y así, ordenó clandestinamente a tres obispos, sin el permiso del Santo Padre, el beato Pablo VI. Por aquel tiempo, la Santa Sede seguía una política no asertiva frente al bloque comunista; Pablo VI no hubiera dado permiso para nuevos obispos por temor a incomodar a los soviéticos. La consagración de obispos sin autorización papal es un grave delito canónico, cuya pena es la excomunión. El beato Pablo VI –que probablemente supo, extraficialmente, lo que Slipyj

---

5 Jonathan Kwitny, *Man of the Century: The Life and Times of Pope John Paul II* (New York: Henry Holt, 1997), 220.

había hecho- no le impuso pena alguna"⁶.

He conversado recientemente este asunto con una fuente, muy entendida, que ha leído las *Memoirs* del cardenal Slipyj, todavía no traducidas al inglés, y me dijo que al cardenal lo convencieron que fuera a Roma con el pretexto de "una reunión", y ahí se le informó que no podría ya abandonar Roma para volver a la Unión Soviética a vivir y sufrir con su pueblo, aunque él estaba deseoso de regresar al *gulag*. Fue para él una fuente de grandes padecimientos el estar cómodamente instalado en Roma mientras su grey padecía oprimida por comunistas y ortodoxos orientales. Jaroslav Pelikan escribe lo siguiente en *Confessor Between East and West*:

"Exiliado allá, exiliado en la Roma por la cual él y su Iglesia había sacrificado tantas cosas, el metropolitano ucraniano se sintió cada vez más acorralado por lo que él llamó, en el subtítulo de un documento enviado al papa, la "actitud negativa" con que se encontraba constantemente "en las sagradas congregaciones de la curia romana". Algunas veces, en su exasperación, llegó a recurrir a la hipérbole de declarar que jamás se había sentido tan maltratado por los ateos de la Unión Soviética como ahora, por sus hermanos católicos y los clérigos de Roma"⁷.

Según la fuente a que he aludido antes, Pablo VI ciertamente conocía el secreto de las ordenaciones episcopales, pero declinó castigar al cardenal porque éste era ampliamente venerado como Confesor de la Fe. Uno de los obispos secretamente ordenados fue Mons. Lubomyr Husar; Juan Pablo II reconoció posteriormente su consagración, lo nombró Arzobispo de la Iglesia Greco Católica Ucraniana y lo hizo cardenal en 2001⁸.

---

6 Fr. Raymond J. De Souza, "Ukrainian Cardinals Husar and Slipyj are heroes to Church community," *The Catholic Register*, junio 22, 2017. Según otra fuente, el año en cuestión fue el 1977. Al tiempo de escribir, Souza aparentemente reconoció la beatificación de Pablo VI como legítima; muchos católicos tradicionales la cuestionan, lo mismo que su "canonización". Ver Peter Kwasniewski, ed., *Are Canonizations Infallible? Revisiting a Disputed Question* (Waterloo, ON: Arouca Press, 2021), esp. 219-41.
7 Jaroslav Pelikan, *Confessor Between East and West: A Portrait of Ukrainian Cardinal Josyf Slipyj* (Grand Rapids, MI: William B. Eerdmans, 1990), 173. En este libro hay interesantes ejemplos de la *Ostpolitik*; ver, e.g., 182-86.
8 La Iglesia Greco Católica Ucraniana es por sí misma una historia de esperanza. Considérese las siguientes estadísticas y apliqueselas análogamente al estado de la Iglesia de rito latino y a la "muerte y resurrección" litúrgicas desde 1960 hasta ahora: "En 1939, la IGCU tenía alrededor de 3.000 sacerdotes en Ucrania. En 1989, después de 50 años de guerra y persecución, el sacerdocio se había reducido en un 90%, a sólo 300. Con una edad promedio de 70, el sacerdocio en la IGCU

Vale la pena tener en cuenta que las acciones del cardenal Slipyj tuvieron lugar durante la vigencia del Código de Derecho Canónico Pío-Benedictino (de 1917). El canon 2370 del Código de 1917 dice: "*Episcopus aliquem consecrans in Episcopum, Episcopi vel, loco Episcoporum, presbyteri assistentes, et qui consecrationem recipit sine apostolico mandato contra praescriptum can. 953, ipso iure suspensi sunt, donec Sedes Apostolica eos dispensaverit*" (El obispo que consagre a alguien como obispo; los obispos que estén presentes [cuando ello ocurra], o los sacerdotes asistentes que tomen el lugar de obispos; y la persona que recibe la consagración sin mandato apostólico, contrariando lo que dispone el canon 953, quedan suspendidos *ipso iure* hasta que la Santa Sede los dispense). El lenguaje del Código deja bien en claro que este clero queda suspendido no en virtud del anuncio de la pena, sino simplemente en virtud de lo que ha hecho, es decir, consagrar sin un mandato apostólico, que Pablo VI jamás concedió a Slipyj. Un positivista jurídico diría que la suspensión en que el cardenal incurrió debiera haber sido alzada posteriormente. Pero el hecho que ella no fue nunca alzada es un testimonio elocuente del papel que tiene la *epikeia* en la interpretación y aplicación del Derecho. En resumen: se dio una situación en que simplemente el canon no tuvo vigencia. Esto debiera hacernos reflexionar sobre los límites del positivismo jurídico.

UN NUEVO LENTE PARA EXAMINAR A ECÔNE

Cuando la Iglesia está siendo atacada y su supervivencia en juego, o cuando su bien común está siendo gravemente amenazado, la "desobediencia" flagrante a los mandatos del papa o a las leyes puede justificarse; en realidad, no sólo justificarse, sino que puede ser recta, meritoria, materia de santidad. Nadie jamás ha puesto en duda que es derecho del papa conceder autorización para la consagración de obispos, ni que tanto Wojtyla como Slipyj violaron el Derecho eclesiástico, lo que les debiera haber merecido el mismo oprobio que Mons. Lefebvre. En cambio, los celebramos como héroes de la resistencia contra el comunismo.

---

estaba apenas a una generación de distancia de la extinción. Luego vino la divina liberación y la resurrección de esta Iglesia de mártires. Casi 30 años más tarde, la IGCU tenía de nuevo 3.000 sacerdotes, cuya edad promedio era 39 años. Hay más o menos 800 seminaristas para alrededor de 5 millones de ucranianos greco católicos" (De Souza, "Ukranian Cardinals").

La razón de ello es que reconocemos una ley más fundamental que lo que disponen los cánones: *salus animarum suprema lex est*. Como he dicho en el capítulo 10, toda la estructura jurídica de la Iglesia existe, al cabo, para proteger y promover la participación de la humanidad en la vida de Cristo. En circunstancias normales, el Derecho eclesiástico crea una estructura de acuerdo con la cual debe desarrollarse la misión de la Iglesia de modo ordenado y pacífico. Pero pueden darse situaciones de anarquía o de quiebre, corrupción o apostasía, en que las estructuras ordinarias se transforman en un impedimento, no una ayuda, para la misión de la Iglesia. En tales casos, la conciencia dice que hay que hacer lo que se necesita hacer, con prudencia y caridad, a fin de cumplir aquella ley suprema.

Con el pasar de los años, y al ver cómo la Iglesia católica se precipita cada vez más en el caos doctrinal, moral y litúrgico, no puedo aceptar la idea de que el Arzobispo Mons. Lefebvre haya sido reo de una "culpable desobediencia"[9]. Mons. Lefebvre quedó atrapado en una situación terrible, entre un Vaticano hostil que no se preocupaba para nada de la tradición (¡cómo el año 2021 nos ha devuelto al mismo lugar en el tiempo!) y una diáspora mundial de católicos tradicionalistas que miraban hacia él buscando una solución medianamente estable, al menos. La imposición del *Novus Ordo* y la teología "*aggiornata*" inaugurada por el Concilio fue una especie de "*Ostpolitik* hacia la modernidad", contra la que Mons. Lefebvre protestaba con toda razón, y contra la cual estuvo dispuesto a dar pasos decisivos cuando la fe pareció amenazada como nunca antes.

Los actos de Wojtyla y Slipyj ponen a Ecône en una luz nueva. Lo cual no quiere decir que desaparecen todas las dificultades, porque,

---

9 Recomiendo el abordaje, empático pero no acrítico, de Mons. Lefebvre que hace Sire en *Phoenix from the Ashes*, 410-30. Sigo creyendo, tal como lo expuse en un artículo en *OnePeterFive* el 3 de abril de 2019 ("Is It Ever Okay to Take Shelter in an SSPX Mass?"), que debiera asistirse a las capillas de la SSPX si no hay disponible, dentro de un radio razonable, otra parroquia o capilla tradicional en impecable comunión con el ordinario local. Digo esto como quien no tiene objeción alguna contra los adeptos a la SSPX, algunos de los cuales son amigos míos, y que sí tiene el mayor de los respetos por los sacerdotes que siguieron diciendo la Misa y administrando los sacramentos durante la "pandemia", cuando la reacción general fue vergonzosamente inadecuada. Añadiré también que, a mi juicio, los católicos de rito latino debieran seguir *su propio rito*, o sea, el rito romano (tradicional), aunque ello signifique asistir a una capilla de la Sociedad, antes que asistir a una parroquia de rito oriental. Si no hay ninguna Misa tradicional disponible, y hay una disponible en el rito oriental, sería razonable preferir ésta al *Novus Ordo*. Ver los capítulos 20 y 21.

con la vara que se lo mida, amiga o enemiga, no es normal que haya una sociedad de sacerdotes que opera en las diócesis de todo el mundo sin una jurisdicción normal, y hay que orar por una solución feliz a una emergencia causada por quienes, incumpliendo su deber, permitieron que el humo de Satanás –y hoy de muchísimos leños humeantes, como es obvio– invadieran la Iglesia de Dios. Cuando un edificio se está incendiando, uno trata de apagar el fuego y poner a salvo las víctimas con los medios que haya a mano, sin esperar a que lleguen los bomberos, especialmente si se sabe por experiencia que el jefe de bomberos está ausente, o dormido, o ebrio, o convencido de que los incendios son beneficiosos, y los bomberos mismos, en su mayoría, son unos idiotas torpes cuyos métodos no producen resultados o, peor todavía, son saboteadores pagados para esparcir bencina sobre el fuego.

Lo que está claro es que no se debe culpar a aquéllos que, con conciencia de su obligación ante Dios y de su deber para con los sufridos creyentes, han respondido a la crisis preexistente lo mejor que han podido, porque han elevado las brillantes armas de la obediencia hasta la altura de la suprema ley que condiciona a todas las demás: *salus animarum suprema lex*. Si todavía queda alguien, a estas alturas de la historia, que, luego de más de una década de "bergoglianidad", cree efectivamente que el comunismo fue mayor amenaza para la integridad, ortodoxia y salud de la Iglesia católica que el liberalismo, el progresismo y el modernismo que han infiltrado las parroquias, obispados y centros de estudio en todo el mundo, merece un compasivo meneo de cabeza y nuestras oraciones, a fin de que las escamas caigan de sus ojos. El que un mal sea más sutil, más "encantador"[10], no significa que sea menos invasivo ni menos dañino. Por el contrario, el parásito que se multiplica silenciosa e invisiblemente por dentro es mucho más peligroso que la persecución llena de odio que azota desde afuera.

LECCIONES PARA NOSOTROS

Si el Vaticano, siguiendo la huella de *Traditionis Custodes*, osara prohibir las ordenaciones tradicionalistas de sacerdotes, sería totalmente justificado que un obispo, que entienda lo que está en

---

[10] Término que el obispo Robert Barron ha usado para describir la teología espiritual del P. James Martin, s.j.

juego[11], continuara ordenando sacerdotes de modo tradicional, aunque fuera clandestinamente, sin pedir ni obtener permiso. Aun si el nuevo rito de ordenación es válido (como lo es el nuevo rito de la Misa), tiene graves defectos, y es inadecuado y no auténtico, en términos litúrgicos[12]. El testimonio autorizado, prioritario y superior, de la *lex orandi* del rito tradicional debe ser mantenido en la vida de la Iglesia hasta que el *Pontificale Romanum* tridentino sea universalmente restaurado. Lo mismo puede decirse de la consagración episcopal, como argumenta de modo convincente Antonio Francés en su ensayo "May a Bishop in Extraordinary Circumstances Ordain Another Bishop Without Papal Consent?"[13]. Francés cita un ejemplo que recuerda la consagración de Lubomyr Husar quien, como se dijo, aunque consagrado ilegalmente, fue luego reconocido formalmente como obispo y creado cardenal. Francés escribe:

"El papa Juan Pablo II había erigido él mismo la Administración Apostólica de San Juan María Vianney en Campos, Brazil (2002), y fue el cardenal Castrillón Hoyos quien la proveyó de un obispo como superior, ordenando a Mons. Fernando Rifan. Ello fue el primer paso que se dio en la dirección de quienes habían sido cercanos a Mons. Lefebvre y a la Sociedad San Pío X (SSPX). En efecto, el obispo que asistió al cardenal Castrillón Hoyos, en calidad de co-consagrante, fue el obispo Mons. Licinio Rangel, sucesor del obispo de Castro Mayer, el cual había actuado como co-consagrante en las consagraciones de obispos de la SSPX que realizó Mons. Lefebvre en 1988. El propio Mons. Rangel había sido consagrado obispo por tres de aquellos obispos: Mons. Tissier de Mallerais, asistido por Mons. de Galarreta y Mons. Williamson. Los vínculos, pues, de esta Unión Apostólica de San Juan María Vianney con la

---

[11] Se puede sostener que ninguna otra parte de la liturgia sufrió mayores daños que los ritos de ordenación, lo cual toca íntimamente a la existencia y bien de la Iglesia sobre la tierra. Un clásico, en estos temas, es el libro de Michael Davies *The Order of Melchisedech: A Defence of the Catholic Priesthood*, publicado por Roman Catholic Books pero distribuído por Sophia Institute Press. Davies demuestra la distorsión protestantizante y modernizante que han sufrido los nuevos ritos de ordenación y argumenta en favor de conservar y restaurar los ritos tradicionales. Para una comparación detallada de los ritos nuevos y antiguos de ordenación, con algunas impactantes conclusiones, ver Daniel Graham, *Lex Orandi: Comparing the Traditional and Novus Ordo Rites of the Seven Sacraments* (s.l.: Preview Press, 2015), 159-85.
[12] Ver mi artículo "The Four Qualities of Liturgy: Validity, Licitness, Fittingness, and Authenticity," *New Liturgical Movement*, noviembre 9, 2020.
[13] *OnePeterFive*, octubre 23, 2023.

Fraternidad de Mons. Lefebvre eran fuertes, y estaban arraigados en una común lucha que databa de muchos años".

Esta serie de consagraciones "ilícitas", realizadas para proteger a la iglesia local del modernismo y para mantener viva en ella la tradición, culminó en una regularización, en que uno de los obispos "renegados", recibido de vuelta en la comunión sin tener que renunciar a la tradición, co-consagró a su sucesor. En una emergencia hay que dar, a veces, heroicos pasos *praeter legem*, confiando en la obra de la Divina Providencia para superar las dificultades.

Al mismo tiempo, vemos que Wojtyla y Slipyj obraron clandestinamente, lo que nos da una señal de que acciones como las de ambos no necesitan ser anunciadas públicamente ni convertirse en un espectáculo. Ambos respondieron a una situación inmediata y desesperada de un modo tan decidido como poco conspicuo, cosa que supieron hacer bien. No sugiero, con esto, que es imposible una situación en que semejantes acciones no puedan ser rectamente realizadas a la luz del día sino que, cuando lo que se requiere es desobediencia material, es preferible la vía clandestina, y no la pública.

Todo esto tiene obvias consecuencias para nuestra situación actual. Si un sacerdote, actuando con buena conciencia, elige no cumplir mandatos o exigencias injustas que emanan de la autoridad eclesiástica, no tiene necesidad de anunciar al mundo que no va a obedecer, sino que, sencillamente, debe seguir cumpliendo su trabajo sacerdotal y pastoral. Si llega a ser castigado, no debe hacer de ello una gran cuestión, sino que debe ignorarlo y seguir adelante. La palabra clave es *normalmente*: puede haber ocasiones en que la resistencia declarada es el mejor camino, como en la toma de la iglesia de Saint Nicolas du Chardonnet en París, bajo el liderazgo de Mons. Ducaud-Bourget, y la recuperación de la iglesia, tapiada con tablones, de Saint Louis du Port Marly[14].

Sin duda, la tentación de recurrir de inmediato a los medios sociales, con los pros y contras que genera el apoyo popular, hace que el curso más prudente de acción (que puede terminar siendo una acción "bajo la línea del radar") sea el buen discernimiento, que se hace más difícil que nunca.

---

14 Para leer más del heroísmo de esta generación postconciliar, ver "Resistance is never futile: An interview with Christian Marquant, founder of Paix Liturgique," *Rorate Caeli*, diciembre 16, 2020. Sobre St. Nicolas du Chardonnet, ver Theresa Marie Moreau, "Recaptured Paris Church Preserves True Mass," www.theresamariemoreau.com/blog/archives/09-2017; sobre Port Marly, ver capítulo 24.

CONCLUSIÓN

Uno de los muchos modos cómo Mons. Lefebvre está siendo reivindicado es el reconocimiento de su visión de seguir ordenando sacerdotes (y, llegado el caso, obispos) según el rito tradicional. El *usus antiquior* es indivisible, unitario, coherente, *lex orandi* heredada que encarna la *lex credendi* de la fe católica. Sí, hay sacerdotes válidamente ordenados según el nuevo rito (como el architradicionalista P. Gregory Hesse) que posteriormente ingresaron a la FSSP, la SSPX, etc. Pero, más importante que lo que muchos creen, es que, a todos los niveles, se mantengan intactos y vivos los antiguos ritos de la ordenación.

Si la Congregación para el Culto Divino o la Congregación para los Religiosos pidieran que no se use más los antiguos ritos de ordenación, ello sería para nosotros también un caso de *non possumus*: simplemente no podemos aceptar tal cosa. Pero hay más, porque en los años que vienen tendremos que enfrentar el mayor de los desafíos: ¿irá a haber cardenales, arzobispos, obispos que, frente a esa circunstancia, estén dispuestos a conferir el Orden Sagrado clandestinamente según el rito tradicional? Nuestro Señor, que en su Providencia, nos concedió el glorioso patrimonio de la Iglesia de Roma, habrá seguramente de proveer para su preservación en la hora de necesidad.

14

Un obispo no debe tomar en cuenta su injusta deposición por el papa[1]

SERVIDEUS: PAULINUS, EL PAPA FRANCISCO "ha descargado del peso del gobierno pastoral" (¡qué eufemismo!) a Mons. Strickland, tal como lo hizo con el obispo Mons. Daniel Fernández Torres en Puerto Rico, cuando éste tenía

---

[1] El siguiente diálogo se basa en una entrevista que tuvo efectivamente lugar entre John-Henry Westen y el suscrito, cuyo video se puede ver en *LifeSiteNews*. La transcripción del mismo se ha editado para mayor brevedad, claridad y calidad literaria, cambiándose el nombre de los interlocutores, dividiéndose los parlamentos, añadiéndose interjecciones, etc. En su artículo "Why a Good Bishop Should Not Ignore but Obey His Unjust Deposition by a Pope" (*OnePeterFive*, octubre 17, 2023), José Antonio Ureta trata de refutar mi posición, expuesta en este capítulo y en el siguiente. Aunque entiendo los argumentos clásicos que Ureta presenta, no me convencen. Primero, durante gran parte de la historia de la Iglesia, los obispos fueron elegidos por vías diferentes del nombramiento directo hecho por el papa, y obraron sin concesión expresa de jurisdicción por parte de éste. Segundo, si la crisis de nuestra época tiene un carácter cualitativamente único, no me queda claro que el camino hacia adelante sea simplemente imitar el pasado y regresar al pensamiento del pasado. Esta es la paradoja del tradicionalismo en general: hay muchas cosas que decimos y hacemos que no tienen precedentes. Por ejemplo, resistimos un rito litúrgico publicado por dos papas para toda la Iglesia, aunque nunca fue técnicamente *mandado*. Seguramente los mismos que defienden la primacía jurisdiccional del papa defenderán su primacía legal en la liturgia; pero los tradicionalistas (incluído Ureta) afirman el derecho de la costumbre inmemorial y venerable, y el derecho de los fieles a resistir la legislación papal. Y así, estamos obviamente dispuestos a ir contra el papa cuando hace algo claramente dañino para el bien de la Iglesia. Y así, me parece que permitir que un hereje como Francisco deponga a obispos ortodoxos es uno de esos casos, en que el daño causado por la aceptación sumisa es inmensamente mayor que el causado por una resistencia abierta. Tercero, ¿no será ésta precisamente la situación que hay que desafiar y bloquear a fin de que el cuerpo recupere la salud (hipertrófica expansión del papado, absolutización de su monarquía en perjuicio y destrucción de otros polos de autoridad en la Iglesia -liturgia, episcopado, tradición en general-)? En breve: los ultramontanos, como Ureta, suponen que la única solución a todas las dificultades eclesiásticas es el poder absoluto del papa (supuesto que un papa santo y ortodoxo, que pueda corregir todo lo malo, sea elegido algún día); pero es precisamente esta suposición lo que los anti-ultramontanos ponen en duda. Los ultramontanos de hoy buscan una solución convencional de acuerdo con lo que se ha hecho en los siglos XIX y comienzos del XX. Lo que nosotros buscamos es recalibrar el conjunto interrelacionado de autoridades y de obediencias.

apenas 57 años, quien había aceptado la objeción de conciencia contra la vacuna del Covid, y fue despojado sumariamente de su diócesis por el papa. Lo mismo ocurrió con el obispo de San Luis, en Argentina, Mons. Pedro Daniel Martínez Perea, que fue destituído por el Vaticano a los 64 años, poco después de que prohibiera las niñas acólitas en su diócesis[2]. Del mismo modo, clausuró el seminario de San Rafael después de que su obispo rehusara autorizar la Comunión sólo en la mano[3]. ¿Qué hacer en casos como éstos? ¿Debe esperarse que el obispo simplemente haga sus maletas y se vaya? ¿Debiera ese seminario clausurarse? Recuerdo haber oído a Mons. Schneider decir lo que los obispos y sacerdotes deberían hacer, a la luz de las estrictas restricciones a la Misa tradicional: decía que era un error cumplir estas órdenes, y lo correcto era desobedecerlas porque eran injustas.

Paulinus: El principio más importante, para empezar, es un principio de Derecho natural, que pertenece a la estructura de la realidad tal como fue creada por Dios: toda autoridad existe para determinada finalidad. No existe como una imposición arbitraria que planea libremente y que puede forzar a la gente a hacer lo que se desea que haga. No; el propósito de la autoridad es promover y fomentar el bien común de la sociedad sobre la que ha sido puesto el gobernante que la detenta. Dicho bien común es también algo bien *definido*. Por ejemplo, en un país podría ser la paz interior, una buena legislación, buena moral. Estas son las cosas de que se supone que el gobernante debe encargarse. Y si éste obra gravemente contra el bien del pueblo, éste puede rehusar prestar consentimiento a lo que hace e, incluso, rebelarse contra él. Ahora bien, en la Iglesia católica no nos alzamos contra los papas ni los obispos; no enarbolamos horquetas para perseguirlos, aunque en la Edad Media pueda haber habido quienes lo hicieron…

Servideus: ¡Y probablemente sí lo hicieron!

Paulinus: Aun así, sigue siendo verdad que, como en el caso de cualquier autoridad, el papa está puesto por Cristo en la Iglesia para cumplir determinada función, que es promover el bien común de

---

2 Ver "El obispo de San Luis prohibió la presencia de mujeres en los altares," *Clarín*, noviembre 1, 2019, www.clarin.com/sociedad/obispo-san-luis-prohibio-presencia-mujeres-altares_0_OSD-mgCY.html.

3 Ver Andrea Zambrano, "Seminario cerrado y sombras sobre Roma: 'El obispo se ha equivocado,'" *Brújula Cotidiana*, agosto 3, 2020, https://brujulacotidiana.com/es/seminario-cerrado-y-sombras-sobre-roma-el-obispo-se-ha-equivocado.

la Iglesia. Cosa que el papa hace de varios modos: predicando la verdadera fe, enseñando el depósito de la fe revelado por Cristo a través de los Apóstoles; fomentando la moral y la disciplina; nombrando obispos dignos o que, al menos, considere dignos. El papa podría equivocarse: todos nos equivocamos a veces. Pero lo que el papa no tiene autoridad para hacer, aunque detente la autoridad suprema en la Iglesia, es deteriorar la doctrina católica, erosionar la moral católica, o nombrar malos hombres como obispos, como ha ocurrido con el nepotismo y la simonía, cuando algunos papas del Renacimiento nombraban cardenales a sus sobrinos de catorce años, etc. Cuando los papas hacen este tipo de cosas, obran *ultra vires*, fuera de su potestad, sin autoridad para hacerlo, contrariando la naturaleza de aquello para lo cual han recibido la autoridad.

Servideus: Lo cual plantea una cuestión eclesiológica muy interesante: ¿es posible que un papa actúe tan contra el bien común y la justicia en un caso determinado que su acto sea inválido, carente de fuerza, y que sea no solamente una ley o mandato imperfecto, sino que no exista en absoluto como tal mandato, como tal ley? ¿Es ello posible?

Paulinus: La respuesta de la tradición de la Iglesia es un "Sí, es posible". Santo Tomás dice que una ley injusta no es ley, no tiene la racionalidad de una ley. Yo sostendría que si un papa destituye a un obispo arbitrariamente, o sea, sin un buen motivo, sin un proceso canónico, sin expresión de causa o sin que se divise la causa –y especialmente si hay pruebas de que la razón de la destitución es que la persona en cuestión era conservadora o tradicionalista, y enseñaba la fe y sostenía la buena disciplina y la moral–, tal acto sería nulo, y debiera ignorárselo. El obispo depuesto debería entender que sigue siendo obispo del lugar, porque *lo es*. El papa puede destituir a alguien sólo con una causa justa; no puede andar destituyendo obispos arbitrariamente. El papado no es una tiranía, es una monarquía. Que no se nos olvide.

Servideus: El obispo Strickland fue un héroe para los católicos estadounidenses, para los católicos en todo el mundo. Aunque existe una buena cantidad de obispos fieles que, de vez en cuando, hacen oír su voz, nadie lo ha hecho como Mons. Strickland, quien hizo volar plumas. Su conciencia le exigió proclamar la fe, incluyendo enseñanzas ásperas que contrariaban el consenso secular moderno (compartido por demasiados obispos), y muchos fieles se alinearon detrás de él. Así que digamos que es por esta razón, por hablar con franqueza, por haber ido a Los Angeles para participar en la procesión de reparación, por su osada postura pro-vida y pro-familia, por haber reprendido al P. James Martin por la homoherejía de éste; es por todo esto que Mons. Strickland se convirtió en un blanco.

Paulinus: Exactamente. Quisiera abordar un punto que mencionaste, porque creo que es importante. ¿Es legítimo que Mons. Strickland o Mons. Schneider, un obispo auxiliar de Kasakhstan, hablen de temas por doquier en el mundo, que aborden temas fuera de sus diócesis, que enseñen la fe católica a un auditorio muy extenso, casi se podría decir a un auditorio mundial? Hay quienes responden que no, que cada obispo debiera restringirse a su propia diócesis y preocuparse sólo de asuntos locales. Tú sabes que no soy gran entusiasta del Vaticano II, pero sostener esto último va totalmente en contra de lo que el Vaticano II dice en *Lumen Gentium*, sección 20:

"Y así como permanece el oficio que Dios concedió personalmente a Pedro, príncipe de los Apóstoles, para que fuera transmitido a sus sucesores, así también perdura el oficio de los Apóstoles de apacentar la Iglesia, que debe ejercer *de forma permanente* el orden sagrado de los Obispos".

Y en la sección 23 dice:

"Cada uno de los Obispos que es puesto al frente de una Iglesia particular, ejerce su poder pastoral sobre la porción del Pueblo de Dios a él encomendada, no sobre las otras Iglesias ni sobre la Iglesia universal. *Pero en cuanto miembros del Colegio episcopal y como legítimos sucesores de los Apóstoles, todos y cada uno, en virtud de la institución y precepto de Cristo, están obligados a tener por la Iglesia universal aquella solicitud* que, aunque no se ejerza por acto de jurisdicción, contribuye, sin embargo, en gran manera al desarrollo de la Iglesia universal. *Deben, pues, todos los Obispos* promover y defender la unidad de la fe y *la disciplina común de toda la Iglesia*, instruir a los fieles en el amor de todo el Cuerpo místico de Cristo, especialmente de los miembros pobres, de los que sufren y de los que son perseguidos por la justicia; *promover, en fin, toda actividad que sea común a toda la Iglesia*, particularmente en orden a la dilatación de la fe y a la difusión de la luz de la verdad plena entre *todos los hombres*" (se ha añadido el énfasis). O sea, es como si los Padres conciliares quisieran subrayar doblemente esta idea: aunque el territorio propio del obispo, sobre el cual tiene jurisdicción inmediata, es su propia diócesis, debe preocuparse también de la disciplina y de la fe de toda la Iglesia –y debiera promoverlas activamente– con todos los medios a su alcance.

Servideus: Un buen ejemplo de ello sería el modo cómo el obispo Fulton Sheen predicaba por radio y por televisión a millones de personas. Aunque estoy cierto que, en aquella época, hizo volar plumas entre los modernistas, la mayoría de sus auditores se sentían felices de tener a Mons. Sheen predicando el evangelio en horario privilegiado de televisión.

Paulinus: Bueno, eso es precisamente lo que Mons. Schneider está haciendo, y lo que hace Mons. Strickland en Twitter, YouTube y otros púlpitos de los medios sociales. Estos obispos causan escándalo, no por lo que dicen, sino por *cuán pocos* son los que dicen lo mismo que ellos. Si atrasamos el reloj en cincuenta o cien años, lo que dicen habría sido entonces perfectamente obvio: "Claro, es lo que cualquier catecismo tradicional dice". O sea, no estamos hablando de opiniones exóticas, como si ambos obispos estuvieran hablando de cosas de otro mundo. Lo que dicen es lo que está en los catecismos.

Servideus: Para volver a mi idea principal, imagínate que a un obispo se le dijera un día: "Basta ya. Hasta aquí llegaste. Te vamos a reemplazar por otro, igual que a los obispos Fernández Torres y Strickland. Haz tus maletas". Si aceptamos que este acto es injusto, ¿qué crees que debiera ocurrir a continuación?

Paulinus: Por cierto sería un acto injusto. Me parece notable que Mons. Daniel Fernández Torres haya publicado una declaración en que dice: "No he hecho nada malo. Nunca se me ha dicho que haya obrado mal. Y, de hecho, me ofrecieron otro cargo si renunciaba a mi diócesis". Eso deja en claro que, efectivamente, no hizo nada malo, porque si lo hubiera hecho, no le hubieran dicho, "okay, aquí tienes otro cargo de consuelo". En el fondo, lo que quisieron hacer fue sobornarlo para que abandonara su diócesis porque otros obispos no lo querían. Y no sólo por las vacunas. Fue porque no quiso mandar a sus seminaristas a un dudoso seminario interdiocesano. Ni suprimir la Misa tradicional. Ninguna de estas cosas podría ser considerada una *falta*, y mucho menos un delito o un motivo para tomar una medida tan grave como la destitución. Del mismo modo, Mons. Strickland ha dicho que fue debido a que rehusó poner por obra las injustas exigencias de *Traditionis Custodes* que se lo destituyó; dijo que no podía, en conciencia, "hambrear a una parte de su grey". Su modo de pensar es en esto perfectamente correcto, fundado en la ley divina y natural.

Servideus: ¿Cómo, pues, debería un obispo reaccionar en una situación así?

Paulinus: Podría decir: "Con todo respeto, Santo Padre, yo oro por Ud., quiero estar en comunión con Ud. Pero aunque haya sido un papa quien me nombró obispo, cuando fui consagrado obispo fue *Jesucristo mismo* quien me instituyó como tal. Y eso también es doctrina de la Iglesia. No es el papa quien hace que un obispo sea sucesor de los apóstoles: es Jesucristo. Y una vez obispo, es obispo para siempre, tal como un sacerdote lo es para siempre. Puesto que no hay motivos adecuados para destituirme como obispo, sigo siendo obispo de esta diócesis, y me propongo seguir con mi trabajo en ella para bien de mis presbíteros y de mi pueblo".

Servideus: Pero es el papa quien lo nombró obispo de ese lugar...

Paulinus: Sí, pero como el papa no es la fuente de su episcopado, no tiene una autoridad completa y arbitraria en lo relativo a si se le permite servir a su grey como obispo o no, una vez que ha sido nombrado para ese lugar. El poder del obispo de gobernar y cuidar su grey procede de Cristo, no del papa. El papa dice "Ud. vaya a tal diócesis, yo lo nombro para esta diócesis"; pero es Cristo quien le confiere los derechos y deberes del episcopado. Es muy importante entender esto.

Servideus: Por cierto, estos dos ámbitos pueden chocar entre sí o, mejor dicho, traslaparse. ¿No es así?

Paulinus: El papa tiene una jurisdicción inmediata, suprema y universal en la Iglesia, lo que significa, en la práctica, que puede hacer todo lo que está dentro del ámbito de su autoridad, y nadie puede detenerlo, ni nadie está sobre él. Pero, reiterémoslo: *dentro del ámbito de su autoridad*, dentro de la esfera de ella.

Servideus: Entonces, ¿qué pasa si un obispo se mantiene firme?

Paulinus: Quizá el papa podría excomulgarlo y poner a otro obispo en su lugar. Habría entonces dos obispos en ese lugar. Pero habría sólo un obispo verdadero, porque *ya había* un obispo allí; y él va a permanecer allí hasta que muera, a menos que sea destituido por un motivo justo, o jubile, o muera. Lo cual significa que el nuevo obispo será un usurpador o impostor.

Servideus: ¡Qué enredo!

Paulinus: Sí, por cierto. ¿Ha habido casos como éste en la historia de la Iglesia? Sí. Si se lee historia de la Iglesia de Constantinopla, por ejemplo, se destituía y reponía a los patriarcas, iban y venían, y había conflictos entre ellos. *No queremos* una situación así. Pero debiéramos poder soportarla y no llegar a compromisos en este punto: los obispos no son "vicarios del papa". Recuerda las enérgicas palabras de *Lumen Gentium*, sección 27:

"A ellos se les confía plenamente el oficio pastoral, o sea el cuidado habitual y cotidiano de sus ovejas, *y no deben considerarse como vicarios de los Romanos Pontífices*, ya que ejercen potestad propia y son, en verdad, los jefes de los pueblos que gobiernan. Así, pues, su potestad no es anulada por la potestad suprema y universal, sino que, por el contrario, es afirmada, robustecida y defendida, puesto que el Espíritu Santo mantiene indefectiblemente la forma de gobierno que Cristo Señor estableció en su Iglesia".

¿Podría el Concilio haber dicho más claramente que el poder del papa es para edificar, no para destruír; que el Espíritu Santo quiere preservar la dignidad del episcopado más que permitir que sea absorbido por una singular autocracia; que los obispos no son delegados del papa, como si fueran todos nuncios, sino que son autoridades por derecho propio, como se lo vio en la Edad Media, casados con su iglesia local? La destitución arbitraria sería un "divorcio sin culpa", lo cual es incoherente.

Servideus: Hay muchos hoy que piensan que los obispos *sí son* vicarios del papa. Tenemos que recuperar la verdad de que su autoridad para gobernar procede de *Cristo*. Sirve mucho recordar esto cuando lo que se tiene es un papa dictador.

Paulinus: Creo que lo que pasa es que, mientras el papa ejerza su monarquía de un modo razonable –de un modo que no dé motivos para escándalos o alarma–, la mayoría de la gente está satisfecha con que él lo tenga todo a su cargo. Y si el papa no hace nada para que uno *se cuestione* esta forma de entenderlo, quizá uno no se dé nunca cuenta de que es una manera falsa de entenderlo. Pero el papa Francisco va hasta tales extremos en sus acciones y sus enseñanzas –sus opiniones sobre el matrimonio y la familia, LGBTQ, la pena de muerte, los sacramentos, la liturgia: ¡hay tantas alarmas sonando que se corre el riesgo de enfermarse de los oídos!– que hace que empecemos a mirar con más detención estos temas, hasta que nos damos cuenta, ¡oh, sorpresa!, de que el papado *tiene* en realidad límites.

Servideus: El asunto es obvio, una vez que se lo enuncia. Se trata de una autoridad creada, y la única autoridad absoluta es la de Dios.

Paulinus: Y no hace falta decir que toda autoridad creada puede ser resistida si obra abusivamente. Esto se puede ver en toda la tradición canónica y teológica. Así lo dice Torquemada, y Santo Tomás de Aquino, y Bellarmino y Suárez... Todos ellos dicen que cuando una autoridad abusa de su oficio, puede ser fraternalmente corregida e incluso resistida y desobedecida. Estas opiniones son parte de nuestra tradición, pero tienden a ser olvidadas luego del Vaticano I y del espíritu ultramontano que se dejó caer en toda la Iglesia.

Servideus: ¿Me puedes explicar a qué te refieres con "ultramontano" aquí?

Paulinus: Después de la revolución francesa, la Iglesia en Europa atravesó un período de inestabilidad –anticlericalismo, francmasonería, naciente socialismo y luego comunismo...–. Todas estas ideologías actuaban contra la Iglesia, procurando suprimirla, destruír las escuelas católicas, hacer desaparecer el clero. Y frente a estas presiones contra el catolicismo, los católicos obedecieron a su instinto, muy natural, de cohesionarse en torno al papa. El papa es nuestra cabeza, nuestro padre. El es nuestro líder universal, y en un sentido, nuestro general –el general de los ejércitos católicos–. Y nos reunimos en torno de él. Un papa fuerte puede conducirnos a esta batalla moderna contra todas estas ideologías. Lo cual es legítimo. La gente necesitaba que el papa fuera para ella todas estas cosas.

El problema es que esta actitud, que nació de determinadas circunstancias históricas y fue magnificada por los medios de comunicación modernos, puede transformarse en un culto a la personalidad, con el papa como "El Gran Líder": la fe *es* el papa; la fe gira toda en torno al papa. Pero ello no es así. Ello es una caricatura que los protestantes usan no poco, porque *les encantaría* poder decir "Uds. los católicos no siguen a las Escrituras, sino que siguen cualquier cosa que diga el papa". Sabemos que esto es falso, pero el ultramontanismo, que para todo mira siempre al papa por sobre los montes, *sugiere* este error: sugiere que nuestra fe está revestida con la persona del papa actual y consiste en lo que él enseña actualmente, en vez de ser algo que nos ha sido legado por todos los papas y todos los obispos, desde el principio hasta hoy.

Servideus: ¿Cómo el tema del ultamontanismo se conecta con la reducción de los obispos a ser "vicarios del papa"?

Paulinus: Como vimos anteriormente, *Lumen Gentium* en la sección 27 dice que la Iglesia no es como una corporación multinacional, en que los obispos son gerentes de sucursales y el papa es el Gerente General. En una corporación, el Gerente General puede llamar por teléfono a Daniel Fernández Torres o a Joseph Strickland y decirles "Daniel (o Joseph), ha sido positivo tenerlos en el equipo, pero ahora están despedidos. Visiones incompatibles". Y el Gerente General de Vaticano, Inc., procede entonces a poner a otro gerente en su lugar. No, no es así como operan las cosas. Los gerentes, los *prelados* de este Cuerpo Místico, de este Corporación Mística, han sido puestos en su lugar por Cristo, y siguen permanentemente en su lugar a menos que hagan algo que los haga perderlo. Son como los profesores con "*tenure*", a quienes no se puede despedir a menos que incendien un edificio o maten a un colega [N. del Tr.: "tenure" es la posesión de su cargo por parte de un catedrático con derecho a permanecer indefinidamente en él, a menos de incurrir en una grave falta].

Servideus: ¡Bien dicho!

Paulinus: Te voy a contar una historia sobre cuán seriamente hay que tomar a dignidad episcopal. Se refiere a Pío XII.

Probablemente no ha habido nadie tan ferozmente anti-nazi como Pío XII, Eugenio Pacelli. Dedicado a la diplomacia durante el Tercer Reich, rápidamente se dio cuenta de que se estaba ante un mentiroso y un psicópata. Y por eso redactó el texto de una de las encíclicas más apasionadas que existen, *Mit brennender Sorge*, publicada por el papa de la época, Pío XI. Quien conozca la historia no puede, con razón, acusar a Pío XII de tener simpatías por Hitler o por los nazis, aunque algunos han sugerido maliciosamente tal cosa. Sea ello como fuere, después de la Segunda Guerra Mundial, un grupo de personas del gobierno francés, que habían peleado por *Free French* y se habían opuesto al gobierno de Vichy, pidieron al papa que destituyera no sólo al nuncio papal, que había demostrado simpatías por Vichy, sino también a docenas de obispos que habían estado en connivencia con los Nacional Socialistas de Francia. Querían que el papa los destituyera a *todos*. ¿Qué respondió el papa? ¿Acaso les dijo "Oh, los entiendo muy bien, es terrible todo esto. Los voy a destituír a todos"? ¡No! Les hizo saber su desagrado por la actitud del gobierno francés, que consideró una ofensa, descortés e injuriosa, y consintió en cambiar al nuncio, pero no sin vacilaciones. Y en lo referente a los obispos, declaró que cambiarlos era imposible: nunca se había hecho algo semejante, y no se habría de hacer ahora, porque sería una injusticia sin precedentes, inadmisible. Esta reacción muestra que, para él, era impensable destituir obispos *aun* si hubieran estado en connivencia con los nazis.

Pero ahora tenemos a Daniel Fernández Torres destituído por no respetar los muy discutibles protocolos del Covid, por preferir enviar sus seminaristas a un seminario diferente del interdiocesano, y por permitir que continuara celebrándose la venerable Misa tradicional. Y tenemos a Joseph Strickland a quien se "le ha quitado de encima la carga de su oficio" porque "cumplió su deber de predicar y defender con *parrhesia* la inmutable fe y moral católicas y promover la sacralidad de la liturgia, especialmente en el inmemorial rito de la Misa", como el propio Mons. Strickland ha dicho[4]. Pío XII se hubiera horrorizado.

Servideus: Hasta aquí hemos analizado una situación en que un buen obispo es destituido injustamente y separado de su grey. Pero el asunto es peor cuando se destituye a un buen obispo para instalar, en su lugar, a uno malo, o sea, a un lobo, que devorará la grey. ¿Puede un buen pastor abandonar al lobo sus ovejas? ¿Podría el obispo actual, conociendo o sospechando que su reemplazante ha de ser alguien del tipo de los cardenales Cupich o McElroy, abandonar su grey sin cometer un pecado con ello? ¿No debe permanecer en su puesto, a cualquier costo?

Paulinus: No creo que la pregunta sea difícil. Nos *parece* difícil porque nuestro instinto hiperpapista o nuestros modos de pensar hacen que no queramos imaginarnos que alguien esté en desacuerdo con el papa en materia grave, como es el tema del episcopado. Tendemos también a devaluar o desestimar la obligación que el obispo tiene con su grey *porque* nos hemos acostumbrado a pensar en los obispos como gerentes de sucursales, que pueden ser cambiados de un lugar para otro. Eric Sammons (como muchos otros) ha tocado este punto frecuentemente: desde que se ha hecho costumbre cambiar los obispos de un lado para otro, hacerlos avanzar desde una diócesis "menor" a otra "más importante", hemos sufrido la terrible plaga de la ambición, del "carrerismo". Es como ascender en la escalera corporativa desde un cargo menor a uno más alto,

---

[4] "Bishop Strickland's Removal is a 'Blatant Injustice,' says Bishop Schneider," *LifeSiteNews*, noviembre 11, 2023.

con aumento de granjerías y poder. Esta mentalidad ha penetrado tanto en la mente común que ya nadie piensa en el obispo como un *padre*. En la Edad Media se hablaba del obispo como del *novio* de la iglesia local, tal como Cristo es el Novio de la Iglesia entera. ¿Cuál es, entonces, el mensaje cuando un obispo es "promovido" a otra iglesia local? Esto es como poligamia eclesiológica, o como divorcio y vuelta a casarse.

Servideus: Pero *no es imposible* mover un obispo a otra parte...

Paulinus: No digo que sea imposible; todo lo que digo es que es raro y poco sano, si se lo mira a la luz de la historia de la Iglesia en la que, por razones muy fundadas, tanto teóricas como prácticas, no existió nunca semejante costumbre. El obispo es el marido de la Iglesia local y, por tanto, el padre de sus fieles, quienes son sus hijos espirituales, ¿o no? Y es hermoso pensar cómo, en las épocas pre-modernas, la imagen del padre fue algo en que la gente pensaba con cariño y afecto. Hoy todo el mundo ataca el patriarcado, y la paternidad es despreciada o vista como un arbitrario constructo social. Pero, en realidad, la paternidad de Dios es la fuente de toda autoridad: "Por esta razón me pongo de rodillas ante el Padre, de quien toma nombre toda familia en los cielos y en la tierra" (Efesios 3, 14-15). El *más alto* título de un obispo es, en cierta forma, "padre de sus hijos espirituales" y, a continuación, "pastor de su grey", para usar otra metáfora. Así, pues, no es difícil sostener que un obispo debiera estar preparado a morir antes que abandonar a sus hijos y a su grey, especialmente si está convencido de que están en peligro de que se los prive de los sacramentos, o de la liturgia tradicional que conocen y aman, o de sana doctrina y guía moral.

Servideus: Eso basta, creo, para que todas las molestias y obstáculos valgan la pena. Como, por ejemplo, el tener que mudarse de lugar: un obispo así depuesto verá su residencia y sus oficinas ocupadas por el usurpador. Y tendrá que buscar otra casa y otras oficinas.

Paulinus: Así es.

Servideus: Me parece que tu postura se apoya en el reconocimiento de que existe una crisis en la Iglesia. ¿Es verdad eso? Quiero decir, si las cosas estuvieran en paz y fueran estables, no ocurriría nada de todo esto.

Paulinus: Así es. Estamos viviendo en una época en que se predica un evangelio diferente, un falso evangelio. San Pablo nos advierte con severidad: "Pero aunque nosotros mismos o un ángel del cielo os anunciásemos un evangelio diferente del que os hemos anunciado, ¡sea anatema!" (Gálatas 1, 8), es decir, maldito, condenado.

Servideus: Pero el papa Francisco y sus partidarios nos dicen que no se trata de un evangelio nuevo sino de una mejor y más desarrollada comprensión del evangelio, por lo que los obispos deben alinearse con este evangelio "más pleno" y no quedarse pegados en el pasado. ¡Es harto serio esto de que, aparentemente, hay que destituír a los obispos que no están "a bordo" del programa!

Paulinus: Tal es su estrategia.

Servideus: ¿Dónde está el error?

Paulinus: Podemos dejar que conteste uno de los Padres de la Iglesia. San Vicente de Lerins fue el primero que articuló la verdad de que el depósito de la fe no puede jamás cambiar esencialmente. Aunque el modo en que lo entendemos y formulamos progrese con el tiempo, la esencia de la fe, su substancia, no cambia nunca. Este Padre de la Iglesia es a menudo citado equivocadamente por el papa Francisco, como si San Vicente fuera una especie de evolucionista que sostuviera que, desde el punto de vista doctrinal, se puede partir con un microbio y terminar con un mamut. Pero no es eso lo que enseña Vicente: lo que él dice es que hay un desplegarse (*profectus*), no un cambio radical (*mutatio*).

El versículo que cité de la epístola de San Pablo a los Gálatas es citado una y otra vez por Vicente, para que se entienda que el depósito de la fe entregado por Cristo a los Apóstoles es firme como roca, es tan definido y definitivo que ninguno de los Apóstoles, ni siquiera los ángeles que están por sobre los Apóstoles -los ángeles del cielo, que ven a Dios cara a cara- tienen autoridad para cambiarlo. La afirmación de Pablo es un contrafactual: incluso si un ángel del cielo descendiera (no que haya alguno que lo vaya a hacer) y dijera algo diferente del evangelio recibido, no se debería, no se debe seguir a ese ángel; hay que seguir al evangelio original, adherir fuertemente a la fe que de una vez se entregó a los santos.

Lo que encuentro que viene más al caso, en nuestra situación, es que Pablo enfatiza "si *nosotros*, o sea, los Apóstoles, él mismo, Pedro, Andrés, Santiago, Juan, predicáramos un evangelio diferente del que hemos predicado originalmente, seamos malditos, no nos sigan en ningún caso". No hay en todas las Escrituras un versículo que subraye más perfectamente el hecho de que el papa y los obispos están sometidos a la verdad transmitida, no por sobre ella. Ellos no la controlan, no pueden moldearla según su voluntad para adaptarla a una agenda humanista, modernista, globalista o de cualquier otro tipo. No tienen autoridad para hacerlo. Malditos, si tratan de hacerlo.

Servideus: Desgraciadamente, parece que es en este punto donde estamos hoy. Hay tantas enseñanzas de este papa y sus partidarios que contradicen las Escrituras, la Tradicion y el Magisterio reciente. Esto no puede provenir de los Apóstoles; ciertamente no es de Dios.

Paulinus: Correcto. Uno de los temas en que insisto una y otra vez en mis escritos es que Dios nos dio dos dones poderosos y preciosos –Juan Pablo II los llamó las dos alas con que nos elevamos a la contemplación de la verdad–: la razón y la fe. Con la razón vemos que ciertos actos son contrarios a la ley natural. Incluso filósofos paganos, como Platón y Aristóteles, vieron que la homosexualidad era contraria a la naturaleza humana. Aristóteles la rechaza absolutamente, clasificando la sodomía como una forma de bestialidad o de vicio subhumano[5]. ¡Y estos hombres vivieron sin los beneficios de la divina revelación! Tenemos el don de la razón, tenemos el don de la fe. Este último nos da acceso a las enseñanzas de Cristo y de la Iglesia de todas las épocas. Está totalmente fuera de duda el magisterio ordinario ininterrumpido, constante, universal, sobre los temas de la moral sexual.

La modernidad se caracteriza, en general, por la irracionalidad, el irracionalismo, la exaltación del ego, la exaltación de la voluntad o voluntarismo: *quiero lo que quiero*. La realidad es lo que quiero que sea. Esta forma de pensar ha existido en los escritos de lo filósofos desde hace ya siglos, lo suficiente como para haber chorreado y permeado a una gran cantidad de inteligencias. Se podría decir que la razón atraviesa hoy un momento muy adverso. En cuanto a la fe, ¿Cuántas personas se esfuerzan verdaderamente por conocer la fe? Cuando se lee los antiguos catecismos –cientos de ellos, que datan de cientos de años–, todos enseñan lo mismo en cuestiones de importancia. Cuando los ponemos uno al lado del otro, podemos ver muy claramente lo que la Iglesia enseña. Y podemos ver cómo el papa Francisco está apartándose de la fe; cómo alguien como Víctor Manuel Fernández, prefecto del Dicasterio de la Doctrina de la Fe, se aparta de ella.

---

5 Ver Etica a Nicómaco, libro 7, cap. 5, en que, llamando bestial a la sodomía, "un estado o hábito enfermo", Aritóteles advierte que las tendencias homosexuales aparecen en personas que han sufrido abusos sexuales desde la niñez.

Servideus: El que haya sido nombrado para ese cargo es como si el papa Francisco frotara con sal las heridas que todos hemos sufrido en la última década.

Paulinus: Absolutamente. Ese nombramiento es, por sí mismo, una tan suprema llamada de alerta a todos los conservadores y a todos los moderados que todavía siguen apegados a sus posiciones, que me temo que, si no despiertan, todos han de morir en ellas. Parece que están pegados a ellas con alguna especie de adherente, porque si no pueden ver que este hombre es totalmente inadecuado para el cargo que tiene por su cuestionable moralidad, por su historial de abusos clericales y por sus ideas contrarias a la fe, ¿serán capaces de ver cualquier cosa en absoluto?

Servideus: Estamos, pues, en una situación de crisis. En una crisis o en una emergencia, algunas medidas son más defendibles o necesarias que lo que serían en tiempos de paz. Esto es un principio moral consagrado.

Paulinus: Hay ciertas cosas que podemos hacer cuando una casa se está incendiando, como echar abajo una puerta, entrar sin ser invitados, arrojar agua por todas partes, sacar a las personas sin su consentimiento; cosas que no podemos hacer cuando la casa no se está incendiando.

Servideus: Es decir, aun concediendo todo el caos que se seguiría en el caso de un obispo que se niega a irse cuando se le ordena hacerlo, es preferible que permaneza en su puesto a que permita el abuso de la autoridad papal, apoye a la facción herética que controla el poder, y abandone su grey a los lobos.

Paulinus: Exactamente.

Servideus: Tengo una curiosidad: ¿dirías tú que este escenario puede darse también al nivel de la parroquia? Supongamos que un obispo dictador destituye a un sacerdote que tiene a su cargo una parroquia por hacer cosas buenas, y que el sacerdote tiene buenas razones para creer que su sucesor va a ser un lobo. ¿Podría el sacerdote negarse a abandonar su cargo?

Paulinus: Para dar una respuesta detallada tendríamos que distinguir canónicamente entre un párroco y un administrador parroquial, pero podemos responder en general: me parece que es mucho más grave que un papa destituya injustamente a un obispo que un obispo traslade un sacerdote de un lugar a otro, porque los sacerdotes no son dotados por Cristo de una "parroquialidad" al ser ordenados. Es simplemente el obispo quien les asigna funciones. El modo correcto de pensar sobre el presbiterio de una diócesis es que, en esencia, todos los sacerdotes son una extensión del obispo debido a que éste no puede estar en todas partes al mismo tiempo. Tal es la forma como se desarrolló en la Iglesia primitiva. Entonces, cuando la grey era escasa, los obispos celebraban la Misa y los demás sacramentos. A medida que la Iglesia creció más y más durante los primeros siglos, especialmente después del siglo IV, cuando el Cristianismo fue legalizado y se propagó como un incendio, los obispos se vieron sobrepasados: simplemente no podían estar en todos los lugares que los necesitaban.

Servideus: Si los sacerdotes son una extensión del obispo, éste puede trasladarlos de una parte a otra a voluntad.

Paulinus: Sí. Pero eso no significa que pueda trasladarlos sin considerar sus aptitudes, su personalidad y sus dotes, como si fueran piezas de ajedrez insensibles, ni tampoco significa que los sacerdotes no puedan reaccionar respetuosamente si piensan que se está cometiendo un grave error, o no puedan recurrir al Derecho canónico si piensan que están siendo atacados, destituidos o castigados *injustamente*. Hay muchas injusticias de ese tipo que se cometen actualmente en todas partes, y se trata de injusticias que hay que denunciar públicamente para que los obispos se avergüencen, al menos, y mejoren su comportamiento, o corrijan parte del daño causado.

Servideus: Ello explica que exista una "Coalición de Sacerdotes Cancelados".

Paulinus: Así es. Con todo, nadie podría decir "Soy párroco por institución divina de Cristo". No se puede decir eso. Se es párroco sólo porque el obispo lo ha dispuesto así. Los obispos, en cambio, no son "extensiones" del papa debido a que éste, a nivel mundial, no puede estar en todas partes simultáneamente. Para que lo fueran, Cristo debería haber designado sólo *un* apóstol, Pedro, quien, luego de ser obispo por algún tiempo, hubiera dicho "Estoy demasiado ocupado. No puedo ir a todas las ciudades de Asia Menor, por lo que voy a designar a otros para que me representen". Tal sería el modelo de un episcopado de "vicarios del papa" o "nuncios", que ya hemos refutado y que *Lumen Gentium* rechazó. Desde el principio Cristo dijo: quiero que haya *muchos obispos*. Eso es institución divina.

Servideus: Es asombroso ver que más adelante hay una salida. Puede que sea confusa, pero siempre hay una salida en medio de toda la confusión. Simplemente necesitamos encontrar los obispos que estén dispuestos a ponerse de pie. Necesitamos verdaderamente orar mucho al Señor para que los haga levantarse.

Paulinus: Déjame agregar sólo una idea más. En la historia de la Iglesia, el siglo IV es sumamente valioso como objeto de estudio. De lo que mucha gente no se da cuenta, en el caso de la crisis arriana, es que se extendió tanto en algunas diócesis que se dio el caso de dos individuos que alegaban ser el obispo: uno arriano y el otro católico. A veces había un obispo católico y se trataba de desbancarlo nombrando uno arriano; o el obispo católico moría y se lo reemplazaba con uno arriano. Entretanto, un obispo católico como San Atanasio pudo maniobrar y llegar a ser obispo de los fieles ortodoxos (i.e. católicos). Existieron escenarios totalmente diferentes en diversos lugares. Todo fue extraordinariamente confuso. Pero San Atanasio jamás dijo "Es demasiado enredado. No hagamos nada. Esperemos tiempos mejores". No, simplemente *enfrentó la confusión*, y tuvo que hacerlo, porque no iba a abandonar a la grey católica. Aunque se trate de una grey fuera de la propia diócesis, no se puede abandonar a las ovejas de Cristo. Ni dijo tampoco: "Bueno, el papa permite que esto ocurra, y ¿quién soy yo para juzgar? El papa me ha excomulgado, por lo que ya no celebraré más la divina liturgia y dejaré de obrar como obispo". ¡No! Aunque se lo excomulgó, siguió obrando como obispo y celebrando la liturgia. Dios nos dio a San Atanasio por una razón: ha querido hacer de él un ejemplo permanente para otros períodos de crisis en la historia de la Iglesia.

Servideus: También el laicado fiel ha de desempeñar un papel importante. Hay que apoyar al obispo propio cuando es el verdadero, en un momento en que mucha gente dirá "No es el obispo. Ha sido expulsado. Deténganse. Uds. están siendo divisivos. Uds. son cismáticos".

Paulinus: Exactamente. No hay que rendirse a las ideas simplistas de ellos. Hay que rechazar lo que se sabe que está equivocado y adherir a lo que se sabe que es recto. Como dijo Newman, los laicos fueron los grandes apoyos de la minoría de obispos ortodoxos durante la crisis arriana. Estamos hoy viendo el mismo cuadro en nuestra época.

Servideus: Epoca de ayuno y oración.

Paulinus: Amén.

15

"No aceptes dócilmente esa tranquila jubilación"*

El 11 de noviembre de 2023, fiesta del gran obispo San Martín de Tours, el Vaticano anunció: "El Santo Padre ha descargado a Mons. Joseph E. Strickland del peso del gobierno pastoral de la Diócesis de Tyler, y ha nombrado al Obispo de Austin, Mons. Joe Vásquez, como Administrador Apostólico de la diócesis vacante".

En el diálogo del capítulo precedente, "Paulinus" ha explicado por qué un obispo no sólo debe rehusar jubilar si no es culpable de transgresión alguna sino, además, debe negarse a reconocer su deposición, si Roma ha dado ese terrible paso. Como se vio, el Concilio Vaticano II enseña que "así también perdura el oficio de los Apóstoles de apacentar la Iglesia, que debe ejercer de forma permanente el orden sagrado de los Obispos. Por ello, este sagrado Sínodo enseña que los Obispos han sucedido, por institución divina, a los Apóstoles como pastores de la Iglesia"[1]. Además,

"A ellos se les confía plenamente el oficio pastoral, o sea el cuidado habitual y cotidiano de sus ovejas, y no deben considerarse como vicarios de los Romanos Pontífices, ya que ejercen potestad propia y son, en verdad, los jefes de los pueblos que gobiernan. Así, pues, su potestad no es anulada por la potestad suprema y universal, sino que, por el contrario, es afirmada, robustecida y defendida, puesto que el Espíritu Santo mantiene indefectiblemente la forma de gobierno que Cristo Señor estableció en su Iglesia"[2].

Finalmente, el Concilio afirma que un obispo, aunque gobierne sólo la porción de la grey de Cristo que le ha sido encomendada, tiene, con todo, una responsabilidad por y para toda la Iglesia católica.

En resumen: un obispo es un obispo porque Jesucristo lo ha hecho sumo sacerdote de la Iglesia y sucesor de los apóstoles; no

---

* N. del Tr.: el autor alude, con esta frase, a un verso de Dylan Thomas, "Do not go gentle into that good night", "No entres dócilmente en esa tranquila noche".
1 Concilio Vaticano II, Constitución Dogmática *Lumen Gentium*, nº 20.
2 *Lumen Gentium*, no. 27.

es un "vicario del papa", ni alguien que representa al papa como lo haría un gerente de sucursal respecto de Vatican, Inc., sino que es un vicario de Cristo en su diócesis propia, que recibe su episcopado de Dios, mediante delegación del papa[3]. En ausencia de una causa justa para la grave medida de la deposición -que ha sido usada históricamente en casos de herejía o de otros crímenes escandalosos-, el obispo sigue siendo obispo de su sede por autoridad divina. Y no puede serle reprochado el atender y asistir a los fieles domiciliados fuera de los límites de su diócesis, auque no tenga el cuidado pastoral inmediato de ellos, porque al dar testimoio de Cristo y del sagrado depósito de la fe, no hace más que cumplir su tarea, de acuerdo con su discernimiento de lo que los tiempos exigen.

El lector podría aquí preguntarse: "¿Existen *precedentes* de resistencia a una deposición"?

Narremos la historia de Isidore Borecky (1911-2003). Nacido en Ucrania, estudió para el sacerdocio en Lviv y en Munich entre las dos guerras, y fue ordenado el 17 de julio de 1938. Trabajó en Canadá durante diez años, hasta que el papa Pío XII lo nombró exarca apostólico del Exarcado Apostólico de Canadá Oriental. Diez años después fue nombrado obispo eparca de la recientemente creada Eparquía Católica Ucraniana de Toronto, cargo que desempeñó hasta su jubilación el 16 de junio de 1998. Como Padre conciliar, asistió al Concilio Vaticano II y fue muy querido como obispo fundador de su eparquía[4].

Hasta aquí, todo bien. Pero *se suponía* que Mons. Borecky iba a dejar de ser obispo cuando alcanzara la edad canónica de jubilación, que es de 75 años. Al menos eso era lo que pensaba Roma. Pero Mons. Borecky se negó a jubilar, diciendo que esa norma se aplicaba a la Iglesia latina y no a las Iglesias orientales, que estaba exento

---

3 Ver Kwasniewski, *Hyperpapalism to Catholicism*, 2:266-71; cf. capítulo 4 precedente.

4 Hay que reconocer, para ser justos, que Mons. Borecky tuvo críticos, que decían que se aferraba al poder como si la eparquía fuera su feudo personal, y que estaba obsesionado con introducir clero casado a la eparquía y de promover una especie de agenda "ucraniana nacionalista". Mi propósito no es aquí sostener que Borecky acertó siempre en lo que hizo, sino simplemente relatar lo que hizo, y señalar que podría llegar el momento de que otros obispos fieles hagan lo mismo frente a una Roma descreída. En general, me parece que si un número considerable de laicos, sacerdotes y obispos en un territorio determinado se oponen con fuerza al gobierno descarriado de sus superiores, éstos se verían obligados (o al menos enfrentados con buenas razones) a retroceder y negociar, en vez de imaginarse que pueden abusar de sus súbditos.

de cumplirla, y que seguiría en sus funciones hasta su muerte. "Como Iglesia católica ucraniana, tenemos que luchar por nuestros derechos", dijo el obispo a un periodista[5]. El Vaticano procedió a nombrar un sucesor, Roman Danylak (1930-2012), pero Borecky se negó a reconocerlo como nuevo obispo.

La noticia citada sigue diciendo:

"La disputa ha inmovilizado y dividido a la eparquía, que tiene cerca de 100.00 miembros y 125 sacerdotes, la mayoría casados. Algunos laicos y sacerdotes, junto con Borecky, no asistieron a la consagración episcopal de Danylak… Por su parte, éste no asistió a la celebración de los 45 años de Borecky como obispo, en junio… La disputa entre los dos obispos pareció culminar con una carta de 28 de junio del Vaticano, donde se afirmaba que Danylak tiene "todos los derechos y deberes" en materias espirituales y temporales, agregando que Borecky "retiene sólo una prerrogativa de carácter litúrgico", y que sus decisiones sobre la eparquía "carecían de todo efecto jurídico". La carta fue enviada a pedido de Danylak luego de que tanto él como Borecky escribieran cartas a la eparquía alegando tener la potestad en los asuntos de ella.

"La carta del Vaticano provenía del cardenal Achille Silvestrini, prefecto de la Congregación para las Iglesias Orientales. En ella decía que el papa había dado a Danylak la autoridad sobre la eparquía, y hacía ver que Borecky "ya ha cumplido 81 años de edad". Borecky respondió a Silvestrini el 5 de agosto: "He asumido la posición, fundada en diversos consejos, de que se duda" que la "exigencia de renuncia" del Vaticano II se aplica a los obispos nombrados con anterioridad a él, especialmente a los obispos de rito Oriental… Desgraciadamente, Su Eminencia no tuvo la cortesía de comunicarme directamente ni el nombramiento de un administrador apostólico, ni los motivos específicos que fundamentan "las razones graves y especiales" de dicho nombramiento".

Un antiguo residente de esa eparquía me contó que la mayor parte del clero apoyaba a Mons. Borecky[6].

---

5 Ver Art Babych, "Ukrainian bishop fights to hold eparchy: he claims Vatican II rule does not apply," *National Catholic Reporter*, septiembre 24, 1993, https://rb.gy/6i7k8.
6 Quienes tengan interés por conocer más artículos escritos a mitad de estos acontecimientos pueden consultar *The Ukrainian Weekly* del domingo 3 de enero de 1993 (https://archive.ukrweekly.com/print-media/1993/The_Ukrainian_Weekly_1993-01.pdf) y domingo 7 de febrero de 1993 (https://archive.ukrweekly.com/print-media/1993/The_Ukrainian_Weekly_1993-06.pdf).

¿Cómo terminó la historia? Como dicen unas notas en el archivo de Danylak, después de seis años de estar el asunto en punto muerto, el obispo Mons. Lubomyr Husar, de Lviv, "negoció una solución por la que Borecky se retiraba y se nombraba a Danylak para unas "responsabilidades especiales en Roma", lo que produjo la vacancia de la eparquía de Toronto desde el 24 de junio de 1998. El obispo Cornelius Pasichny de Saskatoon fue nombrado nuevo obispo el 1 de julio de ese año"[7]. Mons. Borecky permaneció firme en su puesto hasta 1987, y murió cinco años más tarde. Aunque no murió en funciones, renunció a ellas por propia voluntad, como conviene a la dignidad de un sucesor de los apóstoles.

"Todo esto es muy interesante", puede pensar el lector, "pero, después de todo, el caso Borecky fue una disputa entre un prelado de la Iglesia Oriental *sui iuris* y el obispo de Roma, por lo que naturalmente se dio un mayor espacio para la protesta. No hay aquí, en realidad, ninguna lección para nosotros, los católicos latinos, ya que el papa es la cabeza indiscutida de nuestra Iglesia de rito propio".

Hay algo de verdad en esa observación. Sin embargo, no debemos olvidar el lenguaje del texto magisterial al que los hiperpapistas recurren más frecuentemente que a ningún otro: "Por ello enseñamos y declaramos que la Iglesia Romana, por disposición del Señor, posee el primado de potestad ordinaria sobre todas las otras, y que esta potestad de jurisdicción del Romano Pontífice, que es verdaderamente episcopal, es inmediata. A ella están obligados, los pastores y los fieles, de cualquier rito y dignidad, tanto singular como colectivamente, por deber de subordinación jerárquica y verdadera obediencia, y esto no sólo en materia de fe y costumbres, sino también en lo que concierne a la disciplina y régimen de la Iglesia en todo el orbe"[8].

Lo que este obispo ucraniano hizo fue ciertamente contrario a una lectura estrecha o positivista de este texto del Vaticano I, pero a pesar de todo, lo hizo, convencido de que estaba defendiendo derechos anteriores y legítimos, enraizados en la sucesión apostólica, que la autoridad papal debe respetar, *a pesar* de su primacía. ¿No es, acaso, posible que la Iglesia haya pasado por alto, durante un largo período, la dignidad inherente del oficio episcopal después de dos concilios ecuménicos (Vaticano I y II) que, *ambos*, han

---

7 Ver https://en.m.wikipedia.org/wiki/Roman_Danylak.
8 Concilio Vaticano I, Constitución Dogmática *Pastor Aeternus*, cap. 3.

sobreenfatizado la primacía papal en detrimento de otros elementos de la vida eclesial –o al menos eclipsándolos–, o que los haya formulado de un modo que permita extrapolaciones erróneas?[9]

Muchos hablan del "espíritu del Vaticano II", pero existe también un "espíritu del Vaticano I"[10]. De hecho, se puede sostener que todo concilio influyente produce o favorece un espíritu, y éste puede ser bueno, malo, o una mezcla de ambas cosas, dependiendo de si está o no de acuerdo con la letra de las enseñanzas e intenciones pastorales del concilio en cuestión. El espíritu del Concilio de Trento fue inmensamente bueno, porque se convirtió en la fuerza motriz de la Contra-Reforma, que hizo retroceder al protestantismo y revitalizó la Iglesia en Europa y en muchos otros lugares. El espíritu del Vaticano II fue inmensamente malo, porque se convirtió en la fuerza motriz de una Contra-Contra-Reforma, que socavó sistemáticamente la transmisión de la fe, retroceso ejemplificado por el intento de reemplazar (abusando de la autoridad del papa[11]) el rito romano, canonizado después de Trento como la *lex orandi* de la Iglesia romana correspondiente a su *lex credendi*, por un rito papal moderno, diluído con influencias protestantes, modernistas y profanas.

El espíritu del Vaticano I, en cambio, fue decididamente una mezcla: por una parte, el ultramontanismo elevó la dignidad de la Sede Apostólica y reconoció la autoridad del padre común de los cristianos en una época en que la Iglesia católica era atacada en todas partes y los fieles necesitaban un faro luminoso hacia el cual mirar; por otra parte, se apoderó totalmente de la Iglesia una tendencia a absolutizar la monarquía papal y a infalibilizar los pronunciamientos del papa, pavimentando el camino hacia una creciente pasividad pastoral de los obispos y a una irreflexiva y casi automática obediencia de su grey. Esta curiosa evisceración de la jerarquía e infantilización de la fe fueron, por cierto, insostenibles, y un maremoto de errores contradictorios sumergió a la Iglesia después del Vaticano II, haciendo que los obispos frecuentemente ignoraran la enseñanza tradicional proveniente de Roma (de los muchos ejemplos que podría citarse, recuérdese *Veterum Sapientia*

---

9 Ver chap 4. Cf. Darrick Taylor, "Can We Learn Anything from the Critics of Vatican I?," OnePeterFive, November 13, 2023.
10 Ver capítulo 3.
11 Ver capítulos 5, 9 y 11.

de Juan XXIII, *Humanae Vitae* de Pablo VI, *Veritatis Splendor* de Juan Pablo II, y *Summorum Pontificum* de Benedicto XVI), y el laicado, incitado por esos obispos renegados, alegó objeciones de conciencia ante toda enseñanza que no estuviera dispuesto a aceptar, en aquellos casos en que todavía se tomaba la molestia de practicar en absoluto la fe.

Actualmente hemos cerrado el círculo, con un papa progresista que, a pesar de ello, usa tácticas utramontanas y se rodea de aduladores curiales y episcopales que han redescubierto, súbitamente, luego de décadas de letargo, una devoción casi latréutica al supremo pontífice, en tanto que los ortodoxos son pocos y se los hostiga. Es precisamente en este contexto que tenemos que comprender la posibilidad, de hecho, la necesidad, de que algunos obispos se hagan firmes y digan (sea a las peticiones políticamente motivadas de renuncia, a las deposiciones claramente ideológicas, al cismático Camino Sinodal, a la reescritura herética de los catecismos, o a la actual demolición de la moral matrimonial): *Non possumus. Non licet.* No podemos hacerlo. No está permitido.

El vergonzoso tratamiento que se dio a Mons. Daniel Fernández Torres constituyó un precedente de lo que luego tuvo lugar en el caso de Mons. Joseph Strickland. Lamentablemente ambos obispos perdieron la oportunidad de plantarse firmes ante el exceso papal, tal como fue firme Mons. Borecki y, por cierto, los cardenales Slipyj y Wojtyla algunas décadas antes[12]. A algunos les parece que permitir las injusticias que se cometen contra uno y no resistirlas es un camino más cristiano, pero esto es verdad sólo si "poner la otra mejilla" no contradice la vocación que se ha recibido de Dios ni las responsabilidades que se tiene con los demás. Puede que un individuo permita que lo golpeen y no responda con golpes, pero un padre de familia no puede permitir que su mujer y sus niños sean golpeados sin responder él con golpes a su vez: su deber es defenderlos. Un presidente puede permitir que se lo agravie en lo personal, pero no puede permitir que su país sea injustamente atacado por el enemigo sin presentar batalla. El emperador Carlos I de Austria rehusó deponer su corona y tomó todas las medidas a su alcance para seguir gobernando, aunque no tuvo éxito (desde el punto de vista humano). Así, también, un obispo que es "cancelado" por el

---

12 Ver capítulo 13.

Vaticano sin un correspondiente proceso canónico o sin pruebas públicas de ser gravemente culpable, tiene una obligación, para con su pueblo y con sus hermanos obispos, que hace necesario que resista a una tiranía papal que despojaría a su grey de un gobierno ortodoxo y violaría la dignidad del colegio apostólico. Una cooperación mansa con un papa dictador y la tolerancia de injusticias graves y claras, no va en beneficio de la Iglesia católica.

16

Cuando un obispo prohíbe o restringe las Misas tradicionales privadas[1]

EN UNA CARTA DE TRES PÁGINAS, FECHADA el 20 de agosto de 2021 y dirigida a los "Queridos hermanos en Cristo", el Excmo. y Rvdmo. Señor Obispo de Pittsburgh, Mons. David A. Zubik -en un intento, según parece, de demostrar que es más bergogliano que Bergoglio-, tomó una dura medida que supera lo que requeriría una estricta interpretación del *motu proprio* del papa Francisco *Traditionis Custodes* (suponiendo, cosa dudosa, que el documento tiene validez jurídica)[2]. A pesar de que Pittsburgh es una de las diócesis más deprimidas y colapsadas de los Estados Unidos -como se puede ver por el imparable cierre de parroquias, que ha dejado a la ciudad sembrada de iglesias convertidas en restoranes, bares, *penthouses* y otros destinos profanos-, resulta evidentemente demasiado riesgoso permitir una infusión de energía espiritual proveniente de los manantiales de la tradición. Mejor una iglesia muerta que una iglesia tradicional.

La carta del obispo fue una de muchas preocupantes muestras del daño causado por obispos que no comprenden la tradición católica, o no tienen empatía con ella, y que no captan la sabiduría pastoral de retrasar el cumplimiento de los correos vaticanos no deseados mediante el expediente de formar "grupos de estudio", de formular excusas plausibles, de descubrir inconvenientes canónicos o, lo que es lo más ecológico de todo, de borrarlos.

---

1 La primera parte de este capítulo (hasta la sección "¿Puede un obispo restringir las Misas privadas?") se publicó, a una forma ligeramente diferente, en Kwasniewski, *From Benedict's Peace to Francis's War*, 327-32.
2 Ver Rivoire, *Does "Traditionis Custodes" Pass the Juridical Rationality Test?*; Pink, "*Is Traditionis Custodes Lawful?*"; Kwasniewski, "Does Traditionis Custodes Lack Juridical Standing?", en *From Benedict's Peace to Francis's War*, 74-78; Lamont, "*Dominican Theologian Attacks Catholic Tradition*".

Zubik declaró que en la ciudad habrá sólo una parroquia dedicada enteramente al rito romano tradicional, a saber, La Preciosísima Sangre de Jesús, atendida por el Instituto de Cristo Rey Sumo Sacerdote. En dos otras parroquias, identificadas por su nombre, se permitirá las Misas sólo ocasionalmente, pero expresamente *no* se las permitirá en Navidad, Pascua y Pentecostés. Los demás sacramentos (bautismo, confirmación, confesión, matrimonio, extremaunción) serán permitidos sólo para los parroquianos inscritos en los apostolados del Instituto. Queda prohibido usarlos de cualquier otro modo.

Lo peor de todo fue que se prohibió a los sacerdotes diocesanos celebrar Misas privadas en el rito romano tradicional. El obispo escribió lo siguiente:

"Con la promulgación de *Traditionis Custodes* el 16 de julio, los sacerdotes ya no tienen permiso o facultades generales para celebrar la Eucaristía y otros sacramentos según el Misal Romano de 1962, ni siquiera en privado. Por el contrario, el obispo diocesano local (o sus delegados) debe otorgarles expresamente la facultad de hacerlo. Además, el Santo Padre dejó en claro que el permiso para celebrar la Eucaristía según el Misal Romano de 1962 no tiene por finalidad la devoción personal de ningún sacerdote, sino que se otorgará sólo para el beneficio de grupos de fieles… No se concederá esta facultad a los sacerdotes que la pidan para celebrar privadamente según el Misal Romano de 1962".

Consideremos por un momento las implicaciones de esta medida.

Nunca ha dejado de celebrarse la Misa tradicional del rito romano en ninguna de las etapas de su desarrollo, desde el siglo IV hasta hoy (incluso después de 1969 no hubo un corte total en la celebración del *usus antiquior*). ¿Es ésta la Misa considerada hoy tan dañina para la unidad de la Iglesia, tan peligrosa para las almas, que incluso un sacerdote que no tiene responsabilidades pastorales tiene prohibido su uso? ¿Incluso a aquel sacerdote que encuentra gran alimento espiritual en la rica *lex orandi* de la Misa tradicional, que sabe por experiencia que ella lo une de un modo especial al Sacrificio de la Cruz y lo ayuda a orar fervientemente por la intención de la Misa, debe privársele de este alimento, de esta unión más profunda, de esta gracia de una devoción más intensa que (como sabemos por Santo Tomás de Aquino) obtiene un mayor provecho de la Misa?

¿RENUNCIAR A UNA FUENTE DE GRACIAS E IDENTIDAD SACERDOTALES?

A lo largo de los años, he sabido de muchos sacerdotes cuyo descubrimiento de la Misa tradicional ha transformado su sacerdocio y su vida espiritual entera[3]. En su libro *Cor Iesu Sacratissimum*, Roger Buck cita una carta que le envió precisamente uno de esos sacerdotes, que celebra sin problemas la Misa reformada, pero valora especialmente su contacto con el rito antiguo:

"Estas Misas [tradicionales] me resultan especiales, y es un privilegio inmenso el estar unido a Cristo como su sacerdote y ofrecerle el sacrificio del Calvario por los vivos y los muertos. Es usando la forma tridentina que he llegado a apreciar en alguna medida la gran significación de lo que hago cada mañana. ¿Puede haber algo más importante que esto?".

El arzobispo Carlo Maria Viganò da un testimonio impactante:
"Muchos sacerdotes descubren los tesoros de la venerable liturgia tridentina sólo cuando la celebran y le permiten que los empape, y no es raro que una curiosidad inicial por la "forma extraordinaria" –ciertamente fascinante por la solemnidad del rito– dé paso rápidamente a la conciencia de la profundidad de las palabras, la claridad de la doctrina, la incomparable espiritualidad a que da nacimiento y que alimenta nuestra alma.

"Existe una perfecta armonía que las palabras no pueden expresar, y que los fieles pueden comprender sólo en parte, pero que toca el corazón del sacerdocio como sólo Dios puede hacerlo. Pueden confirmar esto mis hermanos que se han acercado al *usus antiquior* después de décadas de obediente celebración del *Novus Ordo*: es un mundo el que se abre, un cosmos que incluye el rezo del Breviario con las lecciones de Maitines y los comentarios de los Padres, las referencias a los textos de la Misa, el Martirologio de la hora de Prima...

"Se trata de palabras sagradas no porque estén dichas en latín, sino que se expresan en latín porque la lengua vulgar las degradaría, las profanaría, como observó sabiamente Dom Guéranger. Son palabras de la Novia al divino Novio, palabras del alma que vive en íntima unión con Dios, del alma que permite que la inhabite la Santísima Trinidad. Son palabras esencialmente sacerdotales, en el

---

[3] Ver mis artículos "Discovering Tradition: A Priest's Crisis of Conscience" y "Not Abandoning the Flock – Not Abandoning the Truth."

más hondo sentido del término, que implican que en el sacerdocio existe no sólo el poder de ofrecer el sacrificio sino el de unirse en auto ofrenda a la Víctima pura, santa, inmaculada"[4].

Por todas estas razones, el esfuerzo que se está haciendo por acabar con el derecho de los sacerdotes de celebrar la Misa tradicional o de privarlos de todo el arsenal de recursos espirituales de la tradición, sólo puede tener un origen infernal; no podría jamás proceder del Espíritu de Dios. Porque así es como obraría un enemigo de Cristo y de su Iglesia. Nadie sino un enemigo buscaría poner fuera de la ley esto que consolida la identidad sacerdotal, esta fuente de oración ferviente, este refugio de renovación y de copiosas gracias para el alma.

Los sacerdotes están totalmente en su derecho, ante Dios y la Santa Madre Iglesia, de negarse a cumplir estas restricciones o prohibiciones (tal como antes la "desobediencia" a mandatos litúrgicos injustos ha sido exculpada dos veces por la propia Santa Sede)[5]. Los sacerdotes de la diócesis de Pittsburgh, o de cualquier otra en que se implementa una política tan cruel y antisacerdotal como en Pittsburgh, deben seguir celebrando la Misa tradicional y usar los otros ritos sacramentales cada vez que sea posible, e.g., si se van a retiro en algún lugar, o si visitan a una familia de confianza o a amigos (más adelante volveré a este tema de la justificación canónica de seguir celebrando Misas privadas).

¿ESTAMOS LLEGANDO A UNA ENCRUCIJADA?

Con todo, esta línea divisoria de las aguas podría ser también para el sacerdote un momento providencial de realización. ¿Lo estará

---

4 Ver Carlo Maria Viganò, "Lapides Clamabunt," en Kwasniewski, *From Benedict's Peace to Francis's War*, 190-202; aquí, 193. Mi cita de este controvertido arzobispo no debe entenderse como una aprobación de todas sus posturas, especialmente su posición excesiva frente a la guerra de agresión de Vladimir Putin contra Ucrania, con la colusión de los rusos ortodoxos. Sin embargo, la honestidad intelectual exige que reconozcamos el valor y la agudeza de muchos de los escritos del arzobispo, recopilados en *A Voice in the Wilderness: Archbishop Carlo Maria Viganò on the Church, America, and the World*, ed. Brian M. McCall (Brooklyn, NY: Angelico Press, 2021).
5 Ver Timothy Flanders, "Why the Term 'Extraordinary Form' is Wrong," *The Meaning of Catholic*, agosto 9, 2019. Es crucial que se entienda que, en la tradición católica, la obediencia tiene exigencias y límites bien precisos, como otros capítulos de este libro lo explican con detalle. Santo Tomás de Aquino enseña que una ley injusta no tiene racionalidad de ley y no debe, por tanto, ser cumplida. En este caso, el que no cumple no es culpable del pecado de desobediencia, sino que debe ser más bien alabado por obedecer a una ley más elevada.

llamando el Señor, especialmente ahora, a seguir haciendo con calma lo que ha venido haciendo desde antes, en desafío de una prohibición claramente injusta? Semejante curso de acción conducirá, casi con certeza, a que sea sacrificado ("cancelado") como cordero llevado al matadero. Quizá ya es tiempo de que el grano de trigo de muchos sacerdotes caiga en tierra y muera, para que pueda dar mayores frutos de santidad que lo que permitiría la colaboración con las oficinas del obispo. Prontamente encontrarán laicos que los apoyarán en sus necesidades. Se está construyendo en las casas más oratorios privados que nunca antes; los laicos están atareados con los preparativos para la siguiente fase de la resistencia a los descarriados ataques de los pastores contra el bien común de la Iglesia[6].

Recordemos que el culto católico tradicional y la forma de vida a que da origen fue salvado, en los años sesenta y setenta, por sacerdotes y laicos decididos a hacer precisamente esto, y ni un punto menos, a fin de permanecer fieles a lo que sabían que era la verdad[7]. En un comienzo fue una ínfima minoría la que mantuvo viva la llama y la fue extendiendo, a razón de una persona por vez, por todo el mundo. Muy a menudo tuvieron que operar fuera de las estructuras oficiales de la Iglesia o, más bien, fuera de las ficciones legales auto-justificantes de los clérigos y de su auto-destructiva "renovación". Durante algún tiempo fueron "pastores en el destierro"[8], pero jamás renunciaron, por ningún tipo de emolumentos provenientes de un sistema corrupto y corrosivo, a su recta conciencia, a su integridad católica, a su fertilidad pastoral ("si el grano de trigo no cae en tierra y muere"…), ni a su consuelo espiritual.

Stuart Chessman, de la *Society of St Hugh of Cluny*, ha analizado la transición desde la guerra fría a la "guerra caliente":

"En todas partes se tiene la sensación de que se ha cruzado un límite, de que la Iglesia se ha internado en aguas nuevas y desconocidas. La guerra tiene la ventaja de aclarar los temas y las relaciones de poder, de dejar atrás las mistificaciones de la realidad.

"Con todo, la "fortuna en la guerra" es esencialmente impredictible. Un país, como Francia en 1870, puede entrar en guerra, como dijo Emile Ollivier, su primer ministro de la época, "con el corazón

---

6 Ver capítulo 25.
7 Ver mi Prólogo a *Faith of Our Fathers*, de Chessman.
8 Ver M. Jean-Claude Dupuis, "A Tribute to Father Yves Normandin (1925–2020), Hero of the Traditional Mass in Canada," *Rorate Caeli*, febrero 7, 2021.

despejado". Así lo hizo también Europa entera en 1914, Alemania en la Rusia de 1941, Japón en Pearl Harbour más tarde en aquel mismo año, y después los Estados Unidos en Vietnam, Irak y Afganistán. En todos estos casos, la confrontación que siguió fue inmensamente diferente de todo lo que se había supuesto al comienzo. La Iglesia católica muy pronto va a tener la misma experiencia.

"Además, el papa Francisco ha declarado su intención de llevar adelante el más difícil de los procedimientos bélicos: una agresiva guerra de aniquilación. Martin van Creveld observa que, una guerra así, que deja al enemigo sólo dos salidas, la victoria o la extinción, robustece dramáticamente la voluntad del enemigo de resistir, sin importar cuáles hayan sido sus anteriores debilidades políticas o militares. En este sentido, *Traditionis Custodes* es la "operación Barbarroja" de la Iglesia"[9].

La "operación Barbarroja" fue el código de la invasión de Rusia por Hitler en 1941, que comenzó con el Reich alemán en una cúspide de poder y confianza, con multitudes y multitudes de soldados y de temible equipamiento militar. Esta campaña, se pensaba, no podía fracasar. Pero fracasó, y rápidamente. La fortuna de la guerra se volvió contra el hambre de hegemonía del Reich.

Por su parte, *Traditionis Custodes* es un intento similar por parte de la facción progresista que controla la mayoría de los cargos de la Iglesia. Han apostado todo a un asalto final contra los últimos focos de resistencia a su invernal "nuevo Pentecostés". Quienes obedezcan injustas órdenes se pondrán, por ese mismo hecho, de parte de los aspirantes a destructores de la tradición católica. Quienes encuentren el modo de resistir, sea secreta o abiertamente, tendrán el mérito y la gloria de pelear por la fe de nuestros padres que, lejos de ser propiedad nuestra para ser tratada como materia prima explotable, debe ser recibida, con gratitud, como un don ya perfectamente formado, del cual nos beneficiamos humildemente y el cual transmitimos fielmente.

Esto es el verdadero Espíritu de Pentecostés que, quienes han sido tocados por la Octava de Pentecostés (abolida en el *Novus Ordo*)[10] y han saboreado cada día la dulzura de las palabras del *Veni, Sancte*

---

9 Stuart Chessman, "Traditionis Custodes: Dispatches from the Front," *The Society of St. Hugh of Cluny*, agosto 18, 2021.
10 Ver mi artículo "What's the Big Deal with the Pentecost Octave?," *The Remnant*, mayo 22, 2021.

Spiritus, han llegado a experimentar como una invencible fuente de fortaleza en medio de un conflicto para el que toda fuerza humana es insuficiente.

Citemos una vez más a Mons. Viganò:

"¿Cuántos de vosotros, sacerdotes –y también de vosotros, laicos–, al recitar los maravillosos versos de la Secuencia de Pentecostés, no habéis sido movidos a lágrimas, comprendiendo que vuestra predilección primera por la liturgia tradicional no tenía nada que ver con una estéril satisfacción estética sino que había llegado a ser una verdadera necesidad espiritual, tan indispensable como la respiración? ¿Cómo podemos, vosotros y nosotros, explicar a quienes hoy quisieran privaros de este bien inestimable, que ese rito bendito os ha hecho descubrir la verdadera naturaleza de vuestro sacerdocio, y que de él, y sólo de él, podéis obtener las fuerzas y el alimento que os permite enfrentar los compromisos de vuestro ministerio? ¿Cómo podéis dejar en claro que el regreso obligatorio [a usar exclusivamente] el rito montiniano representa para vosotros un sacrificio imposible, porque en la lucha diaria contra el mundo, el demonio y la carne, dicho rito os deja desarmados, postrados, sin fuerzas?... No es un problema de nostalgia, de culto al pasado; de lo que hablamos aquí es de la vida del alma, de su crecimiento espiritual, de ascesis y de misticismo; conceptos que aquéllos que consideran su sacerdocio como una mera profesión no pueden ni siquiera entender...".

¿PUEDE UN OBISPO RESTRINGIR LAS MISAS PRIVADAS?

En otras diócesis *Traditionis Custodes* se "aplica" también de un modo que supera con mucho lo que exige estrictamente la letra de la ley. Uno de esos modos ocurre cuando los obispos tratan de redefinir "Misa privada" como una Misa en que sólo el celebrante y un asistente están presentes, *y nadie más*.

Comencemos con una cuestión canónica preliminar. Si un obispo meramente *dice* a sus sacerdotes que su política va a ser tal o cual, o si se la comunica de manera informal, dicha política no es ni válida ni puede exigirse su cumplimiento, debido a lo que dispone una serie de cánones:

"Can. 49. Un precepto particular es un decreto que directa y legítimamente impone a determinada persona o personas hacer u omitir algo, especialmente en orden a urgir la observancia de la ley".

"Can. 51. El decreto debe ser expedido por escrito, con los motivos expresados sumariamente, si se trata de una decisión".

"Can. 54, § 1. Un decreto singular, cuya aplicación se confía a un ejecutor, tiene efecto desde el momento de la ejecución o, si no, desde el momento en que se lo da a conocer a la persona por parte de la autoridad que lo expide. § 2. Para que sea exigible, un decreto singular debe ser dado a conocer por un documento legítimo, de acuerdo con la norma legal".

"Can. 55. Sin perjuicio de lo prescrito en los cánones 37 y 51, cuando alguna razón gravísima impide la entrega del texto escrito de un decreto, se considera que éste ha sido dado a conocer si se lo lee a la persona a quien está destinado, en presencia de un notario o de dos testigos. Después de redactada un acta de lo obrado, ésta debe ser firmada por todos los presentes".

Lo que se deduce de estos cánones es que el obispo tendría que expresar la limitación de los derechos de un sacerdote *por escrito*, y luego promulgarla debidamente. Si un obispo pretende prohibir algo a que un sacerdote tiene derecho, debe expedir la prohibición por escrito, porque tiene que ser el tipo de cosa susceptible de reclamación por los afectados. De otro modo, sería sólo una forma de amenaza: "Tienes que hacer tal cosa *porque lo digo yo*", sin huella escrita. En el caso que tratamos (en que un obispo trata de redefinir lo que es una Misa privada), ¿qué derecho del sacerdote se está infringiendo?

Can. 906. Excepto cuando hay una causa justa y razonable, un sacerdote no debe celebrar el sacrificio eucarístico sin la participación de, al menos, un fiel.

Adviértase que el Canon 906 exige que normalmente haya "al menos un fiel", lo cual es deliberadamente impreciso: se podría, lógica y legalmente, admitir a varias personas, y de hecho podría admitirse una iglesia grande atestada de gente. Esto rige para una Misa que un sacerdote sin impedimento celebra cualquier día de la semana en cualquier lugar legítimo y por cualquier motivo legítimo. Lo cual incluye el caso de una Misa celebrada, por motivos apropiados, en una capilla lateral, en una escuela o centro de retiros, en la capilla de una casa parroquial, en una casa, etc.

Ahora bien, el papa Juan XXIII, en el Código de Rúbricas de 1960, nº 269 (y posteriormente, Pablo VI en la encíclica Mysterium

Fidei, n°s 32-33), rechazó el *término* "Misa privada" porque una Misa, *por su naturaleza misma*, es un acto social, aunque sea dicha por un sacerdote con un ayudante y nadie más. Histórica y jurídicamente, una "*Missa privata*" significó una Misa "privada" de solemnidad o de ceremonial, una Misa rezada dicha en un altar lateral, en contraste con la solemne Misa conventual. Sólo posterior y coloquialmente adquirió el sentido de "no oficial, no programada, no anunciada". Sin embargo, podemos razonablemente describir como "Misa privada" la que se dice en una propiedad privada (no en alguna propiedad de la diócesis), no avisada al público, y sin pompa ni ceremonia[11]. No existe ni puede existir ninguna norma canónica contra una Misa así ni, por las razones dadas, podría ser suficiente para impedirla la orden de un obispo de no celebrarla, dada de modo meramente verbal[12].

Es arbitrario limitar los ayudantes a uno solo. No existe un fundamento canónico para tal límite. Un sacerdote podría tener uno, dos o tres ayudantes o tantos como pareciera *conveniens*. De igual modo, es arbitrario especificar que puede estar presente un ayudante, pero no, por ejemplo, tres laicos que sencillamente asisten y oran. A menos que el ayudante sea alguien ordenado con la orden menor de acólito o instalado oficialmente en el "ministerio" de acólito, el ayudante es simplemente un laico que usa una sotana y un sobrepelliz, y presta alguna ayuda. No existe base objetiva para un límite como el mencionado. De hecho, puesto que el término mismo de "Misa privada" debe evitarse, según el Código de Rúbricas de 1960 (n° 269), se puede considerar que una política formulada en términos de "Misa privada" es teológicamente deficiente y, por tanto, merecedora de ser ignorada.

Antes de 1958, el término "*missa privata*", cuando era usado por la Santa Sede, conllevaba varios componentes de significado: condiciones de privacidad, falta de solemnidad o de música, etc.[13]. Me imagino que actualmente un obispo la usaría en el sentido de Misa

---

[11] O'Connell enumera varias clases de Misas privadas. Ver P. John Fenton, "What is a 'Private Mass'?", mayo 15, 2021, https://cum-angelis-et-archangelis.orthodoxwest-blogs.com/2021/05/15/what-is-a-private-mass/.

[12] Dejemos bien en claro este punto: *toda* puesta por obra de *Traditionis Custodes* que no esté consignada formalmente por escrito, de un modo tal que pueda ser evaluada canónicamente y reclamada, es inválida y no puede obligar.

[13] Cf. Frederick R. McManus, *Handbook for the New Rubrics* (Baltimore: Helicon, 1960), 106-7. El P. McManus fue posteriormente uno de los que destruyeron la liturgia, pero esta obra suya es una buena herramienta de referencia.

sine populo, concepto que existe en los textos del *Novus Ordo*[14]. Este concepto de una Misa *sine populo* no existe, en cambio, en el *usus antiquior*, y no le es por tanto aplicable.

Dado que la actual legislación no define "Misa privada", algún obispo podría alegar que es a él a quien corresponde hacer las distinciones (invocando para ello la noción, algo espuria y casi siempre exagerada, de "maestro de la liturgia" de su diócesis)[15], pero el contraargumento sería que tales distinciones son *praeter legem* y exceden de la autoridad del obispo. En la práctica, normalmente es suficiente declarar algo como lo siguiente: "El Padre N. celebrará una Misa privada a las 8,30 a.m. en la capilla de la escuela. Las puertas de ésta estarán abiertas como de costumbre. Se invita a todos a visitar la capilla a cualquiera hora para hacer oración personal".

A propósito, si un obispo osara prohibir a los sacerdotes decir *ellos solos* la Misa antigua, esa prohibición sería totalmente nula. Según el Can. 906 (y esto es un cambio en relación con el Can. 813 del Código de 1917), se permite a un sacerdote celebrar Misa *sin ayudante ni nadie más* por una "causa justa y razonable"[16]. Desde hace mucho tiempo esto se ha entendido canónicamente en el sentido de incluír el gran bien para sí mismo y para la Iglesia que es la Misa celebrada diariamente por un sacerdote.

---

14 "La edición revisada del Misal Romano promulgada por Pablo VI en 1969 presentó dos formas del Orden de la Misa: *Ordo Missae cum populo* y *Ordo Missae sine populo*... La Instrucción General del Misal Romano de 1970 se refirió a la primera de estas formas de celebrar la Misa en sus nºs 77-152, y a la segunda en los nºs 209-231. Esta última sección comienza con una explicación: "Esta sección contiene las normas para la Misa celebrada por un sacerdote con sólo un ayudante que lo asiste y recita las respuestas". En la edición revisada y ampliada de la Instrucción General, de 2002, el término *Missa cum populo* permanece como título de la información que se da en los números 115-198, pero la otra sección (números 252-272) habla de la *Missa cuius unus tantum minister participat* (Misa en que sólo participa un ayudante) y correspondientemente el Misal presenta un *Ordo Missae cuius unus tantum minister participat* (Orden la Misa en que sólo participa un ayudante). Información tomada de https : //en.wikipedia.org/wiki/Sine_populo.

15 El texto de *Sacrosanctum Concilium*, nºs 41 y 45, generalmente citados como prueba de este concepto, no usa la frase "maestro de la liturgia". Para visiones opuestas y para una clara explicación de cuáles son las responsabilidades del obispo en relación con la liturgia, ver Archbishop Alexander K. Sample, "The Bishop: Governor, Promoter, and Guardian of the Liturgical Life of the Diocese" y Raymond Leo Cardinal Burke, "Liturgical Law in the Mission of the Church," en *Sacred Liturgy: The Source and Summit of the Life and Mission of the Church*, ed. Alcuin Reid (San Francisco: Ignatius Press, 2014), 255-71 and 389-415.

16 P. Zuhlsdorf dice algo más sobre esto en "Can priests say the 'Tridentine Mass' alone, without a server?," *Fr. Z's Blog*, diciembre 30, 2016.

Así, pues, tomando todo lo anterior en consideración, se puede decir que, aunque en una diócesis el obispo tratara, hipotéticamente, de limitar las "Misas privadas" a un sacerdote con un ayudante, estaría permitido que un sacerdote celebrara sin ayudante la *Missa sine populo* (i.e. una *Missa solitaria*) por una "causa justa", de acuerdo con el Can. 906 (¿qué causa más justa podría haber que buscar la santidad y la honra de Dios de acuerdo con la sana tradición ritual de la Iglesia?), pero de un modo tal que hubiera allí, al mismo tiempo, un grupo de fieles reunidos por un motivo independiente (por ejemplo, el rezo del Rosario). En este caso, todo sería canónicamente correcto, y el mandato del obispo –ya incorrecto por otras razones– no tendría materia a la que aplicarse.

LA CRECIENTE AMENAZA DE CONCELEBRACIONES FORZADAS

Se está intensificando la campaña para que se prohíba a los sacerdotes decir individualmente su Misa diaria (cuando no tienen obligación de celebrar la Misa con o para una congregación de fieles) al interior de las comunidades religiosas, en las escuelas o casas de formación, en las parroquias y en otras situaciones, y para obligarlos a concelebrar con sus hermanos sacerdotes[17]. Se ha tratado de poner en práctica, con más o menos rigor, la misma política en la propia Basílica de San Pedro, en detrimento de los grupos de peregrinos y de los sacerdotes visitantes[18].

Claramente los modernistas y progresistas arden de ira y conspiran contra el clero joven que, con toda piedad, usa los altares laterales para decir Misa, o contra los vicarios parroquiales que erigen dignos altares en sus habitaciones para su día libre, o contra el clero que, con rara coherencia, se ausenta de los *jamborees* sacramentales que logran abrirse paso en ciertas ocasiones, como la Misa Crismal. Ya empiezan a ver "la escritura en la pared". Está llegando un tiempo en que la amenaza de la tradición se deja sentir

---

[17] La primera vez que se supo de esto fue en julio de 2017, cuando un documento que circulaba en los Colegios de Roma trató de intimidar al clero para que concelebrara, contrariando con ello sus derechos canónicos. El inimitable P. Hunwicke comentó el documento y otros asuntos en su blog *Fr Hunwicke's Mutual Enrichment*, en una serie llamada "Concelebración en los Colegios Romanos".
[18] Ver Edward Pentin, "'Like a Museum': Dead Silence in St. Peter's Basilica as Suppression of Individual Masses Comes into Force," *National Catholic Register*, marzo 22, 2021; idem, "After Outcry, Vatican Eases Restrictions on Individual Masses in St. Peter's Basilica," *National Catholic Register*, junio 22, 2021.

abiertamente, y se abandona toda bondad, real o simulada. La expansión de la Misa tradicional y de muchas costumbres que ella ha revivido es, verdaderamente, una amenaza para el castillo de naipes postconciliar con que muchos han reemplazado la roca de la Iglesia de Cristo y su perenne doctrina y su liturgia. La generación senescente, todavía chapoteando y salpicando en una laguna de "Kool Aid" [N. del Tr.: se trata de una bebida gaseosa], quiere obstaculizar la celebración de Misas privadas sobre todo porque ellas se dicen, tan a menudo, según el *usus antiquior*.

Seamos, pues, todo lo claros que se pueda: *es ilegal y abusivo exigir a un sacerdote que concelebre, o declarar que,"normalmente", debe hacerlo*. Más imposible todavía es, como hemos visto, excluir el *usus antiquior* de la Misa "privada" de un sacerdote, o sea, cuando no está programado para celebrar públicamente una Misa con fieles.

1. El Canon 902 garantiza el derecho de todo sacerdote a celebrar individualmente, con la única condición de que ello no ocurra en una iglesia u oratorio en que, al mismo tiempo, esté teniendo lugar una concelebración (algunas traducciones al inglés dicen "en que esté teniendo lugar otra celebración". Pero el latín es claro: *non vero eo tempore, quo in eadem ecclesia aut oratorio concelebratio habetur*). Así, está plenamente permitido, incluso por el Código de 1983, que haya muchas Misas simultáneas en los altares laterales.

2. El Canon 904 recomienda que los sacerdotes celebren diariamente la Santa Misa "porque, aunque los fieles no puedan estar presentes, es el acto de Cristo y de la Iglesia por el que los sacerdotes cumplen su principal ministerio [*munus*]". La traducción al inglés estándar del Codigo de 1983 traduce en este Canon *munus* como "función", lo cual ciertamente no es una traducción feliz.

3. El Canon 906 prohibe al sacerdote celebrar la Santa Misa "sin la participación por lo menos de algún fiel" -"excepto que haya una causa justa y razonable". Queda claro, por el contexto, que el cumplimiento de la recomendación del Canon 904, es decir, que los sacerdotes celebren diariamente la Santa Misa, es una causa justa y razonable.

4. Estos puntos canónicos están bien apoyados por los recientes documentos magisteriales. Según Juan Pablo II, en la encíclica *Ecclesia de Eucharistia* (nº 31):

"Si la Eucaristía es centro y cumbre de la vida de la Iglesia, también lo es del ministerio sacerdotal. Por eso, con ánimo agradecido a Jesucristo, nuestro Señor, reitero que la Eucaristía « es la principal y central razón de ser del sacramento del sacerdocio, nacido efectivamente en el momento de la institución de la Eucaristía y a la vez que ella »… Se entiende, pues, lo importante que es para la vida espiritual del sacerdote, como para el bien de la Iglesia y del mundo, que ponga en práctica la recomendación conciliar de celebrar cotidianamente la Eucaristía, « la cual, aunque no puedan estar presentes los fieles, es ciertamente una acción de Cristo y de la Iglesia ». De este modo, el sacerdote será capaz de sobreponerse cada día a toda tensión dispersiva, encontrando en el Sacrificio eucarístico, verdadero centro de su vida y de su ministerio, la energía espiritual necesaria para afrontar los diversos quehaceres pastorales. Cada jornada será así verdaderamente eucarística".

La misma enseñanza fue reafirmada en la Exhortación Apostólica Postsinodal *Sacramentum Caritatis* (nº 80) de Benedicto XVI: "Indudablemente, la forma eucarística de la existencia cristiana se manifiesta de modo particular en el estado de vida sacerdotal. La espiritualidad sacerdotal es intrínsecamente eucarística… Una vida espiritual intensa le permitirá entrar más profundamente en comunión con el Señor y le ayudará a dejarse ganar por el amor de Dios, siendo su testigo en todas las circunstancias, aunque sean difíciles y sombrías. Por esto, junto con los Padres del Sínodo, recomiendo a los sacerdotes « la celebración diaria de la santa Misa, aun cuando no hubiera participación de fieles » (*Propositio* 38). Esta recomendación está en consonancia ante todo con el valor objetivamente infinito de cada Celebración eucarística; y, además, está motivado por su singular eficacia espiritual, porque si la santa Misa se vive con atención y con fe, es formativa en el sentido más profundo de la palabra, pues promueve la configuración con Cristo y consolida al sacerdote en su vocación".

Ambos documentos magisteriales renuevan la recomendación de la celebración diaria de la Santa Misa aunque no haya ningún fiel presente. Siempre es importante, por cierto, tener presente que la Santa Misa nunca se celebra "a solas", porque siempre existe la participación de los coros de los ángeles y la comunión de los santos.

5. En conexión con la Misa de Pablo VI, la Instrucción General del Misal Romano proporciona rúbricas para la celebración de la Santa Misa cuando sólo participa un ayudante (nºs 252 – 72), y para la celebración de la Santa Misa sin la participación de un ayudante

(nº 254). Tales rúbricas no tendrían objeto si no se considerara esta situación como una ocurrencia normal en la vida del clero.

Los sacerdotes que son víctimas del intento de excluír la Misa privada o de obligarlos a concelebrar deben resistir respetuosamente –y si es necesario, repetidamente y por escrito[19]–, señalando lo dispuesto por las leyes de la Iglesia resumidas precedentemente, evitando la atribución de motivos o la expresión de rencor, y dejando a Dios Todopoderoso el juzgar los corazones. Puesto que sabemos que hay hombres malvados en altos cargos, la autodefensa puede precipitar una confrontación mayor. Tales confrontaciones no son nunca cosa agradable, pero a veces pueden ser ocasión de una muy necesaria clarificación de los límites de la autoridad y de la obediencia, e incluso pueden ser momentos de gracia en el discernimiento de si una determinada situación pastoral o colectiva es sostenible a largo plazo o no.

Una cantidad de hombres *buenos* en altos cargos han dado el siguiente consejo: Sean fuertes y defiendan su posición: *esto vir, esto sacerdos Christi*. Nadie tiene jamás derecho a contradecir una legislación universal. Mientras ésta permanezca vigente, y no se consideren expresamente excepciones por la ley, la legislación es obligatoria para todos sin excepción. Tal ha sido siempre la concepción de la Iglesia.

---

19 Los matones rara vez quieren poner algo por escrito, porque o saben o intuyen que si escriben sus exigencias, pueden ser desafiados canónicamente y derrotados o avergonzados. Por ello una defensa clave es insistir en que toda exigencia o petición sea puesta por escrito, para que se pueda tener certeza de qué se exige y por qué. Si no se las escribe, uno puede plausiblemente decir, más adelante, que no entendió lo que le pedían o que no se le dieron suficientes razones o que tuvo dudas de conciencia sobre la validez de las exigencias, etc.

17
Los sacerdotes tradicionalistas deben evitar concelebrar la Misa Crismal

Cuando el papa Francisco dijo a un grupo de obispos franceses que todos los sacerdotes de una diócesis, de cualquier afiliación que fueren, debían estar presentes todos los años para concelebrar la Misa Crismal con su obispo[1], el tema de la concelebración, siempre a punto de hervir, llegó una vez más a la ebullición. El comentarista tradicionalista Michael Cartier ha publicado un artículo en que dice que, aunque normalmente la concelebración puede y debe ser rechazada por el clero tradicionalista, la Misa Crismal es un caso especial en que un rechazo *en principio* no sería razonable, y en que sería prudente proceder con un espíritu de compromiso y dar una mínima señal de unidad con el obispo local, que tolera que estas comunidades tradicionalistas operen en la diócesis[2]. Aquí voy a argumentar que esta conclusión es errónea, y que es importante que el clero tradicionalista evite, *tout court*, toda concelebración, incluso en la ocasión mencionada.

RAZONES HISTÓRICO-LITÚRGICAS

Como lo ha demostrado Mons. Schneider en su insuperable estudio sobre el tema –"Eucharistic Concelebration: Theological, Historical, and Liturgical Aspects"[3]–, el rito de concelebración, tal como fue "diseñado" después del Concilio Vaticano II, y más todavía, en la forma en que ha sido "vivido" en la Iglesia, es una absoluta novedad que no tiene relación substantiva alguna con la tradición Occidental

---

1 Ver "Pope insists traditionalist FSSP priests must concelebrate new rite Chrism Mass: French archbishop," *LifeSiteNews*, abril 26, 2022.
2 Ver Michael Charlier, "Concelebration as compromise?," *Rorate Caeli*, mayo 3, 2022.
3 Publicado en *New Liturgical Movement*, agosto 11, 2021.

ni Oriental[4]. Se trata, en breve, de otra manufactura de los innovadores litúrgicos. Por tanto, merece ser evitado por exactamente las mismas razones por las que el clero tradicionalista rehusa usar el nuevo misal, los otros nuevos ritos sacramentales, la nueva liturgia de las horas, el nuevo "libro de bendiciones", las nuevas ceremonias pontificales, etc.

RAZONES ECLESIOLÓGICAS

Si lo que se pide al clero tradicionalista es que libre y públicamente exprese su comunión con el obispo y el presbiterio local, obviamente la concelebración no es la única forma de hacerlo. Vale la pena citar *in extenso* un importante artículo de Clemens Victor Oldendorf sobre este punto:

"Lo que es interesante de la formulación verbal usada en la cuestión [número 3 de *Dubia*] es que se habla de reconocer la validez y legitimidad de la concelebración, y se supone implícitamente que tal reconocimiento *sólo* puede consistir en que se celebre ocasionalmente en persona, y especialmente en la Misa Crismal, con el obispo local en cuya diócesis se reside y se desarrolla el ministerio. La nota explicativa habla de la validez y legitimidad de la reforma litúrgica, de modo que "concelebración" y "reforma litúrgica" postconciliar de Pablo VI se usan, podría decirse, como sinónimos. En otras palabras, la práctica de la concelebración es vista como un exquisito logro de esta reforma litúrgica, como un emblema de ella. Y aunque, como es sabido, el actual Derecho canónico garantiza el derecho a la celebración individual, no debiera sorprender tal interpretación, ya que las celebraciones individuales, incluso según el misal postconciliar, han sido, de hecho, abolidas en la propia Basílica de San Pedro, en favor de la concelebración...

"[Con todo] la concelebración no es la única forma de expresar la comunión jerárquica con el obispo... Al recibir del ordinario del lugar los óleos sagrados consagrados según el nuevo rito, el sacerdote acepta también su validez y, además –con excepción de la Administración Apostólica del Santo Cura de Ars en Campos, Brasil– ninguna de las comunidades de la antigua *Ecclesia Dei* tiene obispo propio, consagrado según el Pontifical antiguo. Incluso si los propios sacerdotes han sido hasta ahora ordenados de acuerdo

---

4 Ver también Gregory DiPippo, "Concelebration in the Byzantine Rite," *New Liturgical Movement*, septiembre 6, 2014.

con el antiguo Pontifical, ninguno de los sacerdotes de estas comunidades, desde este punto de vista, es "puramente tridentino", por decirlo así, porque los prelados que los han ordenado fueron consagrados según el Pontifical de 1968; y aún la SSPX acepta a sacerdotes ordenados en el nuevo rito, o por lo menos colabora con ellos...

"Además, se puede advertir que la mayoría de las Misas celebradas con base en *Summorum Pontificum* y usando el Misal tridentino, se han celebrado, por otra parte, en iglesias y capillas en que se celebra predominantemente la Misa conciliar, y más todavía: en esas Misas del *Vetus Ordo*, la Comunión que se da a los fieles puede haberse tomado de copones conservados en el tabernáculo, cuyas hostias se han consagrado según el misal nuevo. Tal cosa no sería posible si se negara la validez y la legitimidad del nuevo rito [N. B.: ver más abajo, para una matización de esto].

"Por tanto, en el *dubium* sobre la concelebración, que analizamos aquí más de cerca, aparece un constructo irreal que, en rigor, no puede haber existido en el caso de alguien que haya postulado alguna vez a un indulto para usar el rito antiguo o que, desde el 14 de septiembre de 2007 hasta el 16 de julio de 2021, haya celebrado Misas basándose en *Summorum Pontificum* según el *Missale Romanum* de 1962, o asistido a Misas celebradas según esta norma jurídica. En resumen: se ha introducido un nivel de exigencia probatoria mucho más alto que lo que sería necesario, lo cual da a la respuesta un carácter punitivo...

"Los fieles que se sienten comprometidos con la liturgia tradicional de la Iglesia latina y que lo único que desean es ser católicos romanos son, de este modo, rechazados, y se hace claro que el papa Francisco y la Congregación para el Culto Divino no están, en realidad, obviamente preocupados del importante bien de la genuina unidad eclesial sino que, a lo sumo, de una positivista lealtad a la autoridad"[5].

El artículo "Some Notes on the Congregation for Divine Worship's *Responsa ad Dubia* in light of Canon Law", de la *Latin Mass Society of England and Wales*, observa con razón lo siguiente:

"La comunión ecclesial se puede manifestar de muchos modos: intercomunión con el obispo, mención del obispo en el Canon, asistencia desde el coro a la Misa Crismal, uso de los óleos bendecidos por el obispo en la Misa Crismal, etc.".

---

5 Clemens Victor Oldendorf, "Who Actually Delegitimizes the Novus Ordo Missae?" *New Liturgical Movement*, diciembre 30, 2021.

RAZONES CANÓNICAS

El tercer tipo de razones es canónico y, por tanto, está estrechamente relacionado con lo anterior, ya que el Derecho canónico existe para facilitar la unidad en la verdad y la comunión en la caridad. Chartier pone en duda que sea correcto aplicar el Canon 902 a la Misa Crismal, pero cualquier paso que se dé para esquivar el Canon 902 crea un problema todavía mayor. La exigencia de una concelebración anual puede ser vista como un modo de insistir en que las costumbres de la Iglesia moderna y las preferencias pontificales superan y relativizan a la tradición y al Derecho canónico, lo cual ha sido una constante en todo el pontificado de Francisco y, en realidad, en todos los pontificados postconciliares, partiendo con la capitulación de Pablo VI frente a la presión de Europa del Norte en relación con la comunión en la mano, o la de Juan Pablo II en relación con las niñas acólitos. Ejercer presión en favor de la concelebración, aunque sea por las "mejores" razones, es el primer paso en una pendiente resbaladiza que conduce a renunciar a otros derechos y tradiciones: abre la puerta a otras exigencias y requisitos, a otros nuevos "deseos" y "expectativas" y "excepciones" y "acomodos". Decir "no" desde el principio es preferible a comenzar a resbalar por esa pendiente. Se podría decir incluso que el clero tradicionalista está haciendo un favor a toda la Iglesia al recordarnos a todos cuáles son los límites existentes y las verdades teológicas que esos límites tienen por misión salvaguardar[6].

Como dice Christopher Altiere:

"Los sacerdotes tienen el derecho, contemplado en la ley, a no concelebrar. De hecho, el canon 902 del Código de Derecho Canónico está redactado de tal forma que se da permiso para *con*celebrar –i.e. cuando más de un sacerdote celebra la misma Misa– precisamente porque esa práctica fue desconocida en el Occidente latino hasta la segunda mitad del siglo pasado. ¿Cómo podría una mente recta ver, en el ejercicio de un derecho, prueba de otra cosa que no sea el conocimiento del derecho que uno tiene?"[7].

El P. Pius Pietrzyk va más allá, demostrando que la respuesta

---

[6] Ver la sección "La creciente amenaza de concelebraciones forzadas" en el capítulo anterior.
[7] Christopher R. Altieri, "Trying to make some sense of the responsa ad dubia," *Catholic World Report*, diciembre 19, 2021.

a la cuestión 3 en las *Responsa ad dubia* contradice derechamente enseñanzas más autorizadas:

"Las *Responsa* parecen carecer de una suficiente comprensión de las normas legales y eclesiológicas de la concelebración. Tal como en la cuestión de las dispensas episcopales, ésta no es sencillamente una norma legal, sino que forma parte de la enseñanza del Concilio Vaticano II. En *Sacrosanctum Concilium*, en que se abrió a la Iglesia latina la posibilidad más amplia de concelebrar, los padres conciliares aclararon: "todo sacerdote retendrá siempre su derecho a celebrar la Misa individualmente" (*SC*, 57). Esto se ha interpretado constantemente por la Iglesia como un derecho de los sacerdotes a que no se les exija concelebrar. La noción de que el ejercicio de este derecho, concedido en una Constitución expedida por el Concilio Ecuménico y consagrado en la ley universal, puede ser base para la restricción de otros derechos y privilegios, es imposible de compatibilizar con lo dispuesto en la ley y en la enseñanza Conciliar. El propósito declarado de las *Responsa ad dubia* es fomentar la conformidad con las reformas litúrgicas del Concilio Vaticano II. Ese propósito se ve comprometido por una declaración, en las *Responsa ad dubia*, que parece repudiar una de las instrucciones litúrgicas expresas de dicho Concilio"[8].

En una extensa entrevista sobre las *responsa ad dubia*, el P. Gerald Murray, que es también un abogado canonista, se extiende en el tema de la peligrosa legalidad de la respuesta de la Congregación para el Culto Divino y de la línea del papa Francisco, sugerida a los obispos franceses:

"Lo que claramente se presupone... es que un sacerdote que, como es su derecho, elige no concelebrar la Misa Crismal u otras Misas, se hace sospechoso de no reconocer la validez y legitimidad de la concelebración misma... Esta es una sospecha sin fundamento, y supone que es probable que el sacerdote que rechaza la concelebración como válida y legítima, rechaza también la reforma litúrgica como un todo, y, además, no está en comunión eclesial con el obispo. Estas conclusiones apresuradas sobre la intención de los sacerdotes que eligen no concelebrar la Misa los pone en la posición de ser supuestamente culpables de graves delitos simplemente por ejercer su derecho canónico a celebrar la Misa individualmente.

---

8 P. Pius Pietrzyk, OP, STL, JD, JCD, "A Dominican Canonist Responds to the Responsa ad Dubia," febrero 8, 2022, en https://edwardpentin.co.uk/a-dominican-canonist-responds-to-the-responsa-ad-dubia/.

"Ningún sacerdote puede ser canónicamente obligado a concelebrar la Misa, ya que el canon 902 dispone que "los sacerdotes pueden concelebrar la Eucaristía; sin embargo, tienen pleno derecho a celebrarla individualmente". Así, la decisión de *no* concelebrar la Misa *es perfectamente legal en sí misma*, y no debiera dar pie a la sospecha que el sacerdote que toma la decisión de no concelebrar lo hace porque "no reconoce la validez y legitimidad de la concelebración". Sólo una prueba directa de que el sacerdote cree que la concelebración de la Misa es inválida e ilegítima podría conducir a que a ese sacerdote se le pidiera, por su superior eclesiástico, que corrija su errónea postura o, si no, que enfrente sanciones canónicas. La concelebración [sin embargo] sigue siendo de libre elección para todo sacerdote, con la posible excepción de la Misa celebrada en su ordenación sacerdotal, en que el ritual supone que todo sacerdote recién ordenado concelebra la Misa con el obispo que lo ha ordenado, inmediatamente después de la ordenación"[9].

Conviene recordar lo que dice el P. Murray, de que incluso si un obispo tuviera pruebas y motivos para corregir a un sacerdote por sus opiniones, carecería de base para exigir la concelebración de la Misa Crismal. No se puede legalmente convertir esas pruebas y motivos en una exigencia.

RAZONES MORALES

El que por razones esencialmente políticas un sacerdote use un rito que, interiormente, desaprueba y que encuentra poco edificante y angustioso, constituye un claro ejemplo de "politización de la Eucaristía", de hacer del más sagrado y sublime de los misterios de la Iglesia una tarjeta de control, una mera señal, una demostración de corrección (no hace falta decir que la culpa mayor por este abuso la tiene el obispo que, *contra legem*, lo exige como nueva ley, como fariseo que multiplica las minucias mientras descuida los grandes temas de la justicia). Aceptar esto es aceptar que la liturgia se subordine a la política, lo que es, precisamente, uno de los vicios que acosan a la Iglesia postconciliar, un vicio que uno no quisiera fomentar de ningún modo. Si alguien participa en determinado acto litúrgico sin desear hacerlo, estará haciéndolo a fin de ser visto

---

[9] P. Gerald Murray, "Guarding the Flock: A Canon Lawyer's Advice to Bishops on Latest Vatican Crackdown on Tradition," *The Remnant* online, febrero 15, 2022.

por otros, acción para la que Nuestro Señor reserva duras palabras en el Evangelio. Casi se podría decir que limita con el sacrilegio el hacer de la Eucaristía no tanto un signo de unidad eclesial como de conformidad ideológica, o de comprobación de que se cumple, o de lealtad de partido.

Cuando Charlier dice "Es difícil justificar la negativa a participar en [la Misa Crismal]… ya que aún las comunidades del rito antiguo (incluso la Sociedad de San Pío X) reconocen en principio la validez y legitimidad de la liturgia realizada según los libros de 1969", está confundiendo el problema que tenemos entre manos. Exceptuando la opinión minoritaria sostenida por figuras como el P. Anthony Cekada, el movimiento tradicionalista, en términos generales, jamás ha tenido ninguna dificultad para admitir la *validez* puramente sacramental de los nuevos ritos de los sacramentos. Pero la legitimidad es una cuestión totalmente diferente.

Si los ritos y oficios litúrgicos reformados/"renovados" fueran reconocidos como "legítimos", ¿con qué fundamento podrían los tradicionalistas rehusar aceptarlos y emplearlos, al menos en algunas ocasiones? ¿No quedaría su elección de los ritos antiguos reducida a un mero esteticismo o sentimentalismo o a una mera política eclesiástica? Por cierto, ello no es así. La reforma litúrgica es cuestionada y rechazada por sus graves defectos internos que, partiendo desde la *lex orandi*, penetran en la *lex credendi*. Al cabo, creo que no es una exageración decir que el tradicionalismo, en cuanto tal, rechaza la legitimidad de la reforma litúrgica.

Además, cualquiera que lea a fondo la literatura tradicionalista, pasada y presente, podrá ver que ni siquiera la cuestión de la licitud está enteramente resuelta. Si la licitud de un rito depende de haber sido debida y apropiadamente promulgado por la autoridad competente, obrando sobre la base del poder que Dios le ha concedido y para el bien común de la sociedad en cuestión, los tradicionalistas, en su mayoría, negarán, con más o menos matices, la licitud de los ritos reformados[10]. La licitud, la legalidad de la ruptura de Pablo VI con la tradición litúrgica, es una complicada cuestión que no puede ser resuelta con un ultramontano encogerse de hombros. Oldendorf escribe:

---

10 El Dr. John Lamont ha argumentado dos veces por la negativa: ver "Is the Mass of Paul VI Licit?," *Dialogos Institute*, marzo 20, 2022, y "Dominican Theologian Attacks Catholic Tradition."

"Los tradicionalistas, a quienes apunta *Traditionis Custodes*, jamás han pedido "permiso" para adherir a la liturgia tradicional, que consideran un patrimonio anterior y más profundo que el capricho del papa, y no permitirán que de pronto les sea arrebatado y prohibido por el papa Francisco. Con todo, muchos de los que hasta el presente han dado importancia a pedir y recibir tal permiso pueden comenzar ahora a pensarlo dos veces y, quizá más todavía, a pensar sobre la validez y legitimidad básicas de la reforma litúrgica, incluídos el *Pontificale Romanum* de 1968 y el *Novus Ordo* de 1969, ambos de Pablo VI, especialmente desde que se ha proclamado que los libros litúrgicos postconciliares son la única (¡!) expresión de la *lex orandi* del rito romano. Esta declaración adolece de tal falta de realismo que obliga a reexaminar la delicada (y algunos dirán insostenible) paz sobre la cual se levantó *Summorum Pontificum*".

En resumen: por más válidos que sean los nuevos ritos sacramentales, su legitimidad y licitud no deben suponerse *a priori*. Si en la mente de un sacerdote existiera la menor duda al respecto, no debería concelebrar la nueva Misa, porque ello significaría una especie de disimulo o deshonestidad, y su conciencia se lo reprocharía con toda razón.

Estoy cierto de que hay otros puntos más que podrían abordarse, pero los argumentos ya presentados bastan por el momento para demostrar por qué sería un error "andar de compromiso en compromiso" para evitar el "peligro del fracaso". Concordamos sinceramente con Charlier, sin embargo, cuando al final de su artículo dice que el clero tradicionalista debe "prepararse material y teológicamente para cuando llegue el momento en que la comunión [con una Roma que se aleja de la tradición] *de facto* ya no exista".

Gracias a Dios , fuera de Roma, e incluso se podría aventurar que en Roma, existen todavía obispos que creen en la fe católica o que, al menos, están dispuestos a tolerar "diversas expresiones" de ella, especialmente cuando éstas aportan grandes números de fieles y generosas donaciones a las arcas episcopales. El clero tradicionalista a menudo ha podido establecer y mantener buenas relaciones, y una cierta comprensión mutua o *modus vivendi*, con esos obispos. En tales casos, la *commmunio ecclesiae* se logra mejor con encuentros informales que con celebraciones litúrgicas artificialmente infladas.

18

Los sacerdotes que quieran usar agua bendita deben emplear el Rituale, no obstante su prohibición por el obispo

Actualmente ya se sabe bien que las *Responsa ad Dubia* de la Congregación para el Culto Divino, publicadas el 18 de diciembre de 2021, tratan de hacer que el seguir usando el *Rituale Romanum* dependa de un permiso episcopal. Esto no es sino una de las muchas falsedades del documento[1], el cual viola, además, los derechos de los obispos en numerosos puntos de Derecho canónico. Los obispos que se preocupan verdaderamente del bien de su presbiterio y de su pueblo no molestarán a los sacerdotes que ya usan el gran *Rituale Romanum*, o -si son de mentalidad legalista- otorgarán con largueza el supuesto "permiso" requerido para su uso.

Pero en algunas diócesis los obispos prohiben absolutamente a su clero que usen el *Rituale Romanum*. La prohibición va a menudo acompañada de la decisión de que la parroquia personal que pueda existir, dirigida por la FSSP o el Instituto Cristo Rey Sumo Sacerdote, sea el único lugar en la diócesis en que todavía se pueda usar el *Rituale*. En aquellas diócesis en que varios o incluso decenas de párrocos han estado usando el *Rituale* durante años, esto da origen a una verdadera pesadilla pastoral, especialmente hoy, cuando los más educados de los fieles tienen conciencia de las grandes diferencias entre los antiguos y los nuevos ritos en todos los ámbitos. ¿Cómo podría una sola parroquia personal responder a todas las peticiones de bendiciones y de sacramentos que serán ahora canalizadas exclusivamente hacia ella? La sola consideración de esto debería hacer que el obispo vacilara antes de restringir y de "ghettoizar".

---

[1] Ver mi artículo "'O, What a Tangled Web...': Thirty-Three Falsehoods in the CDW's Responsa ad Dubia," *OnePeterFive*, enero 5, 2022.

La prohibición de usar el *Rituale* por el clero diocesano es problemática desde varios puntos de vista, pero aquí quiero concentrarme en uno sólo de ellos, muy especial: el agua bendita.

El *Rituale Romanum* bendice objetos con plena autoridad, es decir, invoca a Dios, en el nombre de Jesucristo, para que bendiga el objeto, lo haga santo y ayude a santificar a quienes lo usen, dotándolo además de poder para expulsar el mal. Con las bendiciones más importantes, y sobre todo con la del agua, el sacerdote exorciza primero el elemento en nombre de Jesús, a fin de sacarlo totalmente del dominio del Príncipe de este mundo (cf. Juan 12, 31; Efesios 2, 2; 2 Corintios 4,4) y de darle estatuto y uso sagrados. El *Rituale* hace lo mismo en el bautismo de infantes y de adultos: éstos son debida y convenientemente exorcizados antes de su incorporación a Cristo, como miembros de su Cuerpo Místico.

El nuevo rito del bautismo no tiene un exorcismo propiamente tal[2], y la nueva "bendición" del agua bendita ni siquiera pretende realizar un exorcismo porque la nueva teología no cree que, después de la venida de Cristo, el diablo tenga poder alguno sobre el mundo; todas las cosas ahora ya están bien (la teoría del "cristiano anónimo" encaja aquí muy bien), y lo que hacemos con nuestros exorcismos es una especie de "teatro de salvación" para representar, para nosotros mismos, algo que creemos que ya aconteció, no algo que necesitamos que ocurra *aquí* y *ahora* para sacralizar y santificar la realidad caída[3].

De acuerdo con esto, la nueva "bendición" del agua bendita no bendice *el agua misma*: solamente bendice a *quienes usen esa agua*. Como ha dicho el P. Zuhlsdorf muchas veces durante estos años, cuando se usa el "Libro de Bendiciones" para "bendecir" el agua

---

[2] Los "Dave Armstrong" de este mundo pondrán el grito en el cielo ante esta afirmación y traerán a colación el "exorcismo", con todo lo débil que es, del nuevo rito del bautismo; pero es porque no han hecho el esfuerzo requerido para darse cuenta de que este cuasi-exorcismo refleja un hecho totalmente diferente (que es, en realidad, Rahneriano), como lo demuestra Pink en su "Vatican II and Crisis in the Theology of Baptism".

[3] Negar la diferencia entre "sagrado" y "profano", lugar común en la teología sacramental y litúrgica contemporánea, calza aquí muy bien. Para varios argumentos en este y otros párrafos, ver, además de Pink, los siguientes autorizados estudios: Dr. Daniel G. van Slyke, "The Order for Blessing Water: Past and Present," *Antiphon* 8:2 (2003), 12–23 (que puede encontrarse también en U. Michael Lang, ed., *The Fullness of Divine Worship: The Sacred Liturgy and Its Renewal* [Washington, DC: CUA Press, 2018], 169–95) y U. Michael Lang, "Theologies of Blessing: Origins and Characteristics of De benedictionibus (1984)," *Antiphon* 15.1 (2011): 27–46.

bendita, no se obtiene agua bendita; el agua sigue siendo la misma de antes, porque a Dios no se le ha pedido que, por su poder santificador, ponga al agua en una nueva relación con El mismo para que adquiera, así, un nuevo poder, objetivo, de producir efectos en otras cosas, especialmente los demonios[4].

Comparemos algunos párrafos de estos libros litúrgicos contrastantes, para aclarar bien la idea. He aquí cómo son las antiguas oraciones para exorcizar y bendecir el agua:

"Oh, agua, creatura de Dios, yo te exorcizo en el nombre de Dios Padre Todopoderoso, y en el nombre de Jesucristo su Hijo y en el poder del Espíritu Santo. Yo te exorcizo para que puedas hacer huír a todos los poderes del enemigo, y puedas desarraigar y suplantar a ese enemigo y sus ángeles apóstatas, por el poder de Nuestro Señor Jesucristo, que vendrá a juzgar a los vivos y los muertos y al mundo por el fuego…

"Que esta creatura tuya se convierta en agente de la divina gracia al servicio de tus misterios, para expulsar a los malos espíritus y remediar la enfermedad… Que los engaños del enemigo que nos acecha sean inútiles. Que todo lo que amenace la seguridad y paz de quienes habitan aquí sea puesto en fuga por la aspersión de esta agua, para que la salud obtenida por la invocación de tu Santo Nombre quede a salvo de todo ataque…

"Humildes y temerosos te suplicamos, oh Señor, y te pedimos que mires benignamente esta sal y esta agua que Tú has creado. Que brille sobre ellas la luz de tu bondad. Santifícalas con el rocío de tu amor, para que, por la invocación de tu Santo Nombre, donde quiera que se aspergen esta sal y esta agua se eviten todos los asaltos del espíritu inmundo, y se disperse el terror de la serpiente venenosa".

Pues bien: *así* es como la Iglesia católica ha orado y todavía lo hace donde quiera que sobrevive la fe. El lenguaje de las antiguas oraciones, eficaces por el poder de Cristo y de su Iglesia, hace comprensible que Santa Teresa de Avila pudiera escribir en su "Autobiografía": "De larga experiencia he aprendido que no hay nada como el agua bendita para hacer huír los demonios y evitar que regresen. Huyen también de la Cruz, pero regresan; por lo que el agua bendita debe tener un gran poder".

---

[4] Ver P. John Zuhlsdorf, "QUAERITUR: Is water blessed with the newer rites really holy water?," *Fr. Z's Blog*, junio 4, 2012.

En doloroso y escandaloso contraste, el nuevo rito dice lo siguiente:

"Bendito seas, Señor, Dios Todopoderoso, que en Cristo, agua viva de la salvación, nos has bendecido y transformado. Concédenos que, cuando seamos asperjados con esta agua o de ella hagamos uso, seamos refrescados interiormente por el poder del Espíritu Santo... (etc.).

No hay aquí en parte alguna una verdadera bendición *del agua*[5].

Por tanto, la mayor parte de las iglesias católicas de los últimos cincuenta años ha recibido a los fieles con el equivalente de una pileta para pájaros. Uno hunde la mano en monóxido de dihidrógeno lleno de gérmenes. Y aunque no hay nada malo en jugar con agua, como les gusta a los niños, esa agua no tiene en absoluto el poder de ahuyentar a los demonios, de aplacar las pasiones y de remitir los pecados veniales que la Iglesia atribuye al poderoso sacramental del agua bendita[6]. No sorprende que quienes se han criado con estos sucedáneos hayan salido con ideas como la de poner arena en las escalones de la iglesia por Cuaresma, o dejarlos sin ella durante el "tiempo de Corona".

Uno de los momentos más notables de mi vida como liturgista ocurrió cuando me senté entre el público, en la Conferencia de Sagrada Liturgia en Spokane, Washington, en 2019, para oír la conferencia del arzobispo Salvatore Cordileone titulada "¿Qué hace bendita el agua? Reflexiones sobre los ritos para bendecir el agua bendita"[7]. La charla fue notable, porque Mons. Cordileone, a diferencia de la mayoría de los prelados, no dio palos de ciego, ni anduvo con titubeos ni vacilaciones: concordó con van Slyke, Lang, Zuhlsdorf y otros más en que la nueva bendicón del agua

---

5 Para quienes quieran profundizar, recomiendo la comparación de los textos yuxtapuestos de los ritos antiguo y nuevo en "How long does holy water stay blessed?," *Fr. Z's Blog*, enero 3, 2018; Kevin Losleben, "Holy Water in the Time of Coronavirus: Old and New Compared," *OnePeterFive*, marzo 16, 2020. Cualquiera de estas comparaciones revelará cuán ruin es el trabajo de los reformadores litúrgicos, hasta el punto de que posiblemente lo lleve a uno a cambiar para siempre su modo de pensar.

6 Ver mis artículos "St. Thomas on the 'Asperges' (Sprinkling Rite)," *Views from the Choir Loft*, agosto 7, 2014, y "Things That Remit Venial Sins – The Traditional Liturgy Is Full of Them," *New Liturgical Movement*, febrero 8, 2016.

7 El texto ha sido retirado del website de la Arquidiócesis de San Francisco, donde estaba publicado, pero yo he compartido el PDF en https://rb.gy/o2k3u. Todavía está disponible el video (hasta ahora) en YouTube en el canal Sacred Liturgy Conference, con el título "Archbishop Salvatore Cordileone – What Makes Holy Water Holy?"

no produce agua bendita, en tanto que la antigua, la que está en el *Rituale Romanum*, sí la produce[8].

¿Cuál es la conclusión de todo esto? Ella debiera ser obvia. Si un sacerdote desea confeccionar agua bendita para su uso personal y para el bien de su pueblo, como lo ha hecho siempre la Iglesia en su implacable guerra, hasta el final de los tiempos, contra el Malo, debe bendecirla según el *Rituale Romanum*. No hay otra forma.

¿Y qué pasa, entonces, con la cuestión de la "obediencia"? ¡Ah, la virtud de que los enemigos de Cristo abusan gozosamente para sus propios fines, enchuecándola y profanándola para hacerla calzar con sus pérfidas agendas! Aquí es donde necesitamos el "sentido común sobrenatural" llamado *sensus fidelium*.

Nuestro Señor Jesucristo no podrá nunca desear que su clero y su pueblo sean privados de la poderosa arma y consuelo que es el agua bendita. Tampoco lo querrá la Santa Madre Iglesia, su Novia inmaculada, que quiere lo que El quiere. Solo el diablo puede querer que el agua bendita desaparezca de nuestras iglesias, de nuestras parroquias, de nuestros hogares, porque ello le da mayor libertad para merodear por el mundo, buscando la ruina de las almas. Por tanto, nunca la prohibición de la bendición del agua bendita puede tener su origen en Dios o en la Iglesia, sino sólo en el diablo.

Los sacerdotes tienen la grave obligación, en conciencia, de obedecer a Dios y a la Iglesia de siempre, y buscar la salvación de las almas y su liberación del Malo. Ellos sabrán, en consecuencia, qué hacer en estas alarmantes circunstancias: si no pueden bendecir el agua bendita según el *Rituale* en público, lo harán en privado. Jamás se privarán a sí mismos ni privarán a su pueblo de este sacramental. Y evitarán absolutamente el "Libro de Bendiciones", un sustituto ineficaz para confeccionar las verdaderas armas de su oficio.

---

8 Para ser justos, habrá que añadir que también dijo que la bendición del *Asperges* (muy raramente usada) en el misal nuevo dice, efectivamente, que el agua es el objeto de la bendición, aunque el Libro de Bendiciones decididamente no lo hace. Me mantengo en mi postura que es erróneo y perjudicial que los eclesiásticos hayan abolido la bendición tradicional del agua, y que esta forma de bendición es el único modo en que se puede tener absoluta certeza de que el objeto ha sido, efectivamente, bendecido y está listo para todos los usos que le da la Santa Madre Iglesia.

19
Necesidad de humildad y apoyo mutuos

La Sociedad Sacerdotal San Pío X, en respuesta a la decisión del papa Francisco, en enero de 2019, de suprimir la Pontificia Comisión *Ecclesia Dei* y transferir sus funciones a la Congregación para la Doctrina de la Fe, emitió la siguiente desdeñosa declaración:

"Una conclusión es evidente: puesto que las llamadas comunidades *Ecclesia Dei* han preservado "sus tradiciones espirituales y litúrgicas", éstas claramente no cuentan en esta discusión. Que sigan incluídas en una sección de la Congregación para la Doctrina de la Fe, es cosa marginal. Pueden tener la Misa, las "tradiciones espirituales y litúrgicas", pero no la totalidad de la doctrina que las acompaña. Ello ha sido siempre el gran reproche de la Sociedad San Pío X a Dom Gérard [Calvet] y a todos los que pensaron que debían romper la unidad de la Tradición a fin de negociar un acuerdo puramente práctico. La crisis de la Iglesia no puede reducirse a una cuestión puramente espiritual o litúrgica. Es más profunda, porque toca al corazón mismo de la fe y de la doctrina de la Revelación, al derecho de Cristo Rey de reinar aquí abajo sobre los hombres y las sociedades".

Esta declaración es curiosa, por decir lo menos. Si la liturgia es realmente la teología primaria de la Iglesia y si verdaderamente creemos en el axioma *lex orandi, lex credendi*, conservar el *usus antiquior* y la espiritualidad ascético-mística que la sostiene y rodea es, en la práctica, conservar el "corazón mismo de la fe y de la doctrina de la Revelación" que, dicho sea de paso, incluye la primacía de honor y de jurisdicción del Sumo Pontífice. De hecho, todo lo que los católicos creen –incluso el "derecho de Cristo Rey de reinar aquí abajo sobre los hombres y las sociedades", respecto del cual la liturgia reformada guarda virtualmente silencio[1]– puede

---

[1] Para una explicación de cómo la nueva versión (post-Pablo VI) de la fiesta de Cristo Rey difiere notablemente de la preconciliar, de Pío XI, ver mis artículos "Should the Feast of Christ the King Be Celebrated in October or November?,"

deducirse directamente de la liturgia romana preconciliar, que *todas* "las comunidades *Ecclesia Dei*" tienen como gran tesoro.

Podríamos, de hecho, dar vuelta la argumentación al revés y hacer presente que son las "llamadas comunidades *Ecclesia Dei*" las que están recuperando la antigua tradición litúrgica contenida en las ceremonias de Semana Santa pre-1955, y otros aspectos de la práctica tradicional del rito romano (e.g., octavas, colectas adicionales, duplicación de lecturas, casullas dobladas, Ultimos Evangelios propios), en tanto que la SSPX, hasta donde sé, observa alegremente las supresiones y distorsiones hechas por Pío XII y Juan XXIII. Cualesquiera sean sus otras magníficas cualidades, Mons. Lefebvre fue algo ingenuo acerca de la extensión del daño que se había hecho a la liturgia antes de 1962. Si adhirió a este "último misal" a fin de contener el aluvión de un incipiente sedevacantismo, ello a mí me suena mucho a "romper la unidad de la Tradición a fin de negociar un acuerdo puramente práctico"[2].

Rorate Caeli, octubre 22, 2014; "Between Christ the King and 'We Have No King But Caesar,'" *OnePeterFive*, octubre 25, 2020; y "May His Kingdom Come: Catholic Social Teaching, Part VII – The Kingship of Christ, Source and Summit of the Social Order," *Catholic Family News* online, octubre 25, 2020; cf. Michael Foley, "A Reflection on the Fate of the Feast of Christ the King," *New Liturgical Movement*, octubre 21, 2020.

2 Así, no sorprende en absoluto que algunos miembros originales de la FSSP, que estuvieron alguna vez bajo el alero de Mons. Lefebvre, lo hayan alabado por su "enfoque pastoral" de la liturgia, cosa que usan ahora para justificar algunas aberraciones, como recitar las lecturas en vernáculo de cara al pueblo, en vez de cantarlas en latín de cara al oriente o al norte, en la *Missa cantata*, o incluso en la *Missa solemnis*. ¡"Pastoral", en efecto! Lo cual recuerda extrañamente las aspiraciones de Jungmann, Parsch, Bouyer, Bugnini e innumerables otros, cuya "sabiduría pastoral" dio nacimiento al *Novus Ordo* con toda su celebrada pastoralidad.

Lefebvre aterrizó en los libros de 1962 sencillamente porque eran la última *editio typica* que creyó que se había promulgado por una autoridad legal con anterioridad a la devastación provocada por el Concilio. No siguió las Instrucciones de 1964 y 1967 porque se refieren expresamente a *Sacrosanctum Concilium*, que Lefebvre, aunque la firmó en 1963, consideró luego un Caballo de Troya, especialmente porque ellas pusieron en ejecución el programa del *Consilium*. Es posible que Lefebvre, igual que Juan XXIII, que todavía celebraba la Liturgia de los Presantificados incluso después de que su predecesor la desechara, haya preferido los ritos pre-1962, pero pensó que, como obispo o superior, no tenía derecho a tomar tan importante decisión por sí mismo, además de que ello hubiera oscurecido su posición sobre el papado.

Hay cierta ironía en todo esto: la misma proximidad de las comunidades "Ecclesia Dei" a sus contactos romanos (considerada como una capitulación por sus críticos) facilitó el uso que hicieron de la forma de Semana Santa más antigua (pre-Pío XII), en tanto que la SSPX, que se mantuvo a una distancia mayor, nunca recibió "permiso" (ciertamente innecesario) para hacerlo. Podría ésta haber solicitado en algún momento volver a una edición anterior del misal, pero supuesta la sensible situación eclesial del momento, esta cuestión quedó relegada a un lugar muy bajo en su lista.

Por otra parte, algunos miembros de la FSSP no han dudado, a lo largo de los años, en lanzar andanadas contra los rebeldes padres cuyos hijos son ellos mismos. Uno de sus fundadores declaró, de modo brusco: "Rezo mucho por mis viejos y buenos amigos [de la SSPX] para que adhieran a la Iglesia" (¡!), y para que lo "hagan sin condiciones" y "acepten la autoridad del magisterio vivo".

No critico, ni quisiera criticar, los hechos de conciencia que condujeron a la fundación de la FSSP en julio de 1988. Los católicos de buena voluntad han discrepado, y continuarán haciéndolo, en lo relativo a la interpretación del dramático paso que dio Mons. Lefebvre, pero lo que no se discute es que actuó, libremente, en contra de lo dispuesto por el Derecho canónico y por una solemne orden papal de que desistiera. Si se tiene la opción, debería asistirse a una Misa *usus antiquior* celebrada por un sacerdote que esté "en buen pie" con la Iglesia[3].

Es desalentador ver que una Fraternidad sacerdotal ataca, o habla peyorativamente, de la otra. Entiendo por qué ocurre ello, ya que lo que está en juego es serio; con todo, me pregunto si realmente se tiene conciencia de lo triste que es una situación eclesial en que el lema debiera ser "remar todos juntos para el mismo lado". Según mi experiencia, el laicado tiene un sentido más fuerte de la importancia de ser flexibles y "traduménicos" en esta fase cancerosa de la enfermedad postconciliar.

SAN PÍO X Y LA SSPX

Se podría meditar sobre lo irónico que es el nombre mismo de las Fratenidades, que sugieren dos caras, como la del antiguo dios romano Janus.

El P. Hunwicke ha observado, últimamente, que nuestra visión retrospectiva es 20/20. En los años 1950 e incluso en los 1960, el camino que va desde el breviario de Pío X a la Semana Santa de Pío XII y al *Novus Ordo* de Pablo VI no fue claro para la mayoría de los observadores. En aquella época, Lefebvre y otros más pueden haber pensado que todas las acciones de Pío X quedaban cubiertas por el manto de su santidad, y que todas las reformas de Pío XII fueron moderadas y dignas de aceptación. Fue sólo después, cuando todo el horror del constructivismo, del presentismo, del utilitarismo y del voluntarismo papal de la "reforma" de Pablo VI quedó expuesto a la luz, que comenzó a surgir una crítica más amplia del programa reformista del siglo XX. Actualmente esa crítica se extiende cada vez más, pero en 1965, 1970 o 1975 se la hubiera buscado en vano. Para una visión general del rito romano pre-1955, ver Kwasniewski, *El rito romano de ayer y del futuro*, capítulo 12.
3 Ver también los dos capítulos siguientes.

Primero, la Sociedad Sacerdotal denominada San Pío X. Todo auténtico católico admira a Pío X por su autorizada condenación del Modernismo, esa "colección de todas las herejías", y sus vigorosos (aunque, desgraciadamente, no exitosos) esfuerzos por suprimir a los modernistas; por su inequívoca condenación del principio de la separación de la Iglesia y del Estado en su encíclica *Vehementer Nos*; por su promoción del canto gregoriano en *Tra le Sollecitudine* y su condenación del uso del piano en la iglesia (todavía vigente, aunque ampliamente desobedecida); por su fomento de la Primera Comunión a una edad más temprana y la práctica de la Comunión frecuente por quienes están bien dispuestos.

Con todo, hay una mancha en su escudo de armas papal: la violencia que Pío X hizo al Breviario Romano con sus radicales reformas de 1911[4]. Muchos papas han añadido este o aquel pequeño detalle a la liturgia -una nueva fiesta, un nuevo prefacio, una nueva octava, las oraciones al pie del altar y el Ultimo Evangelio-; muchos han modificado las rúbricas; de vez en cuando han podado elementos considerados como excesivos, como la supresión por Pío V de ciertos santos claramente legendarios del calendario del *Missale Romanum* de 1570[5]. Pero nunca se había atrevido un papa a alterar de un modo tan radical y tan a fondo ninguno de los antiguos oficios litúrgicos de la Iglesia latina. Cuando Pío X hizo desmantelar el *Breviarium Romanum* y rearmarlo, a comienzos del siglo XX, no dejó de lado algo que había sido construído sólo en el siglo XVI, como dicen algunos liturgistas, sino que lo que alteró fue una norma de oración tan antigua que sus orígenes se pierden en el tiempo. De hecho, hay poderosas razones para pensar que la recitación diaria de los salmos *Laudate* (148 a 150), de los que la

---

4 Ver Gregory DiPippo, "Compendium of the Reforms of the Roman Breviary, 1568-1961: Part 7.2 – The Breviary Reforms of St. Pius X (Continued)," *New Liturgical Movement*, noviembre 3, 2009.

5 La cuestión de que Pío V "suprimió muchas secuencias" es un poco una leyenda urbana (ver Gregory DiPippo, "What Really Happened to the Sequences?," *New Liturgical Movement*, mayo 5, 2022). A diferencia de otros usos europeos, que añadían descuidadamente secuencias, el Misal de la Curia Romana, el predecesor medieval del Misal de San Pío V, no había, debido al clásico conservadurismo romano, aceptado más que las cuatro grandes secuencias que ya figuraban en él (*Victimae Paschali Laudes, Veni Sancte Spiritus, Lauda Sion* y *Dies Irae*; el Stabat Mater llegó mucho después). Después de 1570, cuando las iglesias locales adoptaban voluntariamente el uso de Roma, ello producía el efecto, podría decirse desafortunado, de perderse las secuencias regionales. Lo mismo ocurrió con algunos que, aunque retuvieron sus usos propios, como los premonstratenses, los configuraron a imitación del Misal Romano.

hora de Laudes toma su nombre, data de los judíos del tiempo de Cristo y, por tanto, es máximamente probable que fueran recitados por Nuestro Señor en su oración mientras estuvo en esta tierra.

Sí *había* problemas con el breviario a comienzos del siglo XX; nadie lo niega. Pero la solución de Pío X no fue conservar el oficio tal como era y modificar, en cambio, las rúbricas, de modo que, por ejemplo, el *cursus* semanal de 150 salmos tuviera prioridad sobre los salmos de fiesta o que algunas horas, quizá como Maitines, fueran opcionales para el clero secular, a fin de conservar la integridad y armonía del breviario como un todo. En lugar de ello, Pío X se convirtió en el primer papa en la historia de la Iglesia latina que, echando abundantemente mano del capital de ultramontanismo, apoyó, con el peso de su cargo, la construcción de un nuevo Oficio Divino. De este modo, proporcionó la premisa misma del constructivismo papal que Pío XII tomó luego como precedente para remodelar, de un modo parecido, la Semana Santa, entre 1948 y 1955, y para que Pablo VI lo metamorfoseara todo entre 1964 y mediados de la década de 1970[6]. Paradojalmente, el papa que luchó valientemente contra el modernismo doctrinal dio un ejemplo de modernismo litúrgico al violar el principio de la inviolabilidad de la tradición inmemorial, en pro de aliviar cargas pastorales. Si esto suena inquietantemente familiar, es porque lo es.

Mons. Schneider tuvo el coraje de enfrentar esta cuestión en una entrevista, que merece una cita larga:

"La reforma del breviario de Pío X, en 1911, fue lamentablemente una reforma revolucionaria. Para mí es un enigma que Pío X haya podido hacer esto, porque cambió totalmente la estructura de la distribución de los salmos, que en la Iglesia romana se había mantenido prácticamente intocada desde tiempos anteriores, incluso, al papa Gregorio I. Así, desde alrededor del siglo VI, y quizá antes, la Iglesia romana siempre mantuvo sustancialmente igual, durante por lo menos 1.300 años, el orden de distribución semanal de los salmos en el breviario. Este orden de los salmos se llama *cursus romanus*: *cursus* significa curso o secuencia; los salmos se recitan durante la semana, de domingo a sábado. Esta secuencia aparece muy armoniosa, muy lógica, cuando se la analiza. Y Pío X cambió,

---

[6] Entiendo por "constructivismo papal" la actitud cartesiana de *techne*, por la que el papa se considera a sí mismo como el "maestro y detentador" de los ritos litúrgicos, perdiendo con ello la actitud de profunda piedad para con la herencia familiar.

completa y radicalmente, toda la distribución de los salmos. Esto jamás había ocurrido en la Iglesia romana. Y ello es un enigma para mí. ¿Cómo pudo hacer semejante revolución?

"Por cierto, tuvo algunos motivos pastorales, como aliviar la carga de los sacerdotes seculares, de quitarles peso de encima. Pero esto pudo haberse hecho de modo de no alterar sustancialmente el orden de los salmos que la Iglesia romana venía observando. El problema se presentó con Maitines, porque éstos comprendían 12 salmos en el oficio semanal, y para algunos sacerdotes diocesanos esto resultaba excesivo. El papa pudo haber evitado tocar el *cursus romanus* permitiendo a los sacerdotes diocesanos rezar sólo la mitad, seis salmos, por ejemplo. Con eso los Maitines se hubieran aligerado. Pero los sacerdotes que eran religiosos y las monjas, que tienen la oración como su primera obligación, podrían haber seguido rezándolos todos. Lamentablemente, el papa lo cambió todo, incluso para los religiosos y las monjas, con la única excepción de los benedictinos, a quienes se les permitió conservar su salmodia tradicional. Le repito: hubiera sido suficiente tomar una medida especial para el clero que realiza trabajo pastoral, a fin de aliviarle la carga de rezar cantidades de salmos, sin cambiar sustancialmente el orden o estructura de la milenaria liturgia romana del Oficio Divino.

"Espero que en el futuro la Iglesia regrese sustancialmente a la Semana Santa tradicional, pre-1955, quizá con algunas ligeras modificaciones que no toquen la sustancia. Y que lo mismo pase con el breviario: volver al breviario pre-Pío X, que yo llamo "Breviario de siempre", quizá con algunas modificaciones razonables. Pero le repito: sin tocar su sustancia. Le repito una vez más: la Iglesia tiene que hacer todas estas cosas con mucho cuidado, y siempre lo hizo sabiamente en el pasado. Los papas tienen que tener conciencia de que no son los propietarios de la liturgia y de los ritos, sino los conservadores y guardianes de ellos"[7].

Así, el mismo santo a quien la SSPX está consagrada nos muestra dos caras en tensión: el celoso promotor del dogma católico, y el reformador activista que trató una parte de la liturgia como si fuera un mecanismo que había que rearmar, en vez de como un organismo vivo que había que alimentar o como una herencia de los santos que había que atesorar.

---

7 "Bishop Schneider on Chastity vs. a Society 'Becoming Ever More Cruel,'" *OnePeterFive*, septiembre 21, 2018.

SAN PEDRO Y LA FSSP

El celestial patrono de la Fraternidad Sacerdotal de San Pedro nos presenta también dos caras en tensión: el Pedro que confesó a Cristo como Hijo de Dios y recibió las llaves del reino de los cielos; y el Pedro que trató de reprender a Cristo y recibió de parte de Este un rechazo: "¡Apártate de Mí, Satanás!". Vemos en el Nuevo Testamento al Pedro que predicó la primera homilía en el primer Pentecostés y ganó a miles de almas para la Iglesia; vemos también al Pedro que, por respetos humanos, negó a su Maestro en la Pasión y posteriormente declinó asociarse con los gentiles convertidos, por lo cual mereció una dura represión de su co-apóstol Pablo. Como observa Joseph Ratzinger, el largo curso de la historia de la Iglesia ha desplegado ambos rostros de Pedro, cuando sus sucesores han obrado como una roca estable de ortodoxia doctrinal y firme gobierno, o como hombres que han obrado según sus propias falibles iniciativas, ambiciosos, mundanos, libertinos, acomodaticios[8].

Dejando de lado la aguda dualidad entre el oficio y quien lo desempeña, podemos decir que el patronazgo de San Pedro puede tomar una de dos formas en la Iglesia católica del período Tridentino y, especialmente, del posterior al Vaticano I. Este santo puede simbolizar o la adhesión a la auténtica tradición apostólica, que lo enfrentará con el protestantismo y sus derivados en materia de dogma, ética y culto; o puede simbolizar el espíritu del ultramontanismo –una falsa exaltación del papa, un culto papal a la personalidad, que algunos han denominado hiperpapismo o papolatría–.

Las manifestaciones del hiperpapismo contemporáneo pueden ser obvias o pueden ser sutiles. Para manifestaciones obvias, basta ver el círculo de aduladores que aplauden cada palabra y cada gesto del papa. Para manifestaciones sutiles, piénsese en el ensordecedor silencio de parte de muchos tradicionalistas ante las más espantosas declaraciones y acciones del papa, en su deseo de proyectar una imagen de "acatamiento" en público, aunque en privado se lo rechace. Se entiende que, en tiempos de persecución, los miembros de las comunidades religiosas tradicionales mantengan sus labios sellados, por temor a las represalias; pero uno pensaría que, por respeto de sí mismos, los miembros de esas comunidades deberían

---

[8] Joseph Ratzinger, *Called to Communion: Understanding the Church Today*, trad. Adrian Walker (San Francisco: Ignatius Press, 1996), 47-74, esp. 61 y 72-74; cf. Kwasniewski, *Hyperpapalism to Catholicism*, 1:28-53, 71-76.

abstenerse de hablar contra los católicos que *sí elevan* sus voces en protesta por las claras desviaciones de la tradición, que es del Señor y apostólica y eclesial.

Es irónico, pues, que una de esas comunidades, que ha caído en desgracia con los papas debido a su franca batalla contra el modernismo, esté consagrada a un papa que, él mismo, fue antimodernista y, en cierto modo, un proto-modernista; en tanto que la otra comunidad, que ha conservado siempre el favor papal por su disposición a reprimir la crítica explícita de cualquier papa, esté consagrada al primer papa, que fue una roca de fe y un tropiezo, y se ha vuelto, en nuestra época, un símbolo reclamado tanto por el permanente carisma de la verdad como por un pseudo-carisma del *fiat voluntas mea*.

Estas reflexiones, amonestadoras pienso yo, debieran estimular en todos –sea que perseveren silenciosamente bajo el manto de la Iglesia y la tiara de Pedro, sea que luchen virilmente a campo abierto, sangrando por la herida de la irregularidad– una profunda humildad para agradecer a Dios todos y cada uno de los dones que Él, en esta época de guerra cada vez más intensa, ha concedido a los católicos que aman la tradición. Es el momento de formar alianzas en pro de la perenne doctrina, de la sana moral, y de la auténtica liturgia, y no de hacer la guerra en dos frentes.

20

La SSPX y la situación de los católicos en las trincheras

DEDICACIÓN DE LA INMACULADA

El 3 de mayo de 2023 se dedicó una magnífica iglesia nueva en St Marys, Kansas. Seguramente está entre las iglesias tradicionales más ambiciosas construídas desde "El Concilio"; de hecho, se dice que, en tamaño, es la segunda iglesia más grande del Estado de Kansas. Su otro título a la fama es más curioso: fue construída por la Sociedad de San Pío X (SSPX) para su floreciente grey. No hace falta decir que el templo estuvo absolutamente atestado de fieles[1] y, después de su consagración, el ritmo es de cuatro Misas dominicales y tres Misas diarias durante la semana[2].

Fue particularmente interesante la declaración de la arquidiócesis de Kansas City, que envió un ambiguo mensaje: aunque desalentando a los católicos a asistir a Misa en la Inmaculata porque sus Misas "no son celebradas lícitamente", la arquidiócesis hizo saber que "no considera cismática a la SSPX", que "se puede cumplir la obligación de asistir a la Santa Misa los domingos y días de precepto asistiendo a la Misa de la SSPX", y que "los matrimonios celebrados en la Inmaculata son válidos porque se pide a la arquidiócesis las facultades para ser testigos de ellos, las que son concedidas por ella". Lo anterior puede que no sea una calurosa bienvenida, pero tampoco es un frío saludo.

UN OBISPO DIOCESANO JUBILADO ALZA LA VOZ

La SSPX no ha dejado *nunca* de estar en las noticias, pero me atrevo a decir que la atención que se le presta se elevó vertiginosamente

---

1 El video de la ceremonia de consagración y dedicación fue transmitido en vivo por You Tube; ahí se puede encontrar la filmación, de cinco horas y media. Es fácil encontrar fotografías *online*. Hay dos artículos sobre la Inmaculata que merecen leerse: Eric Sammons, "Our Incurious Bishops," *Crisis Magazine*, mayo 8, 2023, y Kennedy Hall, "Little Christendom on the Prairie," *OnePeterFive*, mayo 9, 2023.
2 Horario de Misas tomado de www.anewimmaculata.org el día 13 de noviembre de 2023.

después del 21 de julio de 2021, cuando el papa Francisco publicó su declaración de guerra contra la Misa tradicional y contra los fieles que asisten a ella.

No carece, pues, de interés el hecho que el obispo emérito de Chur, en Suiza, Mons. Vitus Huonder, que fue designado para investigar la SSPX por el entonces Prefecto de la Congregación para la Doctrina de la Fe de aquella época, el cardenal Müller, haya descubierto, analizando las cosas con mayor detención, que está fundamentalmente de acuerdo con las posturas de Lefebvre. Luego de recibir permiso para retirarse a una comunidad SSPX (incluso con la bendición del papa Francisco), ha llevado a las pantallas un notable comentario sobre lo que ha aprendido. Filmada el 31 de marzo de 2023, la serie en tres partes lleva el título *The Great Wound* (en alemán, con subtítulos en inglés) y está muy bien producida. Cada una de sus partes merece ser vista y meditada.

Mucha gente da gran importancia a la afirmación de Mons. Huonder, en la parte 1, de que el papa Francisco le haya declarado derechamente: "Ellos [la SSPX] no son cismáticos". Seamos honestos y coherentes: si el papa Francisco es, en realidad, uno de los peores papas en la historia, con un record catastrófico en cuestiones de doctrina y de gobierno, no se debiera aplaudirlo cuando dice súbitamente algo que nos gusta. No confío en que Francisco pueda reconocer una herejía o un cisma (o lo contrario de ellos) aunque se le paren al frente y le den con un palo en la cabeza. Quizá alguien dirá que es una buena estrategia retórica lanzarles a los anti-tradicionalistas los *obiter dicta* de Francisco como si fueran granadas de mano, pero hay que ser misericordiosos con quienes ya sufren los tormentos de sus propias contradicciones internas. Además, es probable que respondan: "Una observación casual no constituye magisterio". Y tendrían razón.

LOS ANTAGONISTAS DE LA SOCIEDAD

Cualquiera que se haya tomado la molestia de investigar sabe que, hoy por hoy, existe una vasta bibliografía sobre la SSPX, que abarca desde quienes, en un extremo, la acusan lisa y llanamente de cisma, hasta quienes, en el otro extremo, la defienden como un poderoso bastión del catolicismo tal como debe ser[3]. Por lo general

---

3 La primera perspectiva se ha transformado en una obsesión en el caso de

no he entrado en este debate, aunque lo sigo con gran atención y hago algunas observaciones, de vez en cuando, cuando me parece conveniente.

Los oponentes de la SSPX basan sus acusaciones, por lo general, en las nociones de "plena comunión" y de "misión canónica"[4]. Su argumentación supone que uno cree que si el papa prohibiera totalmente la Misa tradicional, los católicos que aman la tradición no tendrían otra alternativa que tragarse esa decisión y regresar al *Novus Ordo*. De hecho, los católicos estarían obligados a creer, por lógica, que un P. James Martin o un P. Michael Pfleger están en "plena comunión", o sea, que obran con la aprobación de la Iglesia y que sus Misas tienen un sello de aprobación, en tanto que el P. Perico de los Palotes, SSPX, que celebra la Misa de Siempre, "no está en comunión", priva de algo a sus fieles e impide que los católicos cumplan con sus obligaciones.

Es fácil encontrarse con ese tipo de argumentos, que son, a mi juicio, falsos en el mejor de los casos, e injuriosos en el peor, puesto que ignoran los derechos imperativos de la tradición, los deberes superiores de la jerarquía para con los fieles, y las exigencias ordinarias de la vida colectiva católica ortodoxa. En breve, se refieren a la autoridad y la obediencia de un modo absolutista y positivista, y no captan la íntima relación de ambas con el bien común[5].

Los ataques militantes y legalistas a la Sociedad han dado lugar a una cantidad de respuestas que son dignas de consideración. *OnePeterFive* ha publicado una larga serie de artículos tanto a favor como en contra, en que, en mi opinión, los que están a favor son los mejores. Kennedy Hall ha publicado un libro "SSPX: The Defence", que merece ser leído. Paul Casey, en su artículo "Las Misas SSPX y el cumplimiento del precepto dominical"[6], proporciona una detallada defensa de la posición contenida en el título del mismo. Se podría decir que Casey da argumentos que apuntalan a las afirmaciones de la diócesis de Kansas.

Un amigo mío ha intentado hacer un breve resumen de la forma lógica que asume la defensa de la SSPX. No lo ha hecho

---

John Salza y de Robert Siscoe; la segunda está elegantemente representada por Kennedy Hall.
4 Ver Brian McCall, "The Ordinary Mission of the SSPX – Reply to Salza," *OnePeterFive*, enero 17, 2022.
5 Ver los capítulos 7 a 10 precedentes.
6 *Catholic Family News* online, abril 28, 2023.

La SSPX y la situación de los católicos en las trincheras

para favorecer dicha postura (ni para atacarla) sino para hacer manifiesta su esencia. Por ello es que la encuentro útil, ya que la búsqueda de claridad en este tema está a menudo oscurecida por las nubes de la emoción.

La postura de la SSPX puede reducirse a lo siguiente:

1. En una emergencia, las leyes que corresponden a la naturaleza de la emergencia dejan de obligar[7].

2. La Iglesia está actualmente en un continuo estado de emergencia.

3. Por tanto, las leyes que corresponden a la naturaleza del continuo estado de emergencia de la Iglesia no obligan.

4. La violación de leyes que no obligan es enteramente permisible.

5. La SSPX viola ciertas leyes eclesiásticas correspondientes a leyes que no obligan.

6. Por tanto, la violación, por parte de la SSPX, de ciertas leyes eclesiásticas es enteramente permisible.

Debe advertirse que todos los argumentos que apuntan a que la SSPX viola leyes son argumentos que la SSPX no disputa, sino que incluso incorpora en su argumentación.

Como los puntos 1 y 4 son principios indisputados de teología moral, y como los puntos 3 y 6 son conclusiones a que se llega lógicamente, la totalidad de la cuestión de la SSPX viene a reducirse a la veracidad de las premisas menores 2 y 5. En otras palabras:

- ¿Está la Iglesia en una continua situación de emergencia?
- Si ello es así, ¿cuáles leyes quedan suspendidas?
- ¿Corresponden las leyes violadas por la SSPX a las leyes que están suspendidas?

Tengamos presente lo anterior a medida que avanzamos.

¿VALEN ALGO LOS FIELES ORDINARIOS?

Uno de los puntos que más valoré en la primera parte de la entrevista de Mons. Huonder fue su énfasis en cómo los fieles, después del Concilio, quedaron abandonados, confundidos, escandalizados por las nuevas enseñanzas y por el desastre litúrgico, y *a nadie pareció importarle* -fueron como la carne del sacrificio que tenía que ofrecerse a las fauces del insaciable ídolo del Progreso-. Mons.

---

7 En el caso del incendio de una casa, la ley que prohibe cruzar imprudentemente la calle cesa de obligar; sin embargo, seguiría siendo obligatoria la ley que prohibe matar.

Lefbvre sí se preocupó de ellos, y lo suficiente como para alimentarlos con la verdad y la gracia. En esto no fue el único, ciertamente, pero estuvo entre los más valientes y decididos. Y la "cancelación" que sufrió no fue otra cosa que la defensa de sí mismo que realizó el organismo moderno-progresista en contra del virus de la ortodoxia.

Estoy harto de quienes, para todos los efectos prácticos, ignoran la causa del fiel ordinario, incluso hoy; de quienes parecen pensar que lo único que realmente importa es que los católicos "permanezcan en comunión" con quienquiera que sea y hagan cualquier cosa, aunque sea falsa o dañina e indigna de Nuestro Señor y de las almas adquiridas por su Sangre, y conduzca probablemente a sus hijos a un fracaso, del que pronto se empezarán a aburrir. No: semejante actitud es insultante, irracional, inhumana, intolerable. Los padres, en especial, tienen la obligación de buscar modos ya probados y verdaderos de sostener su propia vida de fe y de transmitir la fe a las siguientes generaciones.

En un *email* que me dirigió un "convertido" a la tradición, me contó esta familiar historia, que he oído (con muchas variaciones accidentales) tantas veces que hoy la puedo recitar de memoria como un escolar que recita la poesía que tenía que aprenderse:

"Tuve la esperanza de que nuestra comunidad parroquial me ofreciera el apoyo que necesitábamos para reforzar la moral y los valores católicos que estamos enseñando en nuestra casa pero, como Ud. puede imaginarse, no fue esa la experiencia que tuve. Hemos conocido un par de familias con quienes nos hemos hecho muy amigos, pero en general la experiencia –desde la falta de reverencia en el vestido, el comportamiento en la Misa, la falta de respeto con que recibimos al Señor, para no decir nada de cómo el párroco "espera" que recibamos al Señor– me ha dejado desinflado y exhausto. Después de algunas vergonzosas liturgias llenas de cancioncitas cursis y de homilías poco inspiradoras (en el mejor de los casos), simplemente supe que *tenía que haber* algo mejor en alguna parte. Al principio sólo encontré "algo mejor" *online*. Y ni me acuerdo de cómo comenzó, pero fue algo entre el Dr. Scott Hahn y el P. Chad Ripperger, y luego llegué a la FSSP, y a oír (durante el Covid) las homilías de sacerdotes tradicionales: todo esto me condujo a buscar Misas reverentes en nuestra área. Tratamos de ir a una parroquia FSSP, pero quedaba a más de dos horas y media desde donde vivíamos. Así que no nos quedó otra cosa que el priorato

SSPX, que está a media hora de nuestra casa. No sabía mucho de ellos, pero sí que había "controversias". Y decidí ir a ver por mí mismo. Fui a una Misa... y me encontré llorando como un niño. La belleza de la liturgia, la reverencia del sacerdote y del pueblo, el canto gregoriano, todo ello hizo que se me llenara el corazón de amor y del fuego del Espíritu Santo. La prédica ortodoxa, las confesiones, todo me hizo sentido. Me sentí como en casa. Me siento en casa con el catolicismo tradicional".

Bueno, helo ahí: es el *sensum fidelium* actuando. ¿Quién podrá seriamente criticar las motivaciones de esta persona, su hambre de una verdad que no esté diluída, la sed de reverencia con que honrar a Dios y refrescar el alma, el sentido de la belleza divina encontrado finalmente, la coherencia de una comunidad católica y de un modo de vida? Todo esto es como debe ser: *tenemos que tener* estas motivaciones. Ellas provienen de Dios y nos reconducen a El.

¿QUÉ DEBEN HACER LOS CREYENTES EN UNA ÉPOCA DE CRISIS?

Lo concedo desde la partida: las intuiciones y experiencias como la relatada no se traducen instantáneamente en un "por tanto: la SSPX". Pero sí excluyen categóricamente el "limítate a aceptar el *statu quo* tal como te ha tocado", con la general desacralización y las ruinosas rupturas de la tradición, con el liberalismo y el conformismo cultural, con la paralizante tibieza y la indiferencia, con la manipulación de conciencias y la hipocresía, y con el resto de los rasgos que, en diferentes combinaciones, forman el mosaico masónico de lo que muchos, impermeables a la información que les dan sus propios sentidos, se complacen todavía en llamar "Iglesia católica".

En lugar de ello: ve adonde encuentres que la Tradición católica es amada, respetada, preservada, transmitida. Así es el instinto fundamental del *sensus fidelium* cuando no ha sido sofocado por la falsa noción jesuítica de la obediencia ciega. Así es la gracia del bautismo y de la confirmación, que irrumpen a la superficie y cruzan por entre la necedad auto-interesada de ciertos prelados que, como los fariseos, multiplican las cargas sin mover un dedo para ayudar.

Si los miembros de la jerarquía (o sus entusiastas apologetas) esperan que los laicos "paguen, oren y obedezcan", pues bien: que se hagan hombres, que se "apostolicen", por decirlo así, y proporcionen algo por lo que valga la pena pagar, una liturgia en que valga la pena orar, y una autoridad que sea digna de obediencia. Si no, que se callen y enmudezcan, y dejen que el resto de nosotros hagamos la construcción, *como* católicos y *para* católicos.

Un padre de familia numerosa me escribió:

"No dispongo de veinte o treinta años para esperar que el Obispo Veleta, el Obispo auxiliar Arcoiris, el párroco Echalepadelante, el Vicario parroquial Triste Figura y todas las Karens y Susans de la parroquia solucionen sus problemas y regresen de nuevo a algo que funcione como catolicismo. No tengo el tiempo ni la capacidad para ser un reformador radical. Las sutilezas canónicas me superan. Ya es suficientemente difícil ser católico serio en el mundo moderno, y más difícil todavía retener a los hijos en la Iglesia, como para andar todo el tiempo peleando batallas internas.

"Asistimos a una capilla que me proporciona a mí y a mi familia una prédica sana, una bella liturgia, y donde hay más familias como la mía que hacen lo mismo. No hay nada que se le parezca en cientos de kilómetros alrededor. A mí no me queda duda alguna de que es aquí donde tenemos que ir. Cuando esté de pie ante el Trono del Juez, Cristo no me va a preguntar: "¿Te preocupaste de los detalles canónicos?", sino que me va a preguntar: "¿Qué hiciste con las almas que te confié? ¿Y cómo mantuviste viva la llama en tu corazón?".

"Si hay algo "irregular" en nuestra situación actual, sea; espero que Jesús lo solucione. La causa de esta crisis no está en el laicado, sino en la jerarquía. Esto es un *enredo de ellos*, es responsabilidad *de ellos*, y tendrán que responder por ello. Cuando mi obispo muestre que apoya un modo de vida católico tradicional, ahí estaré a su lado, sin duda alguna. Mientras tanto, oramos por él y por el papa en nuestro rosario familiar".

Lo anterior resume harto bien la cuestión de en qué están hoy los buenos católicos. No sólo *no le reprocho nada* a este padre, sino que *lo alabo* por ser un padre bueno, clarividente, amante, valiente y disciplinado.

"EN CUANTO A MÍ, YO Y MI CASA SERVIREMOS AL SEÑOR"

Yo voy a Misa a una capilla de la Fraternidad Sacerdotal de San Pedro (FSSP), y me encanta. No estoy de acuerdo con los miembros de la SSPX que piensan que los institutos *"Ecclesia Dei"* están llenos de cobardía y de acomodos. Por el contrario, creo que el clero de *Ecclesia Dei* es excelente en su calidad y ortodoxia. Si elige centrar su predicación en el Credo y los Mandamientos y otros temas básicos de la vida espiritual, no lo atribuyo en absoluto a poca voluntad para enfrentar los errores modernos. El púlpito no es el lugar para dictar conferencias. Y, en todo caso, aparte de algunas excelentes intervenciones del P. Davide Pagliarani, la SSPX ha guardado un curioso silencio en los diez últimos años, y se ha mostrado remolona, para no decir cerrada de mente, en lo que toca a la plena recuperación de la liturgia romana tradicional (o sea, la anterior a 1955)[8].

Me parece que es mejor contar con la mayor cantidad de puntos positivos, por llamarlos así, que se pueda reunir: liturgia tradicional; prédica ortodoxa; una comunidad vibrante; plena comunión con el papa y con el ordinario del lugar. Por eso, si me dan a elegir, preferiré siempre la FSSP o el Instituto Cristo Rey Sumo Sacerdote a la SSPX. Pero si estoy de viaje y la única Misa tradicional disponible es una Misa celebrada por la SSPX, asistiré a ella contento y agradecido.

Tenemos que rechazar con todas nuestras fuerzas la reducción de todos los bienes a uno solo: "plena comunión". Tenemos que oponernos a que el laicado sea tratado como carne de cañón. Tenemos que oponernos a las "soluciones" simplistas y superficiales, que equivalen a dar al P. James Martin o al P. Michael Pfleger un "estatuto más oficial" en la Iglesia de Cristo que al P. Perico de los Palotes SSPX; o a dar, en las parroquias corrientes, un "estatuto más oficial" al rupturista *Novus Ordo* que a la cautivante Misa de Siempre dicha en una capilla. suburbana. Creo poder predecir solemnemente que todo aquel que piense que estas soluciones "son adecuadas" porque son "canónicas" (chequeo de casillero) y "aprobadas por los manuales neoescolásticos" (chequeo de casillero), terminará siendo reclutado por el último pujo sinodal de la embestida modernista. Si alguien quiere ofrecerse a sí mismo y a sus hijos como carne de cañón, puede hacerlo; pero yo no no lo haré nunca, y defenderé a muerte el derecho de los católicos a no hacerlo.

El escándalo más grande consiste en que no se haya integrado a la vida diocesana, como buque insignia, el florecimiento de las capillas de la SSPX, desbordantes de hombres, mujeres y niños –futuras vocaciones sacerdotales y religiosas–, que se esfuerzan por servir

---

8 Ver el próximo capítulo.

al Señor lo mejor que pueden con los tesoros de la tradición, resistiendo a una época anti-cristiana, ferozmente secular e irreligiosa. Dicha integración fue una clara posibilidad durante Benedicto XVI, pero los lobos que siempre lo rodearon tuvieron éxito en impedirlo.

¿QUIÉNES, EXACTAMENTE, SON LOS CISMÁTICOS?

Hay muchos que piensan que la SSPX está "en cisma". Dado que la SSPX es, por definición, una asociación de clérigos, ello significaría que el *clero* que atiende las capillas está en cisma. Y por eso tales críticos temen que asistir a las liturgias de la Sociedad y oír la prédica de su clero produzca una "mentalidad cismática".

Pero, ¿no será que el verdadero problema que tenemos es un *papa* que se ha vuelto cismático en relación a la fe y a la Iglesia? Durante siglos los canonistas y los teólogos han tomado en serio la posibilidad de que un papa caiga en herejía o se haga cismático. Desde el Vaticano I, se ha supuesto, falsamente (y perezosamente), que ninguna de ambas cosas es posible. Lo cual es un obstáculo prematuro e imprudente puesto a la teología católica, que ha causado un daño inmenso. Hoy estamos impedidos por herramientas inútiles, por un idealismo que se esconde detrás de inmensas implausibilidades y de torcidas racionalizaciones.

No es difícil darse cuenta de que el peculiar ímpetu dado a la "sinodalidad", tal como ésta es propuesta por sus partidarios (e.g., los cardenales Grech y Hollerich), tiene características cismáticas y herejes, aunque sean sólo los alemanes y los belgas quienes hayan procedido a formalizarlas, apresurándose a aplanar el camino para el resto que viene detrás. Sobre todo no es difícil ver que el papa Francisco ha sembrado no sólo ambigüedades -palabras engañosas que tienen la versatilidad de una cortapluma suiza- sino derechamente *errores*, y que, hasta un punto no superado jamás por ningún otro papa en la historia, ha debilitado la fe y la moral católicas en una multitud de formas que están muy bien documentadas[9].

En breve: es mucho más fácil ver cisma o mentalidad cismática en el papa Francisco y en los obispos alemanes que en ningún obispo o sacerdote de la SSPX. Los primeros se han desviado del dogma, en tanto que los últimos adhieren a él inflexiblemente, aceptando, al mismo tiempo, una situación irregular que es resultado de la

---

9 Ver Lamont and Pierantoni, *Defending the Faith*.

ausencia de voluntad, por parte de las autoridades eclesiásticas, de legislar en pro del bien común. Pero ni siquiera en este terrible escenario se puede encontrar algo que socave la enseñanza (restrictiva) del Vaticano I sobre la infalibilidad del papa o sobre la *verdadera finalidad* del ministerio papal, que es transmitir la fe católica que él mismo ha recibido. No hay nada en nuestra crisis eclesial que socave la indefectibilidad de la Iglesia, entendida rigurosamente, no románticamente.

Además, casi todo lo que he leído escrito por Mons. Lefebvre me ha causado la impresión de ser más católico, más sano, más verdadero, más exacto que casi todo lo que he visto del papa Francisco, escrito o hablado. Si se pone entre paréntesis las consagraciones de 1988, Mons. Lefebvre tuvo muchos menos defectos en su comportamiento episcopal y fue mucho menos controversial que Roncalli, Montini, Wojtyla o Ratzinger porque, como lo decía él a menudo, seguía creyendo y haciendo lo que todos habían creído y hecho hasta que la histeria colectiva se apoderó del Vaticano II. Qué penetrantes recuerdos nos transmite un sacerdote francés en las reflexiones siguientes:

"Mi abuelo fue lefebvrista... Organizó decenas de retiros para varones. Además, dirigió el coro de la aldea. De un día para otro, el párroco le ordenó no cantar ni una sola palabra en latín, y dispuso que se realizaran trabajos para destruir el hermoso altar de mármol y reemplazarlo por un cubo de madera torpemente tallado, en homenaje a Cristo obrero y contra la opresión burguesa. *In extremis*, el obispo impidió esa masacre. Pero desaparecieron los vasos sagrados, reemplazados por bastas cerámicas, y se pudrieron los ornamentos en los confesonarios vacíos, llenos sólo de polillas. Me habló de esos difíciles años durante todo el resto de su vida, como una herida que nunca sanó. No pudo soportar la violencia del cambio litúrgico. Muchos abandonaron la práctica de la religión. Y encontró en Mons. Lefebvre todo lo que había conocido siempre"[10].

El papel clave que tuvo el Arzobispo en moderar las victorias del progresismo en el Concilio debiera, por sí solo, ganarle el respeto y la admiración de todos los católicos que todavía creen en el depósito de la fe[11].

---

10 P. Luc de Bellescize, "The True Meaning of Our Liturgies," *Rorate Caeli*, junio 6, 2023.
11 Ver Jerome Stridon, "The Coetus: Trad Godfathers at Vatican II," *OnePeterFive*, diciembre 12, 2022.

Sí, a veces Mons. Lefebvre parece haber sufrido de paranoia; tendía a dar a ciertos textos, o personas o situaciones, la peor interpretación posible. Concuerdo con Henry Sire que dice, en *Phoenix from the Ashes*, que Mons. Lefebvre actuó precipitadamente en la cuestión de las consagraciones de 1988 (y este juicio lo da un historiador que, al final de su libro, predice que Mons. Lefebvre será algún día canonizado). Sin embargo, en su carrera de obispo, superior general y arzobispo, Mons. Lefebvre se caracterizó por decisiones mejores, más realistas, más pastoralmente caritativas y más valientes que (*mutatis mutandis*) Juan XXIII, Juan Pablo II y Benedicto XVI. Si cualquiera de tales jerarcas merece ser canonizado, Mons. Lefebvre lo merece más. El hecho de que las figuras que mejor simbolizan el Concilio sean apresuradamente subidas a los altares, en tanto que Mons. Lefebvre es denigrado, demuestra hasta qué punto los asuntos de la Iglesia siguen estando en manos de ideólogos y *apparatchiks* (y no mencionamos aquí a los nihilistas, hedonistas, masones y satanistas, todos bien representados en el Vaticano y en los escalones superiores del poder eclesiástico).

NO ME ENCASILLEN

Quienquiera que lea este capítulo con cuidado, no podrá adscribirme a ninguno de los partidos que se enfrentan en estas "guerras" tradicionalistas. No es que yo quiera disfrutar de una cómoda posición que me permita tener una linda visión de 365º. He apostado mucho, personalmente, en este juego, y he adquirido compromisos que no rehuyo ni evito defender. Pero cuando no tengo suficiente certeza sobre algo, no obro como si la tuviera, ni fanfarroneo al respecto. No creo ni necesario ni, mucho menos, deseable, defender éste grupo tradicionalista en contra de *aquél*. Se podría calificar mi actitud como "traduménica".

En este texto he sostenido que *es razonable* que un *fiel corriente* quiera asistir a las capillas de la SSPX, y que *no es razonable* que haya quienes se lo obstaculicen sin proporcionarle una alternativa concreta al desastre del cual quiere huir. Pero sostener esto no se traduce en mi aceptación completa y total de la Sociedad y sus posturas. He admitido que, personalmente, asisto a una capilla atendida por uno de los institutos *Ecclesia Dei*, y he dado las razones de por qué lo hago.

Por motivos de espacio no me he ni siquiera aproximado al tema, mucho más complicado, de las comunidades tradicionales diocesanas de Misa tradicional, que desde 2007 (y a veces desde mucho antes) hasta 2021 han tenido un papel cada vez mayor en una respuesta positiva y constructiva a la crisis de la Iglesia, y que están hoy día siendo gravemente atacadas en muchos lugares por los "carceleros de la traición" (como podría traducirse "*custodes traditionis*"). El clero diocesano, especialmente, ha sido lanzado a un crisol de sufrimientos infligidos por la jerarquía, de lo cual pueden esperarse muchos resultados, que van desde una gran santidad hasta quiebres nerviosos, desde un irse a la SSPX hasta la pérdida de vocaciones.

Lo que me queda claro es que, en situaciones tan confusas y caóticas como la actual, los laicos deben hacer lo que su conciencia, en la presencia de Dios, encuentre justo; decisión personal cuya responsabilidad no puede descargarse en nadie más. Tenemos que formar nuestra conciencia lo mejor que podamos, apoyándonos en las Escrituras, en la Tradición y en el Magisterio de la Iglesia, y buscando al mismo tiempo el consejo de aquellos que nos inspiran confianza, pidiendo *siempre* luz a Dios, y permaneciendo cerca de la Santísima Virgen María. Cuando llega el momento de actuar, debemos actuar sobre la base de la certeza moral que tengamos, y de las intuiciones e inclinaciones que nacen de la fe católica. Que nadie ose condenar a ninguno por obrar de este modo.

21

La obligación de la Misa dominical en tiempos de crisis litúrgica

LA OBLIGACIÓN DE ASISTIR A MISA LOS domingos, y especialmente las circunstancias en que asistir a ella deja de ser obligación, es un tema de considerable importancia práctica en nuestros días. Evitando usar el lenguaje usado por tantos obispos durante las cuarentenas del Covid, el cardenal Raymond Leo Burke ha enfatizado que el deber objetivo de adorar a Dios del modo que Él mismo ha indicado –es decir, mediante la participación en la renovación sacramental del sacrificio de Cristo en la Cruz– no cesa nunca en esta vida, aunque este deber puede cesar de obligar *subjetivamente* en ciertas circunstancias. En otras palabras, en vez de decirse "Se ha dispensado de la obligación/la obligación ha cesado", debería decirse, más bien, "las circunstancias son tales que la obligación no rige para mí en este caso". Son *los fieles* quienes tienen que hacer el discernimiento de las circunstancias, guiados por principios rectos. En caso de serias dudas, se debe consultar a un sacerdote, religioso o laico dignos de confianza, pero es importante que se tenga conciencia de que, en esta época de confusión, las opiniones pueden variar mucho (y a veces brutalmente).

DIVERSOS TIPOS DE MANDAMIENTOS

Desde hace mucho tiempo el catolicismo ha tendido a orientarse por normas, poniendo el "hacer" y el "no hacer" en una especie de lista en blanco y negro que permite poca o ninguna flexibilidad. Sin embargo, hay una diferencia clave entre los preceptos negativos y los preceptos positivos.

Los *mandamientos negativos* –no matarás (como en un homicidio), no cometerás adulterio, no robarás– no tienen excepciones, porque se refieren a actos que son *intrínsecamente malos*, y jamás se puede elegir o hacer el mal, cualesquiera sean la situación o las consecuencias.

Los *mandamientos positivos*, en cambio, obligan *cuando –y del modo en que– pueden ser correctamente cumplidos*. Por ejemplo, se debe siempre honrar padre y madre, pero cuándo y de qué modo hacerlo es algo que admite muchas variaciones, y no se está obligado a mostrar ese respeto de un determinado modo, tal como se está siempre obligado a evitar el mal. Normalmente se dice que los preceptos positivos deben ser cumplidos *en algún momento* –o, como diría Aristóteles, en el momento apropiado, en el lugar apropiado, del modo apropiado, etc.–. Se trata de actos que no deben en modo alguno ser descuidados, y debemos cumplirlos con una frecuencia suficiente como para mantener vivo el subyacente hábito virtuoso.

Esto mismo ocurre con el culto a Dios. Ir a Misa u oírla los domingos y días de precepto es una ley positiva de la Iglesia (N. B.: esto *no* incluye comulgar; tenemos obligación de confesarnos y de comulgar una vez al año, aunque por nuestro bien espiritual debiéramos tratar de hacerlo con mayor frecuencia, con mucho mayor frecuencia). Como precepto positivo, el mandamiento de ir a Misa debe ser cumplido *cuando –y del modo en que– puede ser correctamente cumplido*.

Cuando comencé a investigar este punto más detenidamente, quedé sorprendido por la amplitud de mente con que los moralistas antiguos (¡preconciliares!) abordaban la cuestión de las circunstancias que hacen que la obligación de ir a Misa no se aplique a un individuo o a una familia. Supongo que en el yermo atómico del catolicismo postconciliar, los conservadores simplificaron y endurecieron las normas en blanco y negro a fin de retener la mayor cantidad posible de restos que pudieran salvarse del naufragio y evitar una desintegración mayor. Lo cual es comprensible. Pero dada la porfiada resurrección en la actualidad de la revolución de los años 1960 y la situación litúrgica que empeora cada vez más en muchos lugares, ha llegado el momento de recuperar la flexibilidad del análisis que hacían nuestros antepasados, que fueron mucho más realistas que nosotros. Creo que ello ayudará a aliviar las conciencias atribuladas de muchos laicos que se sienten atrapados entre la espada y la pared.

En la primera sección de este capítulo voy a exponer los sencillos consejos de algunos teólogos morales preconciliares ampliamente leídos. Ello pondrá los fundamentos para la segunda sección, que tratará de lo que los fieles deberían hacer en caso de

Misas irrespetuosas o de falta de disponibilidad de Misas tradicionales. Ello llevará a la tercera sección, sobre por qué debe evitarse, como cuestión de principios, el *Novus Ordo*. La sección final, que tiene más bien el carácter de apéndice, contiene algunas citas pertinentes del "Credo: Compendio de la Fe Católica" de Mons. Athanasius Schneider.

1. TEÓLOGOS MORALES
"Daño espiritual a sí mismo o a otros..."

El primer autor que citaré es el capuchino Heribert Jone, quien escribe lo siguiente:

"*Excusas para no asistir a Misa*. Cualquier motivo moderadamente grave basta para excusar el que no se asista a la Santa Misa, como, por ejemplo, una considerable dificultad, o daño corporal o espiritual a sí mismo o a otros. Por tanto, están excusados los enfermos, los convalescientes, las personas que no pueden tolerar la atmósfera de la iglesia (e.g., ciertas personas neuróticas y a veces las mujeres embarazadas durante los primeros o los últimos meses de su preñez); los que viven lejos de la iglesia; los que están impedidos por los deberes de su estado (e.g., pastores, vigías, policías de turno, cocineros, y los que trabajan en industrias que no pueden paralizarse los domingos); las mujeres o niños que, si asisten a Misa, ocasionarán grave molestia a sus maridos o padres; los sirvientes cuyos patrones no les permiten ir a Misa (si esto ocurre normalmente, los sirvientes deben buscar otro empleo); los que tienen enfermos a su cargo, los rescatistas en tiempos de incendio o inundación; y los que tienen motivos para creer que, con permanecer en su casa, pueden impedir pecados, o los que verían dañado su buen nombre o su propiedad si van a la iglesia (así, las mujeres solteras que están embarazadas pueden quedarse en casa si, con ello, pueden evitar la mala reputación; igualmente, los que no tienen ropa correspondiente a su posición social; los que están de viaje; los que sufrirían una extraordinaria pérdida económica si asisten a la Misa). Se puede faltar a Misa por un viaje de placer una o dos veces, si no se tiene otras oportunidades de hacerlo durante el año, o si es la última oportunidad que se tendrá de hacer determinada excursión. Finalmente, ciertas costumbres de algunos lugares son excusas, como, por ejemplo, las parturientas, las viudas en los primeros días de su duelo, los comprometidos en matrimonio cuyas proclamas se publican en la única Misa a que pueden asistir"[1].

Estoy convencido de que hoy hay muy pocos que puedan ofrecer tantos ejemplos (y de semejante naturaleza) de los casos en que se dispensa del precepto a los católicos o, más bien, de los casos en que el precepto deja de ser obligatorio. Algunas de las frases citadas merecen ser subrayadas: "daño corporal o espiritual a sí mismo o a otros [¡piénsese en los niños![2]]... los que viven lejos de la iglesia... los que tienen motivos para creer que, con permanecer en su casa, pueden impedir pecados... los que están de viaje...". En cuanto a mí, recuerdo muchas experiencias de Misas de que he oído a lo largo del tiempo, que o implicaban la comisión de un pecado o constituían ocasión próxima de pecado.

"Inconveniente moderadamente grave..."
Según el moralista jesuíta P. Henry Davis:
"Todo inconveniente moderadamente grave para el alma, el cuerpo o los bienes temporales, ya sea propios o de otra persona, exime del precepto... Se exime a los que están enfermos y a aquéllos cuya presencia se requiere para el cuidado de los enfermos, y a los que cuidan a los niños infantes en casa, y a los que hacen trabajo doméstico necesario, o que no tienen ropas adecuadas (excusa algo fácil de magnificarse), o que tendrían que oír leer las proclamas de su matrimonio (si esto los altera), o que viven a 4 kilómetros y medio o a una hora de camino, o incluso menos, si el clima es malo, o si se están débiles; la distancia que exime sería mayor para quienes pueden usar un automóvil, o un tranvía, o tren o bicicletas, sin incurrir en gastos que no pueden solventar. También se exime a los sirvientes, si sus patrones no católicos les prohiben ir a Misa, aunque deberían buscar otro lugar [i.e. trabajo], si ello es razonablemente posible, en el que puedan tener la oportunidad de ir a Misa. Está eximida la mujer si el ir a Misa causa grave ofensa a su marido; en igual caso están eximidos los hijos y los sirvientes. La Iglesia no espera que los

---

[1] Heribert Jone, O. F. M. Cap., J. C. D., *Moral Theology*, trad. Urban Adelman, según la décimo octava edición alemana (Westminster, MD: The Newman Press, 1962), no. 198, pag. 125. La primera edición de Moraltheologie apareció en 1929, y fue rápidamente traducida a fiversos idiomas. .

[2] Ver Kwasniewski, *Reivindicación de nuestros derechos hereditarios como católicos*, 229-73.

sirvientes y trabajadores se priven de un sueño razonablemente necesario a fin de ir a una Misa temprana. Se exime también a los que, durante un luto, permanecen normalmente en casa; también a las madres después del parto, durante algunas semanas y, por cierto, durante algunas semanas antes del parto. Se sostiene por algunos que quedan eximidos aquéllos que tendrían que renunciar -ocasionalmente, no como regla general- a una buena oportunidad de negocios o a una considerable ganancia, como es el caso de los comerciantes y el de los agricultores, en la época de parto del ganado"[3].

En una publicación de 1908, el jesuíta Thomas Slater escribe:

"Lo que hay aquí es un precepto positivo, y queda eximido de la obligación el fiel que experimente cualquier seria dificultad o pérdida, espiritual o temporal, que lo afecte a él o a su prójimo, que pudiera derivarse de asistir a Misa. Así, los enfermos, los convalescientes que no pueden salir al aire libre sin peligro, los que tienen que cuidar a enfermos, las madres de familia con hijos pequeños que cuidar, los que viven a una distancia tal que les tomaría más de una hora caminar hasta la iglesia, todos ellos están eximidos de oír Misa regularmente"[4].

Finalmente, considérese el siguiente pasaje, tomado de los dominicos John A. McHugh y Charles J. Callan:

"La imposibilidad, o un inconveniente serio, exime de oír Misa -e.g., los que tienen que caminar una hora a la iglesia, o los que tienen que hacer un viaje de dos horas a caballo, distancias respecto de las cuales se ha sugerido que las cantidades debieran ser más de *4,5 kilómetros* de ida y otros tantos de vuelta, si hay que caminar, y más de *48 kilómetros* si se dispone de un automóvil y los caminos son buenos; los que sufrirían grave detrimento de la salud, el honor, la fortuna, etc., si asisten a Misa; los que están retenidos por deberes de caridad o de trabajo y oficio que no pueden omitirse"[5].

Subrayo "*4,5 kilómetros*" y "*48 kilómetros*" para hacer ver que no

---

3 Henry Davis, S. J., *Moral and Pastoral Theology*, sexta edición, vol. 2, Commandments of God and Precepts of the Church (London/New York: Sheed and Ward, 1949), 64-65. Publicado por primera vez en 1935.
4 Thomas Slater, S. J., *A Manual of Moral Theology for English-Speaking Countries*, vol. 1 (New York: Benziger Brothers, 1908), 263.
5 John A. McHugh, O. P. y Charles J. Callan, O. P., *Moral Theology: A Complete Course Based on St. Thomas Aquinas and the Best Modern Authorities* (New York: Joseph F. Wagner, 1958), no. 2584, p. 583, énfasis añadido. La primera edición de este libro es de 1929.

es obligatorio realizar enormes viajes en automóvil para llegar a la Misa tradicional más cercana, por laudable que sea el deseo de ir a esta Misa en particular, incluso cuando se ha llegado a la conclusión de que ninguna Misa más cercana es una alternativa aceptable (diré más sobre este punto en la sección siguiente).

En otras palabras, si se sigue el consejo de los teólogos moralistas, puede uno encontrarse en una situación en que *no hay modo razonable de cumplir con la obligación*; y en tal caso, el precepto deja de obligar, y uno debiera realizar en cambio alguna obra de piedad conveniente, como leer en voz alta las páginas del misal[6], o una homilía sobre el Evangelio de algún Padre de la Iglesia[7], o rezar el Rosario[8]. Al mismo tiempo, quienes están en esta situación debieran seriamente pensar en qué podrían hacer para mudarse, cuando sea oportuno, a un lugar en que puedan cumplir con su obligación de oír Misa con relativa facilidad.

McHugh y Callan añaden:

"Aunque la Iglesia no impone un *sabatismo* exagerado, tampoco acepta relajación en el importante asunto del Día del Señor. Por ello, no cualquier motivo exime del precepto de ir a la iglesia. Y así, son culpables quienes innecesariamente se ponen en la situación de imposibilidad de cumplir con la ley (e.g., *mudándose a un lugar en que no hay iglesia*, o tomando una ocupación que requiere trabajar todos los domingos en la mañana, o yéndose de vacaciones o de excursión en automóvil a una región sin iglesias), o cuyas excusas son frívolas (e.g., quienes dejar de ir a Misa porque el sacerdote les desagrada, o trabajan el domingo en la mañana sólo por tener algo que hacer)"[9].

En otras palabras, no es espiritualmente sano seguir viviendo en un lugar donde ir a Misa es muy difícil o incluso imposible (moral o físicamente). No es sostenible una situación así.

---

6 Para sugerencias sobre cómo hacer esto en el círculo familiar (y para obtener material impreso), ver mi artículo "Your Local Mass Canceled? Try Meditating on the Texts of the Traditional Mass," *OnePeterFive*, marzo 20, 2020.

7 Hay muchos recursos de que echar mano, pero es especialmente útil el libro de D. G. Hubert, *Sundays & Festivals with the Fathers of the Church: Homilies on the Gospels of the Ecclesiastical Year* (Waterloo, ON: Arouca Press, 2019), que está ya coordinado con el rito romano tradicional.

8 Una gran ayuda para hacer esto en forma muy coordinada con la Misa y el Oficio Divino se contiene en *The Liturgical Rosary: Meditations for Each Hour, Day & Season of the Liturgical Year by the Slaves of the Immaculate Heart of Mary* (Waterloo, ON: Arouca Press, 2023).

9 McHugh y Callan, *Moral Theology*, no. 2585, p. 584, énfasis añadido.

"Buscad primero el reino de Dios" significa vivir cerca de una buena liturgia

Por más difícil que sea cambiar de trabajo o mudar a la familia, las palabras del Salvador siguen resonando en las páginas del Evangelio: "Buscad primero el reino de Dios y su justicia, y todo los demás se os dará por añadidura". Así como la virtud de la religión es la más alta de las virtudes morales, así también nuestra primera obligación es el recto culto de Dios, deber en torno al cual tenemos que organizar toda nuestra vida. Cuando Dios liberó a Israel de Egipto y lo llevó a la tierra prometida, lo hizo precisamente para que tuviera libertad para ofrecerle el culto apropiado. Israel tuvo que soportar una enorme cantidad de dificultades, de conmociones y de desorientación para dejar atrás la tierra a que se había acostumbrado (¡claro que como esclavos explotados!), pero ello fue lo que el Señor le pidió, para su propio beneficio.

Si se me permite referirme un momento a mi propia experiencia, mi familia y yo hemos tenido que hacer diversos sacrificios, a lo largo del tiempo, para asegurarnos de que podíamos rendir culto al Señor en continuidad con la tradición católica. Cuando fui estudiante en el Saint Thomas Aquinas College, asistí a Misas tradicionales secretas, dichas por un capellán que tenía una difícil relación con la administración. Ya en la escuela de graduados de Washington, D. C., tuve que recurrir al difícil transporte público para llegar hasta la iglesia Old Saint Mary, en Chinatown, y más tarde, mientras trabajaba en mi disertación en una ruinosa casa de campo en Gordonsville, Virginia, tuve que viajar en auto una gran distancia para ir a Misa a Old Saint John, en Silver Spring, Maryland. Cuando nos fuimos a vivir a la Baja Austria, la mayoría de los domingos íbamos en auto a Viena, donde la FSSP celebraba Misa en la Kapuzinerkirche, o a Linz, donde la FSSP la celebraba en la Minoritenkirche. En el Wyoming Catholic College, que se inauguró sólo un mes después de la promulgación de *Summorum Pontificum*, se agregó una *Missa cantata* a la agenda de la capellanía, pero se interrumpía en los veranos, cuando los capellanes desaparecían para atender otros compromisos. Este yermo veraniego me hizo hacer largos viajes en automóvil a Powell, Wyoming, o a Fort Collins o Littleton, en Colorado. Sería difícil contar la cantidad de kilómetros que registraron los diversos automóviles en que viajé desde la escuela de graduados en adelante, y sé que hay muchas familias que hacen mucho más que lo que hice yo.

Muchos de estos viajes no fueron hechos por obligación, es decir, fueron viajes no exigidos por la norma, de acuerdo con los teólogos morales citados anteriormente, pero me sirvieron para corroborar, muy dentro de mí, la belleza y la bondad de asistir al auténtico rito romano. Al cabo, terminé dándome cuenta de que a este bien tenía que darle la primera prioridad en mi vida. Lo cual me llevó, hacia 2017/2018, a buscar una nueva casa en un lugar donde el clásico rito romano estuviera disponible *a diario* y *cerca*. La búsqueda comenzó con un mapa de los EEUU en que aparecían destacados todos los lugares en que se encontraban la FSSP y el Instituto Cristo Rey Sumo Sacerdote. Luego de algunos baches en el camino, encontramos finalmente una casa ubicada a más o menos un kilómetro de una cuasi-parroquia atendida por la FSSP, con Misa solemne la mayor parte de los domingos del año y con la mejor *schola* de canto gregoriano en que he cantado jamás. No tenemos cómo expresar nuestra gratitud a la Divina Providencia.

Aunque hay muchas razones por las que fue bueno para nosotros el haber vivido en los diversos lugares en que lo hicimos y haber sido parte de las grandes cosas que ocurrían en cada uno de ellos, puedo ver, retrospectivamente, que se dio un lento desarrollo de mi propia comprensión y de mis sentimientos que hizo necesario este paso final: una total ruptura con el rito moderno y una plena adhesión al rito tradicional. Hablar y escribirme con una gran cantidad de personas me ha hecho ver que muchos católicos están actualmente llegando a las mismas conclusiones que yo; pero lo están haciendo mucho más rápidamente, y con menos complicaciones y vacilaciones.

A mi juicio, todo católico que esté atrapado en una triste situación litúrgica debe comenzar desde ya a hacer planes para mudarse a alguna comunidad católica tradicional.

2. TOMAR DECISIONES DIFÍCILES

Hemos visto lo que los antiguos manuales de teología moral dicen sobre las circunstancias que eximen a ciertas personas de asistir a Misa en los días de precepto, como el "daño espiritual a sí mismo o a otros", "los que viven lejos de la iglesia", "estar de viaje" y "los que tienen motivos para creer que, con permanecer en su casa, puede impedir pecados". He citado varios autores, pero hay muchos otros que escriben en el mismo sentido, incluyendo figuras famosas como San Alfonso María de Ligorio.

Teniendo presentes estos principios, echemos una mirada a una carta que recibí de una amiga mía.

"Querido Dr. K.,

"Espero que Ud. pueda iluminarnos, con algunas enseñanzas de la Iglesia, el problema que tenemos aquí en este momento. Estoy consciente de que, lamentablemente, nuestro problema no es único en la Iglesia de hoy. Durante el último año y medio hemos visto, en todas las parroquias de nuestra ciudad, comportamientos indignantes, infartantes: homilías heréticas, cambios en las palabras de la consagración, profanación de la Eucaristía, negación a dar la comunión en la boca. Nuestro obispo hace caso omiso de todas las cartas, no contesta nuestras llamadas, y rehusa recibirnos.

"Mi marido sigue buscando algún trabajo en un lugar donde haya Misa tradicional, pero hasta hoy estamos varados aquí, haciendo viajes para oír Misa cada vez que podemos.

"Creo que ya no podré ir nunca más a Misa en este lugar. El *Novus Ordo* me resulta indescriptiblemente doloroso, y no puedo soportar el llevar a mis hijos a ser testigos del mal. El Covid ha sido, decididamente, un catalizador de algunas de las abominaciones que vemos, aunque también nos topamos con algunos males que han estado siempre presentes aquí. Durante una visita que nos hizo hace algunos meses, el P. N. nos habló de cómo el *Novus Ordo* retrasa el progreso de las almas y nos dijo que, en ciertos casos, puede existir obligación moral de *no asistir* a él, especialmente si se tiene niños. Sin embargo, no pudo darnos ningún consejo concreto.

"¿Tiene Ud. algún consejo/recurso que nos pueda ayudar en este discernimiento de no ir a Misa aquí? ¿Cuáles son sus consecuencias morales?

"Dios lo bendiga.
"Católica afligida".

Mi respuesta

Querida Católica afligida:

Lamento mucho tomar conocimiento de la situación que Ud. enfrenta. El hecho de que haya muchos otros que también la enfrentan no disminuye en nada el dolor que Ud. siente. El mal de esta situación se complica por la presencia de un obispo frío y desinteresado que, según puedo dilucidar por las informaciones que me llegan, ni siquiera comparte la fe católica en la Eucaristía y la Misa tal como fue solemnemente definida por el Concilio de Trento. Esto explicaría, en parte, al menos, que no reciba Ud. respuesta a sus quejas.

Le voy a recomendar aquí algunos artículos que apoyan los varios puntos que voy a abordar ahora, por si Ud. quiere profundizar en cualquiera de ellos.

El punto de partida de mi respuesta es *la obligación de adorar a Dios*. Y a la obligación prescrita por la Iglesia (es decir, oír Misa los domingos y ciertas fiestas de precepto) corresponde el *deber*, de parte de la Iglesia, de proporcionar una *conveniente* Misa a los fieles, no una blasfemia destructora de la fe y peligrosa para nuestra salvación. Los católicos tienen un *derecho*, definido por el magisterio, a dar culto según la tradición de la Iglesia y de acuerdo con las rúbricas de los libros litúrgicos[10]. Ud. tiene razón al buscar una Misa que esté libre de abusos y de herejías[11], y no debe Ud. aceptar el sofisma de que "estamos llamados a sufrir con Cristo cuando asistimos a una mala liturgia"[12].

Los teólogos morales concuerdan en que, cuando existe imposibilidad, física o moral, de ir a Misa, uno queda eximido de la obligación. Una imposibilidad *física* puede ser causada por una enfermedad, por problemas del automóvil para partir en invierno, o por ausencia de Misas, como en tiempos de guerra o de plaga[13]. La imposibilidad moral se refiere a la situación en que determinada acción física es posible, pero debe ser tratada como imposible para los fines de decidir algo. Por ejemplo, dado que una Misa que viola las normas litúrgicas por su impiedad o irreverencia, o una en que se predica una herejía, es objetivamente una ofensa a Dios y comete el pecado de injusticia para con los fieles, cuyos derechos viola, es moralmente imposible asistir a ella, es decir, no es algo que uno esté en situación de elegir[14]. El reconocido abogado cano-

---

10 Ver mi artículo "Fidelity to Liturgical Law and the Rights of the Faithful," *OnePeterFive*, marzo 1, 2023.
11 Ver mi artículo "If your Mass is defective or abusive, find another one," *LifeSiteNews*, noviembre 7, 2019.
12 Ver los artículos citados en...
13 Ver capítulo 24.
14 Otra forma de definir una imposibilidad moral es como imposibilidad de cumplir una obligación cuando ella no es razonable o cuando es contraria a otro

nista Mons. Markus Graulich habla, en este caso, de una forma de auténtico abuso:

"La cuestión que surge aquí es: ¿qué es lo que nos guía? ¿la doctrina y la ley, es decir, criterios objetivos, o las actitudes del momento, de la época o del espíritu de los tiempos? ... La ley -incluída la ley penal- protege los sacramentos, regulando lo que hace falta para que su celebración sea válida y lícita... Entre los derechos de los fieles en la Iglesia está "celebrar el culto divino de acuerdo con las prescripciones [rúbricas, etc.] de su rito propio, aprobadas por los pastores competentes de la Iglesia" (can. 214). Por tanto, cuando los sacerdotes u otros agentes pastorales comienzan a "tejer" su rito propio, a inventar plegarias eucarísticas, etc., violan este derecho de los fieles, y cometen, como diríamos hoy, un abuso espiritual"[15].

Si se sabe, por experiencia y por suposiciones razonables, que en una determinada parroquia es probable que la Misa sea una ocasión de abuso, de sacrilegio o de herejía, no se debe asistir a ella. En tal caso, no hace falta dispensa por parte de nadie, ya que se trata de un asunto de ley divina y natural.

Si los abusos son tales que dan pie para que razonablemente se piense que nacen de increencia en algún aspecto de la fe católica, o de desprecio de Dios o de la Iglesia o de la religión, el fiel está, por lo menos, eximido de la obligación de oírla. Si los abusos son tales que no se pueden explicar sino por las razones recién mencionadas, se tendría en ese caso positivamente el *deber de no oírla*.

---

legítimo bien. Obviamente hay aquí suficiente espacio de maniobra para un juicio prudencial. Precisamente porque el no ir a Misa por este o aquel "motivo legítimo" es un juicio prudencial (y no puede menos de serlo), puede haber desacuerdos acerca del motivo, según si la persona es rigorista o más relajada (ninguna de estas dos actitudes es en sí errónea; la Iglesia no ha dicho que debemos ser lo más rigoristas que se pueda o, al contrario, lo más relajados posible). Me parece que la única posibilidad es poner sobre la mesa los principios y reconocer que hay personas (y sacerdotes) diferentes que se ubicarán en lugares diferentes. No debiera esto llamar la atención cuando de lo que se trata es de *particularidades*, que es lo que interesa a la prudencia. Por ejemplo, ¿cuán enferma debe estar una persona para no tener que ir a Misa? ¿Cuán vulnerable debe ser? ¿Cuánta es la distancia que se considera demasiado lejos para ir a Misa en automóvil? Etc. En todos estos puntos, me parece que si una persona/familia hace de buena fe un esfuerzo por ir regularmente a Misa y tomar en serio sus obligaciones, debe aceptarse que está haciendo lo que tiene que hacer y que Dios no anda buscando la oportunidad de hacerlos tropezar en tecnicismos.

15 "Was bringt das reformierte Strafrecht der Kirche? Interview mit Monsignore Markus Graulich," *CNADeutsch*, junio 1, 2021. Sobre la invención de ritos, ver mi artículo "The 'Unique Expression of the Roman Rite' in the Wild: New Zealand Priest Ad-libbing Eucharistic Prayer," *Rorate Caeli*, octubre 9, 2023.

Cuando se da un caso como éste, he aquí lo que el fiel debería hacer.

1. Ampliar el área de búsqueda de otra Misa, que incluya las Misas celebradas por la SSPX o por sacerdotes visitantes. Según los teólogos moralistas, si se tiene que viajar más de lo razonable, la obligación de oír Misa deja de regir. Pareciera que hoy un viaje de una hora en automóvil es un límite máximo razonable. Por cierto, se puede elegir viajar una distancia mayor por devoción, y ello sería meritorio, siempre que no ocasione dificultades en la familia.

2. Si no se puede ir a Misa algún domingo o día de precepto, ello no quita que el día siga siendo de precepto, en que hay que dar culto a Dios. Es, por tanto, muy adecuado realizar alguna otra actividad religiosa -ojalá algo importante, que se diferencie de la rutina diaria-. Ejemplos: hacer una hora santa en alguna capilla o en casa; rezar Laudes y Vísperas del Breviario Romano o del Diurnal Monástico, y hacer algo de *lectio divina*; rezar el Rosario, ojalá las quince decenas; leer las oraciones y lecturas de un Misal tradicional diario. De este modo, se hace todo lo que está al alcance para cumplir con el Tercer Mandamiento, *santificar el día del Señor*, ya que no se puede hacerlo sacramentalmente debido a que la iglesia local no proporciona lo que es su obligación proporcionar y el Señor tiene derecho a recibir (y que también uno tiene derecho a recibir, como miembro de Su grey). El Señor advertirá que se le ha dado lo que se podía, y El suplirá el resto[16].

3. No es raro que, incluso algunos católicos que tratan de vivir según la tradición, piensen que hace falta un motivo grave o muy grave para eximirse de la obligación de ir a Misa, y que basta un motivo justo -o ningún motivo- para realizar trabajos serviles en domingo o día de precepto. Ambas ideas son falsas. En realidad, todo lo que hace falta para eximirse de la Misa es un *motivo justo o moderadamente grave*, en tanto que para eximirse de la prohibición de realizar trabajo servil se requiere un motivo grave. Aquí tenemos las cosas patas para arriba: rechinaremos los dientes con el griterío folclórico, propio de un *jamboree*, de cierta Misa porque

---

[16] Para más reflexiones sobre los días "alitúrgicos" y cómo meditar sobre su valor espiritual, ver el capítulo "Cómo resolver algunos problemas en la elección de liturgia," in Kwasniewski, *Reivindicación de nuestros derechos hereditarios como católicos*, 274-81,

pensamos que "tenemos que ir a ella", pero no vacilamos en cortar el pasto cuando volvemos a casa, aunque podríamos haberlo hecho el sábado o cualquier tarde de la semana. Lo moralmente correcto en tal caso sería evitar tanto ir a esa Misa como cortar el pasto.

4. Ud. habla de mudarse a otra casa. Esa es la única solución definitiva del problema: mudarse a una parroquia que celebre la Misa tradicional, en que uno sabe lo que está recibiendo, y sabe que le es agradable a Dios, y que ello será edificante para Ud. y su familia. Espero que puedan mudarse en algún momento y rezo por ello.

Suyo en Cristo,
Dr. Kwasniewski

Destilado

Pensando mejor estas ideas, he decidido destilar de ellas unos pocos principios básicos.

1. El deber de dar culto a Dios (Tercer Mandamiento) se cumple asistiendo a Misa los domingos y días de precepto, según como la ley de la Iglesia lo determine.

2. A este deber por parte de los fieles corresponde el deber, por parte del clero, de celebrar la Misa reverentemente, de acuerdo con todas las rúbricas y textos, y en armonía con la tradición. El laicado tiene derecho a una Misa así, como lo declara *Redemptionis Sacramentum*.

3. La falta de una Misa adecuada –ya sea en la forma del auténtico rito romano o en la forma del *Novus Ordo*– es algo que, lejos de ser culpa de los laicos, es claramente culpa de los sacerdotes, que son los únicos que pueden celebrarla. Los laicos, por tanto, no pueden jamás ser culpables por no asistir a una liturgia que ofende a Dios y daña al pueblo, especialmente a los niños.

4. Cuando se dan abusos o herejías en o durante la Misa, los laicos tienen la obligación de informar al obispo y pedir su intervención, ya que sólo él tiene el clero a su cargo. Si el obispo rehusa responder o no toma medidas dentro de un plazo razonable (se puede pensar en tres meses), los laicos han hecho todo lo que podían hacer para corregir el problema, y no son responsables por la falta de solución. Toda la culpa recae sobre el obispo que no actuó correctamente cuando recibió la información. Como dice San Juan Crisóstomo: "No me digan que el sacerdote o el diácono tienen culpa. La culpa recae sobre quienes los ordenaron... Digo las cosas como son, tal

como las veo en mi propia experiencia. Me parece que hay muchos obispos que no podrán salvarse"[17].

5. Hay que hacer esfuerzos razonables por asistir a una Misa adecuada en alguna otra parte, lo cual quiere decir hacer un esfuerzo que no sea desproporcionadamente grande para la familia (por eso los teólogos moralistas dice que si uno se demora más de cierto tiempo en llegar a la Misa, o que si la Misa está a más de X kilómetros de distancia, o que si pagar el pasaje o la bencina necesarios provocará dificultades económicas, etc., se queda eximido de la obligación).

Tres preguntas

En cierta ocasión, un católico se me acercó para hacerme tres preguntas motivadas por la cancelación de la Misa tradicional local por orden de un obispo decidido a poner por obra, costare lo que costare, "Carceleros de la Traición" (*Traditionis Custodes*). Ya que estas preguntas, con mis respuestas, son atingentes al tema de este artículo, las incluyo aquí.

1. *¿Incurrimos (según dicen algunos) en "herejía material" cuando abiertamente hacemos caso omiso de los deseos del Santo Padre y del Ordinario del lugar?*

La herejía significa que uno se aparta de un dogma de la fe, ya que estamos obligados a creer todos los dogmas. Los decretos disciplinarios del papa y de los obispos no caen dentro de esta categoría. Quienes desobedecen orientaciones políticas u órdenes legítimas *podrían*, en casos raros y extremos, ser culpables del pecado de cisma[18], pero existen muchos requisitos para que se cometa un crimen tan grave como ése. Querer permanecer adheridos a la fe católica, apostólica y ortodoxa y rendir culto según ella no sólo no son deseos heréticos o cismáticos, sino que son una cosa buena, virtuosa y meritoria; en realidad, sería peor la ausencia de tales deseos que la desobediencia a un papa u obispo que tratara de erradicarlos.

2. *¿Cumplimos con nuestra obligación de oír Misa los domingos al asistir a una Misa tradicional oculta?*

Se cumple la obligación cuando se asiste al Sacrificio Eucarístico celebrado según el rito católico por un sacerdote católico. Si un sacerdote celebra la Santa Misa privadamente y no hay otra

---
17 *Commentary on the Acts of the Apostles*, 3:5-6.
18 Ver Boniface, "Stop Using This Word So Recklessly," *Unam Sanctam Catholicam*, agosto 10, 2023.

alternativa, ciertamente se cumple la obligación asistiendo a ella. Además, un obispo que prohibiera a un sacerdote celebrar la Misa sólo porque se trata de la Misa tradicional estaría excediendo sus potestades, y el sacerdote tendría libertad para celebrarla y los laicos, para asistir a ella.

3. *¿Puede un "sacerdote cancelado" -uno que no tiene un encargo pastoral pero no ha sido suspendido por causa justa-* oír confesiones?

La respuesta a esta pregunta depende de la opinión que se tenga del tipo de crisis o del estado de necesidad que hay en la Iglesia existente en la tierra en nuestra época. Si se piensa que "todo está bien", se supone que hay que cumplir estrictmente con el Derecho canónico. Si uno piensa que "esto es un caos" (que es lo que yo pienso), un sacerdote que confiesa la fe católica y que no ha sido nunca castigado por delitos canónicos es un administrador ordinario y legítimo de todos los sacramentos para los que un sacerdote tiene facultades.

En particular, me parece que un sacerdote que ha perdido injustamente su facultad de confesar -o sea, que no es culpable de delito que merezca esa sanción- puede seguir oyendo confesiones de los fieles que están "en peligro de muerte", o sea, en peligro de morir físicamente, o en peligro de la segunda muerte de la condenación, debido a que están en pecado mortal. Tales almas tienen la más urgente necesidad de la misericordia de la Iglesia y, por tanto, la norma suprema -*salus animarum suprema lex*- dispone que se oiga su confesión. Como sería extraño decir a un grupo que "sólo aquéllos en pecado mortal pueden venir a confesarse", el sacerdote puede anunciar por adelantado que todo el que tenga necesidad de confesarse, puede acercarse a él.

3. ¿DEBE EVITARSE POR PRINCIPIO EL NOVUS ORDO?

Existe una pluralidad de opiniones sobre este punto, y muchos lectores puede que no estén de acuerdo conmigo y tengan una actitud más generosa con el *Novus Ordo*, o una más estricta desaprobación del mismo[19]. Mi desaprobación ya es estricta, como se verá,

---

19 Para aquéllos que se inclinan a pensar que el *Novus Ordo* es inválido: es falso el argumento del difunto P. Anthony Cekada de que no existe propiamente consagración en el *Novus Ordo*, sino una simple narración de la Ultima Cena, pronunciada al estilo de una conmemoración histórica (como es el caso entre algunos protestantes). Las palabras sacramentales dicen lo que hacen y hacen

pero no creo posible que un católico sostenga que el *Novus Ordo* es *necesariamente y en sí mismo* inválido, herético o sacrílego[20]. Lo que ocurre es que el *Novus Ordo* conlleva un continuo peligro de incurrir en alguno de esos defectos y, en todo caso, carece siempre de adecuación o conveniencia en comparación con la tradición católica, habida consideración de la dignidad del Santísimo Sacramento, lo cual es suficiente motivo para evitarlo del todo.

No hay –y a mi juicio no podría haber *en principio*– ninguna verdadera herejía (positiva) en el *Novus Ordo*. Sus textos son, a menudo, inadecuados y vagos, pero no deben ser interpretados como herejías. Es lamentable que algunos tradicionalistas menos cultivados se apresuren a sacar conclusiones en este aspecto debido a que muchos católicos, clérigos y laicos, indudablemente *sí sostienen* opiniones heréticas y, a veces, se las atribuyen al *Novus Ordo*. Pero si se toma, sencillamente, uno a uno esos textos litúrgicos y se los examina, se les puede siempre encontrar un sentido católico. El verdadero problema está en otra parte: en la enorme insuficiencia de los textos, de las rúbricas, de los signos y de la música para expresar la plenitud de la fe católica, y para hacerlo en armonía con los especiales modo en que esa plenitud se desarrolló, providencialmente, en Occidente.

Habiendo leído y meditado mucho sobre este asunto, y luego de haberlo discutido con otros especialistas en este ámbito, todavía no diviso un argumento definitivo que transforme el asistir al *Novus Ordo* en un mal *en sí mismo y siempre*. Pero es razonable suponer que se justifica asistir a él sólo si se tiene una razonable certeza, por adelantado, de que será celebrado *no sólo* "de acuerdo con los

---

lo que dicen. Los documentos magisteriales no dejan lugar a dudas de que la intención de la Iglesia es confeccionar el Cuerpo y la Sangre de Cristo usando precisamente esas palabras, que se encuentran en todos los misales de la Iglesia, incluído el nuevo misal de Pablo VI. Aunque este papa modificó las palabras de la consagración, no se quitó nada de lo que Santo Tomás de Aquino sostiene que es esencial para la fórmula (y Pablo VI lo sabía muy bien). Aunque lamentemos el reduccionismo neoescolástico que condujo a estas salvajes experimentaciones, es correcto hacer el análisis de un sacramento en términos de su forma y su materia. El problema surge, más bien, de no reconocer que debemos a Dios (por la virtud de la religión) y nos debemos a nosotros mismos (en reconocimiento de las necesidades de la naturaleza humana) una cierta providencial plenitud de la liturgia que obra como adecuado "repositorio" o "contexto" en que el misterio sacramental debe realizarse. No queremos "transubstanciaciones *in vitro*". Ver Kwasniewski, *El rito romano de ayer y del futuro*, 169-74.

20 Mi argumento sobre el *Novus Ordo Missae* puede aplicarse, *mutatis mutandis*, a todos los noveles ritos litúrgicos.

libros" -condición ya bastante difícil de cumplirse, a pesar de que la ley eclesiástica la exige- *sino también* que lo sea con las señales de respeto que Nuestro Señor merece, e.g., celebración de la Misa *ad orientem*, con sólo ministros varones, con una música apropiada, con la Comunión de rodillas y en la boca, etc. Hay quienes llaman a esto el "*Novus Ordo* unicornio", por lo raro que es encontrarlo. Nos vienen aquí a la memoria las liturgias realizadas por los conservadores miembros del Oratorio: quienes asisten a ese *Novus Ordo* saben *qué se les da*, puesto que nunca deja de cumplir con los más altos estándares. Ir a esas Misas de vez en cuando difícilmente desviaría la fe propia o dañaría la de los hijos.

Motivos para evitar el *Novus Ordo*

Y sin embargo... existe el nivel más profundo: el *Novus Ordo*, incluso en su presentación más seria, tiene como premisa el rechazo de mucho de la tradición occidental del culto divino, como si ésta estuviera inherentemente dañada, postura que es o herética o se acerca mucho a la herejía. La eucología (contenido de las oraciones) del *Novus Ordo* es defectuosa. Su variabilidad u "opcionitis" contraría todo lo que es un rito litúrgico maduro, oriental u occidental. Es además un caballo de Troya de la teología moderna que, con lentes modernos, reinterpreta toda la tradición cristiana. Es un fatal matrimonio del anticuarianismo, condenado por Pío XII, con el ecumenismo, condenado por Pío XI. De ningún modo puede considerárselo como uno de los ritos "*recibidos* y aprobados por la Iglesia católica", factor que el Concilio de Trento considera obligatorio[21]. Y materializa e inculca la ruptura con casi todo nuestro patrimonio hereditario[22].

A medida que se tiene una experiencia vivida de estas cosas y se hace un estudio comparativo del rito romano y del moderno rito papal de Pablo VI, se logra entender el peligro de permitir que este último sea la liturgia normativa y formativa a la que se asiste. *Una vez que ello se ve, ya no se puede dejar de verlo.* El *Novus Ordo* no es una simple oración hecha sinceramente por algunos usuarios (y, como tal, una cosa buena), sino que es, además, un acostumbramiento

---

21 Sesión VII, canon 13; cf. la *Professio fidei Tridentina*, llamada también el Credo del Papa Pío IV.
22 Quienes se interesen en el desarrollo del argumento que apoya esta conclusión, lo encontrarán en dos libros: mi *El rito romano de ayer y del futuro*, y la antología de ocho autores editada por mí, *Illusions of Reform*.

intelectual y moral a rechazar, repudiar y quebrar: un rechazo del pasado de la Iglesia, un repudio de su tradición bimilenaria, un quiebre con la enseñanza de Trento y también (irónicamente) del Vaticano II. No puede ser espiritualmente sano asistir normalmente a lo que es, efectivamente, una parodia del rito romano, ni es un beneficio para la Iglesia el que los fieles perpetúen este rito apoyándolo con su presencia (o, peor, con sus donativos). Este rito ha dañado a innumerables millones de fieles que han terminado marchándose con desagrado o aburrimiento o que, siendo fieles a él, están crónicamente mal alimentados y mal formados en el culto divino.

Además, su versión unicornio no es "lo que se supone que es el *Novus Ordo*", puesto que Pablo VI dejó bien en claro que *no es eso* lo que se suponía que debía ser[23]. Por el contrario, el unicornio es el triunfo de un subjetivo buen gusto en la eleccion de un conjunto de opciones (y, a veces, de invención de opciones, cuando éstas no existen)[24]. En otras palabras, es un logro, no algo que esté dado. Esto es poco sano, tanto para el sacerdote como para el pueblo: adula al sacerdote, que puede fácilmente pensar que él es el responsable de que haya "buena liturgia", y hace que el pueblo se acostumbre demasiado a determinado sacerdote, en circunstancias de que debiera acostumbrarse a la liturgia tradicional y al sacerdocio en cuanto tal[25].

Lo peor de todo es que es imposible que el *Novus Ordo* excluya *toda mala práctica porque él mismo permite las malas prácticas*, de modo que los sacerdotes no pueden evitarlas[26]. El ejemplo más escandaloso: aunque deteminado sacerdote quiera promover la

---

[23] Para abundante documentación sobre esto, ver *El rito romano de ayer y del futuro*, 123-61 y 425-42.

[24] Ver, e.g., "A Primer for a Tradition-Minded Celebration of the OF Mass," escrito por Richard Cipolla y publicado por Gregory DiPippo en *New Liturgical Movement*, septiembre 14, 2017; cf. mi artículo "Two 'Disobediences' Compared," *OnePeterFive*, enero 18, 2023.

[25] Para leer más sobre el problema del "*Novus Ordo* reverente", ver, para comenzar, mis artículos: "Why the 'Reform of the Reform' Is Doomed," *OnePeterFive*, abril 22, 2020; "Men Must Be Changed by Sacred Things, and Not Sacred Things by Men," *OnePeterFive*, septiembre 15, 2021; "The 'Latin Novus Ordo' Is Not the Solution," *OnePeterFive*, agosto 24, 2022; "Can a Case Still Be Made for Reforming the Reform?," *OnePeterFive*, mayo 3, 2023. También son recomendables dos artículos de "Boniface" en *Unam Sanctam Catholicam*: "The Problem of the 'Reverent *Novus Ordo*,'" septiembre 10, 2020, y "Reform of the Reform: Liturgical Russian Roulette," diciembre 5, 2022.

[26] Ver mi artículo "No Eucharistic Revival without Restoration," Tradition & Sanity [Substack], abril 20, 2023.

Comunión en la boca a fieles arrodillados en la barandilla del altar, si llega un laico, se queda de pie y estira la mano, el sacerdote no puede rehusar darle en ella la hostia, y sabemos que esto significará, con el paso del tiempo, que habrá partículas caídas por todas partes y pisoteadas.

En resumen: es difícil sostener que la asistencia *ocasional* a la Misa *Novus Ordo* celebrada del modo más cercano posible a la tradición es cosa espiritualmente dañina para uno o para sus hijos. Pero como la oportunidad de hacerlo es muy rara, es discutible que ello le ocurra a la mayor parte de la gente. Además, después de que se ha hecho la transición y ajuste al rito romano clásico, uno se acostumbra a su calendario tradicional de tiempos, fiestas y ayunos, a sus poderosos medios de cultivo de un conjunto de virtudes, y a sus muy coherentes métodos de alentar y recompensar una real participación. Para alguien que está acostumbrado a esto, el *Novus Ordo*, aunque sea en condiciones óptimas, le causará distracciones, irritación, angustia, y una plétora de ocasiones próximas de pecar.

Finalmente, los dos ritos son dos mundos diferentes con diferentes perspectivas de las cosas. Participar significa empaparse del espíritu del rito y consentir en que se prolongue, con todas las consecuencias que ello trae consigo.

Reglas para decidir qué hacer

1. Nadie está obligado a ir a una Misa en que Nuestro Señor es tratado sin respeto (tomando en este caso como referencia la larga tradicion católica de lo que es respeto), o en que a uno se lo provocará a cometer un pecado o a participar, como cómplice, en el pecado de otros. En realidad, no es bueno ni para la propia fe ni para la de la familia incluso mirar, simplemente, semejante liturgia ni, con mayor razón, participar en ella. Por tanto, para cumplir debidamente con la obligación de ir a misa los domingos y días de precepto, se debe tener, con anticipación, una razonable certeza de que la Misa a que se va a ir no adolece de los defectos mencionados.

2. Un rito litúrgico que es básicamente variable, entregado a control por parte del sacerdote (o del comité parroquial o de un obispo liberal, etc.), y que es presa de nociones subjetivas de "reverencia" –hágase la prueba de encontrar dos católicos que asisten al *Novus Ordo* y que concuerden en qué se considera un "*Novus Ordo* reverente", o "cuánta reverencia" se puede aceptar como mínimo–,

un rito así no puede proporcionar a los fieles la razonable certeza requerida. Debido a su diseño mismo, a las intenciones de sus diseñadores y promotores, a la historia de su recepción y de su uso habitual, y al ahora ya ubicuo conjunto de prácticas normales en casi todas las diócesis del mundo, no puede existir, por lo general, una *suficiente probabilidad* de que la Misa *Novus Ordo* reúna las condiciones necesarias para constituír culto divino obligatorio.

3. En todo rito litúrgico tradicional, oriental u occidental, esa *suficiente probabilidad* sí existe: en otras palabras, antes de ir a él se tiene una razonable certeza de que el culto será correcto en contenido, correcto en la práctica, y reverente según los criterios de la tradición[27].

Piénsese cuán bien los puntos analizados calzan con la experiencia. Si se va a una Misa *Novus Ordo* elegida al azar durante un viaje o en vacaciones, probablemente será mala (muchos católicos tienen un bagaje de historias de horror al respecto). Pero si se va a una Misa tradicional escogida al azar, será probablemente buena; no sólo buena por su bondad intrínseca, sino buena también en cuestiones relativas: el comportamiento del celebrante, el decoro y modestia de los fieles, la ortodoxia de la prédica, música sagrada bella o, al menos, no ofensiva, etc. En otras palabras, si se apuesta al *Novus Ordo*, es extremadamente probable que se pierda la apuesta; y si se apuesta a la Misa tradicional, es altamente posible que se gane. Lo cual es uno de los duros hechos de la moderna vida católica.

En resumen:

A. Ningún católico está obligado a ir a una Misa objetivamente irreverente[28], y a ningún católico se le pide conducir en automóvil enormes distancias para encontrar una Misa reverente.

B. El clero de la Iglesia está obligado a proporcionar a los católicos su rito propio debidamente celebrado, lo que significa, para los católicos de rito latino de la tradición romana, la Misa tridentina celebrada de acuerdo con sus rúbricas. Es el clero, no el laicado, el

---

27 Existen algunas excepciones incluso en este ámbito: por ejemplo, el rito maronita reformado [sic] se celebra *versus populum* y con propios drásticamente reducidos, lo que lo hace inauténtico y una mala elección. Ver mi artículo "The Maronite Liturgy's Corruption under Modern Western Influence," New Liturgical Movement, septiembre 27, 2021.

28 Como lo dije anteriormente en este capítulo, lo mismo se aplica a una Misa en que la prédica es, o muy probablemente será, herética o incluso, según el antiguo lenguaje teológico de censura, meramente *piarum aurium ofensiva* (ofensiva para oídos píos), como lo es gran parte de la predicación del papa Francisco.

culpable de la falta de disponibilidad de este rito y, por tanto, de la ausencia de posibilidad de asistir a él.

C. A *todos* los católicos se les exige tomar las medidas necesarias para vivir en las cercanías de una Misa digna a que asistir; y en las ocasiones en que ello no es posible (o durante el tiempo de la imposibilidad), se les exige que destinen tiempo para adorar al Señor en casa.

¿Por qué es tan importante asistir al rito tradicional?

Se acostumbraba a dar por supuesto (y francamente no veo cómo un católico creyente podría no darlo por supuesto) que el Espíritu Santo conduce a la Iglesia, a través de la historia, hacia una expresión cada vez más plena de los misterios de Cristo en su solemne culto público y a una más plena veneración de ellos.

De esta premisa se sigue que, una vez que una oración o ceremonia importante se ha transformado en una parte normal del culto, *sería malo suprimirla*: sería, específicamente, un pecado contra la virtud de la religión. Es malo que exista un rito moderno que proclama ser "romano" pero que carece de las oraciones al pie del altar, del leccionario tradicional, del rito del Ofertorio, de la exigencia del Canon romano (con sus muchos signos de la Cruz)[29], de una rigurosa preparación para la Comunión, de las abluciones convenientes, y del Ultimo Evangelio. Resta fundamentalmente seriedad a la liturgia el no tener las oraciones de preparación –el salmo 42, el doble Confiteor, los versículos, el "Aufer a nobis" y el "Oramus te"– antes del ascenso de las gradas del altar para besarlo y recitar el Introito. La supresión de un Ofertorio oblativo se ha transformado en una fértil causa de sacrilegios debido a que el sacerdote no logra establecer con claridad su intención sacrificial, lo que hace más fácil que se dé el abuso de tratar la Misa como (e incluso de considerar que es) primordialmente una comida. Etc. etc.

Para decirlo del modo más breve posible, el sacrilegio consiste en tratar las cosas santas con desprecio, inapropiadamente, perversamente o negligentemente[30]. La tradición litúrgica, tanto en

---

29 Ver mi artículo "The Many Meaningful Signs of the Cross in the Roman Canon," *Tradition & Sanity*, agosto 17, 2023.

30 Los creadores del *Novus Ordo* y los que lo impusieron fueron culpables de un sacrilegio institucional, en cuanto que el *Novus Ordo* es un monumento a

oriente como en occidente, creció orgánicamente a lo largo de los milenios en dirección a muestras cada vez mayores de reverencia al Santísimo Sacramento y a todas las cosas santas (el libro de las Escrituras, los santuarios, las imágenes sagradas, los vasos sagrados, las vestiduras sagradas, etc.) El *Novus Ordo* suprime o excluye muchas de ellas y, por tanto, priva a Dios del culto y del honor que le son debidos y, a los fieles, de las ayudas palpables que El mismo inspiró a la Iglesia que instituyera a lo largo de los siglos.

Puede que no haya sido irreverente, para un cristiano de alrededor del año 100, recibir la Comunión en la mano derecha, como si fuera una patena, e inclinarse para tomarla con la boca; pero sí es irreverente que un católico lo imite, *con un gesto desfigurado*, recibiendo la hostia en la mano izquierda y llevándosela él mismo a la boca con la derecha. Puede que no haya sido irreverente para un sacerdote de alrededor del año 500 omitir la genuflexión *antes y después* de la consagración, pero es cosa distinta *suprimir* esa doble genuflexión luego de que ha estado haciéndosela durante prácticamente un milenio. *Nuestra ubicación en el curso de la historia es muy importante*: no podemos hacer abstracción de la concreción de la historia cristiana. Dios *da más*, hablando litúrgicamente, a los que vienen después, y como dice el Evangelio: "A todo al que se le ha dado mucho, mucho se le exigirá, y al que le encomendaron mucho, mucho le pedirán" (Lucas 12, 48).

La plenitud de la liturgia es nuestra "compensación", por decirlo así, por haber vivido lejos de los tiempos en que Cristo habitó, efectivamente, en esta tierra. Los apóstoles y discípulos tuvieron la máxima proximidad física, pero una liturgia muy simple; en cambio nosotros, que estamos muy lejos del "Cristo histórico" que caminó por las sendas de Galilea y Judea, tenemos el gran privilegio de contemplarlo y adorarlo con los signos, oraciones y ceremonias litúrgicas que están hoy más desarrollados que en los tiempos antiguos y, de esta forma, son más expresivos al significar las realidades de la Jerusalén celestial, hacia la cual caminamos (cada vez "más arriba y más adentro", se podría decir). Así como las formulaciones doctrinales más precisas que se desarrollaron con el tiempo obligan

---

la iconoclastia y un vehículo para ella: lo que hicieron fue un ataque directo, inmediato y grave al bien común de la Iglesia. Con todo, quienes usan este rito hoy día lo hacen de buena fe y en un estado de tan profunda ignorancia que es extremadamente difícil que reúnan las condiciones para cometer un sacrilegio.

en conciencia no sólo porque son las acostumbradas sino, sobre todo, porque son verdaderas, así también la liturgia tradicional que se desarrolló con el tiempo obliga en conciencia, no sólo por la fuerza de la costumbre inmemorial sino más, todavía, por la fuerza de su inherente verdad, que no puede ser negada sin negar al Espíritu Santo como alma de la Iglesia en oración, como agente de su acción litúrgica.

Este argumento que parte de la costumbre apunta al valor objetivo de la historia concreta del uso, recepción y transmisión, encarnada en las formas litúrgicas[31]. El rito en su totalidad, entregado como semilla por Cristo a través de sus Apóstoles, sigue siendo sacrosanto a medida que se despliega en la historia, no sólo por obra de una autoridad jurídica (¡no existió, durante las tres cuartas partes de la era cristiana, un misal aprobado por el papa!) sino *por su surgimiento en y a partir de su Cuerpo Místico*, que adora a Dios precisamente en cuanto ente corporativo; y, por consiguiente, su violación es inmoral: impía, supersticiosa y sacrílega, para emplear todos los términos escolásticos pertinentes.

No es jamás suficiente apuntar solamente a la validez o licitud de la Misa, sino que hay que tomar también en cuenta su adecuación, su continuidad con la tradición (que podemos llamar también su autenticidad o legitimidad), y sus disposiciones correctas, tanto exteriores como interiores. Todos estos elementos tienen que estar presentes. Todos ellos están necesariamente, o mucho más frecuentemente, presentes en y con el *usus antiquior*; es una tragedia que estén necesariamente, o frecuentemente, ausentes del *Novus Ordo*. El origen mismo de éste, su contenido, su estructura, sus normas operativas y sus habituales abusos son actos *contrarios* a la virtud de la religión. Se corre el peligro de desagradar a Señor cuando se asiste a él[32].

Esta es, pues, la forma de ampliar el argumentos que exponíamos anteriormente: no sólo el *Novus Ordo* es mucho más probablemente irreverente en este o aquel aspecto, sino que tiene una básica irreverencia "inyectada", instalada de fábrica, codificada en sus genes (elíjase la metáfora que más guste). Por tanto, no se puede estar obligado a asistir a él, ni siquiera los domingos o fiestas

---

31 Ver capítulo 5.
32 Ver el capítulo "Verter el argumento en el alma" en Kwasniewski, *Buena música, música sagrada, silencio*, 285-91.

de precepto. Adonde se está obligado a asistir es al rito romano en su integridad (o a algún otro rito católico tradicional), a menos que algún motivo moderadamente grave lo exima a uno de asistir[33].

Algunos comentarios que se oye a menudo, sin duda píos y bien intencionados, como "Debemos aceptar sufrir durante una mala Misa: vean cuánto sufrió Jesús por nosotros", o "Mientras esté presente Jesús en la Misa, nada más debiera importarnos", son expresión de una postura profundamente errada, que no considera la ofensa a Dios y el daño a las almas [34].

Post scriptum: ¿ilícito?

Se puede llegar, con la velocidad de la luz, a la misma conclusión si se piensa que el *Novus Ordo* es un rito *ilícito*, es decir, válido pero constitutivo de un abuso legal por la forma cómo se lo introdujo e impuso; que no puede, por tanto, ser mandado y que, en consecuencia, la asistencia a él es incapaz de servir de cumplimiento de la obligación. Un argumento más amplio en este sentido es el que propone el Dr. John Lamont[35]. Concuerdo con la conclusión a que llega Lamont, y su argumentación contiene muchos relámpagos intuituivos (especialmente en su interpretación de los motivos del catastrófico declinar de la Iglesia); pero su argumento contiene, a mi juicio, vacíos u omisiones, por lo que no me convence del todo.

En todo caso, su argumento me ha sembrado una duda o, más bien, ha hecho crecer en mí una que ya tenía, sobre la licitud o legalidad de la introducción del nuevo rito de Pablo VI. Y esta duda es una razón más para evitar el nuevo rito, por aquel axioma que dice que no se debe realizar una acción si se tiene dudas bien fundadas sobre su moralidad. Por ejemplo, si se tiene dudas de si cierta acción es casta o compatible con la virtud de la castidad, no se la debe

---

33 Obviamente, asistir a Misa en una capilla de la SSPX o a alguna comunidad religiosa afiliada a ella permite cumplir la obligación. Ver Paul Casey, "SSPX Masses and Fulfilling the Sunday Obligation".

34 Para comprender el porqué de esto, ver mis artículos "The Mass Should Not Be a Torture Device," *New Liturgical Movement*, febrero 7, 2022; "Finding Christ in Present Sufferings Does Not Mean Embracing Abuse, Error, or Deformation," *OnePeterFive*, febrero 8, 2023; "'All That Matters at Mass is Jesus': Responding to Liturgical Heresy," *OnePeterFive*, febrero 16, 2022; "Why I Couldn't Go Back… to the *Novus Ordo*," *OnePeterFive*, abril 14, 2021.

35 Ver "Is the Mass of Paul VI Licit?" y "Dominican Theologian Attacks Catholic Tradition."

realizar, para no ser culpable de faltar a la castidad. Así también, si, basándose no en sentimientos sino en hechos, se tiene dudas sobre la legalidad del nuevo rito, se tiene la obligación de despejar las dudas o de confirmarlas y, mientras tanto, no se debe asistir a él. En cuanto a mí, cuando quise depejar mis dudas estudiando más a fondo, lo que aprendí las multiplicó e intensificó. Por tanto, en lo personal, yo no asistiría al *Novus Ordo* aunque fuera la única liturgia disponible.

Es interesante también hacer ver que cualquier rito tan indeterminado, tan pobremente equipado para las exigencias del culto, tan inadecuado en comparación con sus antepasados, y cuyo abuso por el clero y por los laicos es tan fácil, puede perfectamente considerarse ilícito por esa misma razón. Ningún rito legal puede ser tan profunda, intrínseca e irremediablemente defectuoso[36].

Entre los casos excepcionales en que se puede tolerar el *Novus Ordo*, están los matrimonios y funerales de familia, a los que se espera legítimamente que uno asista, siempre que la intención sea apoyar a la familia y orar por la pareja que se casa o por el alma del difunto, y no estar ahí por tratarse del rito nuevo, el cual se tolera en pro de un bien mayor. Se está presente ahí por amor a las personas, pero protestando silenciosamente por la imposición de esa liturgia. Pero incluso en tales ocasiones, si con anticipación se tuviera buenos motivos para pensar que la liturgia ha de ser escandalosamente irreverente, se debería expresar corteses disculpas y evitarla, quizá reuniéndose luego con el grupo en la recepción, en el entierro, etc. (supuesto que éstos, por su lado, son conforme a la moral cristiana). Tenemos que reconocer, con duro realismo, que en un mundo –y una Iglesia– cada vez más secularizados y vaciados de una adecuada decencia (y de toda conexión con la tradición católica) los fieles se enfrentarán cada vez con más casos en que deben abstenerse de participar, sin reparar en la "ofensa" que pueden sentir quienes los invitaron. Esto es una consecuencia lamentable de la acelerada descristianización, que no ha sido resistida, desde hace muchas décadas, por los líderes civiles y religiosos.

---

36 Es aquí donde merece recordarse la observación de Gregory Hesse: Pablo VI no promulgó ni instituyó el *Novus Ordo* sino que, simplemente, lo publicó (el texto latino de su Constitución Apostólica *Missale Romanum* es algo diferente de las musculosas versiones en vernáculo); por tanto, no quedó comprometida la indefectibilidad de la Iglesia, ya que a nadie se exige usar o asistir al rito de Pablo VI.

4. EL CREDO DE UN SUCESOR DE LOS APÓSTOLES
Los límites de nuestro proyecto

Es propio de la naturaleza misma del razonamiento moral, en un mundo contingente, caído, que no pueda dar siempre respuestas en blanco y negro. Sí, un inequívoco pecado contra cualquiera de los mandamientos de Dios es malo. Pero en todo aquello (inclusos los preceptos de la Iglesia) que esté por debajo de la categoría de mandamiento divino, se presentan casos que requieren decisiones prudenciales, discernimiento de las circunstancias, evaluación de ganancias y pérdidas, equilibrio de obligaciones y riesgos. Por ello me resulta imposible decirle al lector, sin conocer todos los detalles, lo que "debe o no debe" hacer en lo relativo al cumplimiento de la obligación impuesta por la Iglesia de asistir a Misa los días de precepto. Lo más que puedo hacer, a fin de ayudar en el proceso de toma de decisiones, es exponer principios válidos del razonamiento moral e intuiciones de la confusión litúrgica a que nos estamos refiriendo, tal como lo he hecho en las tres secciones anteriores. Las directivas provendrán de la propia *conciencia*, bien informada, lo cual significa no nutrida por verdades a medias, ni por racionalizaciones perezosas ni por manipulaciones psicológicas. Es por esas directivas, y por los esfuerzos que se haga para que sean correctas, por lo que seremos juzgados por Dios Todopoderoso.

Dada la seriedad de los asuntos que analizamos, me parece altamente conveniente finalizar con la sabiduría de un sucesor de los apóstoles, Mons. Athanasius Schneider, admirado en todo el mundo por su claridad de juicio, serenidad de espíritu y firme valentía. El exhaustivo catecismo de Mons. Schneider, *Credo: Compendium of the Catholic Faith*, libro cuya alabanza no será nunca suficiente, que recomiendo que se compre y use de inmediato, contiene útiles puntos sobre el culto divino y las obligaciones que tenemos a su respecto. La clara enseñanza de Mons. Schneider respira el espíritu de los Padres de la Iglesia e ilumina con la luz del sentido común sobrenatural, el *sensus fidelium*[37].

"368. *¿Qué es superstición?*

"Es el acto de culto pecaminoso, ya sea en su objeto o en su modo, i.e., la adoración de un dios falso, o la adoración del verdadero Dios

---

[37] Cito en extenso cada uno de los puntos siguientes, pero sin las notas internas, que se puede encontrar en las notas finales del *Credo*. Los énfasis los he añadido yo.

de un modo indebido. "La superstición es el vicio contrario, por exceso, a la religión, no en cuanto ofrece más al culto divino que la verdadera religión, sino en cuanto ofrece el culto divino a quien no se debe, *o de un modo que no se debe*".

"372. *¿Qué clases de supersticiones involucra el culto al verdadero Dios hecho indebidamente?*

"*Falso culto*, que contiene algo que es contrario a la verdad natural o a la revelación divina, como cuando se sostiene revelaciones falsas; *culto impío*, como cuando *se instituye un culto centrado en el hombre con violación de la constante tradición litúrgica de la Iglesia*".

"375. *¿Por qué las formas de culto centradas en el hombre violan la constante tradición litúrgica de la Iglesia?*

"Porque sólo "los ritos recibidos y aprobados por la Iglesia" dan a Dios el culto que El ha prescrito, y sólo la constante tradición litúrgica salvaguarda óptimamente el culto centrado en Dios".

"376. *¿Cuál es hoy la forma más común de culto centrado en el hombre?*

"*Las innovaciones litúrgicas drásticas y los abusos*, por los que se introduce en el culto de la Iglesia cosas que son contrarias a su doctrina o costumbre tradicionales, e.g., una celebración estilo protestante de la Misa, como banquete y como en un círculo cerrado; danzas, representación de algún espectáculo, signos de organizaciones seculares o de religiones paganas, etc.".

"378. *¿Se debe evitar una Misa en que se prevee que ocurrirán abusos litúrgicos?*

"Sí. A pesar de la presencia de una Eucaristía válida, las ceremonias que contienen abusos litúrgicos son objetivamente contrarias a la tradición divina y apostólica, desagradables a Dios, escandalosas y a menudo peligrosas para la fe".

"379. *¿Debemos asistir a una Misa con abusos litúrgicos para cumplir nuestra obligación dominical?*

"Ello depende de la gravedad, en cada lugar, de tales abusos. Si una Misa dominical incluye prácticas como danzas, herejías en la prédica u otros graves abusos litúrgicos, podemos no estar obligados a asistir a semejante Misa, aun cuando fuere la única disponible en nuestro vecindario, porque no se nos puede obligar a ponernos a nosotros mismos o a nuestras familias en una ocasión próxima de peligro para la fe".

"380. *En este caso específico, ¿se violaría el tercer mandamiento?*

"No. La obligación de asistir a Misa el domingo es una ley eclesiástica, no divina, y por tanto puede ser objeto de eximición y de dispensa. Si una Misa dominical con abusos litúrgicos es la única opción disponible, debemos santificar el domingo de algún otro modo, y de esta manera cumplimos el tercer mandamiento".

"384. *¿Qué es un sacrilegio?*

"Es la profanación de lo sagrado, es el uso indigno o irreverente de alguien o de algo consagrado al culto divino".

"385. *¿Cómo se aprende a tratar debidamente las cosas sagradas?*

"Dios mismo lo ha revelado, y la tradicion católica y apostólica de la Iglesia lo conserva. Aun la razón natural nos instruye en esto, ya que "es propio de los dictados de la razón natural el que el hombre haga, por reverencia, algo por Dios".

"423. *¿Qué obras de religión debe un cristiano realizar el domingo?*

"1. El culto de Dios, del cual ningún motivo puede eximir ni ninguna autoridad dispensar; 2. Asistir a la Santa Misa, si podemos cumplir este precepto; 3. Otras obras piadosas".

"424. *¿Están todos obligados a realizar todas estas obras todos los domingos?*

"No. La ley del culto dominical obliga universalmente; el precepto de asistir a Misa obliga sólo a los cristianos con uso de razón, y sólo se anima a que se realicen las demás obras piadosas".

"425. *¿Qué se requiere para cumplir el precepto de asistir a Misa?*

"1. Nuestra presencia física en el lugar en que se celebra la Misa, al menos desde el Ofertorio y hasta la recepción de la Comunión por el sacedote; 2. Nuestra activa participación en el rito mismo".

"428. *¿Se nos pide que pongamos en peligro nuestra vida para cumplir con la obligación de asistir a Misa?*

"No. Los peligros físicos, como el clima extremo, la plaga o la guerra, automáticamente suspenden esta obligación hasta que podamos cumplirla sin grave peligro. No obstante, es meritorio hacer grandes esfuerzos por asistir a la Santa Misa".

"429. *¿Qué otras causas suspenden automáticamente la obligación de asistir a Misa?*

"1. *La imposibilidad física*, como la de quienes tienen que permanecer en casa, los enfermos, los prisioneros o quienes carecen de sacerdote; 2. *La imposibilidad moral y la caridad,* como en el caso de quien tiene que cuidar niños pequeños o de quienes asisten a los enfermos y a las víctimas de desastres; 3. *El peligro a la reverencia o a la fe,* como cuando la única Misa disponible en un área extensa se celebra de un modo indigno o herético".

"430. *Si tenemos un motivo legítimo para no asistir a Misa, ¿qué debemos hacer en su lugar?*

"La obligación del culto dominical permanece siempre, y puede ser cumplida mediante otras formas de oración privada, familiar o colectiva, a la que se puede añadir otras obras de piedad".

"431. *¿Qué obras de piedad se recomienda para ayudarnos a santificar el domingo?*

"Asistir al rezo de las Vísperas del domingo, a la bendición con el Santísimo Sacramento, y al catecismo, así como también la lectura de libros devotos y la realización de obras de caridad".

"613. *¿Qué nos pide el primer precepto de la Iglesia?*

"Ordena a todos los fieles con uso de razón y que no tienen un impedimento justo, asistir al Santo Sacrificio de la Misa los domingos y días de precepto".

"614. *¿Por qué ordena la Iglesia a los fieles asistir a Misa?*

"Lo hace para: 1. Determinar de un modo específico de qué modo debemos cumplir el tercer mandamiento de dar culto a Dios; 2. Asegurarse de que damos culto como colectividad y no sólo individualmente; 3. Motivar más a los fieles a participar en el sacrificio de la Cruz".

"615. *¿Es asistir a Misa el más grande acto de culto?*

"Sí. No existe un acto religioso más agradable a Dios ni hay una oración más eficaz, porque es el sacrificio divino y la oración de Jesús junto con la Iglesia, su Esposa y Cuerpo Místico".

22
Estrategias pro Misa Tradicional en la era de *Traditionis Custodes*

A MENUDO ME PREGUNTA LA GENTE: "¿QUÉ consejo puede dar a los católicos que viven en una diócesis en que se ha eliminado la Misa tradicional o se la ha limitado, o donde existe el peligro de que esto ocurra? ¿Qué debería hacerse?". Como circulan rumores de que habrá medidas todavía más draconianas, es hora de abordar derechamente la cuestión de qué se puede hacer en concreto.

He aquí algunos pasos que recomiendo dar, aunque obviamente otras estrategias pueden también ser útiles, y algunas tienen mejores resultados con determinadas personalidades episcopales o parroquiales o en ciertas situaciones. No todos se sentirán cómodos con cada una de las siguientes ideas, lo cual no sorprende; lo que viene es un cajón de sastre, en que hay para todos los casos. Los items incluídos no lo están según el orden de su importancia ni tampoco en secuencia cronológica. Tenemos que multiplicar las estrategias para avanzar porque simplemente no sabemos cuál de ellas va a funcionar, y algunas de éstas implican un lapso de tiempo bastante largo.

Antes de seguir adelante, se debe tener claro que todos estamos haciendo tres cosas: rezar, ayunar y dar limosnas. En cuanto a oración, el Rosario diario, con la intención específica de la restauración de la Misa; los Cinco Primeros Sábados y los Nueve Primeros Viernes; Misa tradicional, cada vez que se la tenga a mano. Unirse al grupo de laicos llamado Cruzada de la Reparación Eucarística, que tiene, como segunda intención, la restauración de la Misa tradicional. En cuanto a ayuno, Nuestro Señor dice que algunas clases de demonios sólo pueden ser expulsados de este modo (Mateo 17, 21). Y en cuanto a limosnas, apoyar a las parroquias, órdenes y organizaciones tradicionales. No hay que rendirse: ¡hemos nacido para estos tiempos! Dios nos ha puesto aquí para dar esta pelea.

1. **Establecer un capítulo de Una Voce en la diócesis.** Puede ser útil tener una organización-paraguas que hable "con una voz", con membrete propio. Por ello es bueno crear un capítulo de *Una Voce* en el área, si todavía no existe uno. Si se le puede otorgar el estatuto de obra de beneficencia o de sin fines de lucro, puede recibir donaciones exentas de impuestos que pueden usarse para libros, ornamentos, campamentos de acólitos para aprendizaje de la Misa, estipendios para sacerdotes, acontecimientos especiales, compra de propiedades y de capillas, etc. Un capítulo *Una Voce* puede organizar peregrinaciones anuales en la diócesis (y si lo hace, se debe avisar al obispo). Se podría ayudar a los seminaristas y sacerdotes interesados en la tradición en su aprendizaje de la Misa tradicional, en la adquisición de cosas necesarias, en el financiamiento de viajes a acontecimientos vinculados a la Misa tradicional. Internet es una gran herramienta, pero se necesita comunicaciones locales personales, redes y eventos, y un capítulo *Una Voce* facilita satisfacer esa necesidad.

2. **Ayudar al obispo a comprender sus derechos canónicos.** Procúrese tener una reunión con el obispo y explicarle (directamente, pero con tacto y suavidad; a los obispos no les gusta que los laicos los instruyan sobre sus derechos y obligaciones) que el Derecho canónico le permite discernir personalmente sobre la situación local y las necesidades de los fieles, como lo explica el P. Gerald Murray[1]. El Dicasterio para el Culto Divino en Roma tiene, respecto al obispo, una potestad asesora, no legislativa. Dicho Dicasterio no tiene potestad para ordenar a un obispo que ponga fin al antiguo rito romano: sólo podría decirle que "convendría", cosa que es totalmente diferente. Esto sigue siendo así incluso después del abominable "rescripto" de febrero de 2023, en que el cardenal Roche trató de neutralizar las apelaciones al canon 87 del Código de Derecho Canónico mediante la reserva a la Santa Sede de toda dispensa de *Traditionis Custodes*. Con esta movida, tanto Francisco como Roche socavaron al propio *Traditionis Custodes*, puesto que la razón de ser de este documento –como puede verse leyendo su texto– es nada menos que devolver el control de la regulación del antiguo rito a los obispos diocesanos, cosa que se alega que éstos solicitaron. En otras palabras, si el rescripto de Roche está en lo

---

[1] Ver su entrevista en "Guarding the Flock."

correcto, *Traditionis Custodes* está equivocado y ya no se requiere obedecerlo más, puesto que ambos textos son contradictorios; pero si es *Traditionis Custodes* el que está en lo correcto (al menos en lo referente a conceder la supervigilancia a los obispos), el rescripto de Roche está equivocado, por contravenir su premisa básica[2]. Además de la monumental falta de lógica, existen -como he argumentado en todo este libro- cuestiones todavía más fundamentales sobre la veracidad de las afirmaciones de *Traditionis Custodes* y sobre la legalidad de su puesta por obra[3].

El planteamiento que se haga al obispo hay que reducirlo al menor número de páginas posible y enviárselo antes de la reunión. Será mejor, todavía, si se tiene algún sacerdote amigo que sea abogado de Derecho canónico. El tema de fondo: incluso con posterioridad al "rescripto de Roche", quedan algunas alternativas a que puede recurrir el obispo, como dar a una iglesia en desuso la calidad de "oratorio" o "capilla" en que se pueda usar la liturgia tradicional[4].

3. Encontrarse en persona con el obispo. Cuando uno se encuentre con el obispo, que haya hombres y mujeres presentes, y explíquesele cuánto la Misa tradicional significa para uno en términos de amor de Dios y de practicar la fe en la vida cotidiana. Omítanse los argumentos sobre la forma litúrgica porque el obispo, probablemente, sólo celebra el *Novus Ordo* y carece, por tanto, de experiencia personal y de paciencia para oír argumentos que sugieran, incluso remotamente, que una forma es superior a la otra; tóquesele, más bien, el punto sensible.

Cuando el obispo diga "No puedo hacer nada más, esto es lo que Roma pide", recuérdesele el contenido de la carta que Ud. le ha enviado antes, demostrándole que *sí tiene* libertad para actuar;

---

2 El compromiso con el positivismo legal de Edward Condon le impide a éste llegar a la misma obvia conclusión, a pesar del hecho de que reúne todas las pruebas necesarias: ver "Does Roche's rescript dispense with Vatican II?," *The Pillar*, febrero 22, 2023. Para más aspectos canónicos, ver "Newly Ordained Priests and Permission to Offer the Traditional Latin Mass", *OnePeterFive*, mayo 11, 2022. Este ultimo artículo es anterior al rescripto, pero buena parte de su contenido no es afectado por él.
3 Véanse los artículos mencionados en la nota 11 de la página 66.
4 En algunas ocasiones los burócratas del obispado desean mantener al obispo en el desconocimiento de sus opciones; y a veces diversas personas amenazan al obispo ("Ud. ya sabe, si hace *tal cosa*, entonces…"). Mucho depende de si el obispo es o no hombre de principios y valiente.

recuérdesele sus derechos según el Derecho canónico y el comportamiento de muchos otros obispos que permiten que siga celebrándose la Misa tradicional, en muchas ubicaciones e incluso en las iglesias parroquiales. Si el momento y las circunstancias parecen propicios, se le podría también proponer que invite a la Fraternidad Sacerdotal de San Pedro a la diócesis, porque el papa ha aprobado expresamente su obra en los lugares donde el obispo le da la bienvenida[5]. Quizá el edificio de una iglesia que esté a punto de fusionarse con otra parroquia o de ser clausurado podría ser ocupado por la FSSP (este "acuerdo papal con la FSSP" parece aplicable también, *mutatis mutandis*, al Instituto Cristo Rey Sumo Sacerdote y a comunidades tradicionales menores; tal es, por cierto, la forma en que se ven y hacen las cosas en todas partes, excepto en el área gravitacional de Chicago)[6].

Uno de los grandes desafíos de nuestra época es la distancia que ha aparecido entre los obispos y los fieles en general; puede ser difícil construír confianza mutua y buena voluntad cuando la cabeza de la diócesis parece remota, inaccesible y desinteresada en el laicado. Sin embargo, hay que tratar de hacer lo que se pueda. Hablaba yo con una señora que me dijo que un día tuvo la inspiración de llamar al obispado e invitar al obispo a comer. Para su sorpresa, el obispo aceptó, y llegó a comer...

4. Organizar una campaña de cartas. Procurar que los asistentes a la Misa tradicional, sus familias y, especialmente, los niños, envíen cartas al obispo. Por cierto, no lo inunden con un aluvión de cartas al mismo tiempo, a menos que la situación lo pida. Pónganse, más bien, de acuerdo para distanciarlas de modo que siempre esté recibiendo alguna. Después de algún tiempo, puede aprovecharse ciertas épocas o fechas del año para que todos en la comunidad reanuden el envío de cartas (Adviento, Cuaresma, etc.). De este modo no ocurre que las cartas se detienen, de pronto, y no aparecen nunca más.

No hace falta escribir más que una o dos sentencias: "Estamos desolados por lo que ha ocurrido en nuestra vida/en nuestra parroquia...", "Sentimos como que se nos hubiera elegido

---

[5] Ver "Decree of Pope Francis confirming the use of the 1962 liturgical books," www.fssp.org/en/decree-of-pope-francis-confirming-the-use-of-the-1962-liturgical-books/.
[6] Ver Trevor Alcorn, "Chicago: the Saga of a Canceled Parish," *OnePeterFive*, septiembre 2, 2022.

para ser castigados, y ¿por qué? ¿Porque amamos nuestra fe y sus tradiciones?", "Nuestros niños amaban ayudar la Misa tradicional...", "Solíamos rezar el Rosario juntos por las intenciones del papa, y actualmente estamos todos dispersos...". Trátese de que las familias envíen al obispo *bouquets* espirituales. De lo que se trata es de ganar su corazón y hacerlo sentirse mal por hacer lo que hace o amenaza con hacer (o es él mismo amenazado, si no lo hace); queremos que lo lamente, que lo piense de nuevo, que vuelva silenciosamente sobre sus pasos.

Es verdad que las cartas puede que no lo hagan cambiar de modo de pensar, que no lo impulsen a cambiar sus políticas; pero todo obispo también tiene un corazón, aunque se haya endurecido con algunos de sus súbditos, y tiene una conciencia, aunque necesite que se la despierte. Un flujo continuo de cartas puede ablandar la dureza del corazón y puede estimular la conciencia adormilada. Con el tiempo, el obispo podría decidir, por ejemplo, no ejecutar sus políticas, o ejecutarlas de modo poco rígido y con laxitud; podría decidir no tocar alguna Misa tradicional que haya aparecido sin aprobación suya, aunque haya tenido noticia de ello; podría interceptar o desviar un ataque dañino de algún fanático celoso de *Traditionis Custodes*. Hay muchas cosas, que suceden detrás de las bambalinas, de las que nosotros no nos enteraremos nunca, por lo que no podemos juzgar sólo por las apariencias. Cuando enviamos cartas, lo hacemos como parte de un esfuerzo por mover lentamente las cosas en la dirección correcta. Lo mismo es cierto cuando rezamos: algunas veces los resultados son dramáticos y claros pero otras veces, quizá la mayor parte del tiempo, los resultos están ocultos a nuestros ojos. Con todo, seguimos teniendo fe y seguimos rezando con esperanza y confianza.

Pero surge una preocupación: "¿Qué pasa si las cartas molestan al obispo?". A decir verdad, ello no sería un tan mal resultado después de todo. Recuérdese la parábola de la mujer persistente que tanto molestó al juez que éste le concedió, finalmente, lo que le pedía, con tal de librarse de ella (cf. Lucas 8, 1-18). Lo queremos decididamente es que la jerarquía se meta en la cabeza que no nos vamos a cansar y que no vamos a cambiar ni de idea ni de meta.

Un consejo: algunos obispos son militantemente hostiles a la Misa tradicional y a todo lo que la rodea, o la desprecian. Con tales réprobros la estrategia, generalmente convincente, de mostrarles los buenos frutos de *Summorum Pontificum* –la muchedumbre de acólitos, la cantidad de nacimientos y bautismos en contraste con la de funerales, etc.– puede resultar un tiro por la culata. Debido a su firme convicción de que la Misa tradicional representa "el pasado" y no "el futuro" (una convicción obsesivamente repetida por el papa Francisco), todas las pruebas que muestren que lo contrario es el caso, no es para ellos ocasión de reconsideración o de entusiasmo sino, más bien, de alarma. Mientras más crece la tradición, más se convencen esos obispos de que los católicos de sus diócesis están siendo llevados a una peligrosa calle sin salida. Los intentos de encontrar el lado bueno de estos obispos pueden tener finalmente el lamentable resultado de estimular su malformada conciencia y de hacerlos imponer, cosa que no se deseaba, más restricciones a nuestras actividades. Por eso es que se necesitará discernimiento para decidir cuál tipo de comunicación con el ordinario del lugar es fructífera y cuál no.

5. Emprender alguna acción canónica. Los católicos que han sido privados de bienes a que tienen derecho disponen de algunos recursos canónicos que pueden usar. Aquí lo esencial es la oportunidad: hay que recurrir a un abogado canonista en el momento mismo en que el obispado o algún decreto episcopal restringe la Misa tradicional o el antiguo rito del bautismo, de la confirmación, del matrimonio, de un funeral, etc. El fiel individual no corre ningún riesgo y existe la posibilidad de que esta intervención jurídica se transforme en una piedra en el zapato.

Hay católicos que dicen: "Llevar adelante una acción canónica va a alterar al obispo, que va a responder tratándonos más mezquinamente todavía". Este es el síndrome de la esposa golpeada: "si presento un recurso porque mi marido me golpea, me va a golpear más todavía". Es porque el laicado ha sido tan pasivamente "obediente" que las autoridades terminan saliéndose con la suya en materia de abusos, atacando todavía más nuestras almas y nuestras familias. Lamento tener que decir que los malvados en la Iglesia cuentan con que *no* vamos a reaccionar, con que vamos a ser buenos *borregos* que pueden ser ignorados, tal como ignoran a los buenos sacerdotes. Esto forma parte de toda la estructura de manipulación psicológica. Pero es fundamental que la gente se dé cuenta. Lo único que un matón entiende es un golpe como respuesta, porque entonces tiene que tomar el asunto en serio. Si no es así, el matón barrerá con todo el mundo.

Ahora bien, puede que el obispo del lugar no sea un matón; podría perfectamente ser un caballero e, incluso, ser más o menos simpático. Pero puede, al mismo tiempo, que sea víctima del mismo falso concepto de obediencia con que operan muchos sacerdotes que, por ejemplo, si Francisco dice "hay que dar la Comunión a los católicos vueltos a casar" o "hay que enseñar que la pena de muerte es mala", creen que no tienen más alternativa que hacer lo que se les dice. Santo Tomás de Aquino dice claramente que no tenemos obligación de obedecer inmediatamente y sin excepción a nadie, salvo a Dios; todos los representantes humanos de Dios deben respetar la ley divina y natural y la ley y la costumbre eclesiástica, como se ha demostrado en los capítulos anteriores de este libro[7].

En toda comunicación formal o en que se exponen argumentos al obispo –diferentes de los *bouquets* espirituales y de las notas de carácter personal– debe dejarse siempre en claro que uno está perfectamente consciente, luego de un cuidadoso estudio hecho por expertos en Derecho canónico, de que al obispo no se le exige en absoluto terminar ni con las Misas tradicionales en las parroquias ni con otros ritos sacramentales; por el contrario, el obispo tiene espacio para maniobrar.

6. Mostrarse en lugares públicos. Hay que reunirse frente a la catedral y/o frente al edificio del obispado para rezar el Rosario, llevando letreros con buenos mensajes[8], sin ataques al obispo sino con frases como "Somos fieles católicos que amamos la Misa tradicional" y "No nos priven de nuestra amada Misa tradicional". Es especialmente importante interesar a los medios locales para que informen sobre estas protestas pacíficas, porque a ningún obispo le gusta la publicidad negativa. Rezar el Rosario y cantar muchos himnos y cantos católicos. Redactar en una hoja de papel, o en media hoja, una explicación de quiénes somos, qué defendemos, y qué pedimos, para que se la pueda distribuir a los transeúntes curiosos. En breve: no permitamos que se olviden de nosotros.

Otra forma de mostrarse es poner una mesa en algún evento diocesano, por ejemplo, en algún taller diocesano de catequesis, o en

---

7 Sobre estos temas, ver mi libro *La verdadera obediencia*.
8 Para tener algunas ideas, véase lo que se está haciendo en Chicago y en Arlington: Savannah Dudzik, "We Know that God is on Our Side in This Fight," *OnePeterFive*, abril 8, 2022; Noah Peters, "The National Summorum Pontificum Walking Pilgrimage," *OnePeterFive*, septiembre 21, 2022.

alguna conferencia para hombres o mujeres. Se puede así distribuir información gratis y exhibirse libros y otros items para la venta.

7. Educar al clero sobre esta lucha. Junto con lo anterior, en forma paralela, hablar con los sacerdotes que celebran la Misa tradicional o le son favorables, ya sea uno a uno o en pequeños grupos. Asegurarse de entregarles copias de "La verdadera obediencia en la Iglesia", donde se explica que los sacerdotes pueden y deben mantener viva la Misa tradicional y otros sacramentos y sacramentales tradicionales, independientemente de lo que su obispo permita o prohiba, y si responden positivamente, darles este libro, que sigue al de "La obediencia", o sugerirles que lo lean. Hay profundas cuestiones teológicas en juego aquí; esto no es una mera cuestión de "disciplina", sobre la que el papa y los obispos tienen ilimitados poderes discrecionales para hacer lo que quieran. Al contrario, la prohibición de los ritos sacramentales tradicionales toca a *la raíz* de la fe católica, a la consistencia de la Iglesia y a su coherencia consigo misma y con la acción de Cristo en la historia y en el magisterio. Un libro que trata estos puntos en detalle *es From Benedict's Peace to Francis' War*, pero el libro antes mencionado del P. Rivoire es también excelente (y mucho más breve). Obséquiese a los sacerdotes buenos calendarios tradicionales, para que sepan lo que incluyen y excluyen. Sobre todo, anímeselos a seguir celebrando Misas privadas, al menos en su día libre, para conservar una línea de contacto con la Misa tradicional. Del mismo modo, aliéntese a los sacerdotes que todavía no saben cómo celebrar la Misa tradicional a aprender a hacerlo por su propio bien, y con la mirada puesta en la "segunda primavera" que seguramente llegará cuando, en un futuro mejor, las odiosas e impopulares políticas de Francisco sean revertidas.

8. Trátese de convencer a los sacerdotes de celebrar Misas privadas ocultas, si es necesario. Hay que estar preparados para apoyar a un sacerdote, ya sea con amistad o con ayudas prácticas/financieras, si es despojado injustamente de su puesto en la diócesis y no se le da otro (si se convierte, en otras palabras, en un sacerdote "cancelado")[9]. Llegado ese momento, puede convertirse en el capellán secreto del lugar. Mons. Athanasius Schneider ha apoyado este *modus operandi* en caso de necesidad. Recuérdese: la supresión del antiguo rito romano tendrá éxito en la medida en que los sacerdotes

---

9 Ver John P. Lovell, "What is a Canceled Priest?," *OnePeterFive*, octubre 4, 2021.

Estrategias pro Misa Tradicional en la era de Traditionis Custodes   293

y obispos permitan que se los coercione. Aquellos que rehúsen la coerción pueden recibir penas injustas, pero conservarán tranquila su conciencia y cumplirán con el ministerio pastoral a que Cristo Sumo Sacerdote los ha llamado, y contribuirán así a pavimentar el camino para la futura restauración de la tradición.

9. Adquirir y renovar propiedades. Tenemos que pensar a largo plazo, porque la crisis, que ha llegado a su punto culminante con el papa Francisco, va a estar todavía con nosotros por algún tiempo más. Hay que ser realistas: ya se fueron los tiempos en que se podía esperar que la Iglesia institucional –i.e., los hombres de iglesia del momento– satisficieran nuestras necesidades y proveyeran a ello. Por el contrario, hay eclesiásticos que parecen especializarse en nuevas formas de discriminación y de marginalización, y en pisotear las necesidades espirituales y los derechos canónicos de los fieles.

Ya es tiempo, por tanto, de responder al fuego del odio con el fuego de un amor que supere todos los obstáculos. Si un grupo de laicos encuentra una vieja iglesia católica o una capilla protestante clausurada, debe comprarla y devolverla al uso[10]. Esta es una medida inteligente, en previsión de los tiempos difíciles que puedan venir (y que ya han llegado en algunos lugares)[11]. En igualdad de condiciones, es mejor tener una iglesia en que se pueda celebrar la Santa Misa y otros sacramentos que limitarse a salas en las casas, a sótanos o a salones de hoteles, como se hacía en los años 1970. Si no se tiene éxito en la búsqueda de un capellán local, se puede quizá conseguir de la *Coalition for Cancelled Priests* que alguno venga a celebrar Misa. Lamentablemente, si las cosas siguen yendo por donde van hoy, habrá disponibles más sacerdotes cancelados.

10. Viajes en auto y ayuda para movilizarse. Hay quienes pueden conducir un auto una o dos horas hasta una diócesis vecina en que hay Misa tradicional celebrada por el clero diocesano, por un grupo *Ecclesia Dei*, o por la SSPX. Es obvio que esto no es una

---

10 Es aconsejable mantener secretos los motivos por que quieren adquirir la propiedad. A veces los católicos pueden crear una entidad legal que sirva de fachada para las transacciones comerciales.
11 Un consejo: no gastar una enorme suma de dinero en una capilla que se usa rara vez o nunca, a menos que se tenga buenas razones para pensar que se convertirá en un centro de Misas para toda el área circundante, y se tenga la certeza de que un sacerdote la visitará o se quedará en ella. Antes de tomar cualquiera decisión de largo plazo, consúltese con un sacerdote tradicional de confianza.

solución de largo plazo, pero puede ser una estrategia temporal, especialmente en beneficio de los niños que no deben ser expuestos a desviaciones litúrgicas[12]. También es posible hacer un viaje como éste una o dos veces por mes. Se puede preveer que haya autos o *vans* disponibles para ancianos que no tienen automóvil para ir a Misa, cosa que sería una notable obra de misericordia.

Si en en las cercanías no hay bautismos o confirmaciones, ver si se puede llevar al niño a una diócesis vecina en que la FSSP o el Instituto Cristo Rey Sumo Sacerdote puedan dar una solución (en algún caso extraordinario servirá una iglesia diocesana). Las políticas varían, pero hay lugares que acogen a los afuerinos para los sacramentos de iniciación. Si el Vaticano cortara totalmente el acceso de los católicos a todos los sacramentos tradicionales, sería necesario entonces recurrir a la SSPX.

11. Fundar una cooperativa católica tradicional de homeschooling. A diferencia de los capítulos de *Una Voce* o de otros grupos (quizá clandestinos), una cooperativa de *homeschooling* puede ser un eficiente modo de educar abiertamente a la juventud católica tradicional y de colaborar con el avance de los valores católicos tradicionales en la diócesis. El ideal sería que un sacerdote pudiera celebrar la Misa tradicional, por ejemplo, los viernes por la mañana en la iglesia local, a la que asistieran los alumnos de la cooperativa de clases de religión o de otras materias. Una cooperativa de este tipo no tiene que limitarse a atender a los niños; también podría ofrecer compañía y apoyo a los adultos, mediante noches para adultos que contemplen charlas sobre diversos tópicos, desde la formación espiritual de adultos hasta la enseñanza, por parte de profesores experimentados en *homeschooling*, a otros que son nuevos en este campo, con curricula y materiales que se ha usado con éxito. Es esencial que el grupo conserve su perfil católico tradicional, para que no se desvanezca por la presencia de una mayoría de *homeschoolers* del *Novus Ordo* y/o de protestantes: esto puede lograrse mediante reglamentos que distingan miembros con derecho a voto y miembros sin él, en que los primeros deban cumplir ciertas exigencias del catolicismo tradicional.

12. Comenzar a conversar con la SSPX. Si el obispo ha cerrado todos los accesos posibles a la Misa tradicional en su diócesis y/o

---

12 Ver el capítulo precedente, y Michael Gurtner, "The Current Crisis of Faith in the Church Has Its Ground in the New Mass," *Rorate Caeli*, diciembre 15, 2022.

también a otros sacramentos en el rito antiguo y no hay nada más de qué echar mano –si el obispo no cede en esta actitud, si no se muestra razonable en atender a las necesidades de sus ovejas, si no invoca el canon 87, si rehúsa invitar a la FSSP, etc.–, ha llegado el momento de pensar en la "opción nuclear", es decir, en contactar e invitar a la Sociedad San Pío X a que venga a la región. Es la forma de decir: "Por nuestra parte, esto es en serio, y no vamos a retroceder". Dada la creciente demanda que experimenta y el escaso personal que tiene disponible en la actualidad, no es probable que la Sociedad responda inmediatamente a la petición; pero si se le puede asegurar una capilla y los recursos necesarios y si hay una cantidad decente de fieles que esperan, es posible que acuda.

Este no es el lugar apropiado para entrar con detalle en la cuestión del estatuto de la SSPX; me limitaré a decir lo siguiente: si la Iglesia está en una situación de crisis institucional sin precedentes y anómala, en comparación con la cual la controversia de Arrio y la revuelta protestante no son nada –y eso es lo que está ocurriendo, a mi juicio y según la mayoría de los que leen esto–, es infinitamente más necesario conservar la plenitud de la ortodoxia católica –con lo que ello implica de verdadera enseñanza y verdadero culto– que exigir adecuado apego a los cánones y cumplir con los criterios ideales mencionados en manuales escritos en tiempos más sanos y sin la más remota idea de la situación por la que atravesamos[13].

Además, y siendo pragmáticos, es triste decir que nada motiva más a algunos obispos a proporcionar Misas tradicionales aprobadas por la diócesis que la posibilidad de que se haga presente la SSPX. Para contrarrestar el argumento de que "Uds. han sido siempre cismáticos, porque miren como recurren ahora a la SSPX", hay dejar absolutamente en claro que "Jamás pensamos en pedir ayuda a la Sociedad hasta que nos vimos acorralados por acciones poco razonables e injustas. Dado que no hay absolutamente ninguna razón defendible para quitar los ritos sacramentales tradicionales a católicos bautizados y sus florecientes comunidades, resulta claro que, en realidad, los pastores locales han decidido dejar de alimentar a su rebaño; y éste se ha vuelto entonces hacia donde pueden alimentarlo"[14].

---

13 Ir al capítulo 20 para más opiniones sobre la SSPX.
14 Quienes en la comunidad piensan que esto es la vía "protestante" de pensar o de actuar, consulten el capítulo 1, más arriba, como también mi artículo "Are Traditionalists Guilty of 'Private Judgment' Over the Popes?," *OnePeterFive*, diciembre 22, 2021.

En relación con esto, quisiera urgir a los católicos a que se den cuenta de lo que es en realidad el sedevacantismo, es decir, una trampa puesta por el diablo para atrapar a quienes juzgan demasiado apresuradamente, presas de un exceso de celo y sin los recursos espirituales y teológicos necesarios para interpretar nuestra caótica época (jamás se la comprenderá *completamente*, puesto que enfrentamos el *mysterium iniquitatis*, el misterio de la iniquidad, que es en sí mismo irracional). Incluso cuando legitimamos nuestra protesta contra las directivas de nuestro papa y de nuestro obispo y rehusamos obedecerlas, lo hacemos renuentemente, bajo presión, y por un bien más alto que deben defender los verdaderos católicos. No nos contentamos con reconocer lo que pasa y rezar por el papa y por el clero en general, ni procuramos huír de las fronteras de la Iglesia visible; nuestra meta es la restauración de la tradición *en el interior* de la Iglesia, que es su hogar natural y sobrenatural.

13. La educación nunca termina. Finalmente, algo muy importante: es crucial educarse uno mismo y a los asistentes a la Misa antigua en el tema de por qué amamos esa forma de Misa, madurada durante tan largo tiempo, y todos los demás ritos y costumbres tradicionales. No se trata sólo de "campanillas e incienso". Es algo mucho más profundo que eso. Mi libro "Reivindicación de nuestros derechos hereditarios como católicos" (Angelico Preess, 2022) es quizá el "manual de apologética" más fácilmente usable para la Misa tradicional. Mucho más breve, perfecto para neófitos, es el opúsculo de Joseph Shaw, *Sacred and Great*. Se puede dar comienzo a uno o dos grupos de lectura. Tenemos que educarnos sobre el objeto de nuestra lucha y su porqué. Para algo más de fondo, recúrrase a "El rito romano de ayer y del futuro: el regreso a la liturgia latina tradicional tras setenta años de exilio" (Os Justi Press, 2023). Para quienes prefieran los videos, hay muchas charlas educativas en mi canal de YouTube. Otro libro útil para un grupo de lectura es *Faith of Our Fathers*, de Stuart Chessman, lectura breve pero sugerente sobre la historia del movimiento tradicionalista en los Estados Unidos, sobre todo lo que tuvo que sufrir, y sobre cómo la gracia de Dios le permitió superar los obstáculos.

14. Ultimo en la lista, pero no en la importancia: procuremos *cargar bien nuestra cruz*. Puede que el Todopoderoso nos pida que carguemos una cruz más pesada que antes. Si lo hace, es porque El sabe que, con su gracia, lo podemos hacer y que nos santificaremos con ello. Quizá nos está pidiendo que la carguemos por los que rechazan e insultan la Cruz.

Mons. Athanasius Schneider, en *Christus Vincit* y otras obras suyas habla de la supresión y escasez de la Misa durante su infancia en la Unión Soviética. El usó esa cruz para su propia santificación y, al cabo, ella lo condujo a aceptar su vocación al sacerdocio. Véase cómo el Señor lo está usando hoy, para predicar la verdad por todo el mundo, con ocasión y sin ella. Lo mismo ocurrirá con nosotros: Dios no permite el mal, a menos que sea para sacar de él algún bien. Que de los males que ha causado *Traditionis Custodes*, el bien que El saque sea nuestro propio crecimiento en virtudes y nuestra santidad.

23

Cómo puede el laicado católico influír permanentemente en la Iglesia

CADA AÑO MILLONES DE VOTANTES ESTAdounidenses votan para elegir a sus representantes. Vivimos en una época democrática en que estas oportunidades se dan por supuestas. Aunque hay problemas con algunas *teorías* de la democracia (especialmente cuando se la entiende en términos de un llamado "contrato social"), a nivel de la práctica es difícil poner en duda que el pueblo de un Estado debe tener *algo que decir* en cuánto a cómo funciona el gobierno y a cómo la sociedad es moldeada.

Las cosas son obviamente, e intencionalmente, diferentes en la Iglesia católica. Fundada como sociedad perfecta por Nuestro Señor Jesucristo, la Iglesia es gobernada por una jerarquía sagrada compuesta por obispos y su clero subordinado, todos los cuales están sometidos a la jurisdicción universal e inmediata del supremo pontífice, el papa de Roma. Aunque el laicado forma la inmensa mayoría en la Iglesia, su contribución a la edificación del Reino de Dios se ha entendido siempre como, primordialmente, la cristianización de la esfera secular en que vive y trabaja[1].

Así, en cierto nivel, el laicado no tiene "poder" en el gobierno de la Iglesia y por cierto, no tiene "derecho a voto". Pero, a otro nivel, el laicado posee una considerable cantidad de poder, que debiera ejercer en plenitud. Podemos, por decirlo así, votar de cinco modos. Los voy a enumerar de menor a mayor importancia.

Primero, votamos con nuestras billeteras. Sabiendo a qué usos doctrinalmente cuestionables y moralmente corruptos se destina el dinero diocesano, los católicos reaccionan, comprensiblemente,

---

[1] Para un completa explicación, ver Peter Kwasniewski, *Ministers of Christ: Recovering the Roles of Clergy and Laity in an Age of Confusion* (Manchester, NH: Crisis Publications/Sophia Institute Press, 2021).

cerrando sus billeteras ante los "llamados diocesanos" y cosas parecidas. ¿Acaso quiero que mi dinero se gaste en inmensas indemnizaciones por daños causados? ¿En dudosas catequesis, en obsoletos programas "de moda" para jóvenes, en residencias episcopales o en desaliñadas liturgias? ¿En la sustentación de un clero que realmente no ofrece a los fieles el catolicismo tradicional que desesperadamente necesitan *y desean*? No, gracias. No daremos dinero, que gastaremos sólo en buenas causas. Estas pueden incluír, por cierto, un obispo o parroquia buenos; pero ya *no se supone* que "la diócesis" merece nuestro apoyo. El apoyo hay que ganárselo, centavo a centavo.

Segundo, votamos con nuestros pies. Si la parroquia no se preocupa de nuestras necesidades espirituales, cuando se presenta una mejor opción dentro de una razonable distancia, hacia allá nos vamos. El motivo es sencillo. Nuestra primera obligación, después de amar a Dios, han dicho los santos, es amar nuestra alma haciéndonos santos[2]. Por tanto, no debemos jamás poner un abstracto o ideal o futuro "bien de la comunidad" por encima de la alimentación que *nosotros* necesitamos como individuos, a fin de vivir una vida cristiana y adorar a Dios como El merece que se lo adore. Es de este modo cómo las buenas parroquias se fortalecen, según se puede ver por todas partes, y cómo las malas se debilitan. Es una especie de versión sobrenatural de la supervivencia de los mejor adaptados. Los laicos católicos no tienen ninguna obligación de tolerar que se los alimente litúrgicamente mal a ellos o a sus familias, se los maltrate pastoralmente, se los agreda musicalmente, o se los maltrate de cualquier otro modo. Si algo de esto le ocurre a Ud., por favor, por el amor de Dios y por el bien de su alma, acuda a otra parte[3].

Tercero, votamos con nuestras voces. Innumerables iniciativas de laicos (piénsese en los medios *online*) han sido de inmensa importancia para la Iglesia católica en las recientes décadas. Muchos escritores han decidido levantar cabeza y decir "¡Basta ya!", a medida que iluminaban la oscuridad de la cobardía, de la herejía y de la depravación con brillantes focos. Con revistas, sitios web y cartas abiertas han buscado la verdad y la responsabilidad de los responsables, con una implacable voluntad de "terminar

---

2 Ver Santo Tomás de Aquino sobre la "jerarquía de la caridad": *Summa theologiae* II-II, Q. 26, especialmente art. 4.
3 Ver capítulo 21.

con el jueguito". Ni los malos obispos ni los malos cardenales ni los malos papas pueden ya ocultar sus maquinaciones. ¿Por qué es importante esto? Porque crea una red de católicos bien informados que saben a quién apoyar y a quién oponerse, cuáles programas patrocinar y cuáles no y, en general, cómo navegar en la complicada y caótica situación de la Iglesia después del Vaticano II. Porque inspira nuevos esfuerzos, da forma a estrategias, alienta a los solitarios y a los despreciados y, lo que es más, fortalece al clero genuinamente católico con el conocimiento de que va cabalgando sobre una ola cada vez más grande[4].

Sin este coro de voces ortodoxas y de deslumbrantes luminarias, nuestra Iglesia estaría hundida más profundamente todavía en el vicio instalado. No podemos cambiar las cosas de un día para otro, pero podemos documentar, analizar, clarificar, compartir en redes y avanzar con los ojos abiertos y las manos listas. En esta categoría de elementos figuran las cartas que los fieles escriben a sus pastores –corteses y respetuosas en el tono, por cierto, pero no por eso menos fuertes–. Es una obra de caridad decir las crudas verdades a quienes tienen que oírlas, y formular legítimas demandas a quienes tienen de Dios el encargo de procurar nuestro bien.

Cuarto, votamos con nuestras protestas. Una protesta pública es, en cierta forma, un modo superconcentrado de usar la voz. Pienso en esas campañas que se realizan en todo el mundo frente a las nunciaturas y a los obispados para protestar por las medidas contra la Misa tradicional. Los anales de la historia conservan registros de protestas que han producido importantes cambios, tal como en el caso del movimiento de derechos civiles. Si una gran cantidad de católicos se congrega ante las oficinas y las residencias de los prelados, los obispos tendrán muy presente cuán enojados están los fieles y cuán cansados de ser despachados con las acostumbradas respuestas perezosas/autoritarias: "Lo lamentamos mucho. Definiremos nuevas políticas y protocolos. Sólo confíen en nosotros". Los laicos están hartos de estas autoindulgentes poses burocráticas. La historia recuerda a los que protestan contra la injusticia. Sea que tengan éxito o no, defendieron la verdad en el momento preciso. Lo cual no es una forma de testimonio evangélico sin frutos. Que

---

[4] Ver Chris Tomlinson, "Traditionalism and Conservatism Thriving Among Young U. S. Catholic Priests," *European Conservative*, noviembre 12, 2023.

nunca se diga de nosotros: "Ocurrieron tales y cuales males tremendos, y los católicos no hicieron nada en protesta contra ellos; todos los aceptaron sin poner objeciones".

Quinto, votamos con nuestras oraciones. La mentalidad mundana, que no se ha convertido, piensa que la oración es cosa débil, que se usa como último recurso, cuando en realidad es la medida más poderosa de todas, por la simple razón de que Dios es Todopoderoso y puede mover los corazones humanos desde adentro, algo que nosotros, creaturas, no podemos hacer. Se puede tratar de persuadir a alguien de que sea razonable, pero Dios *puede hacerlo* razonable. Se puede tratar de que vea la belleza de la fe, pero Dios puede hacer que se enamore de ella. Dios está de parte de los católicos que aman al Señor, a su Madre, a los santos y los ángeles, y a los dogmas, la moral y la liturgia tradicionales, ya que El nos ha dado todas estas cosas buenas. Y espera, por tanto, que nosotros redoblemos nuestras oraciones y penitencia, como señal de que verdaderamente creemos que El es la fuente de todo bien, que puede restaurar lo que se ha perdido, reparar lo que se ha roto, castigar lo que es malo y engrandecer lo que es santo.

Me agrada pensar en la oración del siguiente modo: ¿Cuánto deseamos algo? Si lo deseamos poco, trabajaremos nosotros mismos para obtenerlo; si lo deseamos más intensamente, conseguiremos ayuda de alguien; si somos bien avisados, añadiremos una breve oración a Dios; pero si lo deseamos mucho, rezaremos y nos sacrificaremos seriamente por alcanzarlo. Dios mira nuestras oraciones para ver qué es lo que realmente nos importa. ¿Seremos como Santa Mónica, que rezó durante muchos años por la conversión de su hijo San Agustín? ¿Seremos como los católicos de los años 1960 en adelante, que no dejaron jamás de rezar y de trabajar por la restauración de la liturgia tradicional, no obstante que todos les decían que dejaran de hacerlo y siguieran avanzando?

Dios responderá a las oraciones de quienes ponen en El su confianza y le suplican que intervenga. Pero lo hará en respuesta a una oración *perseverante*, porque ésta demuestra que estamos más apegados a El que a resultados rápidos. Dios permite demoras y retrocesos para poner a prueba nuestra fe y hacerla fuerte, y más todavía, imbatible. Mientras haya amigos leales de Cristo, el mal en la Iglesia no tendrá jamás la última palabra. De este modo, el laicado tiene un "voto" que cuenta con el poder divino como respaldo.

✣ ✣ ✣

Cuando nos preguntamos qué podemos hacer para vivir nuestra vida católica más plenamente durante la actual crisis de la Iglesia, y cómo podemos compartir mejor la fe con otros, a pesar de tantos obstáculos que nos rodean, la respuesta no es ni remota ni recóndita. Lo más importante, sin duda, es sencillamente *vivir la fe* con todos los recursos que ella pone a nuestra disposición. Esto significa, en concreto: estar cerca del Señor por los sacramentos, su don más grande en nuestro peregrinar hacia el cielo; estar cerca de Nuestra Señora, rezando su Rosario, que es el don más grande que ella nos hace en este valle de lágrimas; ponerse o usar los sacramentales, como las cuentas del Rosario bendecidas, el agua bendita, el escapulario del Carmen, la medalla de San Benito; la oración diaria; la asistencia a la Santa Misa y la recitación de alguna parte del Oficio Divino; la lectura espiritual o *lectio divina*; el ayuno y la abstinencia; la limosna.

Puede que no podamos aprovechar todas estas cosas cada día y, además, debemos hacer lo que calce con nuestra situación en la vida; pero podemos y *debemos* tener un plan personal, algo como un horario monástico o un programa, con el cual podamos estructurar y dar sentido a nuestros días. "Guerra es la vida del hombre sobre la tierra", como nos dice el libro de Job, y necesitamos estar equipados para la pelea (Job 7, 1; cf. Efesios 6, 11-17). Todos los maestros de vida espiritual coinciden en que sin un *plan diario* bien diseñado, no alcanzaremos la santidad: seríamos como soldados que, rodeados de armaduras y armas, no las usan nunca, volviéndose así vulnerables e incompetentes en la batalla.

La restauración de la Iglesia, escribe el Dr. John Rao, "sólo tendrá lugar si rechazamos la tentación de la desesperación; la tentación de huír de la batalla que se hace cada vez más grande a medida que pasan los años... Sólo tendrá lugar si seguimos estudiando nuestra fe con más profundidad, si la practicamos con más fervor y... no cesamos de pedir la ayuda del auténtico auxilio de los cristianos, María y los santos del cielo"[5].

Una época pacifista como la nuestra evita la imaginería militar[6]: nos preguntamos ¿será ella apropiada? Además del hecho

---

[5] "The City of Light and the Regime of Darkness: Historical Meditation on Current Events," *Rorate Caeli*, septiembre 3, 2018.
[6] Ver mi conferencia "Christian Militancy in the Prayer of the Church," *OnePeterFive*, marzo 16, 2022.

de que la Sagrada Escritura está llena de esta imaginería –razón suficiente para seguir usándola– haríamos bien en recordar que el sacramento de la Confirmación ha sido entendido, desde tiempos antiguos, como el sacramento que nos fortalece para enfrentar al mundo y a su príncipe, el diablo, y para triunfar sobre todos los poderes que se erigen contra Cristo Rey. Nosotros estamos alistados en su ejército por el santo crisma. Si somos atacados, el Espíritu está a nuestro alcance para fortalecernos; si nos hieren o perturban, el Espíritu nos conforta; si nos cansamos, el Espíritu está pronto a sostenernos y darnos energías; si hacemos uso de Su fuerza, el Espíritu nos coronará con la victoria.

Pero una respuesta extensa a la pregunta "¿Qué debemos hacer?" tiene que abarcar más que al solo individuo. Como animales políticos y sociales que somos, *nos necesitamos unos a otros*, y necesitamos formar *comunidades con determinados propósitos*. Por ejemplo, los profesionales jóvenes deben crear oportunidades sociales para sí mismos, como un club de lectura mensual en torno a una comida; un tiempo de conversación en algún café cercano cada quince días; ver una buena película artística seguida de un análisis de ella; una clase de arte tomada colectivamente; sesiones de bailes tradicionales; un día de retiro guiado por un sacerdote; un paseo a una parcela de calabazas en otoño; un día de montar a caballo; sesiones de juegos de mesa o de deportes con otros católicos, con alguna buena cerveza para concluir[7]. Otros tipos de personas encontrarán el tipo de actividad social que mejor calza con ellos y los beneficia.

Un club de lectura es, por lo general, de largo aliento, ya que todos necesitan la oportunidad (y el incentivo) de aprender más, especialmente en una época en que nuestras lecturas se reducen a pequeños párrafos de noticias y de comentarios que rara vez ofrecen una visión más amplia e integrada de la fe o un análisis profundo de un determinado tema. Como ejemplo de los libros en que estoy pensando puedo nombrar *Christus Vincit*, de Mons. Athanasius Schneider, *Theology for Beginners*, de Frank Sheed, *The Mass of Brother Michael*, de Michael Kent, o *To Build the City of God: Living*

---

7 Ver Leah Libresco, *Building the Benedict Option: A Guide to Gathering Two or Three Together in His Name* (San Francisco: Ignatius Press, 2018), y los artículos de Julian Kwasniewski, "Money is for Coffee," *Salvo*, mayo 8, 2023; "The Enjoyment of Persons is Man's True Happiness," *OnePeterFive*, mayo 12, 2023; "Hilaire Belloc's List of Eight Manly Activities," *Crisis Magazine*, abril 18, 2023; "Eight Activities of the Renaissance Woman," *Crisis Magazine*, abril 26, 2023.

as Catholics in a Secular Age, de Brian McCall. Por cierto, existe una gran cantidad de libros de donde elegir para un grupo de estudio; la mayor parte de mis libros trae al final una bibliografía cuidadosamente seleccionada que puede ofrecer muchas ideas.

Un último comentario sobre libros. No todos gustan de leer historia, pero hay pocas cosas más útiles que el estudio de la historia para desarrollar una perspectiva realista sobre nuestra situación actual. Es sabio y reconfortante recordar qué cantidad de cosas muy buenas y muy malas han ocurrido a los cristianos y a la Iglesia hasta el presente, y cómo nunca se justifican ni la complacencia ni la desesperación. Leer historia puede parecer algo que distrae de la vida en comunidad con otros católicos aquí y ahora, pero estoy convencido, por experiencia propia, de que no es así. Uno de los problemas que todos enfrentamos en la Iglesia y, más en general, en nuestra sociedad dominada por los medios sociales, es la *ignorancia* del pasado, que tiene como consecuenca una falta de perspectiva sobre el presente que puede fácilmente hacernos vulnerables a "respuestas" simplistas o a ataques de desesperación.

Permítaseme poner un ejemplo concreto de lo que la historia nos enseña. El libro en dos volúmenes *Church and Society in Eighteenth-Century France*, de John McManner (desgraciadamente muy caro para muchos) documenta una época fascinante que terminó en 1789 con una catástrofe que hubiera aterrado a quienes vivieron (o murieron) durante su transcurso, pero que fue luego seguida por la asombrosa recuperación de la Iglesia en Francia a mediados del siglo XIX, que condujo a un florecimiento sólo superado por la Edad Media. San Juan María Vianney comenzó su vida con Misas prohibidas, celebradas en secreto en los graneros. Pueden ocurrir, y de hecho ocurren, cosas muy extrañas en la historia de la Iglesia de Cristo en sus 2000 años de peregrinación sobre la tierra. Un libro perfecto para un grupo de lectura es *Phoenix from the Ashes: The Making, Unmaking, and Restoration of Catholic Tradition* (Angelico Press, 2015), de Henry Sire. Es sumamente fácil de leer y estimula a pensar, y la segunda parte del libro -el análisis que hace Sire de la época de Vaticano II- es, sencillamente, brillante. Los escritos del Dr. John Rao y del Prof. Roberto di Mattei son también sumamente recomendables.

No hay motivo para que no se invite a no católicos bien intencionados a las actividades arriba mencionadas; y aunque es verdad que, antiguamente, sólo se admitía a la Misa a los bautizados, esa limitación ha cesado hace tiempo y es posible que se pueda llevar almas a la Iglesia invitando a personas bien dispuestas a asistir a una Misa tradicional bellamente celebrada. Hay muchos que se han convertido por haber ido a esa Misa que, contra el sino fatal pronosticado por los progresistas de los años 60 y 70, demuestra ser un importante agente de evangelización en nuestros tiempos –y esto es así precisamente porque no apunta a evangelizar sino a algo mucho más grande, más profundo, más absoluto: a la adoración del Dios Uno y Trino–.

24

Suspensión de Misas dominicales y de sacramentos: ¡Nunca más!

Una vez me preguntó una amiga qué pensaba yo del clero que "se rebeló" durante las cuarentenas del Covid-19 y siguió celebrando Misas y otros sacramentos, incluso cuando ello estaba "prohibido" por "autoridades legítimas". Y me preguntó también qué pensaba de los laicos que los alentaron, ayudaron y se beneficiaron con su ministerio. ¿Es defendible un comportamiento así? ¿Sería, incluso, un comportamiento *exigido*?

El tópico sigue siendo relevante porque nuestros llamados "gobiernos democráticos" en Occidente quedaron ebrios con el nuevo poder, más íntimo y más extenso, que obtuvieron sobre los ciudadanos al intervenir en las emociones primarias del miedo, provocadas por peligros sumamente exagerados. Cualquiera sea el próximo virus auspiciado por el gobierno, estemos seguros de que volverán las restricciones de todo tipo, incluso limitaciones de las actividades y reuniones religiosas. Se puede esperar que los gerentes mundiales de la ansiedad y el pánico se aprovecharán de cualquier "crisis sanitaria" y la extenderán todo lo que puedan, especialmente en naciones cuya irascibilidad natural haya sido domesticada por décadas de condicionamientos socialistas.

Fui y sigo siendo favorable a todo esfuerzo del clero y de los laicos por eludir e ignorar los *diktats* episcopales que limitan gravemente la vida sacramental de la Iglesia. Mi pensamiento en este ámbito surge de unos pocos principios básicos.

Los sacramentos no son un privilegio para quienes los merecen, ni una "fachada" simbólica de la "verdadera" vida católica, que se desarrolla sólo en el interior o domésticamente, como uno de los cardenales de la Iglesia parece creer[1], sino una *necesidad*, una

---

[1] Ver Antonio Spadaro, SJ, y Simone Sereni, "Bishop Mario Grech: An interview with the new secretary of the Synod of Bishops," *La Civiltà Cattolica*, octubre 23, 2020,

realidad que forma parte integral de la vida espiritual cristiana, como también un auténtico derecho de los fieles, entendido en relación con nuestro ser miembros del Cuerpo de Cristo. La Eucaristía es nuestro alimento fundamental para el alma y el cuerpo. La Confesión es nuestro baño (de sangre). La Extremaunción es nuestra cuerda de salvación, nuestra preparación inmediata para la muerte, el juicio y la eternidad. La privación de bienes espirituales de esta magnitud debiera ser sólo un último recurso, y de breve duración; por tanto, las limitaciones que se les pongan deben ser también un último recurso y de breve duración, causada claramente por una indudable emergencia (por ejemplo, gente cayéndose muerta a nuestro rededor en las calles). Una falta *total* de acceso a ellos no es *jamás* defendible.

Una cosa es que un régimen totalitario hostil a la Iglesia envíe a los sacerdotes a campos de concentración, en un esfuerzo por quitar los sacramentos a la gente, lo que no deja ninguna opción. Pero es una cosa totalmente diferente que los propios pastores de la Iglesia ordenen a sus sacerdotes poner fin a la celebración de los sacramentos para los fieles. Si lo hacen, causan un cortocircuito en su propia autoridad, en sus funciones y en su misión; se niegan totalmente a sí mismos. Es el equivalente de un obispo que predicase que Cristo no ha venido en carne humana (cf. 1 Juan 4), o que negara el *homoousios* del Credo, o sea, que Cristo es consustancial con el Padre y tiene, por tanto, autoridad y poder para impartir la vida divina, Su vida divina, a los pobres y necesitados de la Iglesia aquí abajo. Tiene que haber normas; pero normas que estrangulen, no. La represa puede regular el flujo de las aguas, pero las aguas tienen, al cabo, que fluir.

Lo mismo se aplica a la celebración pública de la sagrada liturgia y a nuestra participación en ella. Debido a la torpeza de obispos encadenados a compañías aseguradoras y a abogados, hay en la actualidad millones de católicos que creen que pueden eximirse sumariamente de su obligación de adorar a Dios los domingos. Lo cual no es verdad. Dios mandó que se lo adore con un *cultus* formal, público, para lo cual Él instituyó, para su Pueblo Elegido, un día a la semana. Con la resurrección de Cristo el primer día de la semana, se santificó el domingo como primicia y símbolo de la nueva creación, en que mora la justicia (cf. 2 Pedro 3, 13); por tanto, el domingo, el *Dies Domini*, la "pequeña Pascua", es un día solemne de *cultus* formal, público que debe ofrecerse a Dios. Este es el modo cómo los cristianos cumplen en forma óptima el Tercer Mandamiento, del cual no puede haber dispensa, como observa el cardenal Burke. Esta enérgica posición explica la curiosa ausencia de precedentes para "dispensas" generales y *permanentes* de la Misa dominical, incluso en medio de hambrunas, guerras, plagas y desastres mucho peores que lo que hemos visto en tiempos recientes. La obligación de estar personalmente presentes en el perfecto sacrificio de Cristo los domingos sigue en vigor para todos los bautizados, y ningún obispo puede alterarla en lo más mínimo, ni puede ser sustituida por presencias virtuales en "transmisiones en vivo".

Si es *imposible*, física o moralmente, que un individuo pueda asistir -el automóvil se descompuso camino a la iglesia; está enfermo o en riesgo de enfermarse; la iglesia ha sido cerrada y no existen alternativas-, la obligación deja de ser exigible, y no se comete pecado alguno (al menos, no por el laico...), pero nunca deja de existir. Permanece en vigor. La única cuestión es si tenemos o no fundamentos legítimos para no cumplirla. Los actos de nuestros obispos y de algunos sacerdotes han causado una impresión diferente: ir a Misa los domingos termina pareciendo una costumbre humana, una práctica de "quita y pon", y no la observancia de un precepto divino, establecido por Cristo y su Iglesia en su ininterrumpida tradición[2].

Más allá de estos puntos sobre los sacramentos y la liturgia, tenemos que mirar al gran cuadro que ofrece la Iglesia. Estamos enfrentados a una situación, que se ha creado con el paso de las décadas, en que los obispos han perdido credibilidad y fiabilidad. Con pocas excepciones, no enseñan la sana doctrina; no celebran la liturgia con reverencia; no eliminan de sus diócesis la homosexualidad y los abusos; tienen hambre de dinero. Por este camino han perdido el "fundamento moral" para que "sencillamente confiemos" en sus juicios. Como Newman nos dice que ocurrió en el caso del arrianismo, es justo decir que el magisterio actual de los obispos está con frecuencia "en suspenso", en una situación disfuncional, de retirada, de ineficacia [3]. En circunstancias tan caóticas como éstas, los sacerdotes y laicos deben manejarse lo mejor que puedan.

---

2 Para una completa explicación de cuándo la obligación es exigible y cuándo no, ver capítulo 21.
3 Ver Timothy Flanders, "Has the Magisterium Been Suspended?," *OnePeterFive*, agosto 1, 2023.

Cuando hay razones para creer que la salvación de las almas *no* está siendo respetada como suprema ley (*salus animarum suprema lex*), la obligación de un cristiano para con su Señor y Maestro adquiere precedencia sobre sus obligaciones para con los miembros de la jerarquía, por elevados que sean.

El 20 de mayo, en una carta publicada en LifeSiteNews, el arzobispo de Mobile, Alabama, Mons. Thomas J. Rodi declaró: "Si algún sacerdote no puede obedecer las normas de la arquidiócesis [que, entre otras cosas, prohibían dar a Comunión en la boca], debe abstenerse de celebrar Misa públicamente. Estos asuntos son demasiado serios como para que los abordemos de otro modo que no sea con el máximo cuidado por la seguridad de los demás"[4]. Actitudes parecidas tuvieron lugar en muchas diócesis del mundo.

Me imagino una declaración diferente, y más autorizada, emanada de la cancillería de la corte celestial: "Si algún obispo no puede cumplir la ley natural y la ley divina en relación con la adoración, reverencia y cuidado que debe demostrarse al Hijo de Dios en el Santísimo Sacramento, y si, además, no lucha por mantener las iglesias abiertas, accesible el culto litúrgico y disponibles los sacramentos para los fieles, es necesario que renuncie a la esperanza de alcanzar la gloria eterna. Estos asuntos son demasiado serios como para que los abordemos de un modo que no contemple la máxima sacralidad y el compromiso más absoluto con la salvación de las almas".

Lo mismo se aplica al clero y al laicado. En tiempos de pandemia (si es que nos llega alguna realmente tal) tenemos que hacer *más*, y no menos, uso de la oración, de las procesiones, penitencias, liturgias y sacramentos. En tiempos de pandemias espurias, tenemos que pelear contra las restricciones exageradas y las injustas cancelaciones, apoyando a quienes creativa y valientemente tratan de hacerles el quite o de obrar a espaldas de ellas.

Hay en todo el mundo católicos que admiran al arzobispo Sample por muchas cosas que ha dicho y hecho. Por ejemplo, es uno de

---

[4] Martin Bürger, "US Archbishop forbids priests to say public Masses if they offer Communion on tongue," *LifeSiteNews*, junio 2, 2020. Para otros ejemplos y crítica, ver Peter Kwasniewski, *Holy Bread of Eternal Life: Restoring Eucharistic Reverence in an Age of Impiety* (Manchester, NH: Sophia Institute Press, 2020), 227-55.

los pocos y selectos obispos en el mundo que ha celebrado regularmente la tradicional Misa Pontifical, en un momento en que hacerlo es condenarse al ostracismo, lejos de los estrados del poder. Mons. Sample fue puesto por Benedicto XVI en una de las diócesis más liberales de los Estados Unidos, Portland, y ha logrado gobernar el timón con mano firme. Lo mismo ocurre con el arzobispo Cordileone en San Francisco.

Sin embargo, cuando la Gobernadora Kate Brown impuso serias restricciones en Oregon, limitando el público en *cualquier* iglesia a 25 personas –aunque el edificio pudiera albergar a 300 o 1.000– la reacción de Mons. Sample fue profundamente decepcionante. Luego de declarar con franqueza que las restricciones eran inconstitucionales, injustas, y equivocadas desde un punto de vista católico, todo lo que hizo fue protestar *verbalmente*. Nada de desobediencia civil. Del mismo modo, Mons. Cordileone impulsó un movimiento llamado "Liberen la Misa", pero la premisa de base fue que tenemos que presuponer buena intención en las autoridades civiles y tratar de acomodarnos siempre a la dictadura sanitaria, hasta que esas autoridades *se convenzan* de relajar sus injustas limitaciones. Matthew Archbold comentó agudamente:

"Alabo los esfuerzos del arzobispo Cordileone. Ha hecho mucho más que innumerables sacerdotes, obispos y cardenales. Pero los reto a todos en este momento. Los católicos necesitan un héroe. Los fieles piden que el clero haga un esfuerzo, quizá ridículo e infructuoso, por mostrar cuán importante es la Eucaristía. La Iglesia de los Estados Unidos necesita desesperadamente acción. El catolicismo tiene que ser heroico, valiente, contracultural. O no es nada. Hay un tiempo para abogados y conferencias de prensa y exigencias. Pero no es éste el momento para ello. Ahora ha llegado el momento de que los católicos tracen en la arena una línea demarcatoria y digan *hasta aquí, ni un paso más acá*. Abran las iglesias. No permitan que se las clausure. Estemos preparados para ir a la cárcel. Seamos los locos de Cristo. Asumamos posiciones. Imagínense el impacto de ver a un sacerdote en la cárcel por celebrar una Misa. Sí, los medios lo ridiculizarían. Quizá muchos en la Iglesia lo harían también. Pero ello haría que millones comprendieran que nuestra fe no es una fe pasiva. Somos diferentes debido a que creemos. Piénsese en todos los hombres jóvenes que podrían verlo y motivarse. Fuercen a los secularistas a meter un sacerdote, un obispo o un cardenal en la cárcel o a revocar las órdenes anti-católicas que han dado. Fuércenlos a que se quiten la máscara. Muestren al mundo quiénes son verdaderamente. Y mostremos al mundo quiénes somos nosotros"[5].

Las cosas no fueron diferentes en Irlanda, donde los obispos inmediatamente se acobardaron, lo mismo que en muchas otras partes del mundo. Con este juego de "hacerse el muerto", la Iglesia muy pronto verá que esto no es un juego: morirá, efectivamente. Y así va desapareciendo la fe cristiana... no en medio de explosiones, sino de quejidos. Somos testigos del poco edificante espectáculo de algunos Sucesores de los Apóstoles que se derrumban ante los *dicktats* sanitarios de una señorita gobernadora.

Prontamente aparece el contraargumento: "Se supone que vencemos el mal con el bien. Lo que significa respetar todas las leyes y normas civiles". Pero las leyes y normas deben ser en pro del bien común y no ser –o parecer– radicalmente opuestas a él[6]. Calificar las reuniones religiosas como "innecesarias" o "no esenciales" es claramente contrario al bien común de la sociedad, que incluye el reconocimiento del derecho de Dios a recibir el debido culto, y de la prioridad de nuestras obligaciones y necesidades espirituales, como León XIII, Pío XI y otros papas han proclamado a una voz. En su "Carta desde una cárcel de Birmingham", Martin Luther King Jr. recordó, como es sabido, la enseñanza de Santo Tomás de Aquino: una ley injusta no es en absoluto ley (y lo mismo vale para las regulaciones, políticas y otras iniciativas gubernamentales, sean aprobadas o no por la legislatura). No debemos obedecer tales "leyes" sino desobedecerlas civilmente, lo cual es obedecer a una ley de mayor rango, en realidad la de más alto rango[7].

Entre las tristes lecciones que aprendimos en 2020, quizá la más triste fue que no podemos confiar en nuestros obispos en la búsqueda de nuestro bien espiritual, y ni siquiera para hacer público un planteamiento básico de la prioridad, no negociable y no suprimible, del culto divino. Entramos en el año 2021 con una conciencia bien despierta de que estamos, en mayor o menor medida, abandonados a nuestra suerte en la búsqueda de recursos,

---

[5] "No Abp. Cordileone, These People Wish Catholics Ill," *Creative Minority Report*, noviembre 24, 2020, énfasis añadido.
[6] Ver el capítulo 7.
[7] Ver Kwasniewski, "The Kingship of Christ and the Anti-Kingdom of Modernity."

los que sean, donde quiera que estén y cuándo quiera que podamos obtenerlos. Nuestros buenos y santos sacerdotes son los que tienen que cargar con el peso y estar presentes cuando las papas queman. Ello incluye –y aquí está el *quid* del asunto– disponibilidad para soportar suspensiones y otras medidas disciplinarias, sin intención alguna de abandonar su ministerio.

Ya va siendo tiempo de exhibir, a plena luz de día, los dos reinos que actualmente ocupan el mismo espacio físico, litúrgico y jurídico. Los súbditos de ambos reinos no trabajan con el mismo objetivo, y los dioses de la nueva religión tienen cada día más hambre. Es inevitable tener que elegir. La Misa tradicional es parte de la elección, pero no lo es todo. Los sacerdotes de los institutos llamados "Ecclesia Dei" (e.g., el Instituto de Cristo Rey Sumo Sacerdote, la Fraternidad Sacerdotal de San Pedro) también han sido desafiados por *Traditionis Custodes*: ¿qué considerarán que es ir demasiado lejos, dónde trazarán su línea demarcatoria en la arena? Tendrán que perder su miedo a la vida errante de capilla en capilla. Todo el edificio canónico normal se está viniendo abajo; se está alineando para someterse a la bergoglianidad y a su ideología socialista-globalista-medioambientalista.

Este desafío alcanza a todo el clero, sea el corriente o el tradicionalista: el constante acomodarse a malas políticas puede que no sea, después de todo, una inversión prudente cuando, en el futuro, todo explote por las nubes. ¿Qué va a quedar entonces digno de defenderse: unos cuantos "servicios dominicales", suprimibles por el capricho de un gobernador pagano, o por el capricho, todavía más despreciable, de un obispo sin cojones amenazado por el cardenal Roche con cartas-bomba? Por otra parte, ¡se supone que, simultáneamente, el laicado debe enseñar a sus hijos el heroísmo de los mártires y cuán bueno es permanecer en la corriente de la sagrada Tradición! Todavía no comienzan las cosas a ponerse realmente feas, y la ciudadela ya ha sido traicionada.

Queridos sacerdotes: Si es que Uds. deciden –y cuando lo hagan– comenzar a celebrar Misas en secreto, van a aquí algunos consejos que me han sido sugeridos por gente con experiencia en estas materias.

1. No se comuniquen en absoluto por medio de emails. Hacerlo es el peor error. Es probable que esos emails terminen en la oficina del obispo.

2. En general, no pongan nada por escrito. La comunicación cara a cara es la mejor, y lo es incluso viajar en auto para decir algo a alguien. Una llamada por teléfono es lo que viene a continuación en materia de seguridad, a pesar de que Apple o Google o quizás quién pueda imitar voces.

3. Sean cuidadosos al decidir quién es digno de confidencias. Este consejo es bueno tanto para el clero como para el laicado. Puede resultar duro decirlo, pero no debemos dejar que nuestro entusiasmo por la Misa nos ciegue a la malicia de los demonios y de las almas desordenadas, y de las personas de conciencia malamente formada que podrían creer que tienen el "deber" de olisquearnos y, a continuación, delatarnos. Vivimos en una época de guerra espiritual, por lo que debemos tener *bien en claro* quiénes son nuestros aliados, y *no imaginarnos* nada de aquéllos a quienes no conocemos bien. Si se va a invitar a alguien a la Misa, que sea alguien que se sabe *que está de acuerdo* con las razones por las que se celebra la Misa y que es capaz de mantener el secreto, y no invitar a alguien que "podría estar interesado en venir", pero de cuya lealtad no se está seguro. Sí, esto puede significar que algunas almas dignas sean excluídas por algún tiempo, pero es mejor así que poner toda la empresa en peligro.

4. Ser prudentes al reunirse, si se está usando una iglesia o capilla. Uno de mis amigos que vivió en Europa Oriental describe así, en noviembre de 2020, su experiencia:

"Mi visita a la familia la hice sin contratiempos. Hubo una hermosa Misa de Todos los Santos, y tres Misas por los fieles difuntos, en una iglesia cerrada con llave. Los organizadores abrieron la iglesia quince minutos antes de la Misa, y después, durante un minuto, antes de la Misa, por si llegaba algún atrasado. Se prohibió reunirse cerca de la puerta; se nos dijo que paseáramos por el parque con aire distraído, en caso de que que la iglesia no estuviera abierta cuando llegáramos. Después de la Misa, fuimos saliendo de a uno, con aire inocente. Lo cual se parece mucho a los años del Comunismo".

Por otra parte, puede haber situaciones en que el modo más apropiado de proceder es tomarse una iglesia en desuso o clausurada y reivindicarla para la comunidad, como hicieron los tradicionalistas de Port Marly en 1987 (diré algo más al respecto). Como dice Christian Marquant: "La piedad y la fortaleza no son incompatibles"[8].

---

[8] "Resistance is never futile: An interview with Christian Marquant, founder of Paix Liturgique," *Rorate Caeli*, diciembre 16, 2020.

Me parece que el gran desafío es dar el gigantesco paso de decir "Estamos en esto con todo, no importa lo que venga". Tengo la impresión de que las comodidades y convenciones de nuestra vida moderna occidental hacen casi imposible que mucha gente dé ese paso. Que no nos ocurra a nosotros. ¡Qué gloriosa oportunidad nos da el Señor de demostrarle a El -y también a nosotros mismos- que El está primero en nuestra vida y en nuestro corazón!

Es de justicia decir que algunos obispos, especialmente en Francia, se opusieron con firmeza a las autoridades civiles. Gladden J. Pappin escribe:

"Mons. Marc Aillet, obispo de Bayona, fue unos de los primeros cinco obispos que pidieron al Consejo de Estado levantar las restricciones. En una entrevista con *Le Figaro*, Aillet sugirió que, en algunas circunstancias, el bien común importa más que la obediencia a las disposiciones civiles". "Si San Pablo nos exhorta a obedecer a las autoridades civiles", dijo, "es en relación con el bien común -el de la sociedad, pero también el bien común superior de la Iglesia, cuya ley suprema es la salvación de las almas"[9].

Jane Stannus también escribe:

"El obispo Ginoux, de Montauban, ha hablado también claramente contra la prohibición, escribiendo en *Twitter* el 29 de octubre [2020] "Es fácil pedir a los obispos que asuman el liderazgo, si nadie los sigue. ¡Invadan las iglesias a la hora de Misa, pidan la Misa, y los obispos y sacerdotes acudirán a celebrarla... ¡Acciones, no palabras!". El mismo dijo la Misa el 15 de noviembre en presencia de más o menos diez personas, y felicitó públicamente a los que protestaban en favor de la Misa"[10].

Estos Sucesores de los Apóstoles no tuvieron miedo de alentar a los fieles a actuar abiertamente contra las leyes y normas injustas o irreligiosas, y ofrecieron el apoyo de su propio ejemplo. Esta es una lección que todos los obispos necesitan internalizar en relación con las políticas injustas e irreligiosas de *Traditionis Custodes*.

No es difícil comprender algunas de las malas decisiones tomadas en los primeros meses del estallido del Covid-19. No se sabía cuán

---

9 "The Mass Is the First Necessity," *First Things* online, noviembre 20, 2020.
10 "France Declares War on the Mass (Again)," *Crisis Magazine*, noviembre 19, 2020.

dañino era éste ni cuán rápido se extendería ni si nuestros centros hospitalarios darían abasto. Sin embargo, con el paso del tiempo y cuando se conoció más las estadísticas, pudimos ver con claridad –o habría que decir, quizá, que pudieron ver todos los que hicieron un esfuerzo por superar la narrativa unificada, tipo *Pravda*, de los medios mayoritarios– que a lo que nos enfrentábamos era a algo semejante a una grave racha de influenza.

Los obispos tienen la responsabilidad, que les ha dado Dios, de usar su razón para evaluar la seriedad de los riesgos y, al mismo tiempo, para preservar y promover los bienes esenciales de la vida cristiana, que incluyen el culto litúrgico y la recepción de los sacramentos. Estos son no sólo indispensables para la santificación de los individuos –razón suficiente para mantenerlos, cueste lo que cueste–, sino que son, también, necesarios para suplicar la ayuda y el perdón de Dios. Se hubiera necesitado un peligro mucho mayor que el que tuvimos para justificar las largas restricciones en el culto y los sacramentos, y nada hubiera sido suficiente para suprimirlos del todo. Fue *sencillamente injusto* que las iglesias se cerraran a los fieles, que se suprimieran las Misas públicas, que la confesión y la extremaunción escasearan o fueran inencontrables, que se suspendiera la Adoración del Santísimo, etc. Se ha escrito tanto sobre este tema que no hace falta decir más aquí.

Lo que quisiera, en cambio, enfatizar es la necesidad de que los católicos, laicos y clérigos, avancen a una etapa más decisiva de la resistencia a las decisiones injustas de las autoridades temporales o eclesiásticas. La tumultuosa historia del post Concilio Vaticano nos ofrece varios modelos. Christian Marquant, jefe de *Paix Liturgique*, nos habla de dos que ocurrieron en Francia:

"No se había asfixiado totalmente la resistencia católica [después del Concilio], pero ello no fue motivo para que sus oponentes detuvieran las persecuciones. En todas partes, por calumnias o por el empleo incluso de la fuerza, hicieron todo lo que estaba a su alcance para obstaculizar las Misas, los catecismos, las escuelas. De modo paradojal, y contrariando todos los principios del Vaticano II en cuanto a promover al laicado, esta voluntad de erradicar provino del clero y atacó al pueblo. En realidad, los historiadores y sociólogos han advertido que el rechazo de las novedades conciliares fue esencialmente un fenómeno laico y popular. El pueblo católico no estaba dispuesto a aceptarlas pasivamente. Hubo dos importantes acontecimientos populares que conmovieron a la Iglesia de Francia en esa época: primero, en 1977, la toma, por la fuerza, de Saint Nicholas du Chardonnet por una muchedumbre parisiense seguidora de Mons. Ducaud-Bourget, que estaba harta de celebrar Misas en espacios arrendados. Posteriormente, cerca de Versalles en 1987, se produjo la reacción de los feligreses de Saint Louis du Port Marly, que se negaron a permitir que se acabara con su comunidad: habían sido expulsados de su iglesia, sus puertas habían sido tapiadas... y simplemente echaron abajo las puertas para entrar de nuevo"[11].

Este último episodio merece, especialmente, ser mejor conocido por los católicos en todas partes. En una parroquia católica de Port Marly, a treinta kilómetros de Paris, se había conservado la Misa tradicional después del Vaticano II. Cuando el párroco murió, el obispo trató de imponer la nueva Misa en francés. El pueblo ocupó la iglesia, se negó a recibir al nuevo párroco y mantuvo un sacerdote propio para continuar con la Misa tradicional. El obispo respondió mandando cincuenta policías a recuperar la iglesia, apaleando y sacando de los bancos, a la rastra, a hombres, mujeres y niños. La policía procedió a tapiar las puertas de la iglesia con bloques de cemento.

Dos semanas después, el Domingo de Ramos de 1987, tres mil tradicionalistas regresaron a la iglesia en procesión. Un grupo de laicos, premunidos de un ariete, se abrieron camino a través de los bloques de cemento y los fieles tomaron posesión de la iglesia. "Si la policía viene a echarnos de nuevo", declaró Francis Tommy-Martin, guardia de turno en la iglesia, "podemos poner a más de 500 personas en la calle en menos de una hora". A pesar de una muy tensa relación con la diócesis local de Versalles, la comunidad tradicional de Port Marly ha seguido firme hasta el presente y, en años recientes, se fundó una parroquia atendida por el Instituto Cristo Rey Sumo Sacerdote.

Un video de esa memorable reconquista del Domingo de Ramos de 1987 está disponible *online*. Vale especialmente la pena el segmento en que la procesión llega a la iglesia y el ariete echa abajo los bloques de cemento de la entrada.

Este video es un recordatorio de cuán mal habían llegado a estar las cosas en Francia (y casi en todas partes, con la excepción de

---

11 Marquant, "Resistance is never futile."

Campos, Brasil) después del Concilio Vaticano II, y del coraje y la fuerza de una fiel resistencia. Tal como los católicos de La Vendée se opusieron a la Revolución en Francia, así los leales católicos de después del Concilio resistieron "la revolución con tiara y capa pluvial"[12], y así debemos hacer nosotros actualmente. La "plandemia" de Covid-1984 nos pilló desprevenidos ante la rápida toma del poder por autoridades civiles y eclesiásticas, que vieron una oportunidad estupenda para sofocar el renaciente populismo [N. del Tr.: este término no tiene aquí el significado, corriente en política, de interesada apelación al pueblo mediante promesas vanas o incumplibles] y el tradicionalismo[13]. Vino a continuación *Traditionis Custodes*. En respuesta, deberíamos imitar los métodos más realistas de nuestros valientes predecesores.

---

[12] Ver Brian Miles, "Revolution in Tiara and Cope: A History of Church Infiltration," *OnePeterFive*, mayo 10, 2016.
[13] Sobre este punto, ver Kwasniewski, *Holy Bread of Eternal Life*, 241-55.

25

Las capillas domésticas proliferan en tiempos de incertidumbre

HAY UN CRECIENTE NÚMERO DE CATÓLICOS interesados en construír en sus casas, o al lado de ellas, una capilla con un altar[1]. Muchos ya lo han hecho. Las razones para hacerlo varían en cierta medida. Algunos quisieran tener un lugar formal de oración con íconos o estatuas, y quieren darle una mayor dignidad poniendo un altar bajo las imágenes sagradas. Otros disponen de una habitación sin uso, adecuada para instalar allí una capilla donde se pueda ir a rezar el Oficio Divino, el Rosario o a leer las Escrituras, y ninguna capilla está completa sin un altar que nos recuerde a Cristo, la Roca, el supremo Sacrificio, y nuestro deber de transformar en altar nuestro corazón. Hay otros, en fin, que tienen amigos sacerdotes que se alojan con ellos cuando andan de viaje y quisieran tener un lugar tranquilo donde celebrar la Misa, cuando no tienen que decirla por obligación; y hay quienes se están adelantando a los tiempos más negros y más difíciles que se nos vienen, en que los buenos sacerdotes puede que se vean forzados a ir celebrándola de casa en casa, o incluso a esconderse.

Cualesquiera sean los motivos, hay que entender bien un par de cosas antes de lanzarse a construír un altar.

Primero, aunque la familia es, verdaderamente, una iglesia doméstica y el hogar es un lugar santo cuando se lo ha bendecido usando el *Rituale Romanum*, un altar como éste no ha sido solemnemente consagrado, ni lo ha sido tampoco la capilla doméstica para el culto divino, de modo que su uso debe verse como algo excepcional o, al menos, como algo que necesita una justificación razonable. Ciertamente, una situación de emergencia, como cuando el Estado

---

[1] Estas capillas domésticas pueden llamarse también oratorios, lugares de oración, o ermitas. La terminología no tiene mucha importancia, siempre que no se las llame "iglesias", término que tiene un significado bien específico.

suprime injustamente el culto en las iglesias, o cuando un obispo cancela la Misa tradicional, es suficiente como justificación.

Segundo, el altar, si es posible, debiera tener una reliquia de primera clase incorporada o, al menos, puesta sobre él para cuando se celebra el Santo Sacrificio de la Misa. Algunos sacerdotes viajan llevando un *antimension* bizantino, que es un paño, con reliquias que le han sido cosidas, para cubrir el altar. La oración que pronuncia el sacerdote en el rito tradicional romano cuando sube y besa el altar antes del Introito se refiere a las reliquias del altar o puestas cerca de él: *Oramus te, Domine, per merita Sanctorum tuorum [besa el ara o piedra sagrada] quorum reliquiae hic sunt, et omnium Sanctorum: ut indulgere digneris omnia peccata mea* ("Rogámoste, Señor, por los méritos de tus Santos, cuyas reliquias yacen aquí [besa el altar] y por los de todos los Santos, que te dignes perdonarme todos mis pecados"). Un sacerdote tradicional puede ayudar a obtener reliquias.

Tercero, una vez que se ha erigido el altar, sería impropio usarlo para cualquier otra cosa, especialmente después que se ha celebrado la Misa en él. No debiera servir como mesa adicional de comedor o para poner el televisor o como superficie para limpiar escopetas. Que el altar sea altar y nada más.

Cuarto, asegurarse de que el altar esté construído de acuerdo con adecuadas especificaciones. Muchas mesas corrientes son demasiado bajas para la Misa, ya que están hechas para que la gente se siente alrededor, no para que esté de pie. Aunque las dimensiones pueden variar mucho sin dejar de ser aceptables, las siguientes dimensiones resultan sumamente apropiadas para un altar doméstico y así lo creen varios sacerdotes que conozco: 1 metro de alto, 1,5 metros de largo, medio metro de fondo. Este alto, largo y fondo es espacio suficiente para todo lo que se necesita en la Misa tradicional[2].

Cuando el espacio y los medios lo permitan, lo óptimo es poner el altar sobre una tarima de tres escalones, pero esto no es siempre posible en una casa. Si bien los escalones son un hermoso símbolo, los sacerdotes están acostumbrados a "hacer lo que se puede" en cualquier situación que se les presente (e.g., muchos sacerdotes que van de viaje celebran la Misa en habitaciones de hotel). También he visto altares domésticos con frontal [N. del Tr.: antipendio] del

---

2 Los que quieran más detalles pueden leer a Matthew Alderman sobre la forma, dimensiones y lugar adecuado para los altares: "On the Size of Altars," *New Liturgical Movement*, octubre 8, 2010.

color litúrgico apropiado al tiempo o a la fiesta: puede prestarse atención a este nivel de refinamiento una vez que todo lo demás haya sido solucionado.

En mi opinión, deberíamos comenzar a construir altares en nuestras casas[3]. Mi mujer y yo encargamos a un amigo que nos lo construyera, y tuvimos el privilegio de "inaugurarlo" con Misas durante tres días seguidos cuando un amigo sacerdote pasó por nuestra ciudad. Lo construimos con buena madera de un color café oscuro, lo pusimos en nuestra sala de estar contra el muro oriental, con un ícono colgado encima y dos reliquias de primera clase sobre él.

Un último punto. No es en absoluto necesario que el altar doméstico sea una "mesa de Cranmer", es decir, puesto de tal modo que el sacerdote pueda decir la Misa *versus populum*, vuelto hacia los fieles. Desde la historia y la teología, esta forma de decir la Misa es incorrecta[4], y no es ni siquiera lo que el *Novus Ordo* supone, según sus propias rúbricas[5], además de ser extraña en una liturgia que se celebra con sólo una cortísima separación de los fieles. Cualquier sacerdote del rito romano puede y debe celebrar el sacrificio *ad orientem* (de cara al oriente). Además eso es, en general, necesario en una casa, por el poco espacio disponible, situación en que un altar pegado al muro ofrece una gran ventaja práctica.

Los sacerdotes que celebran la Misa tradicional están normalmente bien equipados para celebrarla en cualquier parte, porque llevan consigo casullas reversibles y otros ornamentos, como también velas, sacras y misal. Sin embargo, es una buena idea que los que tienen un altar doméstico mantengan una reserva de velas (ojalá con 51% de cera de abejas), vinajeras para el agua y el vino, tres manteles para poner uno sobre otro en el altar, y una campanilla. No hará daño tener también otras cosas, en caso de que se termine por dar refugio a un fugitivo que haya perdido sus pertenencias o que nunca tuvo ninguna.

---

3 Los lectores pueden inspirarse para ello en las muchas fotografías de altares domésticos y de capillas que aparecen en el *website New Liturgical Movement*. Búsquese en *newli- turgicalmovement.org* y luego "home altar" y "home chapel".
4 Ver mis artículos "Mass 'Facing the People' as Counter-Catechesis and Irreligion," *New Liturgical Movement*, agosto 20, 2018; "How Contrary Orientations Signify Contradictory Theologies," *New Liturgical Movement*, noviembre 5, 2018; cf. Michael Fiedrowicz, *The Traditional Mass*, 141-52.
5 Ver mi artículo "The Normativity of Ad Orientem Worship According to the Ordinary Form's Rubrics," *New Liturgical Movement*, noviembre 23, 2015.

Qué irónico sería que la "iglesia doméstica cristiana" – concepto tan querido por los revolucionarios litúrgicos anticuarianistas, que lo usaron de pretexto para su aerodinámico servicio de oración– resultara ser el lugar en que la Misa tridentina, con toda su intensidad medieval y barroca, sobreviviera, aunque fuera en circunstancias humildes y transitorias, a la persecución que se viene contra los católicos. Martin Mosebach cuenta cómo un sacerdote, conocido suyo, se exasperó con él por no asistir al *Novus Ordo* en la catedral, con Misa orquestal. Mosebach reflexiona: "Me fue sencillamente imposible hacerle ver que una Misa rezada, en el rito antiguo, dicha en silencio en un garage, es más solemne que el mayor concierto en una iglesia, son todos sus adornos espirituales"[6].

Quizá esté por llegar el tiempo en que las palabras de San Juan Crisóstomo sean otra vez tan certeras como lo fueron en el siglo IV: "Así como todos los que invitan a comediantes, bailarines y rameras a sus fiestas, invitan a los demonios y al mismo Satanás a que llenen sus casas con innumerables desórdenes (celos, adulterios, desenfrenos e incontables males), así los que invitan a David con su lira invitan a Cristo. Donde está Cristo no entran demonios, que no se atreven ni siquiera a asomarse al pasar. Paz, gozo y todas las cosas buenas fluyen hacia esta casa como desde sus mismas fuentes. Ellos [los paganos] hacen de su casa un teatro; vosotros haced de las vuestras una iglesia. Porque donde hay salmos, y oraciones, y danzas de los profetas y personas piadosas que cantan, no se equivocará quien llame *iglesia* a esa asamblea"[7].

En la historia de Occidente, las capillas domésticas son un fenómeno asociado especialmente con la aristocracia que vivía en grandes propiedades y podía costear un capellán residente. En tiempos de persecución, estas capillas a menudo se convirtieron en importantes refugios dado que su lejanía, además del estatus de la familia propietaria, oponía una especie de parachoques entre el mundo exterior y las ceremonias que se realizaban en ellas. Esta seguridad

---

6 *The Heresy of Formlessness: The Roman Liturgy and Its Enemy*, trad. Graham Harrison, ed. rev. y ampliada (Brooklyn, NY: Angelico Press, 2018), 80.
7 San Juan Crisóstomo, *Exposition of Psalm XLI*, en Oliver Strunk, ed., *Source Readings in Music History from Classical Antiquity through the Romantic Era* (New York: W. W. Norton & Co., 1950), 69.

no siempre fue suficiente para impedir que se descubriera a los sacerdotes y se los capturara por las fuerzas hostiles del Estado.

Aunque algunas capillas domésticas del tipo mencionado todavía existen y funcionan, se está haciendo más común ver que se construye modestas capillas en las casas de los laicos católicos corrientes. La renovación de un sótano, una habitación pequeña en desuso, una buhardilla, son oportunidades para construir un altar y destinar un lugar apropiado para la Misa y otras devociones en tiempos de necesidad. Algunas familias simplemente quieren crear un lugar de oración en que se pueda estar para orar individualmente o en común, en un ambiente que les recuerde -o los conecte con- la parroquia o capilla a la que van normalmente a Misa. Otros, muy conscientes de la situación grave y cada vez peor en que está la Iglesia en Occidente, han decidido "planificar por adelantado" y crear un espacio apropiado para sacerdotes escondidos o "cancelados". Cierta diócesis ha prohibido (ilegalmente) las Misas tradicionales privadas, y hay otras medidas en camino[8]. Los sacerdotes en diócesis como ésa se verán beneficiados al contar con lugares de refugio donde puedan capear las restricciones injustas y celebrar la Misa para Dios, en presencia de un laicado agradecido.

Algunos católicos tienden a ironizar o a mirar con malos ojos las Misas celebradas en las casas, como si fuera algo que no debe hacerse. Tienen razón en el sentido de que, en circunsancias ideales, todas las parroquias, catedrales y basílicas debieran estar transidas del silencio sagrado de la Misa rezada, y vibrar con el sonido del canto gregoriano y del órgano de tubos de la *Missa cantata* y de la *Missa solemnis*. Pero no es así, ni siquiera remotamente, en el momento que vivimos. Y en una época de creciente hostilidad contra la tradición de la Iglesia, nuestro patrimonio tiene que ser preservado y transmitido. En los años 1970, hubo muchas Misas dichas en salas de hotel y de casas particulares, y ello es uno de los motivos por los que hoy podemos tener Misas tradicionales en las iglesias y catedrales.

La novela histórica de Robert Hugh Benson, *By What Authority?*, ubicada en el reinado de la reina Isabel I, nos proporciona la mejor versión novelada, hasta donde sé, de una Misa secreta dicha en una casa. Uno de los principales personajes, una dama

---

8 Ver capítulo 16.

Las capillas domésticas proliferan en tiempos de incertidumbre

puritana llamada Isabel, que se ha hecho íntima con una familia de católicos "recusantes" y se siente atraída hacia la fe de ésta, tiene la primera experiencia de la Misa, dicha por un sacerdote que ha sido torturado muchas veces y que, no obstante, ha logrado escapar vivo. Dadas las circunstancias extraordinariamente peligrosas, tiene que decirla a mitad de la noche, en una sala de la gran casa. He aquí un extracto, de una de las mejores descripciones de la Santa Misa en toda la literatura inglesa[9].

"La capilla de Maxwell House estaba ubicada en el ala del claustro; pero un extraño que recorriera la casa no lo hubiera sospechado jamás. El nuevo salón de Lady Maxwell se abría a un pequeño zaguán o descanso, de unos cuatro metros por cuatro, iluminado desde arriba; en uno de sus extremos estaba la puerta que daba a su dormitorio. Este zaguán era apenas más que un pasadizo amplio, y no atraía la atención de nadie que circulara por allí. El único mueble que había en él era un gran armario, del alto de una mesa, puesto contra la pared, la que se prolongaba como una larga galería, desde la cual se veía el jardín del claustro. El zaguán parecía, de hecho, tan ancho como las dos habitaciones que se abrían a lado y lado; pero esta sensación era causada porque la pared exterior sobresalía, en esa parte, un poco hacia afuera, y la pared interior era un poco más delgada que las de las dos habitaciones. La falsa sensación aumentaba porque esos dos salones tenían muros con paneles y de ellos colgaban pesados tapices, en tanto que el zaguán tenía los muros desnudos. Un curioso que hubiera mirado el interior del armario habría visto en él sólo un viejo vestido y unos cuantos trozos de tela. Pero ese zaguán era la capilla, y el armario era la entrada a uno de los escondites del sacerdote, donde se guardaba también el ara del altar y los paramentos y ornamentos. El fondo del armario tenía, en efecto, bisagras puestas de tal modo que, cuando se lo presionaba en dos lugares al mismo tiempo, bajaba lo suficiente como para permitir que el lado del armario pegado a la pared pudiera ser corrido hacia un lado, lo que permitía entrar a un pequeño espacio, de unos dos metros de largo por uno de ancho, donde se guardaba todo lo necesario para el culto divino, con

---

9 Este extracto está tomada de la edición no abreviada de *By What Authority?*, publicada por Cenacle Press de Silverstream Priory.

espacio suficiente, además, para que dos hombres se escondieran. Esta cavidad tenía también una subida que iba hasta el techo, pero era un pasadizo difícil y peligroso, y debía usarse sólo en caso de extrema necesidad.

"Fue en ese zaguán donde, a la mañana siguiente, llegó Isabel, arrodillándose para esperar la Misa. Había sido despertada por Mistress Margaret poco antes de las cuatro, diciéndole que se vistiera en la oscuridad, porque era imposible, en esas circunstancias, saber si la casa estaba o no vigilada, y una luz, vista desde el exterior, había de causar sin duda problemas y disturbios. Se había, pues, vestido y bajado desde sus aposentos, siguiendo por los corredores, tan familiares durante el día, tan sombríos y sugerentes ahora en la oscura mañana, con sólo una luz, puesta bajo pantallas, en las esquinas. Otras figuras se deslizaban también, pero no se dio cuenta, en la oscuridad, de quiénes eran. Y así llegó al saloncito donde había tenido lugar la escena de la noche anterior, y después al zaguán que con él comunicaba. Pero todo el lugar se veía transformado.

"Sobre el viejo armario colgaba ahora un cuadro, que normalmente estaba en la habitación de Lady Maxwell, de la Virgen Madre y del Niño, con un gran marco tallado de madera oscura. El armario se había transformado en altar: Isabel pudo ver la leve elevación, en la mitad del largo mantel de lino, que indicaba la presencia del ara, y sobre él, en la esquina izquierda, varios paños de lino y de seda. Sobre el altar, contra la pared, se veía dos delgados candelabros con luces encendidas, y un crucifijo de plata entre ambos. Los paneles de madera tallada del armario, que representaban el sacrificio de Isaac en una mitad y, en la otra, la ofrenda de Melquisedec, hacían las veces de frontal bordado de altar. A un costado, contra la pared, había una mesita plegable cubierta con un mantel blanco, con las vinajeras y otras cosas sobre ella. Había dos o tres bancos en el zaguán, y apoyadas en ellos se arrodillaban doce o más personas, inmóviles, con sus rostros inclinados. Se sentía afuera una ligera brisa, como la que corre antes del amanecer, y en el interior había un suave soplo que hacía parpadear las velas de vez en cuando.

"Isabel ocupó su lugar junto a Mistress Margaret en el banco de adelante, y al arrodillarse, advirtió que había un espacio reservado para Lady Maxwell. Un momento después se oyó unos pasos, lentos y trabajosos, que cruzaban el salón, y Lady Maxwell apareció muy lentamente con su hijo, que se apoyaba en uno de sus brazos y en un bastón. El silencio era tan profundo que a Isabel le pareció que todos habían dejado de respirar; sólo oía los lentos latidos de su propio corazón.

"James llevó a su madre, pasando por delante del altar, hasta su puesto, haciéndole una reverencia; y luego se dirigió hacia el altar para revestirse. Al llegar a él y detenerse, apareció un sirviente que le recibió el bastón. El sacerdote hizo la señal de la cruz y tomó el amito de entre los paramentos que yacían doblados sobre el altar. Ya estaba vestido con la sotana.

"Isabel miraba cada movimiento con un interés profundo, intenso; el sacerdote era tan frágil y maltrecho, de cuerpo tan inclinado, tan lento y débil en sus movimientos. Hizo un intento de levantar el amito pero no pudo; se volvió levemente, y el hombre que estaba detrás se acercó de nuevo y se lo levantó. Luego, el sacerdote se puso cada uno de los paramentos: levantó el alba por sobre la cabeza y suavemente introdujo por las mangas las manos vendadas, amarró el cíngulo a su alrededor, besó la estola y se la puso al cuello y cruzó ambos extremos de ella por debajo del cíngulo, acomodándose el amito; luego puso el manípulo en su brazo izquierdo, pero con infinito cuidado y, finalmente, levantó la gran casulla roja, la dejó caer sobre la cabeza y la enderezó. Y así apareció el sacerdote tal como se había visto el domingo anterior, nuevamente con paramentos escarlata, pero ahora inclinado y con el rostro macilento.

"A continuación comenzó la preparación con el ayudante, que se arrodilló a su lado con su librea acostumbrada, como acólito; e Isabel oyó por primera vez el murmullo de palabras en latín. Luego, el sacerdote subió al altar, se inclinó lentamente, lo besó, y comenzó la Misa.

"Isabel tenía un misal que le había prestado Mistress Margaret, pero apenas lo miraba, tan concentrada estaba en esa figura escarlata y en sus extraños movimientos, y en su voz lenta y quebrada. Todo era diferente de cuanto se había imaginado que era un acto de culto. Para ella, el culto público había significado o bien sentarse para oír a un ministro, mientras que la palabra era aplicada a su alma en el sacramento del púlpito; o bien recitar el ministro unas oraciones en voz alta, clara y expresivamente, para que el intelecto pudiera seguir las palabras, terminando con un robusto "Amen". El ministro era, para los hombres, ministro de la Palabra de Dios, un intérprete para los hombres de su Evangelio.

"Pero este culto era diferente del otro en casi cada detalle. El sacerdote hablaba a Dios, no al hombre; por tanto, lo hacía en voz baja, y en una lengua que, como Campion había dicho en el cadalso, "ambos entendían". En comparación, no tenía importancia si el hombre seguía las palabras una a una, porque (y en esto estaba la segunda y radical diferencia) el propósito del culto para los asistentes no era una aprehensión intelectual de las palabras, sino un asentimiento voluntario y una participación en un acto supremo, para el cual las palabras eran en verdad necesarias, pero al cual estaban subordinadas. Era lo que se hacía, no las palabras que se decía, lo que tenía importancia ante Dios. Aquí, tal como lo entendían los católicos que rodeaban a Isabel, y como ella misma comenzó a percibir, aunque de modo vago y obscuro, estaba el sublime misterio de la Cruz ofrecido a Dios. Y al mirar El, complacido, el silencio y la obscuridad del Calvario, y ver ahí cumplido el acto por el cual el mundo era redimido, miraba también (como lo creía ese grupo de discípulos) el silencio y la penumbra de ese pequeño zaguán, y veía el mismo misterio realizado por las manos de alguien que, en virtud de su participación en el sacerdocio del Hijo de Dios, tenía el poder de pronunciar esas conmovedoras palabras por las que el Cuerpo que había colgado en el Calvario, y la Sangre que chorreaba de él, se mostraba de nuevo a Sus ojos, bajo la forma de pan y vino. Gran parte de esta fe era todavía oscura para Isabel; pero entendía lo suficiente; y cuando el murmullo del sacerdote terminó en un palpitante silencio y los adoradores se hundieron en una adoración todavía más profunda, y cuando, con terrible esfuerzo y uno o dos jadeos de dolor, esas manos vendadas se elevaron en el aire, temblando, con Algo que se veía blanco entre ellas, la niña puritana también bajó la cabeza, elevó el corazón, y suplicó al Altísimo y Misericordiosísimo que mirara el Misterio de la Redención realizado en la tierra, y que por amor a su Bienamado enviara su gracia a la Iglesia católica, para fortalecer y salvar a los vivientes, para dar descanso y paz a los muertos, y especialmente para recordar a su querido hermano Anthony, y a Hubert, a quien amaba; y a Mistress Margaret y Lady Maxwell, y a esta fiel familia; y al pobre hombre apaleado que tenía al frente, que no sólo como sacerdote había sido hecho como el Eterno Sacerdote, sino que como víctima había colgado también de una cruz yacente, amarrado de manos y de pies, exponiendo así su cuerpo para que todos vieran las marcas del Señor Jesús.

Las capillas domésticas proliferan en tiempos de incertidumbre 327

"Lady Maxwell y Mistress Margaret se levantaron y se adelantaron, después de la Comunión del sacerdote, para recibir, de esas manos heridas, el Cuerpo Roto del Señor.

"Y luego terminó la Misa, y el ayudante se acercó de nuevo para asistir al sacerdote mientras éste se sacaba los paramentos, quitándole él cada uno de ellos –el padre Maxwell ya estaba terriblemente agotado– y depositándolo encima del altar. Después lo ayudó a trasladarse a un pequeño taburete para que se arrodillara en él e hiciera su acción de gracias. Isabel miraba, extrañada y asombrada, al ayudante: era el hombre que ella conocía tan bien, que le abría las puertas, y le servía en la mesa; pero ahora se veía revestido de una rara dignidad mientras circulaba confiada y reverentemente en torno a aquel tremendo altar, y tocaba esos paramentos que, incluso para sus ojos de puritana, brillaban con nueva sacralidad. La conmovió pensar en la oculta vida católica de esta casa, en estos sirvientes que amaban misterios –familiares, para ellos– que les habían enseñado a temer y recelar, ante los cuales ella también inclinaba ahora todo su ser con fe y adoración.

"Después de un par de minutos, Mistress Margaret tocó a Isabel en el brazo y le hizo seña de acercarse con ella al altar, que comenzó inmediatamente a despojar de sus ornamentos y manteles, habiendo encendido otra vela en uno de los bancos. Isabel, llena de temor y temblor, la ayudó a hacerlo, ya que todos los demás, excepto Lady Maxwell y su hijo, se habían ido silenciosamente. Ahora, se había descolgado la pintura y descansaba apoyada en la pared; los ornamentos y vasos sagrados estaban puestos en una caja y, en otra, los paramentos y los manteles. Luego, ambas retiraron, juntas, la pesada ara del altar. Mistress Margaret levantó la pesada tapa del armario, metió en él las manos e Isabel vió cómo la parte de atrás del armario caía, al parecer hacia la pared. Mistress Margaret indicó a Isabel que se metiera al armario y pasara a la parte posterior de éste, cosa que hizo con mucha dificultad, y se encontró adentro del pequeño espacio que había detrás. En éste había un par de taburetes y algunos estantes en la pared, con letreros en los cajones, y una bandeja encima. Isabel recibió las cajas que Mistress Margaret le pasó, y siguió las instrucciones de ésta sobre dónde ponerlas, y cuando todo estuvo listo, se deslizó de nuevo, a través del armario, hasta el zaguán.

"El sacerdote y su madre estaban todavía ahí, inmóviles en sus lugares. Mistress Margaret cerró el armario, por adentro y luego por afuera, le indicó a Isabel que se dirigiera al salón y cerró la puerta tras de sí. Entonces le rodeó el cuello con los brazos y la besó una y otra vez.

"Querida mía, le dijo la monja, con lágrimas en los ojos: Dios te bendiga, ¡tu primera Misa! Oh, cuánto he rezado por esto. Y ahora ya conoces todos nuestros secretos. Ahora, vuelve a tu dormitorio y métete de nuevo en la cama. Son apenas las cinco y tanto. Lo vas a ver de nuevo -a James- antes de que se vaya. Dios te bendiga, querida mía".

"Y se quedó mirando a Isabel que se alejaba por el pasillo, y luego regresó adonde estaban los otros dos arrodillados, para hacer su propia acción de gracias.

"Isabel entró en su dormitorio como en sueños. Pronto estuvo en cama de nuevo, pero no pudo dormir: la visión del extraño culto a que había asistido; los detalles curiosos del mismo, el reflejo de las dos velas en los hombros de la casulla roja cuando el sacerdote se inclinaba hacia el altar para besarlo, la cabeza inclinada del ayudante a su lado, la pintura en la pared con la Madre de ojos recatados, en cuyas rodillas el Niño radiante, puesto de pie, bendecía al mundo: todo esto brillaba en la oscuridad. Casi sin esfuerzo de la imaginación podía, además, recordar el lento murmullo de aquellas palabras desconocidas, y oír el crujido de los paramentos de seda, y los movimientos y respiración de los asistentes en el pequeño zaguán.

"En fin, en un flujo interminable, comenzó a hacerse presente el lado intelectual de todo esto. Isabel había asistido a algo que el Gobierno calificaba de crimen; y era por este crimen -un conjunto de cosas (acciones, palabras, objetos materiales) extrañas pero seguramente inocentes, en todo caso- que muchos hombres y mujeres, de carne y hueso igual que ella, estaban dispuestos a morir, y que otros, de la misma naturaleza que ella, estaban dispuestos a hacerlos morir. Era por la Misa, la Misa que ella había visto; y repetía para sí misma la palabra, tan siniestra, tan sugerente, tan poderosa. Luego comenzó de nuevo a pensar -si se pudiera decir que había dejado de hacerlo en algún momento- en Antonio, que se horrorizaría si supiera, en Hubert, que había renunciado a este maravilloso culto sólo -se lo temía- por amor a ella; y en su padre, sobre todo, que lo había mirado con repugnancia -sí, pensó Isabel, pero ahora ya sabe-. Después pensó nuevamente en Mistress

Margaret. Después de todo, la monja tenía una vida espiritual tan intensa y pura que superaba todo lo que ella había experimentado o imaginado jamás. Y el corazón de todo ello era la Misa. Pensó en ese rostro viejo, arrugado, tranquilo, cuando regresó a desayunar en Dower House: había aprendido rápidamente a leer en ese rostro si se había o no dicho Misa aquella mañana en el Hall. Y Mistress Margaret era sólo una entre otros miles para quienes este breve conjunto de acciones vistas y oídas a medias, acuñadas y dichas por un hombre con curiosas vestimentas, era más precioso que todas las meditaciones y oraciones juntas. ¿Podía la gran superestructura de oración y aspiraciones y esfuerzos descansar en una locura tan vacua como ésta, que podría haber sido inventada por un niño o un salvaje?

"Luego, de modo muy natural, a medida que se tranquilizaba y disminuía su excitación, comenzó a pensar en el lado espiritual. ¿Había ocurrido aquello en que Mistress Margaret creía -que el Cuerpo mismo y la Sangre de su adorado Salvador, Jesucristo, se había hecho presente entre las manos del sacerdote, como El lo había prometido claramente: ¡Su propia y clara promesa!-? ¿Era, en verdad, esta acción de media hora el más augusto de los misterios de todos los tiempos, el Cordero eternamente sacrificado, haciéndose presente El mismo y su Muerte ante el Trono, en un tremendo e incruento Sacrificio; un misterio tan augusto que los mismos ángeles no pueden adorarlo sino de lejos, sin poder ellos llevarlo a cabo?".

26

Persecución de monjas: Lecciones de la clandestinidad en Rusia

Q UIENES HAYAN ESTADO PRESTANDO ATENción al creciente ataque a la vida religiosa contemplativa y a las comunidades religiosas tradicionales[1] seguramente se preguntarán: ¿Qué se puede hacer ante este mal? ¿Cómo pueden las monjas y hermanas defenderse? ¿Qué pueden hacer? ¿Están abandonadas, a merced de las autoridades de la Iglesia, que quisieran hacerlas desaparecer de la faz de la tierra?

La respuesta a la primera pregunta es sombría: hay muy poco que se pueda *hacer* ante al ataque, que está teniendo lugar *ahora mismo* y, a menos que haya una intervención divina, la pesada mano vaticana se dejará caer con fuerza. Se hará esfuerzos por desacreditar, disolver y dispersar las comunidades tradicionales, especialmente las monjas carmelitas, que son el "corazón" de la Iglesia[2]. A la segunda pregunta: la monjas pueden defenderse ellas mismas apelando a varios dicasterios para proteger sus carismas antiquísimos y constantemente aprobados, o pidiendo la intervención de cardenales amigos y de otros personajes con influencia, o incluso recurriendo directamente al papa para que haga con ellas una excepción.

Pero supongamos que estos recursos fracasan, y que llega un decreto que dice "El monasterio se cierra". O: "Les estamos enviando a tal persona como superiora interina hasta que se solucionen los problemas que hemos detectado". ¿Qué pasa entonces?

Existe una estrategia que ha funcionado anteriorente en tiempos de persecución en la historia de la Iglesia. Y digámoslo con claridad: hoy existe una persecución, no por parte del Estado, como en

---

[1] Bien documentado por Hilary White: ver "A Warning to the Carmelites of Fairfield," *OnePeterFive*, octubre 21, 2021, donde proporciona más vínculos con su investigación.
[2] Ver mi artículo "Contemplative Religious: The Heart of the Church and the Measure of Her Health," *OnePeterFive*, octubre 2, 2019.

la supresión de los conventos por Enrique VIII o en la carnicería desatada en la Revolución Francesa, sino por parte de eclesiásticos que, con soberbia diabólica, meten violentamente las manos en la pupila de los ojos de Dios. Dicha estrategia apunta a conservar la realidad del carisma y el modo de vida tradicional mediante el sacrificio -temporal- de algunas de sus manifestaciones externas. Ello se hace bajo presión, y por tanto no es considerado por Dios como un culpable abandono de esas manifestaciones externas; en realidad, se las deja a un lado precisamente para continuar adhiriendo a lo que ellas significan.

El presupuesto fundamental es que las propiedades materiales de la comunidad, incluídos los terrenos y edificios, deben pertenecer a una organización laica, de modo que ninguna entidad religiosa, diocesana o de cualquier otro tipo, pueda apropiarse de ellas como "botín de guerra".

Supuesto que ello ha sido solucionado, las monjas no necesitan doblegarse ante exigencias injustas de modernización, de formar obligatoriamente federaciones, etc. Por el contrario, "disuelven" voluntariamente la comunidad sacándose los hábitos religiosos. El lugar ya no se llamará convento o monasterio; a este efecto, habrá que eliminar letreros, placas y membretes. Las monjas se visten con ropas laicas sencillas que sugieren un hábito religioso, y se quedan en sus edificios, *viviendo exactamente la misma vida personal y litúrgica de oración y penitencia que vivían anteriormente.*

El monasterio se ha transformado así, a los ojos del mundo, en un centro en que mujeres de mentalidad afín persiguen voluntariamente un interés común. No se trata de otra cosa que de un grupo de laicas devotas que han formdo lo que se podría llamar un "hogar de oración", algo que no está prohibido ni por leyes civiles ni canónicas. Ni siquiera deben pedir ser una "asociación de fieles" (*consociatio christifidelium*). No necesitan tener absolutamente ningún estatus. Simplemente hacen lo que siempre han hecho, pero sin etiquetas. Ellas saben en su corazón que siguen siendo monjas.

La parte más importante de este escenario es la disponibilidad de un sacerdote de mente tradicional que pueda servir de capellán. Si las monjas viven en una diócesis con un obispo de buena voluntad, él sin duda podrá conseguir o designar un sacerdote adecuado para que obre en tal calidad, o acoger un sacerdote de algún otro lugar que tenga los antecedentes necesarios. Si las monjas viven en una diócesis con un obispo hostil o uno que, arrinconado por el Vaticano, se niega a darles un capellán, habrá llegado el momento de dar un paso más radical: las monjas tendrán que encontrar por su cuenta un capellán –quizá un sacerdote "cancelado"– que, aunque carezca oficialmente de facultades, tenga conciencia clara –y una impecable hoja de vida– de haber sido ilícita e inválidamente cancelado, y es libre, por tanto, de asumir este importante encargo. Este es el peor escenario posible, pero en estos tiempos puede que sea necesario, hasta que el papa y la curia romana pongan fin a su línea de acción destructiva y/o hasta que el ordinario del lugar comprenda la necesidad de obrar sin temor por el bien de su grey, ignorando las amenazas que le vienen desde arriba.

Si llega a ocurrir lo peor, la vida religiosa puede hacerse enteramente clandestina. Hace algún tiempo leí un sugerente libro sobre los monjes y monjas ortodoxos rusos que pensaron muchísimo sobre sus sufrimientos y supervivencia bajo el régimen comunista[3]. Fueron astutos en manipular o confundir a las autoridades; y cuando se les acabó la buena racha, supieron cómo camuflarse, yéndose a la clandestinidad y prosiguiendo su vida en las narices mismas de sus perseguidores. Cuando cayó el comunismo, se descubrió que algunos monjes y monjas habían mantenido intacto su modo de vida y lo habían transmitido a nuevos miembros a lo largo de las décadas de supresión oficial.

El mejor capítulo, en este sentido, es "La verdadera historia de la Madre Frosya", del cual transcribo aquí algunas partes.

"En aquella casita de la calle Lesnaya, en Diveyevo, donde se conservaban las reliquias de San Serafín, vivía una monja llamada Margarita, sólo que por muchos, muchos años nadie supo que ella era, secretamente, monja. Todo el mundo la llamaba sencillamente Madre Frosya o sólo Frosya. Había nacido con el siglo. Cuando la conocí en febrero de 1983 en mi primer viaje a Diveyevo, acababa de cumplir 83 años.

"El "monasticismo secreto" es algo que comenzó a tener lugar durante las persecuciones de la Iglesia del siglo XX. Después de pronunciar en secreto los votos monásticos, monjes y monjas seguían

---

[3] Archimandrite Tikhon, *Everyday Saints and Other Stories* (Dallas, TX: Pokrov Publications, 2012). No sé si hubo algunos ortodoxos rusos coludidos con los comunistas que hicieron cosas atroces (o permitieron que se hicieran) a los católicos griegos o católicos romanos. Pero seamos justos y reconozcamos la grandeza de los testimonios y resistencia también de tantos ortodoxos. Los que lean este libro podrán verlo y quedarán edificados.

Persecución de monjas: Lecciones de la clandestinidad en Rusia

viviendo en el mundo, usando ropas seculares normales, y trabajando en instituciones seculares corrientes, mientras observaban estrictamente, en secreto, sus votos monásticos. Sólo un confesor o padre espiritual sabía de sus votos y conocía sus nuevos nombres...

"Todos pensaban que la Madre Frosya alguna vez había sido sólo novicia en el ex monasterio. Y si algún curioso le hacía preguntas sobre su pasado, ella respondía con total honestidad que por un tiempo había sido novicia en el monasterio de Diveyevo.

"A comienzos de los años 1990 se vio obligada a revelar su verdadero nombre monástico, con la bendición de la abadesa Sergia, la primera abadesa nombrada para el resucitado Monasterio de Diveyevo, al cual la Madre Frosya regresó tres años antes de su muerte. Pero hasta aquel momento, todo el mundo la llamó simplemente Frosya"[4].

La propia Madre Frosya describe cómo fue que los soldados soviéticos llegaron a expulsarlas de su monasterio, en septiembre de 1927, destruyendo a continuación los edificios:

"Una semana después, antes de terminar las Vísperas de la tarde, tocamos todas las campanas, con todos sus timbres, todas ellas, haciéndolas sonar por última vez. Las tocamos y tocamos, y luego recitamos el Servicio Divino. Luego, ¡nos dispersaron como pajaritos, echados al viento! Simplemente así, bajo la torrencial lluvia. Los policías vinieron y nos patearon hasta la calle. ¡Señor! Nos daban desde todos lados: los hombres, por un lado, y Dios, por el otro. ¡Oh Reina del Cielo!

"¿Qué podíamos hacer? Ya nos fue imposible volver a usar nuestros hábitos de monjas. Las autoridades los habían prohibido. Por eso tuvimos que usar ropas seculares. Y se prohibió todos los íconos. En lugar de ellos nos hicieron colgar pinturas de Lenin. Ninguna de nosotros estuvo de acuerdo con semejante cosa...

"Al segundo día se llevaron a la cárcel a la Madre Superiora. Y nos dispersaron por todas partes. Había por ahí un obispo clandestino, y nos dijo: os han expulsado del monasterio, pero no os hemos liberado de vuestros votos monásticos...

"Corría el año 1937. Yo y varias otras monjas seguíamos viviendo cerca del monasterio. Justo aquí, en la calle Kalganovka. Al otro lado de la calle había también monjas que vivían en unas casitas..."[5].

La Madre Frosya habla de cómo, eventualmente, acorralaron a

---

4 Tikhon, 223-24.
5 Tikhon, 239-40.

todas las monjas y las enviaron a un campo de trabajos forzados, acusadas de ser "vagabundas":

"¡Nos buscaban! ¡Nos lo quitaron todo! ¡Nos quitaron nuestras cruces! ¡Señor, perdónalos! ¡Oh, Madre de Dios!... Un policía me arrancó del cuello mi cruz, la arrojó al suelo y la pisoteó, mientras me ladraba: "¿Por qué usas eso?". Mientras nos quitaban nuestras cruces, la sensación que tenía... ¡era como si Nuestro Señor y Salvador estuviera allí, crucificado, sufriendo y soportándolo todo! ¡Nos quitaron nuestras cruces! ¿Cómo pudieron? ¡Fue tan atroz!...

"Y luego, ¿qué? ¿Cómo podríamos vivir sin nuestras cruces? Bueno, en aquellos días nos pusieron a todas a trabajar como costureras, usando el algodón que se cosechaba en Uzbek, que tenía estas pequeñas ramas, como tenedores, esos copos de algodón, y si una los cortaba un poco, parecían pequeñas cruces. Así que todas hicimos nuestras crucecitas. Pero luego nos llevaron con nuestras cruces así inventadas al baño de la prisión. Algunas de las mujeres allí nos acusaron a los jefes: "¡Esas monjas están usando cruces otra vez!". Pero no se molestaron en quitarnos nuestras crucecitas. Era inútil: si nos las quitaban, íbamos a hacer otras...

"Algunas de nuestro grupo habían formado parte del coro. Y a veces nos reuníamos en el piso de tablones de la prisión y cantábamos bajito el himno de la Anunciación, "La voz del arcángel". Algunas de las que había allí se sabían todo de memoria, las ceremonias de la iglesia, el *Akatistos*, por lo que no importaba que no nos permitieran libros. Sí, nos quitaron todos nuestros libros sagrados"[6].

El cuadro de pesadilla de la total destrucción de los monasterios por un régimen político ateo no nos ha llegado todavía. Si la Madre Frosya y otras cuarenta monjas prisioneras pudieron continuar con su vida religiosa, mucho más se la puede continuar en cualquier lugar del mundo donde la gente tenga todavía la libertad de asociarse, de procurar un interés común, y de vivir bajo un mismo techo.

El autor del libro "Santos de todos los días", el Archimandrita Tikhon, cuenta su experiencia cuando visitó a las monjas clandestinas en los años 1980, ya al final del comunismo, cuando el monasterio de Diveyevo estaba todavía en ruinas (posteriormente se lo reconstruyó en gloria y majestad):

"El padre Bonifacio iba a Diveyevo para dar la comunión a unas

---

6 Tikhon, 241-42. Toda la sección de la Madre Frosya (pp. 217-51) es uno de los relatos más conmovedores y deliciosos que haya leído jamás de una heroína contemporánea del Cristianismo.

cuantas monjas viejas que todavía vivían cerca del monasterio, algunas de las últimas que quedaban de las mil que en un tiempo vivieron en el convento antes de la Revolución... El padre Bonifacio se vestía de modo que nadie sospechara que era un sacerdote, disimulando bajo su abrigo los pliegues de su sotana, y escondiendo su muy larga barba con una gruesa bufanda y con el cuello vuelto hacia arriba...

"En una destartalada cabañita en los alrededores de Diveyevo vi algo que jamás me imaginé ni en mis más gloriosos sueños. Vi a la Iglesia Radiante viva, invencible, infatigable, joven y gozosa en la consciencia de su Dios, nuestro Pastor y Salvador... Y lo que es más, la más bella e inolvidable ceremonia religiosa se desarrolló ahí, entonces, no en una magnífica gran catedral, ni en una antigua y gloriosa iglesia santificada por el paso del tiempo, sino en una construcción anónima en el centro comunitario de Diveyevo, en la calle Lesnaya nº 16. Ni siquiera era una iglesia, sino un antiguo edificio de baños convertido vagamente en vivienda comunal.

"Cuando llegué con el padre Bonifacio, vi una pequeña y sucia habitación llena de una docena de mujeres viejas, las más jóvenes de las cuales no han de haber tenido menos de 80 años, en tanto que las más viejas tenían claramente más de 100 años. Todas estaban vestidas como antiguas criadas del campo y llevaban pañuelos de campesinas en la cabeza. Ninguna llevaba hábito ni ninguna otra clase de ropa monástica o eclesiástica. Por cierto, no se trataba de monjas, sino sólo de señoras viejas: así hubiera pensado cualquiera, incluso yo, si no hubiera sabido que estas viejas mujeres se contaban, efectivamente, entre los más valientes confesores contemporáneos de nuestra fe, verdaderas heroínas que habían sufrido torturas y décadas de prisión y campos de concentración por sus creencias. Y a pesar de todas sus ordalías, su lealtad espiritual y su inconmovible fe en Dios no habían hecho más que crecer...

"Mientras el padre Bonifacio y estas viejas mujeres se saludaban, miré a mi alrededor. En las paredes se había colgado íconos en sus antiguos marcos ceremoniales, apenas iluminados por lamparitas parpadeantes... Luego comencé a prepararme para la ceremonia de la Vigilia. Me quedé sin aliento al ver que las monjas comenzaban a sacar, de sus escondites secretos, artefactos genuinos que habían pertenecido a San Serafín y a ponerlos en la tosca mesa de madera. Había allí una estola de sus paramentos, su pesada cruz de hierro, colgada de gruesas cadenas, usada para mortificar la carne, un guante de cuero, y la anticuada marmita de hierro en que el santo cocinaba su comida. Cuando el monasterio fue saqueado y destruido después de la Revolución, se habían transmitido estas santas reliquias de hermana en hermana entre las monjas del Monasterio de Diveyevo.

"Cuando el padre Bonifacio se hubo puesto sus paramentos, recitó las líneas con que el sacerdote comienza la ceremonia de Vigilia. Las monjas inmediatamente lo siguieron y comenzaron a cantar. ¡Qué divino y absolutamente asombroso coro formaban! Estas increíbles monjas cantaron toda la ceremonia virtualmente de memoria. Sólo de vez en cuando alguna de ellas echaba una mirada a los gruesos libros, para leer los cuales no necesitaban sólo anteojos sino inmensas lupas con mangos de madera. Por repetir esta ceremonia en los campos de concentración y en cárceles y lugares de exilio habían corrido peligro de muerte o de castigo. La repitieron de nuevo, a pesar de todos sus sufrimientos, aquí en Diveyevo, en sus miserables chozas en las afueras de la ciudad. Para ellas no se trataba de nada inusual, pero para mí, me resultó difícil saber si me encontraba en el cielo o en la tierra.

"Estas ancianas monjas tenían tanta fuerza espiritual, tanta oración, tanta valentía, tanta modestia, bondad y amor, y estaban llenas de tanta fe que fue al término de esa maravillosa ceremonia que comprendí que con semejante fe podían triunfar sobre cualquier cosa, sobre nuestro gobierno sin Dios, a pesar de todo el poder que tenía, sobre la falta de fe de este mundo, y sobre la muerte misma, a la cual no temían en absoluto"[7].

No hace falta decir que encontramos historias parecidas en la tradición occidental (piénsese en el período de la Revolución Francesa). He citado largamente la historia de la Madre Frosya porque está tan cerca de nuestra época, y se refiere a mujeres que siguieron viviendo la vida monástica en las circunstancias más atroces, y a pesar de las mayores dificultades y, porque, al cabo, la mentalidad y las acciones de los perseguidores católicos de la vida religiosa tradicional son extraña y repugnantemente parecidas a las de los comunistas[8]. Mientras antes reconozcamos esto, mejor podremos desarrollar un saludable realismo y una férrea decisión sobre cómo proceder, sin abandonar nada de la tradición excepto, temporalmente, unas pocas de sus exterioridades.

---

7 Tikhon, 218-21.
8 Ver Michael Hichborn, "Vatican Agency Directly Tied to Communism, Abortion, and Idolatry," *Lepanto Institute*, octubre 6, 2021.

27
La Madre Maravillas de Jesús: Guardiana de la reforma teresiana[1]

EN UN NOTABLE DISCURSO DE 1966, "EL CATOlicismo después del Concilio", Joseph Ratzinger ya enumeraba los problemas esenciales de la dirección en que la Iglesia se estaba rápidamente moviendo[2]. Primero, describe el contexto, aludiendo a dos visiones básicas opuestas:

"Para algunos, el Concilio hizo demasiado poco, se empantanó en la partida misma y no nos legó más que una serie de astutos acuerdos; fue una victoria de la diplomacia y de la cautela sobre el poderoso soplo del Espíritu Santo, que no desea complicadas síntesis, sino la sencillez del mensaje evangélico, etc. Para otros, el Concilio fue un escándalo, un entregarse la Iglesia al espíritu perverso de nuestra época, que ha vuelto las espaldas a Dios con su necia preocupación por el mundo y las cosas materiales; están atónitos viendo como se socava todo lo que habían tenido por más sagrado, y se alejan de una reforma que parece ofrecer sólo un cristianismo barato y aguado, en lugar de más exigentes demandas de fe, esperanza y caridad.

"Es con un corazón apesadumbrado y con temores llenos de ansiedad que comparan esta reforma, que con sus concesiones y compromisos les parece ir rebajando de a poco la gravedad del seguimiento de Cristo y la necesidad de una total entrega y servicio, con las

---

[1] Este capítulo se refiere a la actual campaña contra la vida contemplativa tradicional desatada por el papa Francisco. Más sobre la Madre Maravillas en Mary Cuff, "The Beauty of Austerity," *Crisis Magazine*, enero 8, 2022, y Hna. Gabriela Hick, "St. Maravillas: A prophetic witness for Vatican II," *Where Peter Is*, enero 13, 2022. No me convence el artículo de la Hna. Gabriela en su esfuerzo por hacer calzar a la santa como precursora del Concilio, por motivos que se verá en el texto.
[2] El discurso lo pronunció en el Katholikentag de 1966 en Bamberg y se publicó en inglés en *The Furrow* vol. 18, no. 1 (January 1967): 3-32. Dom Hugh Somerville Knapman, OSB, analiza el artículo en una entrada de blog "Ratzinger 1966 – An Unexpected Prophet," *Dominus Mihi Adjutor*, abril 14, 2014. Un texto en PDF del discurso se encuentra en https://rb.gy/mrayi.

reformas del pasado, por ejemplo la que se vincula con el nombre de la gran Santa Teresa".

REFORMA SIGNIFICA REGRESO A LA FORMA

Con una elocuencia que evidencia simpatía, Ratzinger describe a continuación el despertar y la futura misión de la gran reformadora Santa Teresa de Avila (1515-1582):

"Antes de su conversión, el convento en que vivía era un lugar perfectamente moderno, en que la anticuada idea de clausura, con sus pequeñas y molestas restricciones, había cedido ante ideas "modernas" más generosas, en que a ella se le permitía recibir visitas en cualquier momento; era un convento moderno en que la sombría ascética de la antigua regla había sido reemplazado por un modo más "razonable" de vida, más compatible con las preferencias de la gente de la nueva era que estaba comenzando; era un convento moderno que tenía una mente abierta hacia el mundo y a todo lo relacionado con él, y que permitía todo tipo de contactos de amistad.

"Pero un día, Teresa fue tocada en lo más vivo por la Presencia de Cristo, y su alma se enfrentó cara a cara con la inexorable verdad del mensaje evangélico, despojado de las mezquinas frases de excusa y de atenuación que se había usado para oscurecerlo, y se dio cuenta entonces de que todo lo que había vivido hasta ahí había sido una imperdonable huída de la gran misión a que había sido llamada, y un esquivar la conversión del corazón que se le pedía. Y, entonces, se puso de pie y se "convirtió".

"Y lo que eso significó fue el rechazo por su parte del *aggiornamento*, y la creación de una reforma que no concedía nada, y que fue un desafío, para todos los que se enteraron de ella, a entregarse por entero a Jesucristo en pro de la recompensa eterna, a despojarse enteramente de todas las posesiones, junto con el Salvador Crucificado, a fin de pertenecer plenamente en El a todo el Cuerpo de Cristo".

Así, la reforma de Santa Teresa consistió en exactamente lo opuesto a la modernidad de su tiempo, en *negar* el espíritu de su época, cerrando las puertas a una perspectiva más amplia, más "humanista", más "sensible", sin ceder ni un milímetro a las concesiones de moda del momento. Como Martin Mosebach gusta de decir, " la "reforma", cuando es auténtica, significa siempre *regreso a la forma*, es decir, regreso a modos más puros, más estrictos, más comprometidos, y no un desatarse y relajarse:

"Las reformas monásticas de Cluny y del Císter, como la de los Carmelitas y las introducidas por el Concilio de Trento, se asocian con un regreso a un orden más estricto, un apretar las amarras, un volver a una práctica religiosa más radical y una restauración de la disciplina espiritual que se había perdido. La reforma litúrgica postconciliar es la primera reforma en la historia de la Iglesia que no se propuso restablecer el orden sino ablandarlo, abolirlo, relativizarlo"[3].

Ratzinger llega a una conclusión rigurosa:

"La parte de los fieles de que estamos hablando ahora [es decir, los de mentalidad más tradicional] se preguntan si el Concilio no ha tomado, en realidad, el camino opuesto al de Santa Teresa, alejándose de la verdadera conversión y acercándose la Iglesia a la mundanidad".

SANTA TERESA, EN SUS PROPIAS PALABRAS

Santa Teresa, que nunca midió sus palabras, habló muy claramente de los problemas de la vida religiosa en el siglo XVI y de la urgencia de una reforma que la alejara de la mundanidad. Insistió especialmente en el valor de la *estricta clausura* y de la *observancia sin mitigaciones* de la Regla:

"Todo lo relacionado con la vida religiosa me proporcionaba mucho gusto; y es un hecho que, a veces, cuando empleaba en barrer pisos el tiempo que antes había usado en mi propio cuidado y afeites, y me daba cuenta de que estaba ahora libre de todas esas cosas, me sobrevenía un nuevo gozo, que me dejaba admirada, porque no sabía de dónde surgía..."[4].

"Por esa razón creo que fue muy mala cosa para mí no estar en un convento con clausura. La libertad de que las hermanas, que eran buenas, podían gozar sin dejar de serlo (porque no estaban obligadas a vivir más estrictamente que lo que hacían, ya que no habían hecho voto de clausura), me hubiera ciertamente conducido a mí, que soy mala, al infierno, si el Señor no me hubiera, por

---

3 Martin Mosebach, *Subversive Catholicism: Papacy, Liturgy, Church*, trad. Sebastian Condon y Graham Harrison (Brooklyn, NY: Angelico Press, 2019), 62. Y: "la verdadera reforma consiste en sujetar las riendas, volver a un orden más estricto... Reformar es regresar a la forma" (ibid., 98; 100).
4 *Life*, c. 4, trad y ed. E. Allison Peers; texto en www.ewtn.com/catholicism/library/life-of-st-teresa-of-avila-5208.

mercedes especiales y usando medios y remedios que son los Suyos, librado de ese peligro. Me parece, pues, que es un gran peligro que las mujeres tengan en un convento tal libertad. Para las que quieren ser malas no es tanto un remedio para su debilidad como un paso en el camino al infierno...

"Oh qué terrible daño, qué terrible daño se causa a los religiosos (y me refiero tanto a hombres como a mujeres) cuando no se observa adecuadamente la vida religiosa; cuando de las dos vías que se puede seguir en una casa religiosa -una orientada a la virtud y observancia de la Regla y otra al alejamiento de ella- se frecuenta igualmente las dos. No, me equivoco: no se las frecuenta igualmente, porque nuestros pecados nos llevan a tomar más comúnmente la vía más imperfecta, que por ser la más ancha, es la que más se prefiere...

"No entiendo cómo podrían en absoluto sorprendernos los males que existen en la iglesia cuando aquéllos que debieran ser un modelo para que los demás forjaran sus virtudes, anulan la obra realizada en las Ordenes religiosas por el espíritu de los antiguos santos. Que su Divina Majestad quiera poner remedio a esto, según le parezca necesario"[5].

UNA CARMELITA TRADICIONAL EN LA ÉPOCA MODERNA

Una carmelita destacada del siglo XX, la Madre Maravillas de Jesús (1891-1974), que sufrió mucho en la Guerra Civil española y fundó muchos Carmelos en su vida, fue una verdadera hija de Santa Teresa de Jesús, una monja clarividente que observó fielmente el modo de vida carmelita reformado, que nos ha transmitido el siglo XVI. La Madre Maravillas se opuso firmemente a los esfuerzos hechos antes y después del Concilio Vaticano II por deformar a las carmelitas en nombre de adaptaciones modernas. O sea, exactamente el problema que Ratzinger describía en 1966.

Una de las colaboradoras de la Madre Maravillas, la hermana Magdalena de Jesús, publicó, ya octogenaria, algunos recuerdos de la santa en un libro titulado "Admiración, amor y dolor"[6]. En

---

5 *Life*, c. 7.
6 El título completo es "Admiración, Amor y Dolor: Testimonio directo acerca de su vida solicitado por los Carmelos de Holanda y Alemania" (Burgos: Monte Carmelo, 1992).

el capítulo 13 se habla de la actitud de la Madre Maravillas hacia el Concilio Vaticano II, que la hermana Magdalena considera mal informada, sospechosa y reaccionaria, pero que, en retrospectiva, vemos que fue intuitivamente acertada, iluminada por una luz profética.

Cuando, por ejemplo, en 1965 el Padre General Anastasio anunció cambios litúrgicos obligatorios, como el que las monjas pronunciaran las respuestas en la Misa con las luces encendidas y sin el velo abajo, los conventos guiados por la Madre no obedecieron estas instrucciones. Se resistió a la comunión con las dos especies. La construcción de altares despegados de la pared y de cara al pueblo le causó gran desagrado a la Madre y se la pospuso todo el tiempo posible. Se introdujo a las monjas a una nueva traducción de los salmos, pero se la rechazó. En algunos locutorios se pusieron letreros que decían: "No se admite sacerdotes sin sotana, religiosos sin hábito, o mujeres en pantalones". La Madre discernía claramente, en la confusa y siempre creciente lista de cambios sugeridos o exigidos a los católicos en general y a los religiosos en particular, un espíritu de relajación y disipación que amenazaba con socavar la vida católica y la vida religiosa, que fue precisamente lo que ocurrió, tal como lo han revelado las estadísticas del derrumbe desde hace ya más de cincuenta años[7].

Yo aprecio la honestidad de la hermana Magdalena cuando dice que muchas biografías oficiales de la Madre Maravillas contienen mentiras acerca de su "pronta y sincera obediencia al Concilio, a los obispos, a la reforma litúrgica", etc., porque esta destacada fundadora carmelita sabía bien un par de cosas sobre los límites de la obediencia; sabía que ésta no puede darse al costo de la primacía de la vida espiritual, de la integridad de la Regla, o del bien común de la Iglesia, y que la jerarquía no tiene el monopolio de la percepción de estas realidades.

LA PERFECCIÓN NO ES PERFECTIBLE

En la historia hay algunas cosas que alcanzan efectivamente la perfección, y que no pueden ser superadas en su ámbito. Por ejemplo, en relación con los dogmas cristológicos, las fórmulas del papa San León Magno son perfectas y no se las puede mejorar. En lo relativo

---

[7] Y, naturalmente, donde quiera que se observa una vida religiosa más estricta, las vocaciones comienzan a llegar. Hoy hay decenas de comunidades que se podría poner de ejemplo. Ver Kwasniewski, *Ministers of Christ*, 219-34.

a la arquitectura gótica, la catedral de Chartres es una obra de arte superlativa; todo intento de modernizar el interior o el exterior de una catedral gótica llevaría sólo a su degradación. Los conciertos de piano de Mozart alcanzan las posibilidades máximas del género; algunos pocos compositores son dignos de mención a su lado, pero ninguno lo supera (fue el musicólogo Alfred Einstein quien describió los conciertos de Mozart como un logro "que no da lugar al progreso, porque lo perfecto no es perfectible").

Lo mismo es verdad en relación con la mayor obra de arte conocida por el hombre occidental: la Misa Solemne Pontifical del rito romano clásico, que tiene un esplendor y sublimidad que beneficia a todos sus derivados –la *Missa solemnis*, la *Missa cantata*, la *Missa recitata*–. El rito romano alcanzó su providencial perfección en la Edad Media tardía; luego, en respuesta a las distorsiones heréticas de la liturgia, San Pío V codificó y canonizó este rito en el siglo XVI, después de lo cual, con eminente buen sentido, la Iglesia adhirió a él con sólo adiciones menores, hasta que llegaron los infelices experimentos de la época de post-guerra[8]. Los tradicionalistas sostienen que este rito *es* el rito de la Iglesia de Roma, y que la piedad católica sólo tiene una responsabilidad: la de recibirlo y guardarlo.

Finalmente, lo mismo es verdad de las grandes órdenes religiosas. Cada una, a su modo, logra una cierta perfección en su regla de vida y en su papel único en el Cuerpo de Cristo, que no puede ser mejorada, y que las adaptaciones, relajaciones y modernizaciones sólo pueden degradar. La vida benedictina, por ejemplo, ha quedado fijada, en lo esencial, desde que la "Regla" se escribió en el siglo VI, y todos los grandes movimientos reformadores del monasticismo la han tomado como punto de referencia para su renovada fidelidad, no sólo en líneas generales sino también en sus más concretos detalles. Las comunidades benedictinas florecen en la medida de su fidelidad a la "Regla". Una renovación significaría redescubrir la plenitud del Oficio Divino y de su horario, los días y tiempos de estricto ayuno, el trabajo manual, la pobreza individual total, etc. Del mismo modo, la vida carmelita de claustro alcanzó su perfección en el siglo XVI con Santa Teresa de Avila; y su vigor se medirá por la adhesión a esa forma perfecta, no sólo en los principios generales sino también en los detalles específicos.

---

8 Para una defensa acabada de las afirmaciones contenidas en esta sentencia, ver Kwasniewski, *El rito romano de ayer y del futuro*.

Algunas monjas o hermanas, partidarias de *Cor Orans*, objetarán, quizá, que sus comunidades están de lo más bien y se benefician (o pronto lo harán) de las nuevas disposiciones del Vaticano. Aunque existen suficientes razones para ser escépticos respecto de las bondades de esas nuevas disposiciones, supongamos que ellas son buenas para algunas comunidades. De ello, sin embargo, no se sigue que las disposiciones de *Cor Orans* sean buenas para todas, o que son tan necesarias y urgentes que todas las casas de carmelitas –o de cualquier otra orden religiosa– deben adoptarlas. Un modo de vida más tradicional en cuanto a costumbres y a liturgia, una observancia más estricta de la regla, tiene su debido lugar en la Iglesia y *siempre* tendrá un lugar de honor. La unidad, entendida debidamente, no ha exigido nunca total uniformidad, porque si no fuera así, no tendríamos, de partida, tantas órdenes religiosas –algunas activas y otras contemplativas, algunas confederadas y otras autónomas, unas usuarias de tecnología moderna y otras que la evitan por buenas razones–.

Hay tantos que hoy hablan de "libertad", pero ¡cuán pocos están dispuestos a vivir vidas libres de ideologías o a dejar que los demás vivan libremente de acuerdo con sus carismas, con su conciencia, con su vocación! La caridad cristiana, unida al respeto por el propio patrimonio, exige *al menos* que a quienes desean vivir de acuerdo con la regla propia de una orden se les permita hacerlo sin ser molestados.

REIVINDICACIÓN DE UNA CARMELITA "OPOSITORA"

A pesar de las objeciones de quienes la acusaban de desafiar la autoridad eclesiástica, de desobedecer las reformas dispuestas por la Santa Sede, y de adherir inflexiblemente a la tradición carmelita, la Madre Maravillas fue beatificada por el papa Juan Pablo II en 1998 y canonizada durante la visita apostólica de éste a España en 2003. Sin duda el papa polaco, gran estudioso de San Juan de la Cruz[9], que no había tenido miedo de ordenar clandestinamente contrariando la *Ostpolitik* de Pablo VI[10], comprendió, de un modo que otros no hacen, la sabiduría, probada por el paso del tiempo, y el ardiente fuego de la caridad que alimentaba la firmeza de

---

9 Ver Michael Waldstein, *Glory of the Logos in the Flesh* (Ave Maria, FL: Sapientia Press, 2021), 557-93.
10 Ver capítulo 13.

principios de la Madre Maravillas, quien resistió, del mejor modo que pudo, el huracán de cambios que había barrido la Iglesia durante y después del Concilio, y reafirmó el valor permanente de la visión de Santa Teresa, inspirada por el cielo, de lo que debe ser la vida carmelita de clausura.

Así como Santa Teresa fue incomprendida y combatida en su época, así lo fue la Madre Maravillas en la suya, y la misma incomprensión e incredulidad nos esperan hoy y en toda época, cada vez que los abogados del *aggiornamento* y los machacones de la modernización se enfrentan a los campeones de la constancia y a los partidarios de la continuidad. En unos tiempos en que sus virtudes son más necesarias que nunca, la Madre Maravillas es un modelo para su propia familia religiosa y para todos quienes adhieren a las creencias y prácticas tradicionales del catolicismo. Lo nuestro es resistencia de amor, desafío de devoción, tenacidad de tradición.

Santa Maravillas de Jesús, ruega por nosotros.

APÉNDICE

Carta de Michael Davies al Obispo Donohue

HOY, CUANDO LOS DIRIGENTES DE LA IGLESIA *actúan como si su lema fuera "Regresar a los años 1970", vale la pena desempolvar algunos de los grandes escritos de ese período, como la siguiente magistral carta escrita por el primer apologista inglés de la Misa tradicional, Michael Davies, en respuesta a la vitriólica carta del obispo Donohue, de Fresno, contra la Misa tradicional. Después de enviársela al obispo, Davies la publicó en* The Remnant *el 20 de marzo de 1976.*

Excmo. y Rvdmo.
Señor don A. Donohue
Obispo de Fresno, California
3 de febrero de 1976

Excmo. y Rvdmo. Señor,

Uno de mis amigos, que vive en la diócesis de Su Excia., me ha enviado copia de la carta en que dice Su Excia. que está dispuesta a declarar "contumaces" a los sacerdotes que celebran y a los fieles que asisten a la Misa tridentina, y que serán "excomulgados". Habíamos empezado a creer que, en la era del "Espíritu del Vaticano II", nadie podía ser excomulgado, pero ahora sabemos que existe un crimen en la "Iglesia abierta" que no será tolerado, al menos en la diócesis de Fresno: el crimen de dar culto a Dios del modo que lo hicieron nuestros padres, el crimen de usar aquella forma de la Misa que el P. Fortescue, el más importante historiador de la liturgia de mi país, nos dice que "se remonta, sin ningún cambio esencial, a la época en que surgió de la más antigua de todas las liturgias. Todavía conserva el aroma de la liturgia de cuando el César gobernaba el mundo y creyó que podía suprimir la fe en Cristo, de cuando nuestros padres se reunían antes del amanecer a cantar un himno a Cristo Dios".

Excmo. Señor, está claro que Su Excia. cree que va a tener éxito donde no lo tuvo el César.

También Cranmer pensó que podía suprimir la Misa tradicional. Cuando la reemplazó con un nuevo Servicio Inglés de Comunión en 1549, los campesinos del Oeste se alzaron contra él y exigieron el derecho a dar culto de nuevo con la misma Misa tradicional que sus padres habían empleado. Le sugeriría a Su. Excia. que, si estudia los métodos de Cranmer, podría hacer mucho más que sólo excomulgar: los sacerdotes eran colgados de las torres de las iglesias con sus ornamentos de Misa puestos, por haber cometido la misma acción por la que Su Excia. amenaza ahora con excomulgarlos; colgaban del mismo modo a centenares de humildes campesinos por asistir a la Misa que Su Excia., igual que Cranmer, condena por ser "gravemente ilícita". Pero Cranmer no pudo suprimir la Misa tradicional, ¡y su Excia. cree que puede tener éxito donde el otro fracasó!

Con el reinado de Isabel llegaron el potro, la horca, el dislocamiento y descuartizamiento, pero la respuesta de los fieles siguió siendo la misma: "Seguiremos con nuestra Misa". Y la Misa que ellos tenían fue la que codificó San Pío V en 1570, que no fue una nueva forma de Misa, como la que se promulgó en 1969, sino la Misa de siempre, ahora codificada para la eternidad, que fue lo que San Pío V quiso. A ningún sacerdote se le podía obligar a decir ninguna otra forma de Misa, insistió el papa. ¡Pero hoy, si un sacerdote usa esa Misa en la diócesis de Fresno, es "excomulgado"!

Excmo. Señor, perdóneme la impertinencia, pero en mi país tenemos gran devoción a nuestros mártires, y conocemos también nuestra historia. Cuando leí la carta de Su Excia. no podía creer que no hubiera sido escrita por algún obispo inglés de siglo XVI: "Espero que Uds. hagan cuestión de conciencia el descubrir si semejante Misa se celebra en alguna mansión o casa o en cualquier otra parte dentro de los confines de la parroquia". Tales son las exactas palabras de Su Excia.

Excmo. Señor, ¿no tiene Su Excia. ningún otro problema más urgente en que emplear a sus sacerdotes? ¿Les ha ordenado, por ejemplo, como cuestión de conciencia, ir a las escuelas parroquiales y constatar si se está corrompiendo la fe de los niños, de quienes Su Excia. es responsable ante Dios, debido al uso de textos no apropiados o incluso heréticos? ¿Les ha ordenado a sus sacerdotes descubrir, como cuestión de conciencia, si se está usando programas secularistas-humanistas de educación sexual que corrompen la moral de los niños en las escuelas parroquiales? ¿Ha Su Excia. procurado jamás, como cuestión de conciencia, descubrir si se viola las pocas leyes litúrgicas que aún permanecen -si se da la Comunión en la mano, por ejemplo-?[1]. ¿Se está usando Plegarias Eucarísticas no autorizadas? Si Su Excia. descubre tales abusos, ¿excomulgaría a los involucrados, me pregunto?

Estoy seguro, Excmo. Señor, de que, con espíritu ecuménico, Su Excia. no sólo NO excomulgaría a los miembros de su diócesis que toman parte en servicios protestantes sino que, por el contrario, los animaría probablemente a hacerlo. ¿No puede Su Excia. ver aquí una incongruencia? Su Excia. seguramente sabe que el Secretariado para la Unidad de los Cristianos publicó un Directorio Ecuménico en 1967. Este Directorio no sólo autorizó a los católicos a tomar parte en la liturgia de la Iglesia ortodoxa los domingos, sino que declaró que con ello se cumplía el precepto dominical. Sí, Excmo. Señor, tomar parte en el culto de los cismáticos cumple nuestra obligación dominical, pero rendir culto del modo que inspiró a tantos santos y ha sido santificado por la sangre de tantos mártires, eso sí que tiene que castigarse con la excomunión.

Excmo. Señor, a menos que su diócesis sea única en todo Occidente, la introducción de la nueva Misa por razones pastorales ha sido seguida por un grave descenso en la asistencia a Misa. Miles de personas de la grey de Su Excia., que asistían a Misa todos los domingos anteriormente, ya no lo hacen, pero ellos no serán excomulgados. Oh, no, Señor: mejor no ir a Misa que ir a la Misa de nuestros padres.

Y, por favor, Excmo. Señor, no diga que no tiene alternativa. No diga que sólo está obedeciendo órdenes. Si hay algo que ha quedado claro desde el Vaticano II es que el clero, en general y los obispos, en particular, tratan como necios a los laicos. Aunque no todo el clero, por cierto. Hay algunos que han decidido permanecer fieles a la fe en que fueron bautizados y a la Misa para cuya celebración se les ordenó. El P. Bruckberger, por mencionar a uno de ellos, ha escrito: "¿Nos toman por idiotas los obispos? Conocemos los documentos tan bien como ellos. Sabemos que la nueva Misa ha sido

---

[1] En los Estados Unidos sólo se dio permiso para dar la Comunión en la mano a partir del 17 de junio de 1977, casi quince meses después de que esta carta fue escrita.

sólo autorizada, y no se la ha hecho obligatoria". El P. Bruckberger fue Capellán General de la Resistencia Francesa, Excmo. Señor. Ha tenido amplia experiencia con hombres que sólo obedecían órdenes. Quisiera recordarle, Excmo. Señor, que aquí en Inglaterra la Misa tridentina no está absolutamente prohibida. Se la celebra, por supuesto, en todo el país, en casas y mansiones, les guste a los obispos o no; pero en algunas ocasiones se la celebra también en iglesias y catedrales con la bendición de ellos y, si se me permite, con pleno conocimiento y consentimiento del papa Pablo VI. Lo que es permitido en Gran Bretaña ciertamente podría ser permitido en los Estados Unidos.

Excmo. Señor, sin querer ser impertinente tampoco ahora, le preguntaría si tiene realmente claro lo que significa en verdad la palabra "pastor". Si Su Excia. no ha olvidado la Parábola del Buen Pastor, recordará que en Oriente el pastor conduce a sus ovejas; pero no sólo las conduce, sino que las ama; y porque las ama las lleva a los pastos verdes. Excmo. Señor, debido a que algunos de la grey desean recibir su alimento espiritual de los pastos que han conocido y amado, Su Excia. los amenaza con expulsarlos del rebaño. Excmo. Señor, esto no es el comportamiento de un buen pastor, sino el de un mal burócrata, un hombre que cree que la razón de nuestra existencia es obedecer normas, y que su vocación es usar cualquier medio para asegurarse de que ello se cumpla.

Excmo. Señor, ¿no se aplican ya a la Iglesia renovada los principios básicos de la teología moral? Su Excia. ciertamente ha aprendido, como estudiante de un seminario, que el legislador no sólo debe abstenerse de exigir a sus súbditos algo que éstos encuentran imposible de cumplir, sino que debe procurar que sus leyes no sean demasiado difíciles, demasiado estresantes o demasiado desagradables, y debiera tomar en cuenta la fragilidad humana. Una ley puede dejar de tener fuerza obligatoria, aun sin ser revocada por el legislador, cuando es claramente dañina, imposible de cumplir o irracional. Si se piensa que una ley que prohibe a los católicos adorar a Dios con el rito más venerable y santo de la Cristiandad no reúne estas tres condiciones, es casi imposible imaginarse qué podría reunirlas. Es terrible para un católico la perspectiva de desobedecer a su obispo, pero el P. Bruckberger nos recuerda el dicho de Montesquieu: "Cuando lo que se quiere es sólo tener buenos esclavos, se termina teniendo malos súbditos".

Excmo. Señor, como *postscriptum* a la carta de Su Excia. se agrega la sugerencia de una petición por los judíos de Siria, que debiera decirse el 14 de marzo en las parroquias de la diócesis. Permítame sugerir una petición parecida que podría ser dicha por los católicos en todas partes –porque, después de todo, la caridad comienza por casa–: "Para que se alivie el sufrimiento de los católicos de la diócesis de Fresno y para que puedan, según es su deseo, dar libremente culto a Dios de acuerdo con las tradiciones de sus padres, roguemos al Señor".

Quedo, Excmo. Señor, a su disposición en el Señor.

Michael Davies,
Londres,
Inglaterra.

www.ingramcontent.com/pod-product-compliance
Lightning Source LLC
Chambersburg PA
CBHW030243010526
44107CB00030B/1315/J